서양사학과
유럽중심주의

Western History and the Eurocentrism

유럽중심주의를 비판하는 책들 ❷

서양사학과 유럽중심주의

강철구 | 안병직 편

Western History and the Eurocentrism

용의 숲

머리말

서양사에서 말하는 유럽중심주의는 서양사, 나아가 세계사를 유럽중심주의적으로 해석하는 경향이나 이론 틀을 말한다. 미국이 중심인 북미 지역을 포함하면 서양중심주의라는 표현이 더 정확하나 미국 문화의 뿌리도 유럽이므로 유럽중심주의라는 표현을 사용해도 별 무리는 없을 것이다.

서양 역사학에서 유럽중심주의는 18세기의 계몽사상 시기부터 나타난다. 18세기는 근대 유럽인이 자기정체성을 확립한 시기인데 이 정체성의 확인이 유럽의 부상 속에서 이루어졌으므로 유럽이 세계의 중심이라는 생각도 이와 함께 나타났다.

그래서 계몽사상에 뿌리를 두고 있는 서양 근대 역사학도 자연스럽게 유럽사를 세계사의 중심으로 보고 유럽사를 진보로, 비유럽 지역의 역사를 정체로 보는 태도를 발전시켰다. 그 전형적인 태도를 19세기 초의 인물인 독일 철학자 프리드리히 헤겔의 『역사철학강의』에서 찾아볼 수 있다.

더구나 1840년의 아편전쟁으로 그때까지 세계 최대의 국가였던 중국마저 영국에게 무릎을 꿇은 상황이었으므로 19세기 후반부터 본격적으로 발전하는 서양 근대 역사학이 유럽중심주의 위에서 세계사를 해석하기 시작한 것은 당연한 일이었다. 그것이 서양 역사학의 본질적인 부분의 하나가 된 것이다.

이런 상황은 최근까지도 지속되었다. 그래서 서양인들이 저술한 많은 역사책들에서 서양의 역사는 그 의미가 과장되거나 왜곡되는 일이 다반사가 되었다. 자기네 역사를 정당화하고 미화하려 했기 때문이다. 또 부정적이거나 추한 부분은 축소하거나 은폐하기도 했다. 반면 비서양 지역의 역사는 분량도 적게 다룰 뿐 아니라 그 의미도 크게 축소했다. 이런 식으로 유럽 내지 서양의 역사를 세계사를 이끌어가는 보편사로 만들고 비서양 지역의 역사는 그 주변사로 격하시켰다.

서양인들이 쓴 역사책들이 그런 것이야 그렇다고 해도 문제는 비서양 역사가들이 쓴 역사책들이다. 비서양 지역의 역사학도 서양 근대 역사학을 받아들이며 서양인들의 유럽중심적 태도까지 그대로 받아들인 것이다.

그것은 제국주의 시대 이래 아시아, 아프리카 지역의 대부분이 서양의 식민지로 전락하며 그 역사가들 자신이 자기 나라나 자기가 사는 대륙의 역사에 대한 자부심을 잃어버렸기 때문이다. 그래서 서양 역사학을 근대 학문으로 생각하고 무비판적으로 받아들였다. 그러니 스스로 자기 문화와 역사를 폄하하고 열등한 것으로 보는 잘못된 태도를 발전시킬 수밖에 없었던 것이다.

이것은 한국의 경우도 마찬가지이다. 해방 이후 서양 역사학을 본격적으로 받아들였으나 그에 대한 비판적인 태도를 함께 발전시키지는 못했다. 이것은 물론 냉전적 상황에서 미국에 전폭적으로 의지해야 했고 그 때문에 한국 사회에서 민족적 자각이 약화되었다는 사실과도 관련이 깊다.

그러나 그 결과는 매우 부정적이다. 서양의 역사와 문화, 제도 등이 우리를 위한 유일한 모델이 되었고 그것을 무조건 본뜨는 것이 우리의 목표가 되었다. 그런 상황에서 자기를 중심에 둔 보다 객관적인 사고나 판단은 불가능했다. 오늘날 우리의 많은 서양사 책이나 세계사 책에서 나타나는 서양 역사와 문화에 대한 일방적으로 긍정적 태도나 일부에서 보이는 거의 맹목적인 찬미는 그 결과이다.

1990년대 이후 서양 학계에서 유럽중심주의에 대한 비판적인 태도가 나타나기 시작했다. 거기에는 제임스 블로트, 안드레 프랑크, 마르틴 버널 같은 서양 태생의 학자들 외에 에드워드 사이드나 사미르 아민 같은 아시아 출신 학자들을 포함하여 중남미 학자들이 다수 참여했다.

그러면서 초기의 선구적 작업들을 거쳐 이제 점차 넓은 영역으로 확산되고 있다. 아시아의 부상 및 제3세계인들의 각성과 함께 견강부회가 심한 서양인들의 지나친 유럽중심주의적 해석이 실제 역사 과정과 잘 맞지 않는다는 사실이 분명히 드러났기 때문이다. 그래서 고대사에서 현대사에 이르기까지 지금까지 정설로 받아들여져 온 많은 이론들이 도전받고 있으며 그것을 대치하는 새로운 이론들이 등장하고 있다. 그리하여 거대한 성채와도 같았던 유럽중심주의적인 서양사 내지 세계사 체계가 언젠가는 완전히 무너질 수 있는 상황도 기대할 수 있게 되었다.

한국 서양사학계에서도 2000년대에 들어와 유럽중심주의에 대한 비판적 모색이 조심스럽게 시작되었다. 몇 권의 연구서가 출간되었고 유럽중심주의를 주제로 하는 여러 차례의 학술대회가 열리며 이제 유럽중심주의 비판은 우리 서양사학계에서도 중요한 연구 주제의 하나로 자리 잡았다. 물론 아직은 연구의 폭이나 깊이가 충분한 상태는 아니나 많은 연구자들이 열의를 보이고 있으므로 곧 괜찮은 수준에 올라설 수 있을 것으로 전망된다.

『서양사학과 유럽중심주의』라는 제목의 이 책은 2000년대 초부터 최근까지의 이와 관련된 연구 성과 가운데 일부를 모은 것으로 서양사학자 우경(于耕) 이민호(李敏鎬) 서울대 명예교수를 위한 추모 논집으로 기획된 것이다.

이민호 교수는 1966년부터 1992년까지 서울대학교 사범대학 역사교육과와 서울대학교 인문대학 서양사학과에 재직하며 오랫동안 연구와 교육에 애썼으나 노환으로 2009년에 유명을 달리하셨다. 이에 제자들이 2주기를 맞아 그 학덕을 기리기 위해 이 책을 펴낸 것이다.

이 책에는 이민호 교수께서 만년에 쓴 글 네 편과, 이민호 교수의 오랜 지기인 조지 이거스 교수(미국 뉴욕 주립대학교의 명예교수)의 글 한 편, 그리고 서울대 서양사학과에서 선생님께 가르침을 받은 제자들의 글 여섯 편이 함께 실렸다.

유럽중심주의를 주제로 삼은 것은 이민호 교수가 만년에 이 문제에 관심을 가지고 여러 편의 글을 썼고 그 가운데서도 「세계사를 어떻게 읽을 것인가」라는 글이 2002년에 『역사비평』지에 실려 많은 연구자들에게 큰 자극을 주었기 때문이다. 그래서 제자들이 이 주제와 관련하여 쓴 글 몇 편을 하나로 묶었다.

필자 가운데 한 분인 이거스 교수의 글과 관련해서는 요사이에 좀 보기 힘든 이야기이므로 소개할 필요가 있겠다. 미국 뉴욕 대학교에 재직했던 이거스 교수는 국제적으로도 널리 알려진 서양사학자이자 이민호 교수와는 동년배로 근 40년간 교분을 이어온 사이이다.

두 분이 친밀해진 것은 비슷한 학문적 관심사 외에 두 분 모두 실향민이라는 사실도 작용한 것으로 보인다. 이거스 교수는 독일 태생 유대인으로 나치의 박해를 피해 미국으로 이주한 분이고, 이민호 교수는 함경남도 정평군 출신으로 공산 정권의 박해를 피해 월남한 분이기 때문이다.

그런데 이 책을 내는 데에 이거스 교수는 80대 중반의 고령에도 불구하고 책에 함께 실릴 이민호 교수의 한글 논문 네 편을 모두 한국인 제자에게 영역을 시켜 꼼꼼히 읽고 나서 당신의 글을 쓰는 성의를 보이셨다. 이 책의 주제에 맞는 글을 쓰기 위해서였다. 보통사람들은 따라 하기 힘든 일로서 먼저 세상을 떠난 친구에 대한 인간적인 예의를 보여주었다는 점에서 본받을 바가 많다고 생각한다. 이거스 교수가 계속 건승하시기를 빌어 마지않는다.

아무쪼록 이 책을 통해 독자들이 유럽중심주의를 넘어서서 서양사 내지 세계사를 보다 객관적이고 공정하게 바라볼 수 있는 기회를 얻게 된다면 글을 쓴 사람들은 큰 보람을 느끼게 될 것이다. 많이 읽어주시고 비판해주시기를 바라 마지않는다.

2011년 8월
편자 씀

차례

01 이민호

세계사를 어떻게 읽을 것인가

유럽중심주의 사관의 극복을 위하여

1. 들어가며

어느 행성에서 한 연구자가 지구에 대해 조사하러 왔다고 가정해보자. 그에게는 우선 다음의 두 가지 사실이 눈에 띄었을 것이다. 하나는 화석연료 사용이 증대됨으로써 야기된 환경 파괴와 생태계 변화라는 몇천 년 단위의 시간 폭을 갖는 변화일 것이다. 다른 하나는 일부 지구인, 즉 유럽인들이 세계를 제패하기 시작한 때로부터 시작하여 유럽 제국주의의 지배에서 비유럽 세계들이 해방되면서 유럽중심주의가 종언을 고하고 비유럽 세계가 복권되는 때까지, 몇백 년 단위의 시간 폭을 갖는 대전환일 것이다. "세계는 더 이상 백인들의 것이 아니다, 다시는 백인들 것이 되지 않을 것이다"라는 어느 인류학자의 말마따나 현재 세계사는 크나큰 전환기를 맞이하고 있다. 그리고 이러한 상황에서 2001년 9월 11일 미국에서 벌어진 테러 공격과 이에 대한 보복으로 진행된 미국의 아프가니스탄 침공 등 일련의 충격적 사태들이 우리 눈앞에 펼쳐지면서 시시각각 '문명의 충돌'이 예고되고 있다.

우리는 곧잘 역사적 현상을 자연계의 변화에 대비한다. 예컨대 역사적 대전환을 화산 폭발이나 대지진 같은 자연현상에 비유하는 것이다. 그러나 역사라는 지층은, 가령 그것이 전쟁이나 대살육을 수반한다 하더라도, 자연계에서의 화산 폭발이나 지진 같은 근본적인 단절을 가져본 적이 없다. 역사에서 우세한 것은 단절이라기보다 차라리 '발흥'과 '쇠퇴'의 주기들이다. 이러한 맥락에서 '문명의 충돌'이란 '문명'의 이름으로 특권을 누리고 그 속에 안주하는 사람들이 자신들의 우월과 번영이 하루아침에 무너질까 두려워하면서 제시하는 호들갑스러운 수사학일 따름이다. 일단 우리가 '문명의 충돌'이라는 관념을 버리면, 그래서 한 문명의 지배 속에 다른 문명들이 종속되는 단일한 세계체제를 벗어나면, 그렇다면 우리는 '문명의 공존'이라는 관념을 얻게 될 것이다.

이 글에서는 우선 유럽중심주의에 입각한 유럽의 정체성의 위기에 직면하고 이에 따라 새로운 타자 인식을 모색하는 과정을 주로 프랑스의 경우를 통해 살펴보고, 다음으로 사이드(E. Said)의 논의를 통해 "동양을 지배하기 위한 서양의 사유 양식"으로서 오리엔탈리즘을 검토해보며, 그 다음으로는 오리엔탈리즘의 구체적 사례로서 유럽과 이슬람의 관계를 살펴보고, 끝으로 5,000년, 아니 1,000년의 시간 폭을 가지며 세계경제를 지배했던 아시아권과 불과 200년의 시간폭을 가지며 일시적으로 군림한 유럽=미국 경제권에 대한 프랑크(A. G. Frank)의 세계사 재해석을 음미해보고자 한다. 이러한 고찰을 통해 우리는 지금까지 세계사 해석을 지배해온 유럽중심주의로부터 탈피하여 문명과 세계를 바라보는 새로운 대안적 해석에 접근해볼 수 있을 것이다.

2. 정체성의 위기와 타자 인식

제2차 세계대전이 종결된 후, 세계질서를 재편성하기 위해 마련된 '대서양 헌장'은 영토 불확대, 자유무역, 사회보장, 해양의 자유, 군비축소 등과 더불어 제1차 세계대전 이후와 마찬가지로 민족자결의 원칙을 천명했다. 여기서 민족자결의 원칙이란 두말할 나위 없이 한 민족이 독립국가를 이룩하고 타민족의 예속 없이 그 자신의 자주적인 의사 결정에 따라 살아갈 권리를 뜻한다. 그런데 추축국을 제압한 전승국들은 이미 오래전부터 경제적 우월성을 토대로 아시아와 아프리카 등지에서 수많은 식민지들을 보유하고 있었다. 그리고 '종전'이라는 새로운 역사적 공간에서 식민지 모국의 지배에서 벗어나려는 식민지 주민들의 민족해방투쟁이 격화되기 시작했다. 그러므로 식민 지역에서 민족자결의 원칙을 적용하는 일은 결코 쉬운 일이 아니었다.

새로운 상황에서 낡은 식민 지배 체제는 근본적으로 재편되어야 했다. 예컨대 미국은 이미 전쟁 중에 필리핀의 독립을 약속하고, 루스벨트 대통령은 "중국을 포함한 11억 갈색 인종의 독립"에 동정을 표하는 등 식민지 독립에 전향적인 자세를 취했다. 한편, 영국의 처칠은 미국과 민족자결의 원칙을 멋대로 합의해버렸다고 해서 귀국 후 의회로부터 추궁당하기도 했다. 이에 처칠은 민족자결의 원칙은 추축국의 식민지에만 적용될 뿐, 영국 식민지에는 적용되지 않는다고 발뺌하기도 했다. 미·소간 냉전이 심화되면서 양 진영은 예전의 식민 지역들을 각기 자유민주주의와 사회주의 체제 속에 편입시키고자 갖은 노력을 기울였다. 이 과정에서 열강의 식민지 재편 노력은 어김없이 식민지 주민들의 거센 저항에 직면하게 되었다. 식민지들은 제1세계에도 혹은 제2세계에도 속하지 않는 제3세계로서 그들만의 '비동맹회의'를 결성하여 열강의 세계 재편 노력에 맞서고자 했다.

식민지가 공식적으로 해방되고 독립국의 지위를 얻었다고 해서 식민지와 모국의 관계가 일거에 청산된 것은 아니었다. 식민 관계는 정치적 · 경제적 · 문화적 측면에서 형태를 달리하여 계속 유지되었다. 이른바 '신식민주의'의 시대가 개막된 것이다. 이러한 식민 관계가 비극적으로 나타난 것이 바로 프랑스와 알제리의 관계였다. 제2차 세계대전 중 독일에게 점령당하는 뼈아픈 경험을 했던 프랑스에서는 전후 의회주의에 입각한 제4공화국이 발족했다. 제4공화국은 식민 제국의 재수립을 목표로 '프랑스연합(Union Française)'을 "본국과 해외의 영토를 포괄하는 프랑스 공화국"으로 명시했다. 또한 "공화국 대통령과 연합을 구성하는 지역 대표들의 최고회의에 의해 통치"되는 거대한 행정 체계를 완성했다. 그러나 프랑스의 제국 형성 노력은 베트남, 라오스, 캄보디아에서 잇따라 큰 타격을 입었다. 특히 알제리에서 프랑스군은 '민족해방전선(FLN)'과 사투를 벌여야 했다.

제도적으로 볼 때, 알제리는 프랑스의 네 번째 도에 소속되어 있었다. 또한 알제리는 유럽 사회의 축도로서 100여 년에 걸쳐 이주해 온 100만여 명에 달하는 백인계 프랑스인을 보유하고 있었다. 그들은 알제리의 압도적 다수인 아랍계 주민들에게 헌법이 명시한 투표권을 부여하는 것에 반대했다. 물론 '가난한 백인'조차 아랍인들을 "더러운 쥐새끼"로 경멸하도록 부추김을 받았다. 알제리의 백인들은 평등주의 혹은 민주주의로 말미암아 일자리를 상실하고 사회적 지위를 박탈당하지 않을까 우려했다. 그들은 공식적으로는 대의제를 통해, 비공식적으로는 대중매체를 통해 프랑스의 정치 생활에 참여할 뿐, 주로 군부와 결탁함으로써 스스로의 특권을 지키려고 갖은 노력을 다했다.

프랑스 지배에 대한 알제리인들의 무력 투쟁은 1954년부터 시작되었다. 프랑스 정부는 인도차이나에서의 패전으로 멍든 본국민들과 식민지 주민들의 열광적인 지지를 등에 업고 알제리의 민족해방 세력을 가차 없이 탄압했다. 그리하여 50만에 달하는 군대를 파견하는 등 막대한 군비를 써가며 100만여 명의 식민지인을 살상하고 100만여 명을 감옥에 가두고 30만여 명을 다른 곳으로 강제이주시켰다. 그러나 역설적이게도 재알제리 프랑스인들도 본국의 차별 대우를 받는 형편이었다. 이들은 프랑스 입국도 자유롭지 않았다. 1958년 5월 알제리의 프랑스인들은 아랍인의 '민족해방전선'과 무관하게 독자적으로 총독 관저를 유린했다. 반란에 동조한 군 장성들은 공안 정부의 즉각적인 수립을 요구하고 군중들은 드골의 복귀를 요구하면서 그를 수반으로 하여 알제리를 프랑스의 핵심으로 삼는 새로운 공화국의 출발을 요구했다. 파리에서는 즉각적인 군사 개입 압력이 높아지는 가운데 드골의 정계 복귀가 추진되었다, 마침내 드골이 헌법 개정의 전권을 위임받고 12년 만에 권좌를 복귀함으로써 프랑스에서 새로운 대통령중심제 헌법으로 제5공화국이 출범했다.

알제리 프랑스인들의 반란을 계기로 이른바 "검은 발(pied-noire)"의 저항을 통제하고 조정할 헌정적 권한이 대통령에 부여되었다. 알제리 위기의 반향은 1961년에 다시 나타났다. '민족해방전선'과의 협의를 일체 거부하는 군 장성들의 쿠데타 위협 속에서 비밀군사조직(OAS)이 꾸민 테러 계획과 살인 행위로 말미암아 알제리로부터의 철수를 요구하는 여론이 비등해졌다. 뿐만 아니라 알제리혁명은 프랑스 지식인들을 비롯하여 전 세계에, 제3세계에 대한 새로운 관심과 해방투쟁 정신을 자극하는 기폭제 역할을 했다. 가령 제3세계 이론의 대변자라 할 파농(F. Fanon)은 유럽에 의해 짓밟힌 식민지들에서 부의 보상에 대한 요구뿐만 아니라 평등한 세계경제의 재편까지 제기했다. 그리고 이러한 지식인들의 요구는 제3세계의 비동맹 노선과 깊은 연관을 맺으면서 발전해나갔다.

이렇게 제3세계가 부각되자 유럽적 기준에 입각한 '인간'에 대한 인문주의적 시각은 상대화, 나아가 '악마화'되고, 따라서 전통적인 인문학적 지평은 유린되었다. 그동안 무지와 야만의 얼굴을 하고 있었던 비유럽의 유색인종들이 '인간'의 얼굴을 되찾고 스스로의 권리를 주장하고 나선 것이다. 유럽 지성사의 근간이 뿌리째 흔들리기 시작했다. 이를테면 파농은 인종주의와 저개발로 차별받고 식민 지배를 강요받았던 아프리카 및 아시아 사람들을 "대지의 저주받은 자들"로 칭하고 나서, "끊임없이 인간을 배려한다고 공언해 마지않았던 유럽 …… 그 정신이 획득한 승리 하나하나에 인류는 얼마만한 고뇌를 지불했는지 우리는 잘 알고 있다. …… 자, 동지들이여! 유럽의 푸닥거리는 완전히 끝났다. 이제 다른 것을 발견하지 않으면 안된다"라고 절규했다. 이는 130여 년의 억압에서 비롯된 정신적 죽음과 감정적·지적 장애와 고통에서 벗어나려는 알제리인들과 알제리 사회의 해방 공간에서 나타난 절규였다. 마침내 "대지의 저주받은 자들"이 발언하기 시작한 것이다.

이러한 경험은 명백히 프랑스 지식인들의 자기 인식과 타자 인식에 큰 영향을 미쳤다. 모든 것을 합리성의 척도로 재단하던 지식인들은 점차 유럽중심주의에서 한발 물러나 타자를 거울삼아 스스로의 정체성을 재점검하기 시작했다. 사르트르(J. P. Sartre)는 "백인은 그가 가진 연장—합리성—때문에 모든 것을 아는 것처럼 보인다. 그러나 그는 단지 사물의 표피만을 할퀴고 있을 뿐이다. 그는 사물의 지속성을 알지 못한다. 그러나 아프리카 흑인들은 동물적 친화력으로 모든 것과 화합한다. 이것이야말로 '흑인의 비밀'"이라고 말하기도 했다. 그러나 사르트르가 개척한 길보다 더 험난한 길을 걸은 사람은 바로 푸코(M. Foucault)였다. 귀신을 좇는 무당이 되기 위해서는 비전(秘傳)적인 진짜 병을 얻어 자신의 사명을 보여주어야 한다. 그리고 정신이 되돌아온 그는 자신의 지옥행을 이야기할 것이다. 푸코는 초기 저작들인 『임상의학의 탄생』과 『광기의 역사』 등에서 합리적 사고의 원천을 낱낱이 파헤치려는 결연한 지적 의지를 보여주었다. 푸코에 따르면, 서양 사회의 근본적 특징은 합리성의 실재라기보다 합리성의 질서에 따르지 않는 모든 것들을 강박적으로 부정하는 합리성에 대한 병적 집착에 있다. 그리고 합리성의 제도화를 통해 광인은 수용소에, 환자는 병원에, 범죄자는 감옥에 감금됨으로써 비합리성은 철저하게 봉쇄되었다. 요컨대 푸코는 이성의 이름으로 광기를 유폐시키는 또 하나의 광기를 고발한 것이다. 서양에서 합리성은 늘 분류하고 배제하고 감금하는 이성으로 존재한다. 그리고 이러한 합리성과 비합리성의 이분법적 분할은, 이를테면 문명과 야만, 선진과 후진, 서양과 동양 등과 같은 다양한 개념적 분할선들을 통해 끊임없이 재생산되었다.

서양의 합리성, 나아가 근대성 자체에 대한 푸코의 폭로와 고발은 『지식의 고고학』과 『말과 사물』 등을 통해 '담론(discourse)' 이론으로 심화되었다. 푸코에 따르면, 서양의 합리성은 직접적이고 직관적인 표현을 넘어 개념 작용과 논리적 판단을 거친 담론으로 제시되었다. 다시 말해 서구의 담론은 언제나 정교한 지식 체계와 함께 재생산된다는 것이다. 푸코 자신의 말대로 담론은 늘 자신의 "실증성"을 보유하고 있는 것이다. 요컨대 담론이란 세계에 대한 참다운 진실과 거짓된 진술을 구분하는 이데올로기가 아니다. 그것은 특정한 계급이나 집안의 이익에 봉사하는 지식을 생산하는 일련의 진술이나 신념을 말하는 것과도 다르다. 푸코에게 정치적·사회적·도덕적 세계에 대한 진술은 단순히 참과 거짓으로 나누어질 수 없었다. 그것은 언제나 참이기도 하고 거짓이기도 하며, 참이 아니기도 하고 거짓이 아니기도 한 것이다. 중요한 것은 담론 속에 내재해 있는 권력 관계를 판별해내는 일이다.

이러한 이론이 프랑스에서 나왔다는 것은 결코 우연이 아니다. 추측건대 알제리의 경험 — '알제리화' — 이나 파농의 절규 혹은 사르트르의 지성 등이 프랑스인의 세계 인식에 심오한 변형을 가했을 것이다. 그런데 푸코의 방법론을 적용하여 유럽의 동양 인식을 정교하게 분석함으로써 세계 학계에 커다란 반향을 불러일으킨 사람이 있다. 바로 미국의 아랍계 '아웃사이더'인 사이드이다. 그의 분석 대상은 "오리엔트(동양)를 지배하고 재구성하고 위압하기 위한 서양의 사유 양식"으로서의 오리엔탈리즘이다. 이제 사이드의 안내를 받아 유럽중심주의적 인식의 한복판으로 들어갈 차례이다.

3. 오리엔탈리즘과 제국주의

사이드는 영국의 위임 통치 상태였던 팔레스타인 출신의 문학자이다. 그가 태어난 1935년은 나치의 박해를 피해 유대인의 팔레스타인 이주가 홍수를 이루는 반면, 정작 거기에 살던 팔레스타인인들은 고향으로부터 추방되던 격동의 해였다. 사이드는 이집트 카이로의 빅토리아 칼리지에서 교육받고, 다시 미국 프린스턴 대학과 하버드 대학 등지에서 학업을 마쳤다. 그는 1970년 이후 컬럼비아 대학에서 영문학과 비교문학을 가르치고 있다. 그의 이름이 세상에 알려지게 된 것은 1978년 『오리엔탈리즘(Orientalism)』을 출간하면서부터였다. 이 책에서 사이드는 우선 1800년에서 1950년까지 150여 년에 걸치는 근동에 관한 저술들이 거의 60만 권에 달하지만 서양에 관한 동양인의 저술은 극소수에 불과하다고 지적하면서, 오리엔트(동양)는 오직 서양을 위해서만 존재한다고 단언했다. 물론 8세기에서 16세기까지는 정치적 · 군사적 측면에서 이슬람이 동양과 서양 모두를 지배했다. 그러나 훗날 힘의 중심은 서방으로 옮겨지게 되었다는 것이다.

사이드의 핵심적인 주장은 오리엔탈리즘이 "오리엔트를 지배하고 재구성하고 위압하기 위한 양식"이라는 것이다. 여기서 오리엔트란 주로 중동과 인도를 뜻하지만 그 의미를 확대 해석하면 식민 지배의 고통을 경험한 일체의 비서구 세계를 가리킨다. 『오리엔탈리즘』 서문에서 사이드는, 맑스(K. Marx)가 프랑스 농민을 가리켜 "그들은 스스로 자신을 대표(표상)하지 못하고 누군가에 의해서 대표(표상)되어야 한다"라고 날카롭게 지적했듯이, 동양인들 역시 스스로를 표상하지 못하고 서양인들에 의해 표상되어야 했다고 지적했다. 그러므로 오리엔탈리즘이란 "서양이 동양에 던진 일종의 투영도"이며 "동양을 지배하기 위한 의지의 표명"이자 "멸시의 구조"인 것이다. 다시 말해, 사이드에게 오리엔탈리즘이란 "오리엔트적 사물을 검색, 연구, 판단, 통치의 대상으로서 교실, 법정, 감옥, 도감 속에 배치하는 오리엔트에 관한 지식"이다. 이로써 오리엔트의 학자들이 오리엔트를 연구하기 위해 유럽 혹은 미국에 가서 색인을 조사하고 연구하는 엄청난 아이러니가 빚어졌다.

사이드에 따르면, 유럽인의 오리엔트 해석은 주로 이슬람 세계와 관련하여 제시되었다. 확실히 이슬람 세계는 오랫동안 유럽인들에게 위협적인 세력이었다. 가령 11세기 몬테 카시노의 한 성자는 이슬람의 공격에 대해 "벌 떼들이 밀려오듯 무거운 몸짓으로 …… 모든 것을 파괴해버렸다"라고 보고했다. 비록 근대 이후 이슬람으로부터의 위협이 상당히 축소되기는 했지만, 유럽인의 뇌리에 각인된 이슬람 이미지는 여전히 공포의 오리엔트를 표상하는 것이었다. 특히 근대 유럽인들은 이슬람 세계를 있는 그대로 이해하기보다는 '양식화된' 오리엔탈리즘의 교본에 따라 이해했다. 물론 그러한 교본들은 수없이 많다. 가령 일찍이 편집된 『동양 전서』의 '마호메트' 항목에는 "이름난 사기꾼 종교의 이름을 사칭하는 이단"으로 씌어 있다. 단테의 『신곡』에는 허언자와 배신자가 갇힌 지옥의 맨 밑바닥에 있는 "중상을 일삼고 분열의 화근의 씨를 뿌린" 가장 악덕한 범주에 마호메트를 위치시키고 있다. 단테의 붓끝에서는 기독교에 귀의하지 않았던 — 혹은 그럴 기회가 없었던 — 고대 그리스의 소크라테스나 플라톤 등도 지옥의 밀실에 갇힌 채 일정한 형벌을 받았다. 그러나 역시 마호메트가 가장 참혹한 형벌을 받았다. 그러므로 마호메트에 대한 "멸시의 구조"는 이슬람, 오리엔트, 나아가 일체의 다른 문명들에 대한 진실한 이해를 저해하는 근본 원인이 되었다.

물론 19세기에 중동이나 인도를 여행했던 유럽인들은 자신의 체험을 다양한 방식으로 제시했으나, 오리엔트를 유럽에 의해 지배되거나 지배될 영역으로 인식했다는 점은 모두 일치한다. 즉, 유럽인들에게 오리엔탈리즘은 유럽의 오리엔트 지배와 동의어가 되었다. 샤토브리앙(F. A. R. de Chateaubriand)의 『파리에서 예루살렘으로의 여행』을 예로 들어보자. 이 책은 1805～1806년에 걸친 동방 여행에 대한 보고서이다. 샤토브리앙의 여행은 잡다한 인종들과 지역들과 사상들의 밀림을 헤쳐나가면서 진행되었다. 그에게 나폴레옹이 최후의 십자군이었듯이, 그 자신은 옛 순례자들과 똑같은 사명감을 갖고서 조국을 뒤로하고 성지를 향했던 최후의 프랑스인이었다. 그의 목표는 고대 로마와 켈트에 대한 연구를 완성함으로써 인격을 도야하고 참된 종교 정신을 재확인하는 것이었다. 그러나 샤토브리앙은 이러한 목표를 추구하면서도 사물을 있는 그대로 보지 않고 특정한 '편견의 프리즘'을 통해 보았다. 가령 그에게 『코란』은 마호메트의 책일 뿐이었다. 그는 『코란』에서 문명의 원리나 인생의 교훈, 나아가 자유정신을 전혀 발견할 수 없다고 결론지었다. 이슬람교도들은 "다시 야만 상태에 빠진 문명인"일 뿐이었다. 그는 프랑스어를 말하려고 하는 이슬람교도를 보고 앵무새가 자기 말을 외워 되뇌는 것을 본 로빈슨 크루소의 기분을 맛보았다고 전한다.

오리엔탈리즘의 정수는 맑스에게서도 확인된다. 그는 영국의 인도 지배를 분석하면서 이른바 "아시아적 생산양식"에 결박된 식민지 인도에 대한 영국의 착취를 고발했다. 그러나 동시에 맑스는 "영국의 인도 지배"라는 유명한 기사에서 "아시아 사회의 근본적인 변혁 없이도 인류의 사명을 달성하는 게 과연 가능한가"라는 물음을 던지면서, 만일 그것이 불가능하다면 영국이 저지른 죄과와는 무관하게 영국은 인도 사회에 사회혁명을 촉발시킴으로써 무의식적으로 역사적 진보의 도구가 되었다고 주장했다. 나아가 맑스는 영국이 인도에서 그 자신의 문명적 사명, 즉 낡은 아시아를 무너뜨리고 서구 사회의 물질적 기초를 확립하는 사명을 다해야 한다고 역설했다. 요컨대 맑스는 인도가 '역사 없는' 아시아의 정체된 사회라고 봄으로써 '오리엔탈리스트'로서의 진면목을 유감없이 보여주었다. 여기서 오리엔탈리즘은 "오리엔트를 지배하고 재구성하고 위압하기 위한 양식"이라는 사실이 다시금 명백해진다. 오리엔탈리즘에서 서양과 동양이라는 이항 대립은 정상과 비정상, 우월과 열등, 강자와 약자, 성인과 유아, 합리성과 비합리성, 선진과 후진, 그리고 마침내 문명과 야만 등으로 형태를 달리하며 재생산된다.

사이드의 『오리엔탈리즘』이 전후 사회과학계에 미친 영향력은 이루 헤아릴 수 없이 거대했다. 그것의 파장은 반식민주의 운동을 배경으로 하여 인류학, 역사학, 문예비평 등 수많은 영역들에 걸쳐 성난 불길에 기름을 부은 격으로 일파만파 번져갔다. 그런데 식민 권력의 일방적 확산을 전제로 한 사이드의 오리엔탈리즘 논의는 그것의 주체와 객체 사이에 존재하는 갈등의 국면들, 특히 식민지 주민들의 저항 국면들을 제대로 부각시키지 못한 채, 단순히 문명과 야만이라는 추상적 담론 구조상의 이항 대립으로 문제를 환원시킨 듯하다. 특히 사이드는 오리엔탈리즘이 실제 역사 속에서 어떻게 구체화 · 활성화되는지를 더 이상 분석하지 않았다. 가령 제국주의와 같은 역사적 현상들과 오리엔탈리즘이 어떻게 연관되는지는 더 많은 설명을 필요로 하는 것처럼 보인다. 그리하여 사이드의 논의는 전통 학문 분과들로부터는 '사실' 자체에 대한 객관적이고 역사적인 접근이 결여된 것으로, 좌파 계열로부터는 피억압민의 실제적 고통을 무시한 것으로 비판받게 되었다.

그러나 사이드는 『문화와 제국주의』라는 또 다른 저작에서, 제국주의가 확산되면서 그 문화가 끼친 지속적이고도 심원한 영향력을 밝혀내고자 노력했다. 20세기 중반 이후 과거 식민지들이 독립함으로써 지구상에서 제국주의는 공식적으로 사라졌다. 그러나 제국주의가 사라진 뒤에도 그것의 흔적은 식민지들에 견고하게 뿌리내리고 있다. 제국주의는 단순히 부를 획득하거나 축적하는 행위 이상의 것이다. 그것은 과거 수없이 자행된 약탈과 착취들에 국한되지 않는다. 그것은 기본적으로 어떤 지역들과 사람들은 '지배를 받아야 한다'는 생각에 입각해 있다. 즉, 제국주의란 지배를 위한 문화적 총체이다. 따라서 제국주의에 대한 논의의 본질은 어느 제국주의가 더 수익성이 많은지 적은지를 따지면서 대차대조표를 만드는 데 있지 않다. 다시 말하거니와, 제국주의는 단순히 부를 획득하는 실천이 아니라 제국 권력이 조직한 방대한 규율 체계를 극히 세부적 영역에까지 침투시키는 권력-지식의 체계이다. 외견상 공평무사하고 비정치적인 문화적 규범에도 제국주의적 이데올로기와 식민주의적 관행은 어김없이 존재하는 것이다. 요컨대 사이드는 문화가 권력으로부터 유래된 것이 아니라 지식과 문화 자체가 곧 권력이라는, 일종의 '전체화'의 담론을 펼쳤다.

이러한 전제 위에서 사이드는 19세기 유럽 작가들, 특히 영국 작가들의 작품에 담긴 제국주의의 '전체화' 담론을 분석했다. 특히 그는 19세기 말 영국 소설가 콘래드(J. Conrad)의 『암흑의 핵심』을 통해 이 점을 잘 보여주었다. 이 작품은 주인공 말로가 아프리카 주재원 커츠를 찾으러 콩고 강을 거슬러 올라가 커츠의 임종을 지켜보는 이야기이다. 여기서 '암흑의 핵심'이란 곧 백인의 눈에 비친 검은 대륙의 안과 밖을 표상한다. 커츠는 가장 능률적이면서도 잔혹한 상아 수입상으로서, 흑인 원주민들에 대한 연민과 도덕적 사명감을 갖고 검은 대륙을 밟는 과학과 진보의 사자이다. 그러나 그는 탐욕을 추구하는 과정에서 자제력을 잃고 심각한 인격 파괴를 경험한다. 이에 작가 콘래드는 인육 먹기를 마다하지 않는 커츠를 통해 벨기에인들의 비인도적 식민 활동을 폭로한다. 그러나 동시에 콘래드는 주인공 말로의 입을 빌려 "고대 로마인들은 결코 식민주의자가 될 수 없었다. 그들은 땅을 정복한 것 이외에 별로 한 일이 없었다. 그러나 우리에게는 효율성과 효율성에 대한 헌신이 있다"라고 말함으로써 제국주의를 정당화하는 논리까지 보여준다. 이 말에는 착취만을 일삼은 로마인들과 벨기에인들은 저주받아 마땅하지만, 효율성을 전파한 영국은 구제받을 자격이 있다는 기묘한 논리가 깔려 있다.

다른 작품에 나오는 미국인 홀로이드가 "우리는 세계 최고이고 세계를 이끌어가야 하며 자유와 질서를 대변한다"라고 강변하는 것에도 이와 유사한 논리가 깔려 있다. 사이드는 미국의 이익 추구를 자유의 성전으로 비유하고 '미국예외론'을 통해 미국의 독자성과 위대함을 강변하는 미국 제국주의의 속성을 고발한다. 그러나 여기서 사이드는 미국의 정체성이라는 아주 난해하고 중요한 문제와 마주치게 된다. 이 점과 관련하여 사이드는 미국의 정체성이 무엇인지 묻기 전에 그것이 이민자들의 파괴된 정체성들의 자해 위에 고스란히 덧씌워졌다는 점을 직시해야 한다고 강조한다. 즉, 미국의 정체성은 애당초 단일하거나 통일될 수 없다는 것이다. 미국에서 필요한 것은 비스마르크식의 통합적 민족주의, 곧 환원적 통일을 추구하는 것이 아니라 복합적 · 다원적 정체성을 옹호하는 것이다. 결국 정체성을 둘러싼 미국인들의 투쟁은 이 두 진영, 즉 환원주의와 다원주의 사이의 투쟁이 될 것이다.

이러한 맥락에서 사이드는 환원적 통합을 목표로 한 "전통의 발명(invention of tradition)"을 크게 경계한다. "전통의 발명"이란 낡은 사회조직이 마모되어 사회적 압력이 증대할 무렵, 고색창연한 전통만이 부여할 수 있는 권위와 정당성에 기대어 사회를 유지하려는 전략이다. 이를 통해 서구의 지배자들은 자신들의 지배 체제를 효과적으로 유지할 수 있었다. 그러나 전통 만들기는 반대편에서도 일어났다. 역설적이게도 저항하는 측에서도 압제자들의 수법을 모방함으로써 부지불식간에 그들과 닮게 된 것이다. 요컨대 식민주의와 저항민족주의는 서로 "중첩되고" "뒤얽혀" 있다. 공식적인 식민주의가 사라졌다고 해서 자동적으로 제국주의적 문화가 사라지는 것은 아니다.

다른 한편, 식민지 해방 투쟁이 격화되고 식민주의가 종식되면서 식민지 모국에서도 새로운 공동체를 지향하는 비판적 지식 운동이 발전했다. 그러자 이번에는 식민지 저항의 경험이 거꾸로 중심부 지식인들에게 커다란 영향을 주었다. 앞서 살펴보았듯이, 알제리 사태가 프랑스 지식인들에게 준 영향이 바로 그러한 사례일 것이다. 이러한 의미에서 모든 문화적 관계는 서로 대립하면서도 공존하는, 이른바 음악에서의 대위법적 조합을 구성한다고 말할 수 있다. 이것이 바로 "겹치는 영토"라는 사이드의 표현이 진정으로 의미하는 바이다. 즉, "제국의 이야기"와 그에 맞서는 "저항의 이야기"는 완전한 이항 대립의 관계가 아니라 상당 부분 "중첩되고" "뒤얽힌" 중층적 관계를 이루고 있다.

요컨대 사이드는 아랍과 미국이라는 두 세계에 동시에 속함으로써 두 세계를 더 잘 이해할 수 있는 독특한 위치에서 이항 대립적 · 환원적 정체성을 거부하고 "잡종적"이며 "유목적"인 새로운 정체성을 추구한다. 확실히 현대 세계는 자본주의와 제국주의가 요구하는 지리 공간의 서열화와 차별화로 말미암아 생활 공간이 인위적으로 교란됨으로써 뿌리 뽑힌 망명자들, 이민자들, 유랑자들을 양산한다. 그리고 이로부터 나오는 박탈감이나 상실감으로 인해 이른바 "마술적 계시"와 "사이비 연금술"에 입각한 민족 설화들이 집요하게 되풀이되고 호소력을 갖게 된다. 그러나 민족주의의 '전체화' 담론 역시 오리엔탈리즘과 마찬가지로 '닫힌 사회'로의 길을 예비할 뿐이다. 요컨대 사이드가 역설하는 것은 단순한 문화와 전통으로의 회귀가 아니라 다원주의나 잡종성 또는 관용성에 대한 요구이다. 이러한 맥락에서 그는 민족자결에 입각한 독립 투쟁이 민족주의와 원리주의와 결부되어 이항 대립의 '환원적' 정체성으로 귀결되는 것을 매우 경계한다. 그러나 불행히도 오늘날 방어적이고 보수적이며, 심지어 편집증적인 민족주의가 미국과 아랍 세계 양쪽에서 모두 고개를 쳐들고 있다. 그 결과는 2001년 9 · 11 테러 이후 벌어지고 있는 작금의 사태들이다. 사이드가 우리에게 권고하는 새로운 문화적 이해의 핵심은 '우리'와 '그들'을 나누는 데 있지 않고, 예컨대 베토벤의 음악을 독일의 유산으로 고집하는 국수주의를 배격하고 전 인류의 유산으로 삼는 태도에 있다.

4. 유럽과 이슬람

유럽이라는 이념은 명백히 타자, 즉 다른 문명들과의 조우할 때 비로소 등장한다. 타자가 없으면 자기정체성은 형성될 수 없다. 그러므로 타자가 없다면 타자를 발명할 필요가 있다. 유럽이라는 개념이 처음으로 중요한 의미를 갖게 된 것은 북방 게르만 민족이 고대 문명권에 침투함으로써 역동적인 변화가 야기된 고대 말에서 중세 초에 이르는 시기였다. 이때 아시아와 아프리카를 제외한 모든 지역에서 게르만 민족의 여러 갈래가 로마제국의 판도로 이동했다. 이 과정에서 찬란한 로마 문명이 '역사 없는' 북방의 야만족과 융합되는 사태가 벌어졌다. 게르만 민족의 침입, 갈등, 제국의 붕괴 등으로 이어진 역사의 무대가 곧 역사가들과 지리학자들에 의해서 유럽으로 인식되었다.

6세기에 이르면 교황 그레고리우스 7세가 유럽을 기독교에 귀의하고 로마 교황을 정신적 수장으로 받드는 지역 – 주로 갈리아와 이탈리아 – 으로 정의하면서 유럽의 개념을 한층 더 넓은 지역에 적용했다. 그리고 8세기 이슬람 군대가 피레네 산맥을 넘어 갈리아 지방 깊숙이 침입했을 때 샤를 마르텔이 이끄는 로마와 게르만의 혼성부대가 7일간의 전투 끝에 이를 물리쳤는데, 이 영광의 부대는 로마 군대도 아니요 게르만 군대도 아닌, 바로 새로운 공동체인 유럽의 군대였다. 당시 한 연대기 작가는 이 새로운 공동체가 전쟁터에서는 단결되지만 전쟁이 끝난 뒤에는 공동의 감각이 해체된다고 적었다. 이 푸아티에 전투를 두고 훗날 19세기 영국의 위대한 역사가 매콜리(T. B. Macaulay)는 "이 전투에서 유럽군이 패배했더라면, 오늘날 우리는 케임브리지 대학에서 성서 대신 코란을 읽고 마호메트를 숭배하지 않으면 안 되었을 것이다"라고 하면서 푸아티에의 승리가 갖는 역사적 의미를 되새겼다. 20세기에 들어서도 피렌(H. Pirenne)은 『유럽 세계의 탄생 : 마호메트와 샤를마뉴』에서 7세기 이슬람 침입의 결과 유럽의 중심이 지중해에서 북방 내륙 지역으로 옮겨졌음을 확인했다. 그리하여 '로마주의' 대신 '게르만주의'가 역사의 무대에 등장하고, 독자적인 성격의 로마적 · 게르만적 문명이 발생한다고 주장했다. 그러므로 피렌 자신의 표현대로 "마호메트 없이 샤를마뉴도 없다"는 것일까?

이상 매콜리와 피렌의 테제들은 푸아티에 전투와 이슬람 침입이라는 중요한 역사적 사건들이 갖는 의미를 뛰어나게 분석했으나, 여전히 결정적인 한계들을 안고 있었다. 우선 매콜리는 전투의 의미를 밝혔으나, 정작 그 전투의 원인과 규모는 덮어두었다. 사실 푸아티에 전투는 당시 지중해와 이베리아 반도를 석권한 이슬람 제국과의 전면전이 아니었다. 그것은 다만 피레네 산맥을 넘어온 소수 비주류 약탈자들과의 소규모 접전에 불과한 것이었다. 피렌 역시 "로마의 호수"요 "우리의 바다"였던 지중해 중심의 상업 경제가 쇠퇴하고 자급자족적 농업 경제로 전환된 배경을 밝힌 점에서는 탁월했으나, 샤를마뉴를 주저 없이 마호메트에 대비한 것은 명백히 당시 이슬람 문명의 거대한 규모를 무시한 처사라고 아니할 수 없다.

과연 마호메트가 죽고 1세기도 지나기 전에 이슬람 세력은 서고트 왕국과 사산조 페르시아 및 동로마제국의 일부를 정복하여 이베리아 반도에서 북아프리카를 거쳐 중앙아시아에 이르는 대제국을 형성했다. 피렌처럼 당시 상황을 프랑크, 비잔틴, 이슬람의 세 제국들이 서로 경합하는 형세로 바라보는 시각에서는 이슬람의 압도적 우세가 적절하게 드러나지 않는다. 가령 당시 비잔틴제국은 자국보다 영토가 10배나 넓고 예산이 12배나 많으며 병력도 5배나 많이 동원할 수 있는 이슬람제국을 감히 자국과 대등하게 생각하지 못했을 것이다. 또한 '왕 중의 왕'인 이슬람제국의 알 라시드가 샤를마뉴의 대관식에 맞춰 옷과 애완용 코끼리를 보낸 의미는 과연 무엇이었을까?

당시 이슬람은 서유럽이 스스로를 비춰보는 거울로 삼기엔 너무 거대한 세력이었다. 이슬람제국의 군주는 '칼리프'라 불렸는데, 서열로 따져서 비잔틴 황제는 간신히 다섯 번째 자리를 차지했던 반면, 서유럽의 국왕들은 서열에도 낄 수 없는 왜소한 존재로 취급되었다. 그렇다면 이슬람 세력의 팽창을 가능케 한 힘은 어디에 있었을까? 이슬람의 정복 과정이 칼이냐 코란이냐를 강요하면서 전개되었다는 견해는 편견에 불과하다. 이슬람제국은 '이슬람화' 없이는 분열을 면치 못했을 여러 부족들을 집단의식에 동화시킴으로써 원(原) 국가적 공동체 속에 결속시킬 수 있었다. 이슬람은 기독교도나 유대교도에 대해서도 그들이 이슬람교로 개종하지 않더라도 세금을 바치고 반항하지 않는 한 관용을 베풀었다. 이를테면 기독교가 이슬람을 "잘못된 종교"로 마호메트를 "악마의 사자"로 규정한 반면, 코란은 "예언자 예수"에 대해 예의를 갖춰 기술하고 마리아의 동정 수태를 인정했다.

원래 이슬람교는 나일 강과 옥서스 강 사이의 셈계가 거주하는 광대한 지역에서 공동체 신앙으로 성립되었다. 따라서 이슬람교는 개방적인 아랍적 환경의 산물이었다. 이슬람교가 아랍 밖으로 확산될 수 있었던 것은 처음부터 열린 공간을 따라 주민들이 이 신앙을 받아들이게 되었기 때문이다. 특히 마호메트가 설법을 시작한 메카는 "비옥한 반달형" 지대로서 경제 번영의 중심지였다. 그러므로 이슬람교를 단지 사막의 종교로 격하할 수는 없다. 마호메트의 정책은 이 지역 여러 세력들 간 힘의 균형을 겨냥하여 전개되었다. 당시 지방 주민들의 대다수는 무신앙 상태였고, 소수 집단들이 유대교와 기독교를 받아들이고 있었다. 마호메트는 메카에서 뿌리 깊은 일신교적 전통에 접목하여 스스로를 신의 사자라고 설법했다. 그런데 메디나로 들어간 마호메트는 거기서 독자적인 공동체를 만들어 교리를 설법함으로써 큰 성과를 거두었다. 기독교도와 유대교도에 의해 선동된 종교적 분쟁 속에서 이슬람교의 근원을 유대교인이나 예수 이전 아브라함의 신앙에 젖줄을 댔다.

632년 마호메트가 죽은 뒤 이슬람 교리는 나일 강에서 옥서스 강에 걸쳐 급속도로 확산되었다. 이는 이슬람교가 본질적으로 낯선 풍토에 들어간 것이 아니라, 가장 오래된 유일신 전통에 뿌리를 둠으로써 거둔 필연적 성과였다. 이슬람 교리를 받아들인 무슬림들은 그들의 오랜 신앙 전통을 포기하지 않고 새로운 종교를 쉽게 받아들일 수 있었다. 거대한 이슬람제국은 기본적으로 유목성에 바탕을 둔 군사력에 의지했다. 그러나 정복지들에서는 상업적 요소와 연결된 도시 상인들이 주도권을 장악했다. 이러한 상업적 성격을 고려할 때, 이슬람제국의 정치권력은 토지 귀족에 토대를 둔 폐쇄적이고 보수적인 정치권력과 달리 개방적이고 합리적이라고 할 수 있다. 이러한 종교적 · 경제적 · 정치적 힘을 바탕으로 이슬람은 독특한 이슬람 문화를 꽃피웠다. 이슬람 문화는 근대에 서구 문명이 상인과 선교사들에 의해 기독교와 함께 지구상에 확대되었듯이, 지구의 넓은 지역으로 확산되었다. 이슬람 문화가 강력히 확산될 수 있었던 동력으로는 ① 절대자와의 관계에서 만족할 만한 감각을 제시했다는 점, ② 이슬람교도가 됨으로써 누구나 전근대적 기준에서 볼 때 개인의 능력을 십분 발휘할 수 있는 유연한 사회질서가 형성되었다는 점, ③ 이러한 사회질서의 유연성이 나일 강에서 옥서스 강 사이의 특수한 지리적 · 상업적 · 문화적 환경에 바탕을 두면서도 동시에 이슬람교의 보호 속에서 보강되었다는 점 등을 꼽을 수 있다.

철학자 야스퍼스(Karl Jaspers)는 기원전 800년에서 기원후 200년까지를 이른바 "추축 시대(Achsenzeit, Axial Age)"라고 지칭하면서 주요 문자 문명의 탄생 계기가 마련된 시대로 지적했다. 그는 이것이 훗날 세계의 주요 문명들을 지배하게 될 중핵을 형성한다고 해석했다. 즉, 극동의 중국 전통, 히말라야 남부의 인도 전통, 아나톨리아(소아시아) 지역의 헬레니즘 내지는 유럽적 전통, 나일 강과 옥서스 강 사이의 이란 · 셈계 전통이 바로 그런 것들이다. 그리고 여기에 각각 공자, 석가, 소크라테스 그리고 조로아스터-이사야 등이 주축으로 작용했다는 것이다. 이렇게 볼 때, 이슬람교는 조로아스터-이사야의 유일신을 섬기는 예언적 전통 속에서 태어났다고 하겠다. 유대교, 기독교, 이슬람교가 서로 경합하는 가운데 이슬람교는 독자적인 종교적 전통을 발전시켰다. 특히 평등과 세계시민적 윤리를 강조하는 이슬람 교리는 상인을 비롯한 도시민 공동체를 쉽게 받아들여졌다. 그리고 다른 모든 전근대적 종교 전통과 마찬가지로 숭배 및 신화의 단순성과 특정 지역과의 유대를 갖지 않은 잠재적 국제성이 상업 민족의 종교적 취향에 잘 들어맞았다. 이러한 바탕 위에서 이슬람교는 사회적 양심, 내면적 계발, 화려한 제식, 초월성의 강조, 그리고 무엇보다 도덕적 의무감을 강조했다.

이슬람교는 기독교와 뿌리를 같이하면서도 기독교가 타락한 세상에서의 자기 속죄와 이웃에 대한 사랑을 강조한 반면, 현실 세계에서 도덕적 질서를 확립하기 위한 개인의 사회적 의무를 강조했다. 특히 기독교가 아담의 원죄 이래로 고통받는 사람들의 구원을 위한 십자가, 부활, 그리고 예수의 희생정신을 본받는 초월성의 종교인 반면 이슬람교에서는 실수한 아담이 곧 신을 향해 인도를 요구하여 그 인도를 받았다고 가르친다. 이슬람교에서 신앙의 핵심은 코란을 수용하고 코란이 가르치는 규범을 현실 세계에서 충실히 따르는 것이었다. 그리하여 매일매일 예배를 통해, 혹은 메카 순례를 통해 국경을 넘어 이슬람을 관통하는 동질적 형제애가 쉽게 형성될 수 있었다. 기본적으로 이슬람교는 기독교나 유대교에 비해 이질적인 대중들이 접근하기 쉬운 현실적이고 국제적인 종교이다. 그리고 이슬람과 유럽의 문화적 교류에서 이슬람이 압도적으로 우세했다는 것은 상식이다. 칼리프가 지배하던 전성기에 이슬람 문화는 동쪽으로 바그다드와 서쪽으로 코르도바를, 경제적으로 가장 번영하고 문화적으로 가장 으뜸가는 중심지로 만들었다. 이슬람은 그리스 고전 문화의 정통 계승자로서 중국 및 인도의 기술과 추상적 철학 개념과 접촉하여 수학, 천문학,

의학, 화학 등 여러 분야에서 주목할 만한 발전을 거듭했다. 그리하여 중세 유럽의 대학에서는 아랍어로 번역된 아리스토텔레스를 읽지 않으면 안 되었다.

그러므로 서유럽의 성직자와 귀족들이 합작해서 엮어낸 성지 탈환 전쟁—십자군원정—이란 곧 동방 이슬람의 경제적 번영과 문화적 우월에 대한 서유럽의 질투와 갈망이 빚은 발작이었다. 이슬람의 입장에서 십자군이란 예수를 살해한 유대 민족에 대한 가차 없는 학살과 예루살렘 약탈에 불과했다. 물론 십자군을 통해 서유럽은 마침내 동면에서 깨어나 외부로 팽창할 만한 최소한의 힘을 보유하고 있음을 대내외로 보여주었다. 그리하여 중앙아시아의 셀주크 튀르크가 바그다드를 장악하고 이슬람을 받아들인 뒤 약 200년간은 이슬람, 비잔틴, 서유럽 간에 세력 갈등이 치열하게 전개된 시기였다.

1300년경에는 오스만 튀르크가 아드리아노플을 거점으로 팽창을 시도했으나 몽고에 의해 일시 저지되었다. 그 후 오스만제국은 1453년 콘스탄티노플을 함락하고 비잔틴제국을 무너뜨렸다. 오스만제국은 소아시아를 중심으로 발칸 반도, 북아프리카, 이집트, 메소포타미아 등지를 장악한 거대 제국으로 비약했고, 한때 오스트리아의 빈과 헝가리까지 육박하기도 했다. 한편, 서쪽으로 오스만제국과 동쪽으로 인도와 무굴제국 사이에 위치했던 페르시아는, 1600년경 사파비 왕조가 시아파 이슬람교를 받아들여 강력한 중앙집권 국가를 건설했다. 그러나 18세기에 왕조가 몰락하면서 여러 개의 작은 국가들로 분열되었다. 그 밖에 인도양 지역은 이미 8세기 초부터 이슬람 상인들이 장악하고 있었다. 특히 1000년경에는 튀르크계 이슬람교도들이 오늘날의 아프가니스탄 지역을 장악하고 인도로 들어가는 산악 통로로 확보하여 마침내 1193년 뉴델리를 접수했다. 북인도에 대한 이슬람의 지배는 티무르와 몽고의 침략으로 일시 중단되기도 했으나, 카스트제도에 묶인 인도인들이 이슬람으로 개종하고 이슬람이 힌두교를 관용하면서 인도는 이슬람과 힌두교가 공존하는 사회가 되었다.

넓게 봐서 1500~1700년 시기에 이슬람의 국가적 기초와 사상적 토대 그리고 윤리적 창조성은 흔들림이 없었다. 그러나 1700년 이후 이슬람 문명권의 결속은 코란의 시원성이 후퇴하고 지방주의가 득세하고 신앙생활이 미신화되면서 점차 흔들리게 되었다. 오스만, 사파비, 무굴 등 여러 이슬람제국들이 쇠퇴하기 시작했다. 18세기에 오스만제국이 유지된 것은 유럽의 분열에 힘입은 것일 뿐이다. 사파비제국은 아프간 부족들에게 침략당했고, 무굴제국은 이슬람교도와 힌두교도 사이의 자기 파괴적인 투쟁으로 산산조각이 났다. 중세에서 1700년까지 이슬람의 역사는 바로 세계사 그 자체이다. 이슬람 문명권은 북서부의 기독교 문명권과 북동부의 고립된 유교 국가들 사이의 광활한 대륙과 대양을 껴안으면서 발전했다. 그 밖의 아프리카, 아메리카, 오세아니아 등지는 아직 문명권 바깥에 있었다. 이슬람은 극동의 다른 나라들과 마찬가지로 이전 5,000년간의 문명화 과정에서 비슷한 역사적 리듬을 갖고, 문명 간의 느슨한 연대를 맺으며 인류 문화에 공헌해왔다. 그러나 육지에 약했던 유럽인들이 바다에 뛰어들어 이슬람이 개척해놓은 무역 루트를 따라 활동을 시작함으로써 사정이 달라졌다. 그리고 유럽인들은 이 모험적 사업에서 대박을 터뜨렸다.

그리하여 18세기까지는 미미하던 변화의 속도가 19세기에 들면 과학기술의 비약적 발전을 통해 이전 몇 세기를 합한 것보다 더 폭발적으로 빨라지게 되었다. 이 "거대한 전환(Great Transformation)"은 비록 서양에 의해 시작된 것이기는 하나 초지역적인 세계사 사건이다. 이 전환 운동은 대략 수천 년에 걸치는 시간 리듬과 거대한 아프로-유라시아 대륙의 차원에서 파악되어야 한다. 그것은 이러한 광활한 시간과 공간 속에서 인류의 끊임없는 상호 교섭의 결과이다. 그러나 "거대한 전환"을 준비했던 유럽의 계몽사상은 인류 공동의 문화유산과 문화적 유대를 배제하면서 유럽과 비유럽을 문명과 야만의 관계를 엄격하게 분리했다. 유럽인들은 유럽적 발전의 보편성을 지나치게 신봉한 나머지 역설적이게도 스스로 보편주의에서 이탈하여 특수주의에 빠지게 된 것이다.

5. 유럽중심주의의 종언

서유럽에 근원을 둔 근대 자본주의 경제는 19세기 말에서 20세기 초에 걸쳐 세계의 대부분을 자신의 식민 지배에 종속시켰다. 대서양 양안에서 거대한 산업력을 가진 서유럽과 미국이, 그리고 서구의 발전을 이념형으로 삼아 산업국으로 도약한 일본이 세계사 무대의 주역으로 부상했다. 이러한 과정에서 유럽중심주의는 유럽 혹은 서구의 패권적 지위를 재생산하는 문화적 기반이 되었다. 유럽중심주의는 무엇보다 여타 세계가 한결같이 유럽의 발전 모델에 따라 역사 발전에 동참해야 한다고 호소했다.

그러나 오늘날 유럽중심주의는 크게 흔들리고 있다. 물론 식민주의가 신식민주의의 형태로 되살아나고 과거 식민지 모국의 경제적 · 정치적 · 군사적 지위가 여전히 막강하지만 말이다. 이런 상황에서 과거 종속이론가로 이름을 떨친 프랑크가 『리오리엔트(Reorient) : 아시아 시대의 지구경제』(1998)라는 책을 출간하여 지성계에 커다란 자극을 주었다. 이 책 서문에서 그는 "나는 이 책에서 지금까지 받아들여진 유럽중심주의적 사회이론들을 지구학적 관점에서 뒤집어놓고자 한다. 근대 초의 경제사는 세계를 포괄하는 지구적 관점에서 통찰되었다. 나는 전체 세계경제체제를 그 자체로 분석하고자 하는 것이지 분리된 유럽의 세계경제체제를 분석하려고 하지 않는다"라고 천명했다. 유럽적 세계체제가 아니라 전 지구적 경제체제를 분석하고자 한다는 것이다. 프랑크에 따르면, 지금까지 유럽의 역사가들은 유럽을 중심으로 역사를 기술했을 뿐, 세계를 포괄하는 역사를 서술하고자 하지 않았다.

언젠가 브로델(F. Braudel)은 "유럽이 역사가를 발명하고 이들이 유럽 안팎에서 그들의 이익 증대를 위해 역사가를 이용하고 있다"라고 말한 바 있다. 그렇다면 이들 역사가들 ―사회과학자들도 포함하여― 이 유럽의 이익 추구를 위해 개발한 이데올로기가 바로 유럽중심주의인 것이다. 이는 비단 역사학이나 사회과학에만 국한된 것이 아니라. 그것은 메르카토르 도법이 이용된 지도 제작에서도 드러난다. 1569년 메르카토르가 제작한 도법은 위도와 경도를 직선으로 표시함으로써 지표의 각 부분에서 방향과 각도를 정확히 표시하여 항해용으로는 안성맞춤이다. 그러나 고위도 지방의 부피가 확대되어 그 형태와 크기는 지리적 실제와 크게 어긋난다. 그리고 크기가 유럽과 거의 비슷한 인도와 파키스탄의 면적은 부당하게 축소되었다. 더욱이 유럽은 대륙인 데 비해 인도는 아대륙(亞大陸, subcontinent)으로 분류되고, 중국은 심지어 한 나라로만 지칭되었다. '유라시아'라는 지리적 명칭도 유럽중심주의적 감각을 여지없이 드러낸다. 실제로 유럽은 아시아라는 거대한 지괴에 붙은 작은 반도에 불과하여 '유럽'이라는 말을 꼭 붙여야 할 필요를 찾기 어렵다. 그러므로 '유라시아'대륙보다 차라리 '아프로아시아' 대륙이라는 명칭이 훨씬 더 합리적이고 적절해 보인다.

그러한 지리적 명칭을 따라 유럽의 사회과학자들은 경제적 성장과 사회적 발전을 분석하는 데 있어 여타 세계의 동향과 변천을 그 자체로 보기보다 유럽을 모델로 하여 재단한다. 유럽 각국의 역사가들 역시 그들의 '국가' 발전과 '계급'의 이해관계라는 프리즘을 통해 자국사를 서술한다. 그러나 다른 문명권과 조우할 때, 그들은 국경을 넘어 '유럽' 혹은 '서구'

라는 단수의 역사로 결속한다. 그들의 세계사 관찰은 마치 서방을 향해 달리는 오리엔트 특급열차와 같은 것이다. 유럽 승객들을 태우고 고대 이집트와 메소포타미아에서 출발하여 고전기 그리스와 로마를 지나 다시 중세 유럽을 거쳐 현대의 유럽까지 시간의 궤도를 달리는 역사의 기관차 말이다. 이 열차에서 페르시아인, 튀르크인, 아랍인, 인도인, 중국인, 일본인 승객들도 정중한 —그러나 때로는 무례한— 대우를 받기도 한다. 그러나 아프리카인, 동남아인, 중앙아시아인들은 아예 열차를 알지 못한다. 다만 중앙아시아의 유목 민족들은 주기적으로 문명 지역들을 침략하여 풍파를 일으킨 관계로 단편적으로나마 주목받기도 한다.

프랑크는 이와 같은 유럽중심주의 사관의 진정한 역사적 뿌리를 탐구하고자 한다. 그는 여러 사회과학자들과 역사가들의 시각을 분석하면서 유럽이 세계경제를 지배하게 된 과정이 한결같이 '서구의 발흥', '자본주의 발전' 혹은 '유럽의 헤게모니'라는 제목 아래서 다루어지고 있음을 발견한다. 그러나 프랑크는 유럽 경제의 성공 요인이 유럽 학자들이 주장하듯이 합리성, 기업 정신, 기술 혁신 등 다른 문명권들이 갖지 못한 유럽 특유의 장점에 있다고 보는 데 강력한 이의를 제기한다.

오늘날 프랑크를 위시한 새로운 경제사 연구자들은 세계경제체제의 헤게모니를 쥔 것이 월러스틴(I. Wallerstein)이 주장하듯이, 16세기의 포르투갈이나 17세기의 네덜란드 또는 18세기의 영국이 아니라고 본다. 그들은 경제 변동의 주기를 500년을 넘어 1,000년, 심지어 5,000년까지 확대한다. 이렇게 보면 세계경제의 중심은 언제나 동양에 있었고, 유럽은 변경 중의 변경에 놓여 있었다. 유럽이 세계경제의 패권을 거머쥔 것은 지난 2세기에 불과하여 긴 역사에서 보자면 단막극에 불과한 것이다. 1,000년 전의 세계경제는 중국 송나라의 번영으로 대표되었고, 뒤이은 명·청 시대에는 상대적 고립과 정체의 시대가 지속되었다. 그렇다고 하더라도 세계경제가 이미 16세기에 유럽에 패권의 길을 열어준 것은 아니었다. 1800년 이전 경제의 선진 지역은 여전히 명 · 청 시대의 중국, 인도의 무굴제국, 페르시아의 사파비 왕조, 오스만 튀르크였는데, 이 지역들은 모두 유럽보다 강한 경제력, 정치력, 군사력을 지니고 있었다.

콜럼버스의 아메리카 대륙 발견은 세계적 차원의 경제 전환에 일대 전기를 마련했다. 유럽은 아메리카에서 원주민 인디언의 노예노동으로 금과 은을 채굴하여 막대한 재원을 얻는 기회를 가졌다. 이들은 제조, 무역, 시장 등에서 압도적으로 우세한 아시아가 주도하는 세계경제에 뛰어들었다. 따라서 1800년 이전까지 근대 유럽은 세계경제에서 중요한 위치에 있었던 것도, 세계의 다른 지역들보다 선진적인 곳도 아니었다는 것이다. 물론 유럽은 제품을 신대륙이나 아프리카에 뿌릴 수는 있었으나, 아시아에서 유럽의 상품은 전혀 경쟁력을 갖지 못했다. 유럽인들은 재화를 강탈하고 노예노동을 착취함으로써 부를 축적했으나, 여전히 세계경제의 중심은 될 수 없었다. 풍성한 아시아 산물에 대한 유일한 지불 수단은 신대륙의 금과 은이었으며, 따라서 지불 수단을 보유한 유럽이 중계무역에 종사할 수는 있었다. 그러나 영속적 경제성장을 위한 자체의 생산 체제를 갖지는 못했다. 유럽의 장점이란, 거셴크론(A. Gershenkron)이 말했듯이, "후진성의 이점"이었을 따름이다. 프랑크에 따르면, 유럽인들은 가장 늦게 그것도 변경에서 아시아가 운영하는 경제 열차에 겨우 3등석을 얻어 탔을 뿐이다. 그들이 거대한 카지노를 벌인 것이 바로 19세기의 역사이다. 프랑크의 다른 표현을 빌리자면, 유럽은 아시아의 등에 기어올라 가 그 어깨 위에 '잠시' 올라탔다는 것이다. 여기서 '잠시'라는 표현에 주목할 필요가 있다. 이는 세계경제체제가 유럽이 패권을 장악하기 이전의 리듬으로 되돌아갈 것이라는 함의를 담고 있다. 그렇다면 브로델이나 월러스틴 등이 주장하듯이 근세 초, 그러니까 16세기부터 유럽 경제가 세계의 중심을 차지한 것은 결코 아니었다.

유럽중심주의적 사회이론은 19세기에 형성되어 20세기에 들어 정교화되었다. 애덤 스미스까지만 하더라도 세계경제에서 중국이 차지하던 중요성을 강조했는데, 19세기 중반에 이르러 중국과 아시아에 대한 유럽인의 관점은 극적으로 변하게 되었다. 이를테면 중국은 "영원한 휴식을 취하는 인민"으로 정의되었다. 이로써 유럽인의 '보편적인' 세계사와 사회과학은 명백히 유럽중심주의적 성격을 띠게 되었다. 특히 맑스와 베버(M. Weber)는 유럽중심주의로써 근대 사회과학의 토대를 구축한 전형적인 이론가들이다. 그들은 모두 후진 독일의 자식으로서 근대화와 '추격(catch-up)'이라는 문제들과 씨름하는 과정에서 거대사회이론을 구상했다. 맑스는 유럽적·부르주아적·자본주의적 발전의 보편성을 신봉하면서 이로부터 이탈한 아시아를 "아시아적 생산양식", 나아가 "아시아적 전제주의"라는 틀에 가두어버렸다. 베버 역시 세계의 모든 종교들이 신화적이고 신비주의적인 데 비해 유럽의 프로테스탄티즘 윤리는 합리적인 자본주의정신을 내포하고 있음을 강조함으로써 유럽의 우월성을 증명했다. 브로델도 서방에 비해 낙후된 중국의 경제구조가 보여주는 열등성, 즉 기업 정신의 결핍이나 신용 제도의 미발달 등을 지적하면서 중국에서 자본주의가 발달하지 못한 배경을 분석했다. 요컨대 유럽중심주의는 유럽이 비유럽 문명들은 갖지 못하는 오직 그들만의 고유한 미덕들 – 합리성, 기업 정신, 자본 축적 등 – 로써 번영과 풍요라는 역사적 특권을 누리게 되었다는 신념을 공유하고 있다.

그러나 불행히도 유럽중심주의는 그 '보편성'에도 불구하고 오늘날 벌어지고 있는 '보편적인' 세계사적 현실을 온전하게 설명하지 못한다. 가령 중국의 예를 보자. 중국은 유럽에서 발원한 자본주의와 제국주의의 거대한 압력에 성공적으로 저항하여 살아남았다. 물론 앞으로 중국은 험난한 길을 걸어가야 하겠지만, 중국의 거대한 경제적 잠재력과 세계 정치에서의 결정력을 의심하는 사람은 아마 없을 것이다. 그렇기 때문에 이슬람을 경계하는 헌팅턴이 가장 두려워하는 것이 바로 이슬람과 중국이 연결되는 시나리오이다. 심지어 학자에 따라서는 홍콩의 중국 반환을 새로운 시대의 전환점—아시아에서 근대의 종결 및 탈근대의 시작—으로까지 치켜세우기도 한다. 또한 동아시아의 경제 발전 역시 서구적 발전 궤도에서 이탈하여 성취된 것으로 보인다. 그리하여 번영의 중심이 일본을 뛰어넘어 '4마리의 용'—한국, 대만, 홍콩, 싱가포르—으로 이동한 것이 아니냐는 관찰이 한때 유력시되기도 했다. 물론 이러한 발전들이 결국 서구식 전형에 들어맞는 것은 아닌가 하는 의구심을 불러일으키는 것이 사실이다. 특히 일본을 서구의 일원으로 분류하는 것은 마치 남아프리카공화국의 인종차별에서 보이듯이 '명예 백인' 자격을 주는 것처럼 보여 곤혹스럽기까지 하다.

그러나 프랑크를 비롯한 일군의 새로운 이론가들은 유럽중심주의적 통념에서 벗어나 세계경제에서 실제 일어난 일들을 설명하려고 한다. 브로델이나 월러스틴 같은 이론가들은 세계경제의 현실을 유럽중심의 근대세계체제라는 '프로크루스테스의 침대'에 끼워 맞췄을 뿐이다. 필경 전 지구적 세계경제체제는 단일한 중심과 서열을 갖는 체제가 아니다. 아마도 그것은 여러 개의 중심들과 서열들을 갖는 체제가 될 것이다. 그리고 프랑크가 중국의 역할을 강조하는 것도 명백히 이러한 세계 질서의 다원성이라는 전제 위에서이다.

6. 글을 나오며

지난날 자신감과 우월감에 넘친 유럽중심주의적 세계사 해석은 비유럽 지역들을 식민 지배 하면서 그들을 멸시하던 심성 구조 위에 구축된 것이었다. 그러나 투철한 비판 정신으로 상식과 편견에 맞서 싸운 선각자들도 있었다. 그들은 모두 당대에는 무시당했지만, 오늘날 새로운 세계사 해석에 중요한 단서를 제공한 사람으로서 새롭게 주목받고 있다. 가령 『이슬람의 모험(The Venture of Islam)』을 쓴 호지슨(Marshall G. S. Hodgeson)은 1950년대 미국의 대학에서 이슬람에 대한 잘못된 해석들이 버젓이 횡행하던 상황에 과감하게 도전장을 내민 인물이다. 그의 도전은 당시만 하더라도 고독하고 가망 없는 투쟁에 불과했다. 게다가 매우 안타깝게도 호지슨은 40대의 나이로 요절했다. 그러나 그의 미발표 논문들이 『세계사의 재해석(Rethinking of World History)』(1993)이라는 유고집으로 묶여 간행됨으로써 오늘날 이슬람 문명권에 대한 이해를 돕는 데 결정적인 길잡이가 되고 있다.

흥미롭게도 앞에서 소개한 프랑크는 『리오리엔트』 서문에서 호지슨과의 만남을 다음과 같이 회상하고 있다.

> 마셜 호지슨과 나는 1954년에 같은 아파트에서 살았다. 마셜은 자기 생각을 내게 자주 이야기해주었는데, 그 이야기들은 그의 사후인 1993년에야 비로소 『세계사의 재해석』이라는 책으로 간행되었다. 원통하게도 당시 나는 그가 무엇을 말하는지 알 수 없었다. 그때 만일 알아들었더라면 나는 역사라는 숲을 장님처럼 40여 년 간 헤매지 않아도 되었을 것이다. 이제야 겨우 나는 세계사를 다시 생각하기 위해 호지슨을 손쉽게 인용하고 그의 학문적 안내를 받게 되었다.

우리도 프랑크처럼 호지슨의 책으로부터 새로운 세계사 해석에 대한 섬광과도 같은 영감을 받게 된다. 그러나 이러한 영감과 더불어 회의도 밀물처럼 밀려오는 게 사실이다. 요즘처럼 역사의 '발명'이 유행어처럼 떠도는 시절도 없었을 것이다. 그런데 정말 유럽사가 이슬람 세계를 왜곡시켜 '발명'된 것이라면, 유럽(서양)을 사회 발전의 모델로 삼아 변경에서 유럽사를 평생 공부한 필자 같은 사람은 자신의 학문적 생애 자체에 대해 엄청난 회의를 가질 수밖에 없게 된다. 그리고 근대 학문 자체가 베버나 맑스의 개념들 위에서 구축된 이상, 그리고 이 개념에 따라 학문해온 이상, 이 개념들 '바깥의' 사유 공간을 탐사하는 게 지레 두려울 뿐만 아니라 그것이 가능하기라도 한지 의문스럽기만 하다.

오늘날 우리는 역사적으로 드문 대전환기를 맞이하고 있다. 이 글의 모두에서 역사적 현상을 자연계의 현상에 대비하는 것은 무리라고 지적한 바 있다. 그러나 오늘날의 상황을 볼 때 다시금 자연현상의 수사학을 동원하고픈 충동을 느끼게 된다. 즉, 현대사의 지각 밑에서 마그마가 부글거리며 끓고 있다는 수사학 말이다. 기존의 낡은 패러다임은 급속하게 해체되고 있다. 그리고 새로운 패러다임은 아직 전모를 드러내지 못한 상태이다. 물론 이 새로운 패러다임이 적어도 유럽중심주의를 극복한 것이 되리라는 점에는 의문의 여지가 없다. 이제 글을 마치면서 지금까지 말한 내용을 재정리하여 주워 담기보다는 이 글을 쓰는 과정에서 필자의 뇌리를 떠나지 않았고 앞으로도 떠나지 않을 몇 가지 굵직한 현실적 의문들을 던지고자 한다. 유럽중심주의를 거부하는 대안적인 세계사 해석의 기본 요소들은 무엇인가? 오늘날 미국의 향배가 세계사의 전개에 어떠한 방식으로 영향을 미칠 것인가? 열등하다고 간주된 16억 주민을 보유한 이슬람 문명의 미래는 무엇인가? 반식민지로 고통받았던 역사를 극복하고 비약적 발전을 거듭하고 있는 13억 중국의 앞날은 어떻게 될 것인가? 또한 동아시아 문화권에 속하면서 대륙 세력과 해양 세력 간의 각축장이 된 한반도의 운명은 어떻게 전개될 것인가?

02 이민호

독일사는 우리에게 무엇인가

1.

지난 500년간의 세계사를 지배한 큰 흐름이 있다면, 이는 아마도 '서세동점'이란 말로 가장 잘 요약될 수 있을 것이다. 콜럼버스의 아메리카 대륙 발견을 기점으로 서양 열강의 동방 팽창이 시작되어 거의 전 지구가 서양에 의해 정복되었다. 이것이 바로 역사가들이 말하는, 이른바 "서양의 대두"이다. 그동안 많은 학자들은 이렇게 서양이 대두할 수 있었던 이유가 무엇이었는지를 질문하고 그에 대해 다양한 방식으로 해답을 모색해왔다. 맑스(Karl Marx)의 '자본주의'나 베버(Max Weber)의 '합리성'은 바로 그러한 해답들 가운데 일부였다. 서양의 경제적 진보성과 정신적 우수성이 서양으로 하여금 세계를 지배할 수 있게 한 내재적이고 필연적인 요인이었다는 말이다. 그러나 최근에는 서양의 대두가 그런 내재적이고 필연적인 우월성의 결과라기보다는 다분히 역사적인 우연에 힘입은 바가 크다는 이론이 제시되기도 했다. 즉, 서양인들은 "신대륙"의 발견으로 뜻하지 않은 "횡재(windfall)"를 얻었고, 이를 바탕으로 세계 구석구석을 훑을 듯한 기세로 자신의 지구적 패권을 장악해나갔다는 것이다.[1] 비록 "횡재" 이론이 서양의 세계 지배를 서양의 우월성으로 정당화하는 서양중심주의적 논리에 일격을 가했다는 점에서 주목할 만한 것이더라도, 문제는 남아 있다. 서양중심주의로부터 벗어나야 한다는 요청과는 별개로, 어쨌든 서양의 대두는 설명되어야 하기 때문이다. 여전히 맑스나 베버의 이론이 완전히 생명력을 상실하지 않은 것도 그러한 이유에서일 것이다. 다만 이 이론들은 "서양의 대두"를 동양사와의 연관속에서, 나아가 세계사의 큰 흐름 속에서 이해하기보다는 서양의 역사적 경험을 특권화한다는 데서 문제를 드러낸다.

"서양의 대두" 이후에 서유럽으로부터 발달한 자본주의 경제가 전 세계로 확산되면서 근대 세계경제가 형성되었다. 이 세계경제체제는 중심부, 반주변부, 주변부 사이의 불균등한 관계를 바탕으로 한 위계적인 질서였다. 필시 자본주의적 세계경제는 그 이전 시대의 세계 제국을 계승한 것인데, 세계 제국이 정치적으로 일원적이되 경제적으로는 다원적인 체제였던 데 비해서 세계경제는 경제적으로 일원적이되 정치적으로는 다원적인 체제였다는 데 그 각각의 특징이 있다. 그리고 자본주의적 세계경제의 정치적 다원주의에서 기본 단위가 되는 것이 바로 민족국가(nation-state)였고, 이 민족국가의 이데올로기로서 민족주의(nationalism)가 발전했다. 이

1) James M. Blaut, 1492 : *The Debate on Colonialism, Eurocentrism, and History*(Trento, N. J. : Africa World Press, 1992).

민족국가와 민족주의의 위력은, 1840~1842년 아편전쟁에서 영국이라는 서양의 작은 민족국가가 거대한 중화제국을 쓰러뜨린 데서 명백히 확인되었다. 이러한 역사적 경험 속에서 곧 일본은 서양의 민족국가의 공식을 배워 메이지 유신을 단행하고 동아시아 세계에서 가장 먼저 근대적인 민족국가 체제와 이념을 발전시켜 팽창을 추구했다.

여기서 알 수 있듯이, 이제 서양의 경험은 하나의 모델이 되고, 서양을 '추격(catch-up)'하려는 의지가 보편화되었다. 그런데 '추격'은 비단 동양과 서양의 관계만이 아니라 이미 서양 내부의 각 국가들 사이의 관계를 규정한 바 있었다. 왜냐하면 유럽의 후발국인 독일 역시 강한 '추격'의 의지로 선발국인 영국을 따라잡으려고 했기 때문이다. '추격'은 동서양을 막론하고 보편적인 구호였던 셈이다. 그런 점에서 동아시아 세계에서 후발국 독일의 경험은 각별한 의미를 지니고 있었다. 메이지 시대 초기에 일본 학회들의 지도급 인사들 가운데 독일 유학생 출신이 압도적인 우위를 차지했던 것도 이와 관련하여 의미심장하다. 나가이 나가요시나 기타사토 시바사부로, 야마가와 가쓰사부로 등은 베를린 대학에서 약학, 세균학, 병리학을 배웠으며, 기상학의 기타오 지로나 물리학의 혼다 고타로도 괴팅엔 대학에서 공부했고, 고토 분지로와 이케다 기쿠나에는 뮌헨 대학에서 지질학과 물리화학을 배웠다.[2] 이공 계열뿐만 아니라 인문 계열에서도 독일의 영향은 컸다. 1887년에 동경제국대학에서는 랑케(Leopold von Ranke)와 드로이젠(Johann Gustav Droysen)밑에서 공부한 리스(Ludwig Riess, 1887~1902)가 전문적 역사 방법론을 교수했다. 그러나 무엇보다 일본에 큰 영향을 미친 것은 베버의 이론이었다. 1920년대 말부터 베버의 저작들이 비상한 관심의 대상이 되었다. 특히, 그의 『프로테스탄티즘의

2) 아리모토 다테오, 김종회 역, 『과학기술의 흥망』 (한국경제신문사, 1997), p. 109.

윤리와 자본주의 정신』이 미친 영향은 각별했다. 주지하듯이, 베버는 이 저작에서 근대적-합리적 요소(자본주의정신 혹은 관료제적 지배)에다가 전근대적-비합리적 요소(프로테스탄티즘의 종교 윤리 혹은 카리스마적 지배)를 결부시켰는데, 일본 학자들은 이를 배워 일본 자본주의의 발전(근대적-합리적 요소)에다 천황제(전근대적-비합리적 요소)를 적극적으로 결합시켜 일본사를 정당화하고자 했다.

한국에서도 비록 일본을 경유한 것이었지만 독일의 경험과 이를 종합한 독일 학문이 큰 영향을 미쳤다. 독일은 일본에 대해서처럼 한국에 대해서도 후발국 근대화의 모델을 제시했다. 게다가 독일의 분단과 통일의 경험은 한국에 대해서 각별한 의미를 지니고 있다. 독일과 한국의 유비는 지각한 근대화와 분단이라는 역사적 조건 속에서 여전히 미완으로 남아 있는 '민족(nation)'의 형성을 완수해야 한다는 관점에서 보면 대단히 실천적인 과제인 것으로 보인다. 요컨대 뒤늦은 국가 통일, 급속한 경제적 근대화, 정치적 민주화가 낳은 혼란, 분단 등 독일사와 한국사는 너무도 큰 유사성을 지니는 것이다. 그런 점에서 우리는 독일사가 우리에게 어떠한 의미를 갖는지 다시 질문할 필요가 있다. 이러한 목표 아래 이 글은 먼저 한독 관계의 기원을 간단히 살펴보고, 지각한 민족국가로서 독일과 한국의 경험을 유비한 뒤, 성숙한 시민사회를 완성해나가야 한다는, 오늘날 한국이 직면한 시대적 과제를 염두에 두면서 독일의 경험을 일종의 타산지석으로 삼을 수 있을까 조심스레 전망해보려고 한다.

2.

독일은 어떻게 한국과 역사적인 관계를 맺어나갔는가? 한국의 입장에서 볼 때, 서양은 17세기 초 이래로 천주교가 서학의 이름으로 침투하면서 역사적 현실로 나타났다. 이때 한국과 최초로 접촉한 독일인이 바로 아담 샬(Adam Schall)이었다. 그는 쾰른 출신 예수회 선교사로서, 1622년에 중국에 도착하여 천주교는 물론이요 서양의 천문학과 역법을 중국에 활발하게 소개했다. 그는 당시 중국에 볼모로 가 있던 소현세자와도 친분을 맺었는데, 이것이 독일과 한국의 첫 번째 접촉이었다. 이를 통해 한국에 미약하나마 서양 문물이 전래되기 시작했다.

그러나 한국과 독일의 본격적인 만남은 근 2세기가 지나서야 재개되었다. 물론 그 사이에도 간접적인 만남은 간혹 있었다. 예를 들어 네덜란드 동인도회사에 소속되어 있던 독일인 의사 캠퍼(Engellbert Kämpfer)가 1690년에 일본에 도착하여 일본 문물에 대한 책을 썼는데, 여기에 한국에 대한 간략한 언급이 나온다. 그러나 독일인으로 한국 땅에 첫발을 들여놓은 이는 역시 독일인 의사 지볼트(Philipp Franz von Siebold)인 듯한데, 그는 제주도에 도착한 것으로 보이며, 한국에 대해 꽤 상세한 정보를 남겨놓았다. 그러나 직접 한국 본토 해안에 첫발을 들여놓은 독일인은 개신교 선교사 귀츨라프(Karl Friedrich August Gützlaff)였다. 그는 "침통하고도 무표정한 얼굴을 한 한국인"에게 성서를 소개하면서 "가난한 나라, 염치없이도 자연을 가꾸지 못하는 나라, 그곳이 복음과 진리의 말씀에 의하여 부유해지기를" 빌었다. 귀츨라프의 말에는 명백히 선교와 통상의 요구가 동시에 담겨 있었다.[3]

이 통상의 요구를 최초로 대표한 독일인이 바로 오페르트(Ernst Jakob Oppert)였다. 그는 중국 상해와 일본 나가사키를 오가며 상업에 종사하는 가운데 조선의 통상로를 틀 수 없을까 고심했다. 마침내 그는 1866년 2월

3) 최종고, 『한강에서 라인강까지 : 한독관계사』 (유로, 2005), pp. 52~57.

과 1868년 4월에 두 차례에 걸쳐 충청도 아산 근역에서 한국 입국을 시도했다. 특히 두 번째의 시도에서 그는 군청을 습격하고 무기를 탈취하며 홍선대원군의 양부인 남연군의 능에 대한 유물 발굴을 기도했다. 이 사건은 한국인들의 정서를 크게 들쑤셔놓았고, 홍선대원군의 쇄국 정책과 천주교 탄압을 강화하는 결과를 낳았다. 그 후 오페르트는 『금단의 나라, 조선 기행(Ein Verschlossenes Land, Reisen nach Korea)』을 출간했는데, 이 책은 서양인들에게 한국의 문물을 소개하는 데 크게 이바지했다.

오페르트의 실패에도 불구하고 한독 통상의 길은 결국 열리게 되었다. 강제로 한국의 문호 개방의 물꼬를 튼 나라는 일본이었다. 이미 일본은 1858년에 미국의 페리 제독의 함포 외교로 문호 개방을 강요당한 적이 있었는데, 이러한 수법을 즉각 배워서 20년 후에 한국에다 적용한 것이다. 그 결과로 1876년에 조일수호조규(강화도 조약)를 한국에 강요한 것이다. 그 이후 봇물 터지듯 한국은 서양 열강과 일련의 수호 통상 조약을 체결하게 되었는데, 그중의 하나가 독일로서 1883년에 조독수호통상조약이 체결되었던 것이다. 이즈음에 맹활약한 독일인이 바로 묄렌도르프(Paul George von Möllendorff)였다. 그는 한국의 외교 고문 자격으로 교육 개혁의 기본 방향을 제시함으로써 관립 영어 학교와 독일어 학교의 설립을 주도했고, 나아가 1884년 조러수호통상조약의 체결에서 산파 역할을 담당했다. 그러나 1883년에 시작된 한독 관계는 1905년 을사보호조약으로 한국의 국권이 일본에 의해 강탈당함으로써 단절되고 말았다. 공식적으로 한독 관계가 재개된 것은 1945년 해방 이후의 일이다.

그러나 그 사이에도 외교적인 공백을 메울 수 있는 귀중한 문화적인 가교가 놓였는데, 가령 일제의 탄압을 피해 독일로 가서 하이델베르크 대학과 뮌헨 대학 등지에서 수학하여 한국을 독일에 알리는 데 앞장을 선 이미륵의 경우가 그것이다. 경성 의학 전문학교 출신으로 3 · 1운동의 시위 주모자로 참여한 이미륵은 일본 경찰에 쫓겨 중국을 거쳐 독일로 망명했다. 그는 1929년에 뮌헨 대학에서 동물학과 철학을 공부하여 동물학 박사학위를 취득했다. 그는 『압록강은 흐른다』를 비롯한 많은 작품들을 발표함으로써 한국인으로서 한국과 동아시아의 문화를 독일에 알린 최초의 인물이었다. 그런가 하면 신식 학교들이 설립되고 서양의 신문화와 신지식이 본격적으로 수용되는 가운데 독일사가 한국에 활발히 소개되기 시작했다. 예를 들어 1905년 중국인의 저작을 현채가 중역한 『보법전기(普法戰記)』는 1870～1871년의 프로이센-프랑스 전쟁을 다룬 것이었고, 일본인 세가와 기요시가 쓴 『비스맥전』은 독일 재상 비스마르크(Otto von Bismarck)의 생애와 철혈정치 사상을 담고 있었다.

이미륵 외에도 많은 한국인들이 독일에서 새로운 사상과 문화를 배웠다. 예컨대 김중세는 1923년에 베를린 대학에서 철학과 고전학 전공으로 박사학위를 처음으로 취득했고, 김현준은 라이프치히 대학에서 동아시아 신문학을 연구했으며, 안호상은 1929년에 예나 대학에서 철학박사 학위를 취득했다. 특히 안호상은 대한민국 초대 문교부장관으로서 이른바 '일민 민주주의'를 표방하면서 민족 지상주의—필경 나치즘의 인종주의의 영향을 받은 것으로 보이는—의 색채가 짙은 정론을 펴 해방 공간에서 커다란 지적 자취를 남기기도 했다. 다른 한편, 1935년에 일본 규슈 대학을 졸업한 뒤에 한국의 전문학교에서 서양사를 가르친 정규화는 동아일보에 「유대인 박해의 역사적 고찰」을 연재했다. 또한 한국에서 독일사 연구의 비조라고 할 수 있는 김성식은 1935년에 규슈 대학을 졸업하고 숭실학교에서 가르치며 교지에 「유대인골상학」이라는 논문을 발표했고, 해방 이후에는 『고대 50주년 기념 논총』에 「피히테와 독일 민족주의」라는 논문을 발표함으로써 한국에서 본격적인 독일사 연구의 시작을 알렸다. 결국 이러한 선구자들의 노력 이후에 해방 이후 한국에서 독일의 문화적 영향력은 급속히 확대되었고, 중등학교에서도 독일어는 영어 다음으로 많이 교수되는 외국어로 자리 잡았다.

3.

그렇다면 이와 같은 독일의 강력한 영향력은 어디에서 기인했는가? 아마도 독일의 특수한 역사적 · 사회적 경험이 우리의 것과 상당히 유사했고, 그러면서도 발전된 독일상이 우리에게 하나의 전범으로 여겨졌기 때문이 아닐까 한다. 주지하듯이, 독일은 유럽의 기준에서 볼 때 지각한 민족국가였다. 그러나 정치 통일은 늦었지만, 경제 발전은 눈부신 속도로 이루어졌다. 말하자면, 독일은 "가장 뒤늦게, 그러나 가장 신속하게, 가장 철저하게" 산업화를 성취한 나라였다. 이른바 '제2차 산업혁명'의 기간인 1870년에서 1910년 사이에 독일의 강철 생산은 영국의 1.5배가 되었고, 프랑스의 3배가 되었다. 제1차 세계대전이 발발할 당시에 독일의 총생산은 세계 전체 생산의 16퍼센트를 차지했으며, 대외 무역량도 미국에 이어 두 번째였다.

물론 이러한 눈부신 성장에도 불구하고 독일의 경제 발전에는 중대한 모순이 도사리고 있었다. 그래서 제2차 세계대전 이후의 독일 사회사가들은 독일을 파국으로 몰아넣은 나치즘과 세계 전쟁, 나아가 홀로코스트가 독일사의 구조적인 모순에서 유래한 것이라고 생각한다. 그들에 따르면, 19세기의 통일 이후에 급속하게 전개된 독일의 산업화는 전근대적인 요인들을 청산하지 못한 채, 그러니까 전통적인 농업사회의 요인들을 광범위하게 온존시키는 가운데 전개되었다고 보면서, 결국 독일 사회를 거침없이 "산업화된 농업사회(industrieller Agrarstaat)"로 규정했다. 즉, 산업화와 '더불어' 진행된 독일 국가의 통합 과정을 동부에서 대농장을 소유한 귀족 세력인 융커와 산업화의 주도 세력 사이의 타협으로, 그러니까 저 유명한 "호밀과 강철의 동맹"으로 해석한 것이다. 그리고 이렇게 전근대적인 잔재를 청산하지 못함으로써 결국 독일에서 나치즘과 같은 최악의 독재 국가가 출현하게 되었다고 주장한 것이다. 이러한 맥락에서 벨러(Hans-Ulrich Wehler)는 1848년 혁명의 실패와 비스마르크에 의한 위로부터의 통일에 의해 "전근대적 · 전산업적 권력 엘리트"의 지배가 유지되어 민주주의의 정착이 저해되고, 이것이 바로 나치에 의한 권력 장악으로 귀결되었다고 해석했다. 그리하여 영국이나 프랑스의 경우와 비교할 때 두드러지는 독일 근대화의 파행성을 고발했다.

그러나 최근에 들어와서는 사회경제적 근대화와 정치문화적 근대화를 구분하여 독일사를 파악하고자 하는 시도가 우세하다. 즉, 1800~1914년까지의 사회경제적 근대화에 뒤이어 1920년대 바이마르 공화국 시대의 정치문화적 근대화로 이어졌다는 말이다. 그런데 오랫동안 바이마르 공화국은 마르크스가 예견한 사회의 양극화 과정과 부합하는 혼란스런 시대상을 보여준 것으로 해석되어왔다. 특히 취약하고 믿을 수 없는 정부, 온갖 이익 집단들의 난무, 혼탁한 정당 정치의 난맥상 등이 그러한 사회적 양극화를 정치적으로 반영한 것으로서, 결국 나치즘의 집권에 길을 터준 불행한 요인들로 간주되었다. 그러나 오늘날의 역사가들은 1860~1870년대에나 타당한 계급 사회 이론을 바이마르 공화국 시대에 적용할 수는 없다고 생각한다. 즉, 이 시대에 궁핍화가 지속되면서 부르주아지와 프롤레타리아트 사이의 기계적 양극화가 가속되었다고 볼 수 없다는 말이다. 오히려 그들은 세기 전환기의 산업화로 인하여 독일제국의 사회 구조는 근본적으로 변혁되었다고 믿는다. 그러니까 소상인이나 수공업자 중심의 구중산층이 어느 정도 안정화되면서, 여기에 봉급생활자들을 중심으로

한 신중산층이 가세하여 예상을 뛰어넘어 빠르게 성장했다는 말이다.

그런 가운데 중산층이 확보한 여가 시간을 바탕으로 대도시 일상생활의 리듬을 따라 새로운 대중문화가 사회생활을 지배하기 시작했다. 대중사회는 필경 날카롭게 구획된 계급의 경계를 횡단하며 전 사회로 확장되었다. 문고판 도서, 삽화가 풍부한 대중 잡지, 음반, 영화, 특히 라디오 방송 등이 대중사회의 발전에 중요한 역할을 한 매체들이었다. 특히 미국식 대중문화가 대거 유입되어 낡은 가치관을 허물어뜨리는 데 기여했다. 그리하여 재즈 음악, 권투 경기, 할리우드 영화에 자극을 받은 대중사회의 양상들이 독일에서 급속히 발전했다. 이런 측면들을 고려하면, 당시 독일 사회를 관통했던 모순은 맑스주의적으로 파악된 계급 관계에서가 아니라 차라리 특수한 세대 관계에서 유래하는 것으로 보인다. 다시 말하여, 당시에 독일 사회의 통합을 가로막았던 주요한 요인은 19세기 중엽에 태어나 한때 산업화의 역군이었던 노년층, 제국 창건기에 태어나 제1차 세계대전에 참전한 장년층, 세기 전환기에 태어나 새로운 대중문화의 세례를 받은 청년층 사이의 세대 갈등이었다는 말이다.

그러나 당대의 보수적 지식인들과 현대의 역사가들은 당시에 갓 탄생하고 있었던 대중사회와 그에 잇따른 세대 갈등의 본질을 꿰뚫어 보기보다는 그 표면적인 혼돈과 무질서, 그리고 쾌락주의를 고발했을 뿐이다. 확실히, 당대의 보수적 지식인들은 바이마르 공화국 시대의 문화적 혼란이 사회적 해체로 이어지지 않을까 깊이 우려하면서 마침내 새로운 법과 질서를 가져올 카리스마적 지도자의 출현을 대망(大望)하기에 이르렀다. 그리고 현대의 역사가들도 바이마르 공화국 시대의 혼란을 나치즘의 등장을 예고하는 심각한 계급 갈등과 사회적 해체의 전조로 여겼다는 점에서 기묘하게도 당대의 보수적 지식인들과 의견을 같이하는 것으로 보인다. 결국 이러한 사실은 당대의 보수적 지식인들이나 현대의 역사가들이 공히 당대에 출현하던 새로운 현실을 새로운 개념—대중 문화—이 아니라 낡은 개념—계급 사회—으로 파악했음을 말해준다. 요컨대 사회적 현실 그 자체와 '해석된 현실'이 철저하게 괴리되었던 것이다. 그럼으로써 바이마르 공화국 시대가 이전 시대의 사회경제적 근대화의 과제를 이어받아 새로운 정치문화적 근대화에 직면했던 시기로서 민주화의 새로운 가능성을 간직했던 시기였음을 이해하지 못한 채, 단순히 계급 갈등으로 점철된 나치즘의 예고편으로만 간주하고 말았다.

이와 같은 독일사의 전개는 한국 현대사의 전개와도 많은 부분에서 공명하고 있다. 한국도 오랜 일제의 식민 지배를 경험하면서 해방 이후에야 비로소, 그것도 남북으로 분단된 조건 아래에서 근대 민족국가 체제(들)를 갖추기 시작했다. 독일과 마찬가지로 지각한 민족국가였던 셈이다. 그러나 한국은 비록 늦었지만 신속하고 철저한 산업화를 경험했다는 점에서 역시 독일과 유사한 모습을 보여주었다. 특히 남한은 식민지 시기의 중공업 인프라가 주로 북한 쪽에 편중되어 있었기 때문에 대단히 불리한 위치에 있었음에도 불구하고 1960년 이후 미국의 차관과 개발 독재의 강력한 리더십 아래에서 눈부신 경제성장을 이룩해냈다. 1962년부터 1966년까지의 제1차 경제 개발을 필두로 약 30년에 걸친 계획화된 성장에 의해 반도의 남단은 명실공히 선진국으로 자처해도 부족함이 없을 정도의 경제 규모를 갖추기에 이르렀다.

독일과 한국의 유사성은 여기에서 그치지 않는다. 경제적 근대화에 이어 정치적 민주화의 과제에 직면하면서 한국 사회는 상당한 갈등과 모순에 직면하게 되었다. 더군다나 경제성장기 말기부터 본격적으로 유입된 미국식 소비 자본주의와 대중문화가 우리 사회의 문화적 체질을 근본적으로 뒤바꾸기 시작했다. 상당한 수준의 정치적 투쟁과 사회적 갈등, 그리고 문화적 혼란이 야기되기도 했다. 특히 일제시대에 태어나 한국전쟁을 경험한 노년층, 한국전쟁기 이후에 태어나 개발 독재기를 경험한 장년층, 경제성장의 과실을 향유한 청년층 등 한국에서도 세대 갈등의 양상이 첨예하다. 이런 상황에서 한국 사회의 갈등과 모순을 전적으로 압축적인 산업화가 낳은 계급적 양극화 현상의 탓으로 돌리려는 지적 경향이 존재하고 있다. 바로 여기에 독일과 한국의 역사적 경험이 보여주는 또 다른 유사성이 있다고 생각된다.

그러나 한국에서도 독일에서와 마찬가지로 사회경제적 근대화의 과제와 정치문화적 근대화의 과제가 '분절'되어 있었다는 점을 인식할 필요가 있다. 즉, 독일에서 경제적 산업화가 바이마르 공화국 시대의 (유산된) 정치적 민주화로 이어졌다면, 한국에서도 경제적 산업화는 1990년대의 문민정부 이래의 정치적 민주화로 이어졌다는 것이다. 당연하게도 정치적 민주화의 과정에서 고통스런 갈등과 투쟁이 양산되었다. 그러나 정치문화적 근대화의 어려움을 무조건 이전 시대 사회경제적 근대화의 모순 탓으로 돌려서는 곤란하다. 물론 특정한 형태의 사회경제적 근대화, 그러니까 위로부터의 압축적인 근대화가 심각한 모순을 안고 있었음은 사실이다. 그럼에도 사회경제적 근대화 이후의 정치문화적 근대화는 대중사회와 대중문화의 본격적인 발전이라는 완전히 새로운 평면 위에서 진행되고 있음을 고려해야 한다. 이 점을 고려하지 않고, 그리고 오늘날의 시점에서 정치적 민주화가 상당히 진척되었다는 현실을 고려하지 않고 새로운 현실을 낡은 계급의 언어로 해석하는 것은 매우 위험할 것이다.

그러므로 독일과 한국의 유사성은 여기에서 그친다. 즉, 1990년대 이후의 한국에서는 1920년대의 독일과는 비교할 수 없을 정도로 대중사회와 대중문화로의 발전이 완연해졌고, 그래서 역전될 수 없는 것으로 전개되었다. 물론 거듭 강조하거니와, 한국이 대중사회와 대중문화로 완전히 편입되는 과정에서 낡은 '계급'의 언어가 재등장하여 새로운 현실이 '이데올로기적으로' 해석되고 있는 점은 필시 바이마르 공화국 시대와 유사한 대목이라고 생각된다. 여전히 우리 사회의 일각에서 엘리트와 민중, 부르주아지와 프롤레타리아트를 이분법적으로 나누는 개념적 구도가 완전히 사라지지 않은 채, 새로운 대중사회와 대중민주주의의 주체로서 시민과 중산층의 개념이 평가절하되고 있는 것이다. 그러나 21세기 초입에서 민중 해방과 계급투쟁이라는 좌파적 구호가 더 이상의 설득력을 갖지 못하는 상황을 보면, 현실의 발전이 '해석된 현실'을 능가하고 있음을 느끼게 된다. 바이마르 공화국 시대와는 다른 것이다. 그럼에도 우려는 남는다. 한국에서 독일사를 연구하는 입장에서 바이마르 공화국의 역사적 경험이 우리에게 많은 것을 생각하게 만드는 것도 바로 이 때문이 아닐까 한다.

4.

독일과 한국의 유비는 경제적 산업화와 정치적 민주화, 즉 근대화 과정에서만 발견되는 것이 아니다. 오히려 양국 모두 민족 분단을 경험했다는 점이야말로 한국인들의 마음에 독일인들의 경험이 절실하게 와 닿는 이유일 것이다. 주지하듯이, 독일은 오랫동안 신성로마제국이라는 느슨한 테두리 안에서 다양한 영방 국가들로 분열되어 있었다. 비록 독일어를 사용하는 주민들의 문화적 일체감이 존재하기는 했지만, 이는 정치적 현실이 전혀 아니었다. 이에 비하여 이웃 영국이나 프랑스에서는 절대주의 국가가 지방 권력들의 분산을 막고 중앙집권적 정치체제 속에서 자본주의적 국내 시장의 형성과 민족국가로의 발전을 준비하고 있었다. 특히 프랑스혁명을 거치면서 민중이 정치적으로 활성화되어 '민족'의 귀속성이 제도적으로 보장되고 확인되는 민주적 절차가 민족 형성에서 중요한 것으로 부각되었다. 이 점을 잘 보여주는 것이 민족에 대한 르낭(Ernest Renan)의 정의이다. 1882년에 르낭은 「민족이란 무엇인가?」라는 유명한 논설에서 민족이란 "매일매일의 인민 투표"라는 공식을 제시하여, 민족 성원들의 주관적인 소속감과 소속 의식을 확인하는 정치적 선택을 강조했다. 그러나 독일에서는 이러한 정치적 민족의 개념보다는 혈통과 언어에 의해 선험적으로 주어진 문화적 민족의 개념이 우세했다. 1871년의 통일도 그와 같은 문화적인 견지에서 정당화되었다. 이로부터 국가민족(Staatsnation)과 문화민족(Kulturnation)이라는 유명한 구별이 독일에서 등장했다.

확실히, 비스마르크에 의해 이루어진 1871년의 독일 통일은 프랑스와 치른 전쟁의 산물이었고, 이어서 강력한 통치 기구를 중심으로 '제국의 적(Reichsfeind)', 그러니까 사회주의자, 가톨릭교도, 폴란드인과 유대인을 배제하는 부정적 통합의 방식으로 민족 형성 과정이 전개되었다. 현실의 다양성과 잡종성을 인정하지 않는 그와 같은 독일식 민족주의는 마침내 나치즘의 "민족 공동체" 이론으로 귀결되었다. 나치 독일에서 민족주의가 극성을 부리면서 안으로는 순수한 독일인에 포함되지 않는 인종적 소수자들을 도려내고 밖으로는 민족의 생활권을 확보하려는 제국주의적 팽창 정책을 극단적으로 추구했다. 끔찍한 살육과 파괴로 얼룩진 제2차 세계대전은 그러한 인식과 실천의 비극적 결말이었다. 그리고 패전한 독일은 흡사 16세기의 30년전쟁 이후와 같은 황폐한 상황, 이른바 "영시(Nullstunde)"가 되었다. 독일은 곧 연합군의 분할 군정 체제 아래로 들어가게 되었고, 마침내 1949년 10월에 독일연방공화국(서독)이 수립되고, 잇따라 독일민주주의공화국(동독)이 선포되면서 민족 분단의 시대에 접어들게 되었다.

두 개의 국가, 두 개의 사회로 분열된 '두 개의 독일'은 공통점이라고는 전혀 찾아볼 수 없는 이질적인 체제로 정착했다. 누군가의 재미있는 표현을 빌리자면, 서독의 노동자들은 죽음의 집으로 변한 전후 독일을 바쁜 벌집으로 바꿔놓으면서 서독에서 풍요로운 소비 생활로 조성된 시민적 중산층의 사회를 실현했다. 게다가 미국식 소비 자본주의와 대중문화가 물밀 듯이 쇄도하면서 영국이나 프랑스보다 더 '미국적인' 사회로 발전하기에 이르렀다. 마치 전후 서독 사회는 '계급 없는' 사회를 실현한 듯하여, 마르크스의 양극화 이론은 파산한 것처럼 보였다. 그 반면에 동독에서는 소련의 위성국가로서 철저한 명령 경제에 기초한 공산주의 체제를 지향했다. 제1차 5개년 계획이 실시되어 짐짓 경제가 재건되는 듯이 보였으나, 1953년부터 파업과 시위가 빈발하면서 체제 비판이 가열되고 서독으로 탈출하는 주민들의 수가 격증하게 되었다. 한때 동독 경제는 세계 9위의 공업 생산을 기록하기도 했으나, 곧 나락으로 떨어졌다. 주민들의 불만에 대한 동독 정부의 대응은 베를린 장벽을 구축하는 것이었고, 동독 주민 사이에 체념이 만연하는 가운데 분단이 고착화되고 체제 안정이 추구되었다.

이렇게 동서독 사이에 이질화가 극도로 심해지면서, 서독과 독일은 각자 별개의 '민족'이 되었다는 논변까지 출현했다. 즉 '전체 독일 국민(Gesamte deutsche Nation)'에 대해 서독이 독자적인 '연방공화국 국민(Bundes republikanische Nation)'을 구성했다는 것이다. 그도 그럴 것이 동독은 사회주의적 애국주의를 강조하면서 일반 대중과는 구별되는 노동자-농민의 계급 국가로서의 정체성을 발전시켰고, 서독에서는 자본주의적 시장경제와 소비사회에 기초한 민주주의 국가로서의 정체성을 발전시킴으로써 양국 사이의 차이는 돌이킬 수 없는 것으로 보였다. 과연 서독이 독자적인 민족이라는 말은 생경하고도 충격적으로 들린다. 그러나 잘 생각해보면, 이는 그다지 놀라운 말이 아닐 수 있다. 독일은 우여곡절을 겪으면서 통일된 민족국가를 구축한 역사적 경험, 즉 되돌아갈 수 있는 출발점이 있었기에 역설적이지만 분단된 민족의식을 주장하는 것도 가능했을 것이다. 그러나 1980년대 말에 통일의 기회가 다가오면서 '연방공화국 국민'에 대한 논의는 곧 터무니없는 것으로 간주되었다.

동·서독 정부 수립 40주년을 즈음하여 소련에서 페레스트로이카와 폴란드 및 헝가리 등지에서 사회주의 체제에 대한 대규모 저항 운동이 전개되면서 동독 사회는 극심한 혼란에 휩쓸리게 되었다. 1989년 10월 9일 라이프치히에 모인 대규모 군중들은 정치적 민주화와 사회적 평등을 요구하면서 "우리는 민중이다(Wir sind das Volk)"라는 구호를 외쳤다. 그러나 한 달 뒤에 더욱 증강된 시위 군중들은 민주화의 요구에 통일의 요구를 결합시킨 "우리는 한 민족이다(Wie sind das Volk)"라는 구호를 외쳤다. 민중에서 민족으로의 이러한 변화는 1989년 혁명의 심오한 진실의 한 단면을 보여준다. 동독인들은 정치적 민주화를 요구했으나, 그 뒤에는 경제적 삶의 개선의 요구를 포함하고 있었고, 필경 서독은 더 나은 경제적 삶을 상징했다. 그렇기에 시민사회의 요구는 곧 통일을 바라는 민족주의적 요구로 바뀐 것이다.

확실히, 이는 독일사의 특수성을 잘 보여준다. 그 특수성이란 곧 후발국의 조건에서 '시민'이란 말이 교란된 것에서 발견된다. 맑스는 그러한 혼란을 야기한 장본이었다. 일찍이 사회학자 다렌도르프(Ealf Dahrendorf)는 마르크스가 산업혁명으로 탄생한 부르주아지(bourgeoisie) 혹은 중간계급(middle class)을 프랑스혁명으로 탄생한 시민(citoyen)에 '용접'하여 시민사회를 부르주아 사회로 단정함으로써 독일어에서 '시민사회(bürgerliche Gesellschaft)'의 개념적 모호성을 가중시켰다고 갈파했다. 동유럽 전문가인 애시(Timothy Garton Ash)는 이러한 모호성에 착안하여 당시 동독인들의 정신 상태를 이렇게 재구성한다.

그래, 마르크스가 옳았던 거야! 두 가지(시민과 부르주아지)는 서로 밀접히 결합되어 있어서 우리는 두 가지를 다 원하는 거야. 시민권과 재산권, 정치적 자유와 경제적 자유, 지성적 독립과 금전적 독립 모두를 원하는 거야. 하나는 다른 하나를 지탱하므로. 그래, 우리는 시민이 되고 싶어. 그러나 또한 우리는 유럽의 유복한 절반에 사는 대다수의 시민들이 중간계급이라는 의미에서 그 중간계급이 되고 싶은 거야. 우리는 시민인 '동시에' 부르주아지가 되고 싶단 말이야.[4]

바로 이러한 정신 상태에서 동서독은 재통일되었다. 다시 말해서, 독일 재통일은 동독 체제의 붕괴의 결과이면서 동시에 서독에 대한 동독의 흡수라는 방식으로 이루어진 것이다. 그런 점에서 재통일은 엄밀하게 말해서 동·서독이 평등한 관계에서 '전체 독일 국민'의 민족의식에 입각하여 성취된 것이 아니었다. 물론 통일은 사후적으로 독일 민족의 부활로 간주되기는 했으나, 오늘날 통일된 독일에서 여전히 구서독 주민을 가리키는 "베시(Wessie)"와 구동독 주민을 가리키는 "오시(Ossie)" 사이의 서로 구별되는 정체성이 발전하는 현실은 독일 민족의 재통일이 민족주의의 결과가 아님을 웅변으로 보여주고 있다. 재통일은 오히려 동독의 사회주의 체제가 경제 발전에 바탕을 둔 서독의 시민사회에 흡수 통합된 결과인 것이다.

이상과 같은 독일의 통일, 분단, 재통일의 역사적 경험은 우리에게도 많은 시사점을 던진다. 오늘날 한국 사회에서 민족주의는 여전히 거부하기 어려운 호소력을 지니고 있다. 그럼에도 일각에서 탈민족주의의 논변이

4) Timothy Garton Ash, *The Magic Lantern : The Revolution of '89 Witnessed in Warsaw, Budapest, Berlin and Prague* (New York : Wintage Books, 1990), pp.148~149.

발전하고 있는 것은 오랫동안 남북한 분단된 상태에서 독자적인 사회 조직을 발전시켜온 경험과 관련이 있는 것 같다. 이와 비슷한 맥락에서 최근에 많은 학자들이 해방 이후의 남한 단독정부의 수립과 이승만 대통령의 공과를 재인식하면서 해방 정국에 대한 평가 문제와 과거 청산 문제 등에 대해 전통적인 민족주의의 시각과는 전혀 다른 시각에서 접근하고 있는데, 이는 주목할 만한 일이다. 이런 논의를 좀 더 확대하면 남한 정부의 수립은 긍정적인 국가 구성의 토대를 구축한 시발점으로 보일 것이며, 나아가 독일에서도 논쟁이 되었듯이 '남한 국민(Repulican Nation of South Korea)'의 독자적인 형성까지 운위할 수 있을 것이다. 물론 우리의 경우에 독일처럼 되돌아갈 수 있는 출발점이 없다는 점, 즉 애당초 통일된 민족국가를 형성하지 못한 뼈아픈 과거를 안고 있다는 점을 고려하면, '분단된 민족의식'에 대한 논의는 매우 신중하게 이루어져야 할 줄로 믿는다.

5.

글을 마무리하면서 독일사에 대한 최근의 해석 경향을 간단히 소개하고자 한다. 오랫동안 독일 역사학계를 지배한 것은 민족주의적 해석이었다. 이 해석에 따르면, 독일사의 기원은 서기 9년 아르미니우스가 이끈 게르만족이 로마 군단을 격파한 토이토부르크 숲의 전투였다. 게르만족은 토이토부르크 숲의 전투에서 로마라는 보편 제국에 대해 승리를 거둠으로써 자신만의 문화적 본질, 즉 '중유럽(Mitteleuropa)'의 본질을 간직하면서 자신만의 '특수한 길'을 걸어왔다는 것이다. 그런가 하면 전후 서독 역사학계에서 사회사가들은 제국 시대에 이루어진 위로부터의 근대화의 유산이 독일 사회를 왜곡시켰고, 이것이 곧 나치 독재로 귀결되었다고 비판했는데, 이러한 논의는 독일의 후진성을 고발하면서도 여전히 독일사의 특수성을 주장했다는 점에서 기묘하게도 이전의 민족주의적 시각과 일치하고 있다.

그러나 오늘날 독일사의 특수성과 관련된 논의들은 다양한 각도에서 도전받고 있다. 특히 유럽 통합이 크게 진전되는 역사적 상황에서 독일 민족의 특수성에 집착하는 것은 시대에 뒤떨어진 것으로 간주되고 있다. 무엇보다 1990년 분단 독일의 재통일은 독일 역사학계가 직면한 새로운 도전이었다. 일각에서 독일 재통일을 민족주의적으로 해석하려는 기도가 없지는 않았지만 나치즘과 같은 극단적 민족주의의 뼈아픈 경험을 갖고 있는 독일의 입장에서 재통일은 결코 민족주의적인 사건으로 해석될 수 없었다. 오히려 독일 재통일은 독일사의 특수성 때문에 희생된 인권, 민주주의, 시민사회, 자유 시장과 같이 오늘날 보편적으로 간주되는 가치와 원리를 다시금 독일 전역에 확산시키는 거시적인 운동의 일환으로 해석된다. 나아가 독일 재통일은 중유럽에 거대한 통일국가가 탄생함으로써 유럽의 평화와 세력 균형을 위협하는 방식이 아니라 거꾸로 독일이 유럽 공동체에 깊숙이 재편입되는 계기로 간주된다. 즉, 재통일된 독일의 목표는 '유럽의 독일화'가 아니라 '독일의 유럽화'로 설정되고 있는 것이다.[5]

그렇다면 한국의 독일사 연구자들에게도 독일사를 유럽사의 맥락에서 다시 읽으려는 노력이 필요할 것이다. 앞에서 말했다시피, 한국과 독일은 오랫동안 특별한 관계를 맺어왔다. 한국의 문호 개방 과정에서부터 독일인들은 긍정적인 의미에서든 부정적인 의미에서든 큰 역할을 수행했다. 그리고 한독관계사가 본격적으로 개시된 이래 한국의 지식인들에게 독일은 좋은 피난처이자 학습처였다. 특히 해방 이후에 독일의 '민족사'는 후

5) 이민호, 『새 독일사』 (까치, 2003), pp. 9~11, 384~386.

발국이자 분단국인 한국에서 각별한 관심의 대상으로 부각되었다. 거의 모든 한국의 연구자들이 우리의 민족적 상황과 치열하게 대면하면서 독일의 '민족사'를 공부하고 이를 통해 서양사의 견문을 넓혀왔던 것이다. 그러나 이제 독일의 역사가들 자신이 시야를 독일의 '민족사'에서 유럽의 '전체사'로 넓혀나가고 있다. 그런 점에서 한국의 독일사 연구자들도 독일사를 통해 서양사를 이해하기보다는 거꾸로 서양사의 큰 흐름 속에서 독일사를 이해해야 한다는 새로운 과제에 직면해 있다. 사족을 달자면, 이와 마찬가지로 서문에서 언급한, 이른바 "서양의 대두"도 서양의 특수한 경험의 견지에서만 설명되기보다는 동양사, 나아가 세계사와의 보편적 연관 속에서 설명되어야 한다. 지금껏 작은 것(특수한 것)에서 큰 것(보편적인 것)으로 나아감으로써 독일사, 서양사, 세계사에 대해 많은 것들을 해명해왔다면, 이제는 큰 것에서 작은 것으로 나아감으로써 다른 것들을 해명해야 할 차례인 것이다.

이러한 생각은 우리의 역사를 어떻게 읽을 것인가 하는 문제에 대해서도 많은 것을 암시한다. 무릇 한국의 지정학적 조건은 반도, 그러니까 독일어로 절반의 섬(Halbinsel)이다. 다시 분단된 남한은 어의론적으로 반도(절반)의 절반(ein viertelinsel)이다. 결국 남한은 4분의 1의 섬인 셈이다. 이 섬에는 중화주의를 표방한 중국의 패권에 저항하며 끈질기게 국가의 독립을 유지하고 일제의 식민 지배 아래에서도 민족적 저항 의식을 포기하지 않은 역사가 오롯이 담겨 있다. 그런 역사적 경험 속에는 우리의 역사를 민족주의적으로 읽을 수 있는 소지가 다분하다. 그러나 동시에 이 4분의 1의 섬은 문명들이 교차하는 지정학적 이점을 활용하여 이질적인 문명 요소들을 왕성하게 소화해내는 저력도 보여주었다. 해방 이후의 분단 체제에서도 외래의 문명 요소들에 바탕을 두면서 산업화와 민주화를 달성해낸 우리의 현대사가 이를 입증하고도 남는다. 그러므로 4분의 1의 섬과

2분의 1의 섬이 걸어온 역사를 그 자체만으로 보기보다는 동아시아와 서양, 나아가 세계(globe)의 문명사적 맥락에서 다시 읽으려는 노력이 필요할 것이다.

03 이민호

유럽과 국민국가

1. 들어가며

2000년 12월 7일부터 11일까지 프랑스 니스에서 개최된 유럽연합(EU) 정상 회담은 지난날 동유럽 공산권 국가들의 대표들을 2004년 6월까지 유럽의회 선거에 참여시키자는 결정을 내렸다. 이는 유럽의 일원으로 참여하고자 하는 동유럽 국가들의 오랜 열망을 실현하는 첫걸음이라고 할 수 있다. 현재 유럽연합은 15개 회원국의 약 3억 7,500만 인구를 포괄하는 거대 경제 기구이다. 그중 11개국은 주권의 상징이랄 수 있는 자국 통화까지 양보하여 '유로화'를 만들어내어 통용시킴으로써 유럽의 경제 통일에 박차를 가하고 있다. 나아가 유럽연합은 이와 같은 경제적 통일에 기반하여 정치적 · 사회적 · 문화적 통합까지 겨냥하고 있다. 물론 이 기구가 순

조롭게 발전하여 200여 년 전 미국처럼 일종의 합중국 형태로 나아갈 수 있을지는 여전히 미지수이다.

유럽공동체는 미국이 주도하는 나토의 후원 아래에서 소련을 위시한 공산권의 위협에 대항하기 위해 결성된 기구였다. 그러나 사회주의 체제가 붕괴한 이후 과거 동유럽 공산권 국가들 역시 서유럽과의 일체감을 강화하면서 서유럽의 인권, 민주주의, 시장경제, 그리고 무엇보다 경제적 번영에 동참하고자 유럽공동체에 가입하기를 열렬히 희망하고 있다. 여기서 제일 먼저 떠오르는 의문은 다음과 같다. 수백 년 동안의 역사적 경험을 토대로 결속된 유럽의 국민국가들은 유럽연합이라는 보다 큰 블록 경제에 흡수됨으로써 그 기능이 약화될 것인가? 오늘날 글로벌 경제 · 블록 경제가 확산됨으로써 국민국가의 시대가 종말을 고하고 이른바 '세계화 시대'가 다가왔으며, 유럽 통합도 이런 거시적인 맥락에서 이해해야 한다는 생각이 널리 퍼져 있는 듯하다. 그렇다면 새로운 국가들의 가맹으로 확대된 유럽공동체는 명실상부하게 초국가적인 기구로 거듭날 수 있을 것인가? 오늘날 서로 간에 불구대천의 원수로 다투던 국민국가들을 대신하여 범유럽적 차원의 경제 통합이 가속화되고 있는 마당에 유럽을 결속시키는 힘이 경제 통합을 넘어 정치 통합으로까지 발전할 수 있을 것인가? 나아가 국민국가는 앞으로 어떤 운명을 맞이할 것인가?

유럽공동체를 구성하는 국민국가들은 오랜 역사 속에서 전통과 신화와 애국심을 자양분으로 삼아 여러 세대에 걸쳐 국가에 대한 시민들의 충성심을 토대로 발전해왔다. 그리하여 국민국가의 방어자들은 유럽통합 과정에서 주권의 어떠한 부분이라도 양보해서는 안 된다고 주장한다. 상대적으로 긴 역사를 갖고 있는 국민국가에 비해 유럽공동체는 불과 40년의 짧은 역사 속에서 아직도 형성 중에 있는 일종의 '토르소(torso)'에 비견될 수 있다. 그 반면에 공동체의 추진자들은 개별 국민국가들을 흡수한 초국가적 기구만이 유럽이 살길이라고 하면서 통합 반대론자들의 견해를 시대착오적인 발상이라고 단정한다. 그러나 유럽공동체가 확대되면서 점차 공동체와 국민국가를 정반대의 대립물로 간주하는 시각은 점차 설득력을 잃고 있으며, '통일성과 다양성'을 유럽 문화의 특징으로 인정하는 견해가 부상하고 있다.

유럽공동체의 등장은 19세기 후반부터 감지되기 시작한 국민국가의 위기라는 역사적 상황과 긴밀하게 결부되어 있다. 19세기 후반부터 20세기에 걸친 국민국가의 절정기에 근대적인 경제 조직들이 긴밀하게 상호 연계되고 해외 팽창이 가속화됨으로써 유럽 각 국가들 간의 경쟁은 격화되고 마침내 파국으로 치닫게 되었다. 이 국가들은 산업화 과정에서 발생한 사회적 갈등에 적절하게 대처하지 못하면서 대체로 시민들의 충성심만을 우선적으로 요구하는 통합적 · 억압적 민족주의로 치달았다. 특히 전간기에 세계 대공황이 발생하고 국민국가를 절대화한 전체주의 국가들—독일의 국가사회주의 정권, 이탈리아의 파시스트 정권, 소비에트 연방—이 등장하면서 유럽 각국은 제2차 세계대전이라는 대파국을 경험하게 되고 수많은 국민국가들이 병합 · 점령되는 사태가 벌어지게 되었다. 제2차 세계대전이 끝난 후 전쟁으로 파괴된 유럽의 국민국가들은 전후 회복을 꾀하면서 과거의 전철을 되밟지 않기 위해 지속적인 경제성장을 위한 내정적 합의에 주력하고 국제간의 유대를 다져나가기 시작했다. 그리고 이러한 과정에서 탄생한 것이 바로 유럽공동체였다.

2. 유럽중심주의

유럽공동체와 유럽을 과연 동일시할 수 있을까? 유럽인들의 공동 의식,

즉 '우리 의식'은 오랜 역사적 과정에서 형성되었다. 그런데 이러한 유럽 의식은 역사적으로 볼 때 항상 대내외로부터의 위협이 닥쳐왔을 때 비로소 등장했다. 영국 역사가 배러클러프(Geoffrey Barraclough)는 "유럽의 이념이 가진 두드러진 약점은 그것이 유럽을 위협하는 힘이 강하게 작용하는 동안에는 일시적으로 작동하지만, 이해의 공통성에 기초한 기한부 통일은 그 목표가 사라지면 곧 사라진다는 점이다"라고 갈파했다. 이는 유럽 통합의 이념이 내부의 능동적 계기라기보다는 외부의 위협에 대처하는 수동적 계기에 의해 대두되곤 했다는 점을 말해준다. 유럽공동체 역시 소련 공산주의라는 외부의 위협이 없었다면 등장하지 않았을 것이다. 그렇다면 냉전 체제가 붕괴한 오늘날, 유럽을 결속시키는 힘을 어디에서 찾을 수 있을 것인가?

오늘날 유럽 통합을 역설하는 사람들에 따르면, 유럽 통합의 이념은 결코 새로운 것이 아니다. 그것은 유럽의 역사 속에 면면히 존재해온 것이다. 그리하여 그들은 현재의 유럽 통합을 정당화하기 위해 "기억의 창고"에서 유럽의 이념과 담론을 발굴해내고자 애쓴다. 과연 역사를 보면 가상의, 혹은 현실의 위협에 직면했을 때, 어김없이 유럽의 담론이 등장하는 것을 볼 수 있다. 예컨대 국경을 초월한 유럽의 통일이라는 문제는 사라센이 갈리아에 침입하여 투르와 푸아티에 전투가 벌어졌을 때, 몽고군이 헝가리와 슐레지엔까지 쇄도했을 때, 오스만 튀르크의 군대가 오스트리아 빈의 서문 앞까지 육박했을 때 비로소 제기되었다. 심지어 가상의 '황화론(黃禍論)'의 위협으로부터 유럽을 구출하기 위해 파견된 군대는 거기에 일본군이 포함되어 있었음에도 불구하고 "유럽군"이라고 불렸다. 그러나 흥미로운 것은 일단 위협이 사라지면 범유럽적 결속과 연대도 사라졌다는 사실이다. 그리고 16세기 이후, 더 정확히는 베스트팔렌 조약 이후 유럽은 철저하게 국가 간 체제(inter-state system)를 토대로 발전해나갔다.

그럼에도 유럽의 이념과 담론은 심심지 않게 유럽사에 출몰해왔다. 19세기는 유럽의 이념사에서 특히 흥미로운 시기이다. 버크(Edmund Burke)는 프랑스혁명으로 기존 질서가 교란되는 가운데 특유의 보수주의적인 감각으로 유사한 관습, 도덕, 법률, 사회제도를 토대로 유럽이 하나의 "국민(nation)"이 되어야 함을 강조했다. 혁명을 계승한 나폴레옹 역시 공동의 유럽법과 유럽재판소를 갖춘 유럽 인민의 유럽 체제를 구상하기도 했다. 또한 독일을 비롯한 유럽의 낭만파 지식인들은 역동적인 변화 속에서 중세 시대 기독교에 의해 통일된 유럽에 대한 향수를 솔직하게 표출했다. 일반적으로 볼 때 대략 1830년대에 유럽은 여러 국민국가들로 구성되는 자유로운 공동체로 이해되었다. 낭만주의적 정치이론가들의 사상도 자국의 국경에 한정됨이 없이 유럽 전체를 포용하려고 애썼다. 예컨대 이탈리아의 '카르보나리단(Carbonari)'을 본떠 비밀결사를 조직한 프랑스의 부셰(Philippe J. B. Buchez)는 열렬한 유럽주의자로서 유럽의 연방적 재구성을 지지했다. 그리고 유럽연방이 실현되기 위해서는 기독교 윤리에 입각한 평등과 자유가 사회의 이념적 토대가 되어야 하며, 이를 위해서는 과연 길고 고단한 투쟁이 필요할 것이라고 예상했다.

유럽주의의 위대한 영웅은 역시 이탈리아의 마치니(Giuseppe Mazzini)이다. 그는 다른 어떤 정치사상가들보다 '유럽'이라는 말을 늘 입에 달고 다녔다고 한다. '카르보나리단'의 일원으로서 마치니는 순수한 민족주의적 열정을 내보이면서도 다가올 '유럽국민연합'의 일원으로서 이탈리아의 역할을 강조했고, 스위스 망명지에서 이탈리아, 독일, 폴란드 출신의 투사들을 결속하여 1864년에 16명으로 이루어진 '청년 유럽(Young Europe)'을 조직하기도 했다. 더욱이 마치니는 14개국으로 구성되는 유럽연합의 청사진을 그렸는데, 이는 당시 적지 않은 지식인들로부터 지지를 받았다. 그의 기본적인 정치 강령은 각 국민이 우선 독자적인 국민국가를 이루고 나서 이 국민국가들이 종국적으로 유럽연합을 구성한다는 것이었다.

국민국가들로 구성되는 마치니 식의 '유럽연합' 안과 더불어 '유럽합중국' 안도 제시되었다. 구대륙 유럽이 경제적 불황과 혁명적 소요에 휩싸였을 때 많은 유럽인들은 부푼 꿈을 안고 신대륙 미국으로 향했고, 이런 상황에서 '유럽합중국'은 다분히 동경의 대상 '미합중국'을 모방한 것이라고 할 수 있다. 예컨대 유럽 혁명의 해인 1848년 이탈리아의 애국자 카타네오(Carlo Cattaneo)는 오스트리아 지배에 맞서 발발한 밀라노 혁명을 지도하면서 이탈리아 통일의 길을 '유럽합중국'의 창설이라는 보다 거시적인 틀 속에서 전망했다. 위고(Victor Hugo) 역시 파리에서 열린 '제3차 세계 평화 회의'의 좌장을 지내면서 앞으로 '미합중국'과 '유럽합중국'이 대서양을 횡단하여 서로 악수를 나눌 날이 올 것이라 예언했다.

> 20세기에는 예상치 못한 국가가 나타날 것이다. 이 국가는 그 자유로움이 방해받지 않는 대규모의 것이 될 것이다. 그것은 화려한 빛으로 가득 차고 풍요로우며 사려깊고 평화적이며 나머지 인류 모두에게 우호적인 국가가 될 것이다. 이 국가는 수도를 파리에 둘 것이지만 결코 프랑스라고 불리지는 않을 것이다. 그 명칭은 유럽이 되고 다음 세기에는 마침내 '인류'라고 불리게 될 것이다.

위고는 여기서 다가올 자유로운 유럽연방의 미래를 그리고 있는데, 호랑이(열강)로부터 해방된 통일된 유럽의 숲을 묘사하는 데서 그의 상상력은 절정에 달한다.

1830년대부터 1880년대에 이르는 시기는 연방적 유럽의 이론적 · 법적 토대가 논의되면서 하나의 유럽에 관한 사상이 주목을 받았던 시기였다.

1863년 프루동(P. J. Proudhon)은 유럽연방에 대한 체계적인 해석을 내렸다. 일단 그는 유럽 국가들이 1815년 이전으로 돌아감으로써 유럽의 발전이 저해된 것으로 보고 국민국가의 국경이란 자의적으로 그어진 것에 불과하며 더 큰 문제는 국민국가를 관통하는 불평등이라고 보았다. 그러나 프루동은 국민국가는 물론 일거에 해체되어서는 안 되고 점차 보완되면서 유럽 국민들의 연맹체로 대체되어야 한다고 주장하는 신중한 입장을 취했다. 나아가 사회주의자로서 프루동은 인민이 스스로 통치하는 권리를 강조했는데, 국민국가의 경우는 규모가 너무 크기 때문에 인민의 민주주의적 권리를 보장하기 힘들다고 보았다. 그 대신 자유와 정의는 한 사람이 다른 사람을 아주 구체적인 수준에서 만날 때에만 가능한 법이므로 참다운 국가는 코뮌적 규모의 정치체일 수밖에 없다고 보았다. 요컨대 프루동은 권력 서열에 기반한 중앙집권적 정부에 대립하는 연방주의를 이상적인 정치 형태로 보았다. 그러나 프루동에게 이는 오직 혁명을 통해서만 획득될 수 있는 것이었다.

'유럽합중국'과 같은 정치 형태를 유럽에 실현하려고 했던 사상가들은 그 본보기를 미국만이 아니라 스위스에서도 찾았다. 취리히 출신의 블룬츨리(J. K. Bluntschli)는 1878년의 저서 『유럽국가연합』에서 스위스의 정치체야말로 대륙의 번영에 이바지하고 장래의 평화를 보장하는 훌륭한 제도라고 전제하면서 18개의 주권국가들로 구성되는 연방 안을 제시하기도 했다. 각 국가를 대표하는 연방위원회에 의해 통치되는 그의 유럽연방 안은 오늘날 유럽연합의 조직 기구와 매우 유사하다. 그러나 그의 안은 기본적으로 각 국민국가들이 주권을 계속 유지하는 것이 확실하기에 그 어떤 종류의 초국가적 조직 형태도 배제하는 것이었다. 그럼에도 블룬츨리의 유럽연방 안은 정치적 의사 결정, 자치권, 개인과 국가의 역할 등 오늘날에도 유럽연합 역시 해결하지 못하고 있는 온갖 문제들을 다루고 있다는 점에서 매우 흥미롭다.

이상에서 살펴보았듯이 유럽의 19세기는 근대적 민족주의 운동이 심화되는 가운데 국민의 통일과 결속을 도모하면서도 동시에 배타적 민족주의가 아니라 인류애와 범유럽적 협동을 통해 민족 문제를 다루려는 경향이 강한 시기였다. 그러나 이러한 19세기풍의 자유주의적 국제주의(유럽주의)는 19세기 후반에 들어서면서 제국주의적 팽창과 사회주의의 확산이라는 정세 속에서 계급 지향적 국제주의(프롤레타리아 국제주의)로 대체되고, 민족주의 역시 시민적 민족주의의 궤도를 벗어나 억압적 민족주의로의 지향을 갖게 되었다. 다음과 같은 비스마르크의 일화는 이 시대의 민족주의, 유럽주의, 제국주의 상호 간의 관계를 잘 설명해준다. 1863년 독일 주재 영국 대사가 프로이센이 폴란드를 침략할 시 유럽의 반응에 대해 언급했는데, 이때 비스마르크는 간단히 "유럽이란 무엇인가?"라고 되물었다고 한다. 비스마르크는 러시아 대사의 유럽 문제 보고서를 접했을 때도 비망록 끝에 유럽을 언급하는 것은 잘못된 것이라고 일축했다. 그는 유럽이라는 용어를 입에 올리는 것은 위험 부담을 감수하지 않고 다른 나라에서 무엇인가를 얻어내려는 정치가들의 얕은 수법일 뿐이라고 단정했다. 비스마르크에게 중요한 것은 유럽 공동의 운명이 아니라 독일이 얻을 수 있는 이권이었을 뿐이다. 이렇게 보면 그에게 유럽이란 세력 확장과 관련된 단순한 지리적 개념에 불과했다.

19세기 말에서 20세기 초에 걸친 시기가 보여주는 또 다른 특징은 인류와 서구 문명의 진보에 대한 신앙이 무너지면서 지성계 전반이 음울한 비관주의에 휩싸였다는 점이다. 이제 유럽은 더 이상 세계사의 장엄한 최고 단계로 간주되지 않았다. 예컨대 독일의 니체(Friedrich Nietzsche)는 1886년 『선과 악을 넘어서』라는 저작에서 유럽인들이 민주화 과정을 통해 서로 닮아감으로써 일정한 무리를 이루게 된 반면에 민족주의적 감정에 도취된 유럽의 정치가들은 오히려 유럽을 해체하는 데 앞장서고 있다고 보았다. 그리하여 니체는 유럽이 살아남기 위해서는 미국과 아시아의 풍요로움에 동화됨으로써 동과 서의 영양을 섭취하고 동과 서의 중개자로서의 소임을 다해야 한다고 보았다. 이러한 전제 아래에서 그는 유럽이 역사의 궁극적 단계에 들어서기는커녕 오히려 유럽 파괴의 씨앗이 이미 뿌려졌다고 하면서 슈펭글러(OSwald Spengler)의 비관주의를 예비했다. 프랑스의 소렐(Georges Sorel) 역시 1908년 유럽합중국에 대해 쓰면서 "미국은 유사한 조건에서 함께 사는 인민의 합중국을 만들었다. 브라보! 그러나 종교적 혹은 신비적 슬라브인들, 진지한 스칸디나비아인들, 야심적인 독일인들, 평화를 사랑하는 영국인들, 탐욕스러운 프랑스인들, 경제 위기를 겪는 이탈리아인들, 발칸 반도의 밀렵자들, 전투적인 헝가리인들을 어떻게 하나의 유럽연방에 편입할 수 있다는 말인가 …… 비참한 유럽, 앞으로 10년간 유럽은 지난 100년간 두세 번씩이나 경험했던 것과 같은 전쟁과 무정부 상태에 빠지고 말 것이다"라고 하면서 유럽의 미래를 참담하게 전망했다.

이러한 유럽 문명에 대한 비관과 절망은 제1차 세계대전을 거치면서 더욱 깊어만 갔다. 프랑스의 말로(André Malaux)나 발레리(Paul Valéry) 등은 유럽 문명이 이제 임종의 고통에 직면해 있다고 보았다. 특히 발레리는 전쟁의 경험을 정신적 위기로 단정하면서 "우리 문명이 죽음에 이르렀다는 것을 알고 있다. 한때 그토록 막강했던 유럽 문화가 죽음으로써 장래 유럽은 그저 아시아 대륙의 서쪽 끝자락에 지나지 않게 될 것이다"라고 한탄했다. 이러한 비관과 절망 속에서 씌어진 것이 바로 『유럽의 몰락(Declin de L'Europe)』이다. 여기에는 미국, 일본, 볼셰비키 러시아에 비해 경제적으로 몰락하는 유럽의 모습이 다양한 통계 수치들을 통해 분석되고 있다. 곧이어 슈펭글러는 유럽의 몰락을 본격적으로 분석하여 저 유명한 『서구의 몰락(Der Untergang des Abendlandes)』이라는 저작을 출간했다. 이 책은 제1차 세계대전에서 독일의 무조건 항복을 불과 몇 달 앞둔 시점에 출간되었는데, 전후의 절망감에 사로잡힌 대중들에 의해 날개 돋친 듯 팔렸다. 슈펭글러가 처음 이 책을 구상한 것은 전전인 1911년의 일이었다. 따라서 그는 장래 서구 문명의 몰락을 직접 예언했다기보다는 이 문명이 창조적인 정신문화의 단계에서 퇴락한 물질주의 문명의 단계로 옮겨 가고 있다는 점을 갈파한 것이라고 할 수 있다. 슈펭글러는 이러한 문화적 변화를 계절의 변화에 따른 식물의 생장에 비유하면서 문화의 형태론적 파악을 시도했는데, 여기서 우리는 슈펭글러가 토인비(Arnold Toynbee)의 인식을 예비하고 있음을 보게 된다. 그러나 우리의 관심이 특히 집중되는 부분은 슈펭글러가 서구 문명과 다른 문명들의 비교를 통해 형태론적 파악을 진전시키면서 서구 문명의 우수성을 전제하는 유럽중심주의 대신 서구에 대한 객관적이고 상대적인 역사 인식의 가능성을 보여주었다는 점이다.

세기말을 거치면서 유럽이 근대 과학과 근대 체제를 통해 역사의 선두에 서서 전 세계를 식민화하고 번영을 구가하던 시대가 종말을 고하고 있다는 인식이 팽배해졌다. 그리하여 유럽을 긍정적으로만 바라보던 시각 대신 유럽 문명의 부정적인 측면을 고발하는 담론들이 홍수처럼 쏟아지기 시작했다. 유럽의 역사를 중단 없는 전쟁, 억압, 독재로 점철된 역사로 묘사하는 것들이 바로 그것이다. 예컨대 프랑스 역사가 뒤로셀(J.-B. Duroselle)은 "유럽을 인권의 땅이라 하면 나는 인종주의가 생각나고, 이성의 땅이라 하면 미쳐 날뛰는 낭만주의적 광기가 생각난다. 정의는 펜실베이니아에도 있고 이성은 아랍 민족주의자들에게도 있다"라고 갈파하면서, 유럽중심주의를 고발했다. 그에게 프랑스혁명 이후의 민주주의 이념이란 인민의 이름을 팔아 이룩한 유혈적 범죄와 다름없었고, 자유란 독재

자가 초래한 무정부 상태의 구실에 지나지 않았으며, 이성은 독재자의 억압 기구로서 전쟁 수행과 자연 파괴의 수단에 불과했던 것이다. 이렇게 보면 유럽이 자랑하는 민주주의는 곧 혁명적 자코뱅주의에서 볼셰비키 혁명의 이념에 이르기까지 거침없이 독재를 야기했을 뿐이다. 이처럼 20세기에, 아니 19세기 말부터 유럽중심주의는 무너지고 있었다.

3. 국민국가의 위기

유럽 통합을 배경으로 씌어진 『유럽 역사 교과서』의 마지막 장인 '위험과 파괴'라는 부분에는 지금으로부터 꼭 100년 전인 '1900년의 유럽'에 대해 다음과 같이 서술되어 있다.

> 20세기가 열리는 새벽, 유럽인들은 자신들의 성공을 자랑하며 확신에 차서 미래를 내다볼 수 있었다. 우월감이 도처에 넘쳐흐르면서 유럽인들은 자신들의 생활양식이 세계에서 가장 훌륭한 것이라고 생각했다 …… 유럽 국가들은 아프리카와 아시아를 분할했고 …… 세계 그 어느 곳도 유럽만큼 많은 상품을 생산하고 교역하지 못했다. 잘 짜인 도로, 철도, 운하의 체계가 인간과 물자의 유통을 보장했다. 수백만의 주민들을 감싸고 있는 거대 도시들은 대규모 산업 지구들로 성장했다 …… 대부분의 발견과 기술적 쇄신이 유럽에서 이룩되었다. 자동차, 항공기, 전화, 영화, 의약, 인공비료, 염료 등 모든 것들이 유럽에서 발명되고 제조된 것들이었다 …… 많은 사람들은 그 어느 것도 인류의 발전을 막지 못하리라 믿었다.

유럽중심주의는 1890년부터 제2차 세계대전에 이르는 시기에 절정에 달했다. 이 '아름다운 시절(Belle Époch)'에 유럽은 찬란한 번영을 만끽했다. 유럽의 과학과 기술과 산업이 세계를 제패했다. 그러나 위에서 우리는 이미 19세기 말을 거치면서 유럽의 몰락을 예언하는 음울한 담론들이 등장하기 시작했음을 보았다. 그리고 유럽의 몰락에 치명타를 가한 결정적인 계기는 바로 유럽의 내란에서 발달된 두 차례의 세계대전이었다. 엄청난 살육과 파괴를 동반한 이 인류의 비극 속에서 유럽의 중심적 역할은 종말을 고하고 있었다. 그리하여 야스퍼스(Karl Jaspers)는 유럽 문명도 고대 그리스와 로마 혹은 아시아 문명이 그랬던 것처럼 곧 역사의 유물이 될 것이라는 우려를 표명했던 것이다.

이러한 비관주의는 명백히 유럽 국민국가의 위기라는 역사적인 상황과 궤를 같이한다. 19세기부터 20세기 초까지 유럽이 이룩한 번영은 유럽 각국이 경제적으로 팽창하는 과정에서 국가 이익을 극대화하기 위해 대중에게 국가와 상징과 신화를 주입시켜 그들의 충성심을 동원하면서 이룩한 결과였다. 그리고 이러한 내정적 토대 위에서 각 국민국가들이 서로 경합하면서 자국의 이익을 추구했다. 이에 따라 유럽 각국의 역사적 정체성 역시 오랫동안 자국사 중심의 담론에 의존해왔다. 예컨대 프랑스는 "기억의 창고"에서 혁명과 공화주의의 전통을 발굴해내고, 영국은 헌정적 발전이 이룩한 성과를 자랑하며, 네덜란드는 에스파냐로부터 쟁취한 국민적 해방을 내세우고, 에스파냐는 무어인과의 투쟁과 신대륙 발견의 업적을 뽐내면서 나름의 방식대로 국민적 정체성을 구축했다. 흥미로운 점은 이들 중 어떤 나라도 자국이 유럽의 발전에 공헌한 구분을 부각시키면서 범유럽적 유산을 토대로 자국의 정체성을 구축한 적이 없다는 점이다. 각국은 오로지 치열한 국민적 경쟁 속에서 자국의 발전을 찬양하는 자국사 중심의 정체성 확립에 몰두했던 것이다. 이런 점에서 19세기는 흔히 국민국가와 민족주의의 세기로 기억되기도 한다.

그렇다면 국민국가란 무엇인가? 유럽의 역사적 발전은 그것을 구성하는 국민국가를 도외시해서는 이해될 수 없다. 그리고 유럽에서 시작된 국민국가는 근대화 과정과 더불어 전 세계로 확산되었다. 근대 초 유럽에서는 일정한 영토 위에 주권을 갖는 국가들에 의해 유럽 국가 체제가 수립되었다. 지리적 조건에 의해 국가와 국가 간의 경계선이 확실하게 구획된 영국이나 프랑스에서는 일찍부터 절대주의 체제가 확립되어 주민의 결속을 다지고 밖으로부터의 위협에 맞서 국가를 방어했다. 그런데 국가를 구성하는 주민은 국왕의 '신민(subject)'이었을 뿐, 스스로의 권리와 의무를 자각하는 '시민(citizen)'은 아니었다. 국가와 주민의 일체성이 확립된 것은 시민혁명과 산업혁명에 의해서였다. 즉, 산업화에 의해 전통적 농업사회에 갇혀 있던 주민이 해방되어 공통의 커뮤니케이션 망에 흡수됨으로써, 새로운 충성의 표적으로서 주권적 국민국가가 동력을 얻게 되었다.

이러한 국민국가의 형성과 민족주의의 발전을 살피기 위해 역사가들은 언어라든지 혹은 역사와 같은 객관적인 문화 전통을 토대로 분열된 국가를 통일하는 경우와 개인에 의해 국적 선택권으로 국가에 대한 귀속성을 확인하는 경우를 구별하여 유형적으로 분석했다. 전자의 경우는 이른바 동구적 유형으로서 정치적 합의에 의한 국민 형성보다는 정치 이전의 결합력, 즉 언어나 혈통을 강조하여 민족이라는 색채가 강하게 부각되는 경우이다. 독일이 바로 이러한 경우인데, 예컨대 독일어를 사용하는 곳은 어디든지 독일 땅이라고 간주되었다. 그러나 정작 통일 과정에서 독일어 사용권인 오스트리아와 스위스가 제외된 사실은 참으로 역설적이다. 독일에서 국민(민족)감정의 뿌리는 나치의 주데텐란트 침공이나 오스트리아 병합의 경우만이 아니라 동독과 서독이 같은 민족이라는 이유로 40년간 이질화 과정을 고려함이 없이 마치 '전격전'을 방불케하는 방식으로 통일이 강행된 경우에서도 마찬가지로 확인된다.

반면에 후자의 경우는 이른바 서구적 유형으로서 개인의 의사에 따라 국가에 대한 귀속성이 결정된다. 즉, 혁명적 제3신분에 속하지 않는 사람은 국민에서 배제되고, 이에 따라 국가는 정치적으로 의식된 국가 시민의 공동체로 간주된다. 프랑스가 바로 이러한 경우로서, 이때 국민이란, 르낭(E. Renan)에 따르면, "매일매일의 국민투표"였다. 이것이 곧 개인의 권리를 토대로 한 국민국가의 형성, 즉 시민적 민족주의로의 발전 경로이다. 그런데 르낭은 국민 형성에 있어 "망각"의 작용을 "국민 창조의 본질적인 인자"로 해석했다. 그에 따르면, 국가에 속한 개인들은 많은 것을 공유하면서도 동시에 많은 것을 잊어야 한다. 즉, 스스로 부르고뉴인, 알란인, 비시고트인 중 어느 종족의 후예인지를 몰라야 한다는 것이다. "집단적 기억의 어두운 측면이란 곧 망각이다." 요컨대 국민은 각 개인들이 지방적 · 전통적 문화의 굴레에서 해방될 때에만 비로소 탄생한다는 것이다. 바로 이 대목에서 우리는 개인의 의사와는 관계없이 언어와 문화에의 귀속성이 강요되는 경우(동구적 유형)나, 개인의 의사에 따라 국가에 대한 귀속성이 결정되면서 역사의 필요한 인자 이외의 요소는 망각되는 경우(서구적 유형)나 모두 일종의 폭력성을 띠고 있음을 알 수 있다. 그러므로 국가는 국민적 합의를 표방하건 말건 본질적으로 수직적 통합을 위해서라면 "망각"이라는 폭력까지 포함하여 그 어떤 물리력의 행사도 불사하는 강제 기구이다.

이러한 점에서 단순한 유형적 구별만으로 복합적이고 변화무쌍한 역사 현실을 해석하기란 어렵다. 국민 내부에는 언제나 수평적 통합이 추구하는 완결성(통일성)보다는 종족적 · 지방적 · 사회적 차이와 갈등이 들끓고 있다. 특히 19세기 중엽 이후 정치적 분열에 허덕이던 이탈리아와 독일이 통일됨으로써 전통적인 세력 균형이 흔들리는 가운데 국가 간의 긴장이 고조되었다. 게다가 이들 '후발국(late-corner)'들은 '선발국(first-corner)'들을 따라잡기 위해 급속한 산업화를 추진했는데, 이 과정에서 심각한 사회문제가 야기되었고 이를 해결하기 위해 국민 통합을 이루어야 할 시급한 과제에 직면했다. 이러한 상황에서 국가는 정치적 기능을 강화하면서 주민들의 충성심을 강요했을 뿐 사회적 요구에 맞게 국가 기능을 조절하고 권력을 배분하며 시민에 대한 국가의 의무를 확대하는 등의 적절한 대응책을 마련하지 못했다. 그러나 관료제와 군대를 토대로 "위로부터의 혁명"이라 일컬어지는 통일을 완수한 독일도 19세기 중엽에는 보통선거제를 도입하고 국왕조차 견제당하는 헌법을 채택했다. 정치 활동에 참여하고 병역과 교육 제도의 혜택을 받는 인민의 애국심 없이는 통일 독일은 유지될 수 없었을 것이다. 이러한 점에서 동구적 유형의 전형으로 간주되는 독일에서도 "시민적 민족주의는 가능성"은 확인된다고 볼 수 있다.

19세기 말이 되면 유럽의 국민국가들에서 대다수 국민을 이념적으로나 이론적으로 주권적 개인으로 삼고 바로 그러한 토대 위에서 국민국가를 구축하는 "시민적 민족주의의 가능성"은 크게 후퇴했다. 19세기 전체에 걸쳐 각국의 내부 사정이 각기 다르고 산업화 과정이나 주민의 정치 참여 정도 역시 다르겠으나, 대체로 19세기 초에는 산업화가 초래한 사회문제나 이를 해결하기 위한 경제에 대한 국가 간섭의 정도가 19세기 말에 비해 그리 크지는 않았다. 그러나 사회적 양상이 복잡해지고 국가의 역할이 증대하면서 국가에 대한 충성심을 강요하는 통합적 민족주의가 우세해졌다. 그리하여 독일에서는 "너는 아무것도 아니다, 국민이야말로 모든 것", 프랑스에서는 "인민의 프랑스", 영국에서는 "옳건 그르건 국민이 최고"라 하여 국민을 절대시하는 경향이 생겨났다. 요컨대 19세기 후반에 가까워질수록 산업화된 서유럽 국가에서도 국민의 수직적 통합은 가장 중요한 전략적 과제로 대두했다. 초등 교육과 성인 교육이 확대되면서 문자해독률이 높아지자 이들을 공통의 커뮤니케이션 망에 흡수하고 사회적 분쟁을 해결하지 않고서는 발전을 기대할 수 없다는 사실이 명백해졌기 때문이다. 그렇다면 19세기 말 이후 민족주의 변화 과정을 각국별로 간단히 살펴보도록 하자.

우선 프랑스는 영국보다 뒤늦고 불철저한 사회 개혁, 보불전쟁에서의 패배, 알자스-로렌 지방의 상실, 파리 코뮌의 발발 등으로 잇따라 국가 위신에 큰 타격을 받았다. 특히 독일에 대한 불타는 복수심이 프랑스의 수직적 통합을 위한 국민 교육의 지배적인 정서가 되었다. 그러므로 프랑스에서 애국주의적 갱생과 공화주의 전통의 상속이 국민 형성의 양 축으로 작동했다고 할 수 있다. 브루노(G. Bruno)의 『두 어린이의 프랑스 기행 : 의무와 애국』은 독일의 합병으로 고향을 등진 두 고아가 프랑스 국토를 여행하면서 느끼는 감동적인 조국 사랑의 이야기로서 불과 몇 년 만에 20판이 인쇄되고 교과서에도 실릴 정도로 큰 인기를 누리기도 했다. 그러나 독일에 대한 복수를 외치던 제3공화정이 금융 스캔들에 휘말리면서 부패와 타락이 만연하게 되었다. 그리하여 프랑스를 안으로 치유하지 않고는 밖으로 작용할 수 없다, 우리나라는 병들고 약화되어 전면적인 치료가 필요하다, 알자스-로렌을 되찾기 전에 먼저 프랑스를 찾아야 한다, (국토 상실이 결정된) 파리 협정의 개정이 아니라 의회제의 개정이 시급하다, 요컨대 "외정보다 내정이 문제"라는 여론이 부상했다. 그리고 독일에 대한 적개심을 일깨워 국론 통일을 이루고자 했던 프랑스의 보수 우파 세력은 진정한 위협은 밖보다는 안에서 비롯되고 있다는 점을 너무나 잘 알고 있었다. 그러나 내부적으로는 귀족적 전통과 왕당파에 뿌리를 둔 행정 및 군 체계가 여전히 건재하면서 국수주의가 움트기 시작했고, 이런 과정에서 '드레퓌스 사건'이 돌발했다.

독일 간첩이라는 혐의를 받은 유태계 장교 드레퓌스의 처리 문제를 둘러싸고 프랑스의 국론은 양분되었다. 일부 지식인과 여론에 의해 '사건'

을 유리하게 이끈 급진파는 이후 급진당(parti radical)과 사회주의당(parti socialiste)을 조직하고 노동총동맹(C.G.T)을 결성했다. 이로써 사회주의와 생디칼리슴이 프랑스 좌파 운동의 중핵을 이루게 되었다. 그 반면에 '드레퓌스 사건'으로 실망과 좌절을 맛본 보수 우파는 활동 방식을 지식인 중심의 저술에서 정치로 바꿈으로써 '악시옹 프랑세즈(Action Française)를 결성했다. 그리고 그 산하에서 발간된 동명의 기관지는 상층 귀족을 포함하여 지방 귀족들의 정치관과 이해관계를 대변하면서 대학 교수와 검사까지 포함하는 하위 중산층, 수공업자, 소상점주 등 폭넓은 독자를 확보하게 되었다. 이 조직은 학생층까지 자극하여 가두 폭동을 야기하는 등 제3공화정에 저항하는 활동을 펼쳤다. 이로써 프랑스는 민족주의와 사회주의라는 양대 진영으로 분열됨으로써 국민적 합의는 크게 손상받게 되었다. 그렇지만 '악숑 프랑세즈'가 보여주듯이, 프랑스 민족주의는 전통적 농업사회의 유산을 청산하지 못한, 방어적이고 부정적이며 향수에 젖은 회고적인 성격을 짙게 드러냈다.

한편, 영국은 독일의 통일과 '2차 산업혁명'으로 인해 지금까지 누려오던 해양 제국으로서의 절대적 지위에 큰 위협을 느끼게 되었다. 그리하여 사키(Saki)라는 작가는 『윌리엄이 올 때(When William come)』라는 소설에서 독일의 윌리엄, 즉 빌헬름 2세에 의한 영국 정복을 묘사하면서 큰 인기를 끌었다. 그는 미국인의 기업 정신과 독일인의 질서 의식이 영국인을 능가할 것이라고 예언했다. 국내적으로는 선거법 개정으로 일반 대중의 정치 참여가 확대됨에 따라 보수당과 자유당이 이들을 포용·통합하여 각기 지지 기반을 확고히 다지고자 했다. 그러나 국론의 분열은 어쩔 수 없었다. 보수당의 디즈레일리(Benjamin Disaeli)는 "영국 인민, 특히 영국의 노동 대중은 위대한 국가에 소속되어 있음을 자랑으로 삼는다. 그 위대함을 유지하기 위해 …… 영국이라는 세계 제국을 위해 오랜 전통에 빛나는 자랑스러운 제도를 승인해야만 한다"라고 주장했다. 계속해서 그는 제도의 개혁 없이 대중의 충성심을 요구하면서 "대륙의(혁명적) 원리에 따라 피할 수 없는 나락에 빠질 것인가, 아니면 자자손손 세계가 인정하는 위대한 나라를 남길 것인가"라고 묻고, 영국 내 "두 개의 국민(two nations)"의 통합을 역설하기도 했다. 이후 영국은 이른바 "토리-민주주의"로 불리는 일련의 사회 입법을 통해 산업화가 야기한 사회적 긴장을 완화하고 인도에 대한 직접 통치를 모색하며 대영제국을 옛 로마제국과 비교하면서 식민지 경합 무대에서 발생한 새로운 국제적 긴장에 대처하고자 했다. 세기 전환기에는 국민의 충성심을 동원하기 위해 "보다 많은 민주주의"라는 구호로써 안으로는 계급 대립과 사회주의에 맞서고, 밖으로는 독일, 프랑스, 러시아와 대결하면서 제국주의와 민주주의를 결합시키고자 했다. 따라서 영국은 아일랜드 자치 문제라는 내부의 두통거리를 안고 있었음에도, 또 과거 어느 국가도 범접하지 못할 정도의 강력한 해상 제국의 위신이 다소 추락했음에도 불구하고 다른 국가와 비교할 때 상대적으로 폭넓은 국민적 합의 기반을 일궈낼 수 있었다고 하겠다.

1871년 통일된 독일제국에서도 역시 외형상의 제국 창건만이 아니라 상호 대립하는 사회 집단들 간의 이해관계의 조정을 통해 실질적인 국가 통일 · 국민 통합을 이루는 것이 중요한 과제로 부각되었다. 서로 교착되고 상충되는 사회적 · 경제적 국외자, 즉 소수 민족(예컨대 폴란드인이나 프랑스인)과 유태인 문제가 겹치게 되었다. 통일을 완수한 프로이센 왕조에 통합되지 않는 세력은 "제국의 적"으로 낙인찍혔다. 그리하여 통일 직후에는 알프스 너머 로마 교황과의 유대를 갖는 가톨릭 교도들과 이들을 대표하는 중앙당과 학교감 및 사제 자격을 둘러싼, 이른바 "문화 투쟁(Kulturkampf)"이 전개되었다. 또 의회에서 베벨(August Bebel)은 "파리 코뮌이 앞으로 올 세계 혁명의 작은 전초전"이라고 하여 집권층과 소유층을 공포와 경악으로 몰아넣은 사건을 계기로 '사회주의자 탄압법'이 제정되기도 했다. 이 법을 통해 독일제국은 사회주의자들을 한편으로 압박하면서 다른 한편으로는 회유하려고 했으나, 해가 거듭될수록 사회주의 세력은 증대 일로에 있었다. 국민국가 형성의 '지각생' 독일에서 국민 통합에 주도적 역할을 한 것은 바로 프로이센 군대였다. 집권층은 군대만이 국가의 운명을 보장하는 유일한 기구로 인식했다. 프로이센 군대는 통일 과정에서 오스트리아와 프랑스를 격파한 공적으로 단순히 외적에 대비하는 기구만이 아니라 내적, 즉 가톨릭 세력이나 사회민주주의 세력이나 심지어 자유주의 세력에 대처하는 요새가 되었다.

그러나 외형적인 제국 형성에도 불구하고 독일에서 내적 통일은 여전히 미완성으로 남아 영토적 · 종교적 · 사회적 분열이 만연했다. 특히 급속한 산업화로 말미암아 귀족과 부르주아지, 자본과 노동의 관계가 조정되지 못하여 깊은 사회적 단절의 골이 파였다. 그리하여 노선 정당이 이러한 골을 메울 정도로 충분히 성숙하지 못한 가운데, 그리고 공통의 언어를 상실하면서 "만인에 대한 만인의 투쟁"이 심화되는 가운데, 관심을 밖으로 돌림으로써 내정 문제를 해결하려는 "부정적 통합"을 위한 "사회적 제국주의"가 발동되었다. 비스마르크의 외교정책이 중유럽에 국한된 독일 문제에 집중된 데 비해 세기 전환기에 이르면 이른바 "세계정책(Weltpolitik)"이 추구되었다. 제국의 국경을 메소포타미아 지역으로까지 확대하려는 독일의 정책이 영국의 중동 및 인도 정책과 러시아의 보스포러스 정책 등과 정면 충돌하리라는 것은 명약관화했다.

세기 전환기에 이탈리아에서도 통합적 민족주의는 크게 기승을 부렸다. "미수복의 이탈리아"를 회복하려는 운동이 부진하고 에티오피아 침공이 실패로 돌아가면서 개인주의를 넘어 조국 공동체를 수호하려는 거센 민족주의 운동이 의회 밖에서 전개되었다. 고질적인 남부과 북부의 구조적 차이에 겹쳐 급속한 산업화로 인한 사회적 긴장으로 말미암아 '악성 민족주의'가 '국내의 적'을 탄압하고 아프리카 진출을 부추겼다. 이렇듯 19세기 말부터 독일과 이탈리아가 기존 제국주의 열강에 도전하고 사회적 갈등이 증폭되면서 사회주의 세력의 국제적 연대가 강화되는 등 집권층을 불안케 하는 요인들이 대거 등장하기 시작했다.

요컨대 19세기 말부터 '인종주의'와 '사회적 다윈주의'가 통합적 민족주의를 강화하는 데 동원되고 "유능한 자의 생존", "만인에 대한 만인의 투쟁", "평화는 약자의 환상"이라는 구호가 난무하는 가운데 국가 간의 경쟁이 치열해지며 이는 마침내 전체주의적 민족주의로 이어졌다. 이러한 통합적 민족주의의 근원은 자코뱅주의의 "하나의, 불가분한", 또한 "평등하며 동질적인" 민족에 대한 열정적 귀속성에서 찾아볼 수 있다. 그러나 이론과 이데올로기가 추구하는 하나의 민족이란 있을 수 없다. 그것을 강조할 때 사회의 다양한 요인들이 존중되는 다원주의는 사라진다. 그리하여 권력과 신화와 개인 재산권의 보호를 혼합한 메커니즘만으로 운영되던 국민국가는 19세기 말에 이르러 국가 기능이 확대되면서 통치자와 피치자 간의 복잡한 상호 의무의 그물망으로서의 새로운 통치 구조를 요구했다. 그리고 20세기에 들면 국민적 합의의 토대 없이 국가의 생존은 불가능한 상황에 이르렀다.

19세기 말부터 자기 조정적 시장 체제는 전 세계로 확산되어 지구상의 모든 지역과 주민을 체제 속에 편입시켰다. 세계체제는 세계를 '중심', '준중심', '주변', '준주변'으로 나누고 동시에 민족주의와 사회주의라는 '반체제'를 낳기도 했다(I. Wallerstein). 20세기 초에 이르면 민족주의와 사회주의라는 양대 '반체제' 세력들 간에 첨예한 대립과 갈등이 빚어지기도 했다. 민족주의는 종교와 전통 가치를 토대로 군국주의를 표방하고 소수민족, 특히 유태인들을 압박했다. 또 1900년대 사회주의 세력은 주류 맑스주의자들을 중심으로 인터내셔널 조직을 통한 국제적 연대를 실현했다. 여기서는 끝까지 혁명 노선을 견지하는 세력과 의회주의와 자본주의를 승인하고 전쟁에서 국가 방위에 참여하는 (개량주의적) 세력으로 다시 하위 분할되었다. 이런 가운데 "유럽의 협조" 내지 "유럽의 균형"은 깨지고 영국, 프랑스, 러시아를 한 축으로 하고 독일, 오스트리아-헝가리, 이탈리아를 다른 한 축으로 하는 양대 동맹 세력이 첨예하게 대립하게 되었다. 제1차 세계대전은 유럽이 직면한 내정적 · 국제적 모순이 한꺼번에 폭발한 사건이었다. 그리고 그 파급력은 20세기 말까지 미치게 될 것이었다.

4. 유럽의 파국

1914년 7월 사라예보의 총성으로 세계대전이 시작되었다. 전쟁의 발발과 함께 독일 사회주의자들은 "성내의 평화(Burgfriede)"를 내세우고 프랑스는 "성스러운 동맹(Union Sacrée)"을 호소하면서 내정적 갈등은 일시 해소되는 듯했다. 다가올 비극을 알지 못한 채 출정하는 병사들의 목에 화환이 걸리는 등 각국의 수도는 흡사 축제적 분위기에 휩싸였다. 모든 사람들이 우수한 무기와 잘 훈련된 병사들에 의해 전쟁은 단기전으로 끝날 것이고 출정한 병사들도 크리스마스까지는 귀환할 것으로 생각했다. 그러나 전쟁은 과거 어느 전쟁과도 비할 데 없는 양상으로 걷잡을 수 없이 비화되었다.

제1차 세계대전은 전방과 후방이 따로 없는, 이른바 "총력전(total war)"이었다. 그리고 "총력전" 속에서 전쟁 수행국뿐만 아니라 중립국까지 포함하여 거의 모든 유럽 국가들이 원료, 식량, 군수품의 생산을 철저히 관리 · 통제하지 않을 수 없었고, 이러한 과정에서 국가권력은 전례없이 강화되었다. 예컨대 영국에서는 "국가비상법(Defence of Realm Act)"이 통과되어 의회 기능은 위축되고 전시 내각이 일종의 독재권을 행사하게 되었다. "총력전"으로 유럽 국가들은 국가 통제와 관료화를 추진하고 이로써 '전체주의 이전의 전체주의 국가'의 양상을 띠게 된 것이다. 독일 참모 본부는 전쟁이 군사적 문제에 한정되지 않고 정치적 문제와 연결되고 따라서 전쟁과 정치는 병행한다고 천명했다. 그리고 세기말부터 확산되었던 '사회적 다원주의'에 입각한 권력 철학과 권력 예찬이 "총력전"을 통해 극점에 이르게 되었다. 국가 간의 관계란 언제나 투쟁의 관계이며 한 민족의 총체적 역량은 다른 민족의 철저한 섬멸을 목표로 한다는 것이 공공연하게 승인되었다. 예컨대 프랑스에서 전쟁 준비에 골몰했던 모라스(Charles Maurras)는 전쟁만이 단 하나의 인간적 진실이라 하였고, 이탈리아의 무솔리니(Benito Mussolini) 역시 민주주의는 곧 몰락을 뜻하며, 전쟁만이 살길이라고 밝혔다. 이러한 전쟁 철학은 일관되게 전쟁 수행 국가의 권력 강화를 겨냥한 논리였다. 이제 국가를 필요악으로 보는 19세기적 자유주의 국가관은 크게 후퇴하고, 국가가 경제 및 사회 문제에 깊이 관여하는 새로운 국면으로 접어들게 되었다.

몇몇 이론가들은 이처럼 자본의 집중화가 가속화되면서 국가가 경제에 강력하게 간섭하는 양상을 "조직 자본주의(Organisierter Kapitalismus)"라는 개념으로 분석했다. 특히 독일에서 "조직 자본주의"는 19세기 후반부터 시작되어 제1차 세계대전을 경유하면서 "생산수단을 소유한 사회계층에 유리한 경제의 편성과 관리"를 통해 기존의 자유경쟁 자본주의를 대체하기에 이르렀다. 개인적이고 사적인 경제가 우세했던 영국에서도 이미 1914년 이전에 경제의 조직화와 집중화를 통해 정치와 경제의 상관관계가 크게 변화했음이 확인된다. 그러나 영국의 경우가 보여주듯이, "간섭국가"의 등장과 경제의 조직화가 반드시 전체주의 국가로 발전하는 것을 뜻하지는 않는다. 즉, 끊임없이 발전하는 산업 체제를 사회적으로 통제하려는 요구는 정치적으로 한편에서는 보나파르트주의적 · 파시스트적 대안과 다른 한편에서는 대중민주주의적 · 사회국가적 대안이라는 양자택일의 가능성을 항상 내포한다.

강력한 국가는 물론 보수적 집권층만의 요구는 아니었다. 이 시대 사회주의자들도 강력한 국가에 의한 적극적인 사회정책을 요구했다. 그리하여 전전에 영국에서만 실시되었던 실업보험이 다른 나라에도 잇따라 확산되고 8시간 노동제, 경영 참여권, 전선에 나간 남성들을 대신한 여성들의 취업권, 여성 참정권 등의 문제들이 폭발적으로 대두하기 시작했다. 그러나 이러한 새로운 흐름에 대해 각국 정부들은 "강력한 민주주의"로 대응하지 못했다. 각국 정부들은 균열된 사회적 단층을 메우기는커녕 정통성을 결여한 무기력한 정치기구로 전락했다. 물론 1789년 이후 혁명적 · 민주적 국민국가의 전통이 뿌리 깊었던 프랑스나 유서 깊은 입헌주의적 헌정 제도를 갖추고 있던 영국을 위시하여 네덜란드, 룩셈부르크, 노르웨이, 스웨덴 등 일부 북유럽 국가들은 나름대로 국민적 합의를 일궈내면서 대전과 대전 후의 위기를 잘 극복해나갈 수 있었다. 그러나 취약한 내정적 토대 위에서 비대한 정부를 구성한 일부 국가들의 경우는 달랐다. 그들에게는 전체주의의 길이 예비되어 있었다. 그리고 독일이 바로 이러한 경우였다.

독일 최초의 공화국 — 바이마르 공화국 — 에서 복수 정당의 경합, 비밀투표에 기반한 보통선거제, 출판 및 결사의 자유 등이 보장되는 통상적인 의회 민주주의의 길은 여전히 아득하기만 했다. 전후 참모 본부의 전략은 형식적으로 다수를 차지하는 사민당, 가톨릭 중앙당, 자유당에 의해 의회 민주주의를 실현하고 패전에 상응하는 평화 체결의 신임을 얻는 데 있었다. 그러나 형식적 민주주의의 이면에는 전선에서의 승리가 후방에서의 배신과 교란에 의해 물거품이 되었다는, 이른바 "등에 꽂힌 비수"의 전설이 확산되면서 여러 정치 세력 간의 갈등의 골이 깊어져 갔다. 패전의 굴욕감 속에서 보수파는 민주적 정치 세력을 희생양으로 만들면서 독일인들의 일체감을 이끌어내고자 했다. 게다가 전쟁 배상 압력에 눌리고 국가에 대한 이익집단의 충성심이 약화된 가운데 사회의 각 분야에서 사회적 · 경제적 요구가 분출했다. 이에 정부는 막대한 공적 자금을 투하하면서 대응했는데, 이로써 조세 부담이 1929년에 이르면 전전인 1913년에 비해 약 2배로 늘어나고 각 주와 지방자치체의 지출은 약 13배로 늘어났다. 기실 "아! 바이마르 공화국"이라는 탄식이 절로 나는 상황이 아닐 수 없었다.

설상가상으로 1929년 유럽에 밀려온 대공황의 여파는 과연 심각한 것이어서 3년간 산업 생산은 반으로 줄고 독일 경제활동인구의 3분의 1이 실업자로 거리에 내몰렸다. 이러한 상황에서 바이마르 공화국은 여러 사회 집단의 기대 압력에 굴복하는 무능한 모습을 보여주었다. 국가 제도에 대한 국민의 충성심은 그 제도와 기구가 분배 갈등의 문제를 해결할 수 없을 때 사라지고 만다. 그리하여 보수파와 군부가 결탁하여 찾은 나름의 해결책이 바로 전체주의였다. 옛 제도와 기구의 틀이 크게 손상됨이 없이 다양한 행정적 · 정치적 기능이 분산되어 사회적 · 경제적 문제들을 해결할 수 있었던 영국이나 프랑스와는 달리, 독일, 이탈리아, 오스트리아, 에스파냐, 러시아에서는 전혀 다른 길이 열리게 된 것이다.

전체주의 등장으로 세계체제의 기본 단위로서의 국민국가는 일대 시련을 맞이하게 되었다. 여기에 민족 문제의 해결을 더욱 어렵게 만든 것이 바로 종전과 함께 선포된 "민족자결의 원칙"이었다. 이로써 합스부르크 제국, 독일제국, 오스만제국의 잔해에서 명칭을 가진 모든 종족, 부족, 민족이 스스로의 독자적인 국가를 가져야 한다는 역사에서 유례를 찾아보기 어려운 대원칙이 적용되었고, 이는 20세기를 넘기면서까지 유럽을 크게 뒤흔들게 될 새로운 민족문제를 낳았을 뿐이다. 이들 지역에서 국민국가란 특정한 지배적 다수파가 일정한 영역 내에 존재하는 다양한 소수 민족들 위에 군림하면서 국가의 대리자 역할을 다하는 것을 뜻한다(각국 내 소수 민족의 분포는 1924년 알바니아가 22.3퍼센트, 1931년 유고슬라비아가 57퍼센트, 1921년 폴란드가 30퍼센트, 1920년 헝가리가 10.4퍼센트였다). 그러나 농업사회에서 산업사회로 빠져나오지 못한 동유럽 지역의 여러 국가들에서 종교적 · 종족적 · 지방적 갈등으로 말미암아 수직적 · 수평적 통합은 현저하게 방해받았다.

다른 한편, 산업화 단계에 들어선 중심부 및 준중심부에서는 보수적 민족주의와 급진적 사회주의가 격돌하면서 다함께 강한 국가를 요구했다. 1930년대 유럽 국가들 중 민주적 제도를 유지한 국가는 단 11개뿐이며, 이탈리아, 독일, 오스트리아, 에스파냐, 러시아 등은 반민주적 전체주의 국가의 길에 접어들었다. 이 중에서 러시아는 자본주의적 세계체제를 초극한 볼셰비키 혁명을 완수했으나, 곧 세계 혁명 노선에서 이탈, "일국 사회주의"를 지향했다. 이후 소련 정부는 과거 차르 체제의 잔해 위에서 뒤늦게나마 근대 국가를 완성하는 작업에 전력을 기울였다. 특히 소련은 1941년부터 독일 나치스와의 전쟁에 휘말리면서 위대한 "조국 수호 전쟁"을 선전하고 과거 착취와 전제의 상징이었던 제정 러시아의 통치자들을 복권시켜 애국심을 고취하는 데 이용했다. 이런 과정을 거치면서 스탈린 독재는 물샐틈없는 국가 통제를 완성했다.

전승국이면서도 동시에 패전국의 심리를 갖게 된 이탈리아에서는 실지 회복 노력이 좌절되고 제대 장병들의 실업 상태가 악화되며 농민과 노동자들의 요구가 토지 점거 및 공장 점거로 치닫는 과정에서 무솔리니와 파시스트들의 "로마 진군"이 단행되었다. "로마 진군"은 군주제론자와 교회를 비롯하여 금권 및 교양 시민 계층, 소경영자, 수공업자, 공무원, 사무직 노동자 등 비교적 광범위한 계층의 지지를 받았다. 초기에 무솔리니는 "볼셰비즘의 위협"에 맞서 사회 안정과 질서를 약속하면서 히틀러와 함께 "민족의 신화"와 "생활 공간의 확대"를 내세우고 지중해를 "우리의 바다(nostrun mare)"라 부르는 등 대중 운동 혹은 대중 최면의 기제를 가동시켰다.

전통적인 의미에서 정당은 정치적 의지를 결집하기 위해 합리적인 강령을 제정한다. 그러나 전체주의 국가의 지도자들은 집단의식의 심층에 잠재된 비합리적 감정에 호소하여 그들의 원한과 분노와 고통을 달래고자 했다. 이탈리아의 "두체(Duce)"나 독일의 "총통(Führer)"은 모두 대중에게 민족에 대한 충성과 헌신을 요구하고 그 대가로 아름다운 미래에 대한 확신을 심어주고자 노력했다. 그리하여 이탈리아와 독일에서 '파시스트 국민당'과 '국가사회주의 노동당'은 각각 좌절감에 휩싸인 대중들을 적절하게 위로해줌으로써 대거 약진할 수 있었다. 이들이 만든 국가 조직들은 모두 제복과 퍼레이드 등을 적절히 활용하면서 공적 생활을 의식화하고 카리스마적 지도자에 대한 광신적 복종을 요구하는 군사 조직의 색채를 띠었다. 요컨대 파시즘이나 나치즘은 대중사회의 분절된 사회 기능을 민족이라는 하나의 가치를 통해 완전히 동질화함으로써 두체와 총통에서 정점에 이르는 일사불란한 명령과 복종의 체계를 만들어내려는 이데올로기이자 운동이라고 할 수 있다.

그러나 이탈리아 파시즘은 단 한 번도 시민적 법치국가의 특징을 완전히 상실한 적이 없었다는 점에서 다소 특이하다. 파시스트적 동질화 — "획일화(inquadromento)" — 의 요구에도 불구하고 파시즘 치하 이탈리아의 일상생활은 예전과 다름없이 지속되었다. 그 반면에 독일에서는 당과 국가가 합쳐져 나치 친위대(SS), 안정국(SD), 비밀경찰(Gestapo) 등이 시민

생활에 대한 물샐틈없는 감시와 테러와 숙청을 통해—획일화(Gleichschaltung)”—를 추진했다. 특히 히틀러의 '전쟁 미학'은 계속된 평화는 사람을 타락시키고 자연 상태로 돌아가게 한다는 데서 극치를 이룬다. 그러나 아리아인들의 인종적 우수성을 유지하기 위해 유태인 절멸 작전을 통해 약 600만에 이르는 유태인들을 학살하고, 열등하다고 간주된 슬라브 민족을 노예화하고 그들의 땅을 독일의 생활 공간으로 삼을 목적으로 역사상 가장 참혹한 전쟁들 중 하나인 독소전을 도발하며, 궁극적으로 세계대전으로 인류를 파괴와 살육의 공포 속에 몰아넣은 죄악은 역사와 인류의 이름으로 단죄되어야 할 대죄임이 분명하다. 그리하여 1945년 유럽이 직면한 과제는 "허무주의 혁명"이 남긴 유산을 청산하는 일이었다.

5. 유럽 통합

이처럼 19세기 후반부터 위기에 빠지기 시작한 유럽의 국민국가 체제는 20세기에 들어 두 차례의 세계대전을 거치면서 회복 불능의 타격을 입었다. 특히 제2차 세계대전은 기존 유럽 국민국가들의 취약성을 남김없이 드러냈고 국민적 합의 기반을 여지없이 무너뜨렸다. 이러한 상황에서 다시금 '유럽합중국' 안을 들고 나온 사람이 있었으니, 바로 영국의 처칠(Winston Churchill)이었다. 그는 1946년 말 취리히 연설에서 '유럽합중국 창설안'을 제시했다. 이때 처칠은 고전적인 영국의 세력 균형 정책에 입각하여 유럽 대륙의 문제에 초연하게 대처하되 불안한 유럽을 협정 체제로 묶어둠으로써 영국이 자국의 해외 식민지(훗날 영연방) 경영에 전념할 수 있는 조건을 만든다는 복안을 깔고 있었다.

이렇게 제2차 세계대전 이후 유럽 통합의 기운이 새롭게 일어난 것은 새롭게 등장한 외부의 위협 때문이었다. 그 위협이란 바로 동유럽에 구축된 바르샤바조약기구의 군대를 말한다. 물론 새로운 전쟁 위험은 동서의 핵무기 보유로 억제되는 듯했다. 그러나 1950년 한국 전쟁이 발발함으로써 서유럽을 비롯한 서방 진영이 군사적으로 결속해야 할 필요성이 절박해졌다. 확실히 제2차 세계대전 직후 종전과 함께 동서 이데올로기 대립이 격화되고 독일이 분단되면서 유럽은 한 치 앞을 내다보기 힘든 상황에 빠지게 되었고, 이에 따라 유럽의 각 국민국가들은 중대한 기로에 처하게 되었다. 이러한 상황에서 동과 서가 분단되는 결정적인 계기가 있었다. 그것이 바로 1945년 일본에 대한 원자탄 투하와 1949년 소련의 핵 보유였다. 특히 핵 보유국의 출현이라는 상황은 종래 주권국가의 의미를 크게 퇴색시켰다. 이제 각국은 어느 한 편의 핵 우산의 보호를 받지 않으면 안 되는 양자택일의 상황에 몰렸다. 그리하여 유럽의 분단이 가속화하면서 소련을 중심으로 한 바르샤바 체제 대 미국을 중심으로 한 나토 체제가 대립하게 되었다. 미국은 '마셜 플랜'을 통해 유럽의 전후 복구에 나서는 한편 유럽의 안전보장을 위한 유럽 통합을 적극적으로 종용했다.

물론 유럽 통합의 발상이 전후에 처음으로 등장한 것은 아니다. 이미 전쟁 중에 나치의 강압적 점령 통치에 맞선 각국의 레지스탕스 운동 속에서 그 맹아가 확인되기 때문이다. 이 저항운동에는 국경을 초월하는 인도주의적 · 기독교적 · 민주주의적 정신이 녹아들어 있었다.

1944년 7월에는 '유럽협력선언'이 발표되어 개별 국가 사이의 국경을 넘어서는 유럽 공동의 정부, 재판소, 군대의 창설이 구상되기도 했다. 이는 히틀러의 침략이라는 외부의 위협에 직면해서, 그리고 종전 뒤에는 냉전 체제로부터 오는 위협에 직면해서 유럽의 이념이 발동한 것이라고 해석할 수 있다. 위에서도 언급했듯이 과연 유럽의 이념은 외부의 위협이 닥칠 때면 어김없이 등장했다. 제2차 세계대전 이후 유럽공동체의 형성도 역시 이러한 유럽사의 큰 흐름 속에 있었다. 그러나 중요한 사실은 제2차 세계대전 이후 유럽의 이념이 유럽공동체라는 매우 구체적인 조직의 형태로 구상되고 실행되었다는 점이다. 이는 유럽의 정치가들과 지식인들이 "기억의 창고"에서 유럽의 이념과 담론을 끄집어내어 현재의 유럽공동체를 정당화하려고 했고, 또 이것이 부분적으로 타당한 근거를 갖고 있음에도 불구하고, 유럽공동체는 기본적으로 제2차 세계대전을 전후로 한 시기 유럽 정세의 직접적인 산물로서 상대적으로 새로운 현상이었다는 점을 잘 보여준다. 요컨대 유럽공동체를 통한 범유럽적 결속과 통합은 전후 위기의 산물이었다.

1951년 프랑스, 독일, 네덜란드, 벨기에, 룩셈부르크 등을 주축으로 석탄과 철의 생산을 공동으로 관리하는 '유럽석탄철강공동체'가 탄생했다. 이 기구가 바로 유럽공동체, 나아가 유럽연합의 전신이라고 할 수 있다. 흔히 이 공동체의 탄생을 이른바 유럽의 "성자들(saints)", 즉 프랑스의 모네(Monnet)와 슈망(Schuman), 벨기에의 스파크(Spaak), 서독의 아데나워(Adenauer) 등의 공으로 돌린다. 그들은 한결같이 정치적으로 기독교 민주주의의 전통에 서 있는 사람들로서 어떤 정파나 집단과도 연합할 준비가 되어 있었으며 노동과 자본의 화해에 역점을 두어 기민당이 대중 정당으로 새롭게 발전해야 한다는 전망을 갖고 있었다. 이러한 점에서 그들은 과거 부르주아 정파를 대변했던 보수주의 정치가들과 구별된다고 할 수 있다. 그들은 전쟁과 내란으로 유럽의 인구가 급격하게 변동하고 사회조직이 복잡해지는 가운데 과거의 고전적 민주주의의 이념만으로는 유럽의 새로운 정치·사회 문제들을 해결할 수 없다고 믿었다. 그들은 모두 유럽 역사와 철학의 위대한 전통에 기대어 전통적인 국민국가의 한계를 돌파하고 유럽의 장래를 새로이 전망하려는 정치가 집단이었다.

그러나 유럽의 "성자들"은 실제로 유럽 공동의 운명을 깨닫고 이에 적극적으로 대처하기보다는 철저하게 자국의 이해관계에 따라 유럽공동체에 대한 각기 다른 구상을 가지면서 공동체 창설에 기여했다는 점이 곧 드러난다. 이는 각국의 정책들을 봐도 분명하다. 예컨대 프랑스는 '유럽석탄철강공동체'에 가담하면서 표면적으로는 이를 통해 유럽의 석탄과 철강 생산을 초국적으로 관리하고 수입 제한을 폐지함으로써 수급 조정 및 가격 안정을 도모하고 국제 경쟁력을 높인다는 명분을 내세웠지만, 그 이면에는 석탄과 철강의 공동 관리가 독일의 전쟁 수행 능력을 불모화시키는 좋은 방법이라는 정치적 의도를 깔고 있었다. 벨기에가 '유럽석탄철강공동체'에 열성을 보인 것도 역시 사양길에 접어든 자국의 광업을 보호하기 위해서였다. 그렇다면 유럽의 "성자들"이란 모두 변화된 환경에서 약화된 국민국가가 새로이 구제되어야 하고 앞으로 재건될 국민국가를 위한 새로운 질서가 구축될 수 있다고 믿었던 사람들이라고 할 수 있다.

6개국으로 구성된 1951년의 '유럽석탄철강공동체', 즉 '작은 유럽'은 1957년 로마 조약으로 창설된 '유럽경제공동체' 및 '유럽원자력에너지공동체'와 함께 1967년 마침내 '유럽공동체(European Community)'로 통합되었다. 1973년에는 영국, 덴마크, 아일랜드가, 뒤이어 1981년에는 그리스가, 1986년에는 에스파냐와 포르투갈이 회원국으로 가입하면서 유럽공동체의 총 회원국은 12개국으로 늘어났다. 1994년에는 다시 스웨덴, 핀란드, 오스트리아가 가입함으로써 총회원국은 15개국으로 늘어 약 3억 7,500만 인구를 포괄하는 거대 기구로 성장했다. 유럽공동체의 주요 구성을 보면, 우선 집행부인 유럽위원회(European Commission), 회원국 각료들로 구성되어 회원국들의 이해관계를 대표하는 각료이사회(Council of Ministers), 인구 비례 할당으로 선출되는 시민 대표들로 구성되어 공동체 활동을 감시하고 예산 결정권을 가진 유럽의회(European Parliament), 그리고 국가 간 혹은 국가와 개인 간 분쟁을 조정하는 유럽사법재판소

(European Court of Justice) 등이 있다.

유럽공동체의 발전을 살펴보면, 1950~1960년대와 1980년대의 호황기, 그리고 1973년과 1982/83년의 유류 파동과 달러가의 폭락으로 유발된 침체기가 꽤 선명하게 구분된다. 그리고 공동체는 이러한 시기마다 다른 변화 폭을 가지면서 발전했다. 그러나 앞에서도 언급했듯이 이러한 통합 노력에도 불구하고 유럽 각국의 상반되는 이해관계들이 날카롭게 표출된 것이 또한 유럽공동체의 역사였다. 패전 독일(서독)에서 유럽공동체는 전후의 절망과 허탈 상태에서 탈출할 수 있는 유일한 희망의 닻이자 패망한 조국을 대신해 새롭게 충성을 바칠 수 있는 대상이었다. 그리하여 서독은 유럽공동체에 가입함으로써 명실상부한 국제사회의 일원으로서 다른 나라와 동등한 권한을 회복할 수 있는 절호의 기회를 포착하고자 했다. 그러나 이에 대해 프랑스의 드골은 무엇보다 자국의 이익을 우선으로 하고 공동체에 불참하는, 이른바 "공석 위기"를 야기했다. 그리고 뒤이어 주요 결정에서 만장일치제를 고집함으로써 공동체가 유연하게 작동할 수 있는 가능성을 막아버렸다. 특히 공동체가 구성되던 초기에는 공산주의의 위협에 맞서 경제 협력보다 방위 협력이 강조되었다. 그러나 이 초국적 방위 공동체 구상이 실제 비준되는 과정에서 제안국인 프랑스까지 포함하여 유럽 각국은 자국의 방위력이 드러나 손상될 것을 우려하여 결국 구상안을 거부했다. 이로써 프랑스는 유럽 정책에서 독일에 한발 뒤지게 되었다.

그뿐만 아니라 프랑스는 수출 지향적 공산품보다 농산품 보호를 우선시함으로써 기본적으로 시장경제의 원리에 역행하는 정책을 펼쳤다. 흔히 '사회적 시장경제'의 아버지로 불리는 서독의 경제 장관 에르하르트는 프랑스의 경제정책에 끈질기게 맞섰으나, 결국 경제적 득실보다 정치적 결속을 우선시하는 아데나워의 타협 정책으로 양보할 수밖에 없었다. 통합 과정에 제동을 건 것은 비단 프랑스만이 아니었다. 1973년 공동체에 가입한 영국은 자유무역에는 찬성했으나 초국가적 요인들이 강화되는 것에는 명백히 반대했다. 또한 1980년대에 들어 정치적인 이유로 경제 수준이 상대적으로 낮은 나라들이 공동체에 가입함으로써 유럽연합의 경제 통합에는 어두운 그림자가 드리우게 되었다.

그러나 이러한 제약에도 불구하고 유럽공동체가 어쨌든 지속적으로 발전해나간 것은 사실이다. 특히 1985년 유럽위원회 위원장으로 선출된 프랑스 사회당 출신의 자크 들로르(Jacques Delor)는 유럽 통합에 새로운 바람을 일으켰다. 1986년에는 1993년 1월을 기하여 물자, 자본, 용역, 인간의 완전한 이동의 자유화를 실현시키는 것을 골자로 하는 '단일유럽의정서'가 채택되었다. 이로써 유럽의 경제 통합은 '물리적 국경'만이 아니라 '기술적 · 세제적 국경'까지 제거되어 군사 및 외교 분야를 제외한 전 영역에서, 즉 경제, 통화, 농업, 지역 개발, 교통, 통신, 미디어, 환경, 의료, 식품 관리, 연구, 개발, 교육, 사회정책 등의 영역에서 긴밀하게 협력을 다질 수 있게 되었다. 그리하여 각국의 독자적 국가 정책은 상대적으로 후퇴하고 이른바 '유로크라트(Eurocrat)'라 불리는 새로운 유럽연합 관료들의 권한이 대폭 강화되었다.

유럽 통합 문제를 다루면서, 유럽이 공통의 문화를 가졌다거나 혹은 고전고대의 유산에 영향을 받았다거나 혹은 기독교의 공통한 경험에 의해 재형성되었다거나 하는 논의를 발견하는 것은 드문 일이 아니다. 또한 각 국가로 갈라진 것은 세속 권력이 지방화되었기 때문이며 따라서 그것은 일시적인 일탈 현상 이상의 것은 아니라는 논의도 종종 보인다. 이처럼 과거를 들추어 죽은 언어를 발굴해 과거와 현재의 문화를 잘못 해석하는 일은 쉽게 찾아볼 수 있다. 그러나 이러한 논의는 대체로 지배 엘리트들의 정치적 지배를 유지하고 정당화하는 수법에 불과한 경우가 많다.

그러나 최근에는 유럽 통합을 각 국민국가의 경제성장과 연관 지어 파악하는 논의가 우세하다. 즉, 18세기 이후 경제적 발전의 결과, 물자 · 자본 · 사상 · 사람의 교류가 증대하면서 상호 의존성이 심화되어 개별 국가의 독립적인 경제정책의 중요성이 감소했다는 것이다. 이러한 시각에 따르면, 유럽 통합은 자유 시장경제 원리와 경제 영역의 통합을 바탕으로 유럽 국가 간 인적 · 물적 교류가 확대됨으로써 자연스럽게 진전되었다고 할 수 있다. 그러나 이러한 생각은 경제의 심화된 상호 의존성에도 불구하고 19세기 말에서 20세기에 걸쳐 통합적 민족주의가 대두하고 국가 간 경쟁이 격화되어 두 차례의 세계대전이 야기되며 그 결과 국민국가의 붕괴 위기가 초래되었음을 감안하면 반드시 옳다고 할 수 없다.

이러한 시각과는 달리 최근에는 유럽 공동체가 전후 초강대국에 의해 점령당한 유럽 국가들이 붕괴되는 국면에서 역설적이지만 국민국가를 "재확인"하고 "구출"하는 적극적인 수단이었음을 주장하는 의견이 제기되었다. 이러한 시각에 따르면, 위에서 언급한 유럽의 "성자들" 이야말로 각국의 진정한 관심이 유럽의 통합이라기보다는 자국의 이익에 있었음을 증명하는 산 증인들이다. 확실히 국제적 교류가 활성화됨으로써 그 어느 때보다도 상호 의존성이 두드러지는 현대에 각 국민국가들이 과거와 같이 독립적인 국가 운영 정책을 고수하기는 힘들 것이다. 국제적 상호 의존성이 심화되면서 자연히 각 국민경제의 역할은 축소되고 이에 따라 국민국가 권력의 일부가 유럽공동체나 아니면 지역적(regional) · 지방적(local) 자치체들에 양도될 수밖에 없다. 그럼에도 이것이 곧바로 국민국가를 대체하는 새로운 정치체가 출범했음을 의미하는 것은 아니다. 그것은 오히려 국민국가가 자기 권력의 일부를 양도함으로써 스스로의 생존을 보장받는 새로운 방식이 아닐까 한다.

제2차 세계대전 이후 붕괴 직전에 놓인 유럽의 각 국민국가들은 새로운 국민적 합의를 일궈내기 위해 수출 주도의 경제성장 정책, 완전고용 정책, 농업 보호 정책 중산층을 겨냥한 복지 정책 등을 단행했다. 예컨대 초기 유럽공동체에 가담한 국가들은 '마셜 플랜'을 받아들이기 위해 개방적인 시장경제체제를 유지했으며, 자본과 노동의 갈등이 자본주의의 위기로 이어진 1930년대의 전철을 밟지 않기 위해 완전고용정책을 실시했다. 이런 맥락에서 유럽공동체 성립의 역사는 위기에 처한 유럽의 각 국민국가들이 '유럽'의 이름으로 결속함으로써 국민국가의 위기를 타개해나간 역사와 일치한다. 따라서 유럽공동체를 국민국가를 넘어서는 새로운 유형의 초국가적 기구라고 단정하기는 어려울 것이다.

국민국가들과 유럽연합의 관계는 여전히 유동적이다. 예컨대 독일은 각 주가 갖는 자치성이 존중되는 독일식 연방주의를 내세우면서 초국가적 연방의 성격을 지향하는 데 비해, 프랑스는 개별 국가의 주권성을 추호도 양보하려 들지 않는다. 지난해 말 독일 〈차이트(Zeit)〉지와의 회견에서 프랑스 역사가 르 고프(J. Le Goff)는 유럽연합이 개별적 국가성이 약화되는 초국가적 방향으로 발전해서는 안 된다고 못박기도 했다. 그에 따르면, 증대하는 세계화 과정에서 사람들은 다양한 생활권, 즉 지방적 · 국가적 · 유럽적 · 지구적 생활권이 병존하는 가운데 살아가게 마련이며 따라서 유럽공동체에 특별한 의미를 부여할 필요는 없다. 그러면서도 발족된 유럽연합 내의 여러 국가군, 즉 ① 초기 공동체 창설군 ② 앵글로 색슨-스칸디나비아군 ③ 아직도 독재 체제의 기억이 생생한 지중해군 ④ 앞으로 가입이 예상되는, 공산 독재를 겪으면서 자본주의 발전이 미흡한 동유럽군을 구분한다. 또한 아시아와 분리될 수 없는 러시아는 러시아로 남을 수밖에 없다고 보면서 유럽연합 가입에 반대한다.

유럽공동체에 의한 유럽 통합은 1990년 독일의 재통일을 계기로 가속화되었다. 동독의 독일연방공화국 편입으로 독일은 8,000만의 인구에 강력한 경제력을 갖춘 강대국으로 부상했다. 어떤 의미에서 독일 통일은 독일의 동방 확대의 종결이자 유럽의 동방 확대의 시작이다.

그러나 유럽연합에 속한 다른 국가들은 과거의 역사를 돌아보며 독일의 부상에 커다란 우려를 표명했다. 그리하여 1991년 말 각국의 수뇌들은 독일을 유럽공동체에 묶어두기 위해 유럽공동체를 대신하여 유럽연합을 발족시키고 '유로화'에 의한 화폐 통합을 결의하기도 했다. 확실히 독일의 향배가 유동적인 유럽 통합의 앞날을 점치는 데 중요한 변수가 되리라는 점은 분명해 보인다.

6. 끝맺으며

우리는 위에서 유럽의 이념이 위기의 시대에 등장했다가 그 위기가 지나면 다시 소멸되는 것이라고 했다. 유럽공동체는 분명 제2차 세계대전이라는 전대미문의 파국을 겪은 후 공산주의의 위협과 냉전 체제의 수립이라는 위기의 상황에서 나타났다. 그리고 20세기 말에는 냉전 체제가 붕괴되면서 구(舊)공산권에 소속되었던 동유럽 국가들이 서방과의 일체감을 다지면서 다투어 공동체에 속하기를 열망하고 있다. 두 차례의 세계대전과 냉전 체제의 성립과 붕괴 속에서 유럽의 20세기는 그렇게 저물고 있는 것이다. 제1차 세계대전이 일어난 해에 영국의 외무장관 그레이(E. Gray)는 카산드라의 탄식을 방불케 하는 한마디를 남겼다. "유럽 전역에서 불빛이 꺼져가고 있다. 그 불빛은 다시는 켜지지 않을 것이다."

유럽 통합이 꺼져버린 이 유럽의 "불빛"을 다시 켤 수 있을까? 그리고 유럽공동체가 과거의 국민국가 체제를 진정으로 뛰어넘는 초국가적 조직으로 거듭 태어날 수 있을까? 이러한 질문에 답하기 전에 일단 다렌도르프(Ralph Dahrendorf)의 견해를 빌려 다음과 같은 몇 가지 사항들을 고려할 필요가 있다. ① 유럽공동체는 초강대국이 아니라 유연한 기구를 갖춘 조직이어야 한다. 유럽 속에는 오랜 역사와 전통을 간직한 국민들과, 아울러 그 하위에 있는 지역적 · 지방적 유대들이 살아 숨쉬고 있다. 독일인들은 과거 다민족 국가이면서도 집권적 지배를 모색했던 신성로마제국이나 합스부르크제국의 선례를 기억해내고 있다. 그것은 중앙에 의해 다양성과 차이가 억압되지 않는 통일적 정치체의 '이념형'으로 선택된 것이다. 이러한 점에서 유럽공동체는 기본적으로 유럽의 '통일성과 다양성'을 조화시킬 수 있어야 한다. ② 글로벌한 시장경제에 대응하기 위한 경제기구로서의 유럽공동체가 앞으로도 경제기구로만 남을 것인지, 아니면 정치적 · 문화적 통합을 거쳐 단일한 유럽 국가 혹은 유럽합중국으로 발전할 것인지는 아직 불투명하다. 그러나 만일 유럽공동체가 계속 발전한다면 각 국민국가들의 개별성과 경제적 편차로 인해 국가 간의 완전한 평등은 기본적으로 불가능하지 않을까 하는 의문이 든다. ③ 유럽공동체는 공동화폐에 기초한 경제기구만이 아니라 민주주의에 토대를 둔 법치국가로 발전해야 한다. 특히 민주주의, 의회주의, 인민주권, 권력분립 등 유럽 공동의 자산을 통해 실제 개개의 시민들이 능동적으로 참여할 수 있어야 할 것이다. 따라서 인권위원회와 그에 소속된 재판소를 갖춘 유럽위원회의 기능이 유럽공동체 그 자체보다도 중요할 것이다. ④ 미래의 가맹국에 대해서는 인권과 민주주의에 입각한 새로운 기준이 요구되어야 할 것이다. 예컨대 에스파냐의 가맹 시 논란이 되었던 민주적 토대에 대한 요구는 앞으로 동유럽권 국가들에게도 적용될 것으로 보인다. 여기에 고려해야 할 한 가지 사항을 더 추가한다면, 앞에서도 언급했듯이 바로 독일의 향배이다. 새로운 동유럽 가맹국들이 독일과 결합할 때, 그리하여 새로운 '중유럽'이 부상할 때, 유럽공동체의 평화와 공존의 가능성이 보장될 수 있을 것인가? 1815년, 1867년, 1871년, 1914년, 1939년, 1945년 유럽에서 독일의 지위가 범유럽적 변화의 중요한 변수였음을 고려해야 할 것이다.

우리는 위에서 유럽공동체가 제2차 세계대전 직후 위기에 처한 국민국가들을 "구출"하는 유력한 방법이었다고 보는 시각을 소개하면서 공동체와 국민국가가 정면으로 대립되는 것은 아니며 나아가 공동체의 발전에도 불구하고 국민국가가 쉽게 소멸하지는 않을 것이라는 생각을 조심스레 내비쳤다. 각 국민국가들을 내부적으로 결속시켰던 가치와 상징, 그리고 기억과 전통에 기반한 국민감정은 고스란히 남아 있다. 만일 유럽의 특징이 그 고유한 '통일성과 다양성'에 있다면, 각 국민 문화들, 나아가 국민의 하위에 존재하는 각 지역 및 지방의 문화들은 유럽을 결속시키는 힘—'자유,' '기독교', '문명'—을 공통분모로 한 개개의 집합들일 것이다. 그리고 이러한 맥락에서 유럽은 '유럽'이라는 추상적 이념이기보다 다양한 국민적 · 지역적 · 지방적 문화들의 역사적 총화라고 할 수 있다. 요컨대 유럽(europe)과 국민(nation)과 지역(region)은 각기 고립되어 있는 것이 아니라 서로 교직되어 있고, 이들 중 어떤 하나만을 특권화하는 것은 일종의 폭력이 아닐 수 없다.

1989년 동유럽 혁명이 일어나기 꼭 3년 전, 동유럽사 전문가인 애시(T. G. Ash)는 「중유럽 - 그러나 어디에 있는가?」라는 글에서 바르샤바, 프라하, 부다페스트의 동유럽인들은 '동유럽'보다는 '중유럽'이라는 호칭을 더 선호한다고 언급한 적이 있다. 이는 '동유럽'이 획일적인 소련과 공산당 지배를 연상시키기 때문이다. 이러한 '중유럽'이 있다고 보고 그 '중유럽'이 '서유럽'의 내포에 있다고 보는 것이다. 이렇게 보면 도대체 동과 서의 구분이 무엇인지 애매해지고, 유럽의 경계가 어디인지 한없이 복잡하게만 느껴지는 것이다.

우리가 유럽과 유럽 통합의 문제에 관심을 기울이는 이유는 그것이 우리 자신을 비추는 '거울'이기 때문이다. 유럽 세력이 전 세계로 팽창해나가는 가운데 유럽(근대) 체제가 전 세계로 확산되었다. 유럽을 모델로 삼아 발전한 비유럽 세계에게 유럽은 따라잡아야 할 '이념형'이었고, 거꾸로 유럽 세계에게 비유럽은 스스로를 정체화하기 위해 필요한 비교 대상이었다. 그러므로 유럽과 비유럽은 서로의 '거울'이요, '타자'라고 할 수 있다. 그러나 과거 양자의 관계는 조화롭고 평등한 것이 결코 아니었다. 그 자신 아시아에 속하면서도 '탈아입구'를 외치면서 아시아 멸시의 선두에 선 일본의 유럽중심주의는 이러한 관계의 비극성을 웅변한다. 그러나 유럽중심주의는 허물어지고 있다. 특히 식민지로 예속되었던 비유럽 세계들이 해방되면서 유럽 모델은 거센 도전에 직면했다. 유럽통합의 험난한 여정이 잘 보여주듯이 유럽인들 스스로가 생존하기 위해 몸부림치고 있다. 유럽(서구)을 척도로 한 사회 발전 모델 대신 새로운 문명사적 관점이 요구되는 까닭이 바로 여기에 있다.

참고 문헌

Davies, N., *Europe : A History*, Harper, 1996.

Delanty, G., *Inventing Europe : Idea, Ldentity, Reality*, Macmillan, 1995.

Delouche, F., *Illustrated History of Europe*, London, 1992.

Gollwitzer, H., *Europabild und Europagedanke*, C. H. Beck, 1964.

Hodges, M.(ed. by), *European Integration*, Penguin, 1972.

Hoggart, R & Johnson, D., *An Idea of Europe*, 1987.

Mikkeli, H., *Europe as an Idea and an Identity*, Macmillan, 1998.

Milward, A. S., *European Rescue of the Nation-State*, London, 1992.

Pomain, K., *L'Europe et ses Nations*, Gallimard, 1990.

Schulze, H., *Die Wiederkehr Europas*, Corso b. Sieder, 1990.

_____, *Staat und Nation in der europäischen Geschichte*, C. H. Beck, 1995.

Wilson, K. & van der Dussen, J.(ed. by), *The History of Idea of Europe*, London, 1993.

04 이민호

동아시아의 민족국가, 어디서 와서 어디로 가는가

동아시아의 서양 수용과 민족국가의 지평

1. 민족국가의 과거와 미래

근대 초기 이후 서유럽으로부터 발달한 자본주의 경제가 전 세계로 확산되면서 근대 세계체제가 형성되었다. 이 체제는 본질적으로 위계적인 질서였다. 단일한 세계경제 내부의 중심부, 반주변부, 주변부 사이의 불균등한 관계는 물론이요, 인권에 토대를 둔 보편주의에도 불구하고 극성을 부리는 인종주의의 '체계화 신화'가 그 점을 잘 말해준다. 이 세계경제는 그 이전 시대의 세계 제국을 계승한 것인데, 세계 제국이 정치적으로 일원적이되 경제적으로 다원적인 체제였던 데 비해서 세계경제는 경제적으로 일원적이되 정치적으로는 다원적인 체제였다는 데 그 각각의 특징이 있다. 그리고 자본주의적 세계경제의 정치적 다원주의에서 기본 단위가 되는 것이 바로 민족국가(nation-state)였고, 이 민족국가의 이데올로기로서 민족주의(nationalism)가 발전했다.

민족국가와 민족주의는 제1차 세계대전의 종결을 전후한 시기에 최종적인 승리를 거두었는데, 그때부터 대략 1950년대에 이르는 시기는 가히 민족주의의 극성기였다고 할 만하다. 이 시기에 민족국가와 민족주의를 정당화한 정치적 원리인 윌슨(Woodrow Wilson)의 민족자결의 원칙이 미증유의 세계대전의 참극을 겪고 난 뒤 민족들 사이의 분규를 종식하고 평화를 확보하기 위한 문제의식에서 제시되었다. 그러나 윌슨주의에서 아쉬운 점은 세계대전을 야기한 통합적 민족주의 자체의 본질에 대한 반성적 성찰을 결여한 채 오히려 민족국가라는 정치 형태를 이상으로 보고 민족국가의 실현을 당면 목표로 설정했다는 사실이다. 곧 민족주의가 초래한 세계적 차원의 결과를 무시하고 오직 민족주의의 내적 관련만을 분석한 것이다. 이로써 민족문제는 해결되기보다는 오히려 더욱 복잡해진 듯하다. 어쨌거나 이 민족자결의 원칙으로 유럽에서 발원한 민족국가가 세계체제에 참여하는 최소한의 기본 단위로 간주되어 수적으로 격증하면서 전 지구상으로 확산되었다.

그렇다면 이 대목에서 민족국가란 무엇인가를 되물어보아야 한다. 유럽이 세계에 제시한 '민족'은 언어나 종교나 인종 따위의 문화적 공통성에 입각한 단순한 사회 집합이 아니라 고유한 역사적 배경을 총동원하여 특정한 영토의 주민들을 동등한 정치적 권리와 의무를 나누어 갖는 시민들로 통합하는 정치적 범주이다. 여기서 주목할 점은 민족이 현재 같은 상태에 처해 있는 사람들의 집합이라기보다는 과거에 항상 같이 살아왔다는 '기억'으로 결합된 인간 집단이라는 데 있다. 사회학자 캘훈(Crig Calhoun)은 종족(ethnicity)이나 그것의 문화적 전통이 주민들의 역사적 기억을 효과적으로 구성하고 그 기억을 일종의 체질(habitus)로서 주민들의 몸과 마음에 각인시킬 때 비로소 민족이 탄생한다고 말했는데, 아주 의미심장한 지적이 아닐 수 없다. 이렇듯 민족이란 명확한 국경선으로 구획된 영토에 거주하면서 특정한 역사적 기억—그것이 사실적인 것이든 상상적인 것이든—을 공유하는 공동체로 정의될 수 있다. 그리고 민족국가란 바로 이 민족을 정치적 정당성의 원천으로 삼는 국가 형태인 것이다.

제국주의 시대에 유럽 열강은 민족국가를 정치적 토대로 삼아 세계에 진출하여 지구의 대부분을 식민지로 만들었다. 1840~1842년 아편전쟁에서 영국 함대가 중국을 격침한 것은 한 줌의 민족국가가 거대 제국을 쓰러뜨린 역사적 사건으로서 민족국가의 힘을 여실히 입증했다. 유럽 열강은 곧 식민지에 (자신들이 익히 알고 있는) 민족국가의 각종 법률과 제도, 문화와 학문을 이식함으로써 세계를 자신의 형상대로 만들어내고자 했다. 그리하여 식민지에는 기본적으로 서양중심주의에 바탕을 둔 유사 민족국가 체제가 수립되었다. 다른 한편, 열강에 종속된 식민지 주민들도 제국주의의 반대편에서 식민 지배 이전의 그들 자신의 이미지를 되살려내고 상상함으로써 그들 나름의 순수한 민족국가를 구축하고자 했다. 이처럼 스스로의 민족국가를 이룩할 권리 주장은 식민지의 독립운동을 추진하는 원동력이 되었다. 이러한 방식으로 민족국가와 민족주의는 '보편적인' 체제와 이념으로 자리 잡으면서 전 지구적으로 확대되기에 이르렀다.

유럽에서 발원한 민족국가와 민족주의가 동아시아 세계에 자리 잡는 과정은 과연 격동과 수난의 역사였다고 할 만하다. 동아시아에 서양의 제국주의 세력이 밀려올 때, 이 지역은 거대한 세계 제국인 중국의 조공 제도와 중화주의에 의해 지배되고 있었다. 그런 점에서 민족국가는 동아시아를 방문한 이방인이었던 셈이다. 그러던 것이 아편전쟁의 충격 이후에 민족국가는 격렬한 반발과 열렬한 환영이라는 양 극단 사이의 다양한 스펙트럼을 갖는 반응들을 야기하면서 동아시아에 수용되어 향후 150년 동안 이 지역의 운명을 좌우했다. 이 150년간의 역사에서 서양과 동양은 서양의 일방적 침략이라기보다는 동양이 저항의 형태를 빌려 서양에 대항하면서 서양을 수용하는 특정한 공조 체제를 맺고 있었던 것으로 보인다. 특히 동아시아에서 유럽 민족국가의 원리를 가장 일찍 체득한 일본이 지역의 맹주를 자처하면서 민족국가는 제국주의적 팽창과 동시에 그에 대한 격렬한 저항이 전개되는 무대가 되었다.

마침내 제2차 세계대전이 끝난 뒤, 많은 식민지가 해방되어 민족 독립을 쟁취했다. 그리하여 세계 질서는 원리상으로나 국제법상으로 평등한 주권적 민족국가들로 새로 짜이게 되었다. 그럼에도 신식민주의(neo-colonialism)의 형태로 옛 식민지 종주국들의 간접 지배는 계속되었는데, 특히 세계은행(IBRD)이나 국제통화기금(IMF) 등 갖가지 국제기구를 통해 옛 식민지들이 다시 강대국들에게 경제적으로 예속되었다. 그리고 서양 중심주의적 이데올로기와 담론이 옛 식민지들의 문화와 학문에 속속들이 침윤되어 있었을 뿐만 아니라 새로운 형태로 재생산되었다는 것도 사실이다. 이런 면에서 민족국가를 토대로 한 서양의 세계 지배의 현실은, 식민주의가 표면적으로 종식되었음에도 불구하고 의연히 지속되고 있는 것 같다.

그런 가운데 세계화(globalization)라는 객관적인 추세와 이를 반영하는 포스트모더니즘의 확산으로 민족국가와 민족주의에서 그토록 중시되던 영토의 의미가 빠르게 퇴색하고 있다. 특히 비행기와 인터넷으로 대표되는 교통 통신의 혁명으로 '탈영토화된' 네트워크가 철로와 해로에 토대를 둔 민족국가의 전통적인 영토적 단위를 불식하고 있다. 그렇다면 지난 날 수 세기에 걸친 정주 과정이 끝나고 인구와 자원과 사상의 자유로운 이동—이른바 유목주의(nomadism)—을 통해 민족국가가 쇠퇴하고 있다는 진단은 의미심장하다. 그리고 민족국가의 쇠퇴와 더불어 전통적인 의미의 민주주의도 붕괴하고 있다는 일각의 주장 역시 귀담아 들을 만하다. 무슨 말인가 하면, 사람들이 특정한 영토에서 정주 생활을 할 때 안팎의 경계가 분명한 공동체 —필경 이 공동체는 같은 관습과 문화를 공유할 텐데— 안에서 대표를 선출하여 질서를 유지하면서 다수의 이익을 보장하자는 것이 민주주의의 전제일진대, 교통 통신의 혁명으로 인구와 자원과 사상의 무한 이동이 가능해지면서 한정된 영토와 공동체의 경계가 붕괴하는 오늘날에 과연 민족국가와 민주주의가 온전히 유지될 수 있겠는가 하는 말이다.

이러한 상황을 고려하면 민주주의의 의미도 달리 해석할 필요가 있다. 여기서 '시민(citizen)'과 '시민권(citizenship)'의 개념이 중요하다. 그런데 불행히도 개념상의 혼란이 있는 것 같다. 통상 우리는 민족국가의 구축 과정을 '시민' 이외에 '신민(subject)' '국민(nation/national)'이라는 개념을 혼용하여 분석한다. 하지만 '시민'은 군주에 복종하는 '신민'과도 다르고 여권에 표시되는 '국민'과도 다르다. '시민'은 어디까지나 서로 다른 왕국과 민족을 가로지르는 민주적 권리를 지닌 존재이다. 그러므로 '시민'은 원리상 왕국과 민족에 선행하는 개인을 전제하는 개념으로서 특히 국경이 붕괴되고 있는 현대에 적합한 것으로 보인다. 그리고 이 '시민'은 '신민'이나 '국민'처럼 강요된 귀속성을 거부하고 자신의 권리에 비추어 자신의 소속을 적극적으로 선택하고 또 자신의 선택을 일상적으로 점검하는, 이른바 공화주의적 주체(republican)로 해석되어야 하지 않을까 한다. 이러한 맥락에서 이미 하버마스(Jürgen Habermas)는 각기 종족의 원리인 에트노스(ethnos)와 시민의 원리인 데모스(demos)에 기반한 민족주의와 시민권을 대립시키면서 시민권에 입각한 공화주의가 점진적으로 민족적 차이를 폐지하면서 세계시민주의(Weltbürgerschaft)로 발전해나가리라 예언한 바 있다. 그리고 이로부터 유럽에서 종래에 주권의 상징이랄 수 있는 자국 통화가 포기되고 유로화로 결속되는 유럽 연방의 길이 예비되는 듯하다.

물론 하버마스의 예언이 동아시아 세계에도 적용될 수 있을지는 의문이다. 서양 세력에 의해 강요된 동아시아의 민족국가 구축의 과정에서 민주적 권리를 자각하는 개인, 곧 '시민'의 개념은 상당 부분 배제되거나 망각된 것으로 보이니 말이다. 확실히 동아시아에서 시민권에 입각한 공화주의보다는 전통에 입각한 민족주의가 우세한 것이 사실이다. 동아시아에서의 민족국가의 발전과 관련하여 통치 주체로나 통치 대상으로서의 '민족'만이 문제시되었을 뿐, 시민 개개인과 국가의 관계는 무시되었다는 말이다. 그리하여 동아시아에서는 민족국가가 완성되는 순간에 시민권이 자동적으로 보장된다는 (근거 없는) 가정이 받아들여졌고, 그러면서 이 가정은 국가주의의 강한 흔적을 동아시아에 남겼다.

그렇다면 수천 년 동안 불교 및 유교와 한자 문화의 전통을 공유하는(혹은 공유한다고 생각되는) 동아시아가 온갖 풍상을 겪은 민족국가 형성의 경험을 뒤로하고 세계화와 포스트모더니즘의 시대에 새로운 지역 협력의 모형과 세계시민주의의 이상을 실현할 수 있을지 귀추가 주목된다. 이하에서는 동아시아에서 유럽의 민족국가 모형이 수용되는 과정을 역사학 분야를 중심으로 추적하면서 동아시아에서 가능하고 바람직한 미래상을 고민해보는 기회를 가져볼 것이다. 그러나 동아시아 3국의 서양 수용 과정을 구체적으로 들여다보기 전에 먼저 오늘날 세계화 시대의 동아시아에서 민족주의가 갖는 위상과 의미를 잠깐 더듬어보고자 한다.

2. 동아시아의 민족주의, 저항과 근대화의 변증법

서구 열강에 맞선 동아시아의 저항은 근대화, 즉 공업화의 실현과 민족국가의 수립이라는 흐름과 기묘하게 짝을 이루면서 전개되었는바, 이 저항과 근대화라는 두 개의 평행선이 지난 150여 년 간의 동아시아 역사 전체를 떠받치는 기본 골조를 이루고 있다. 특히 서양 제국주의에 대한 저항 속에서 근대 민족국가의 구축에 실패한 한국과 중국, 그리고 그에 성공한 일본의 대조적인 경험, 나아가 일본 군국주의에 의한 동아시아 세계의 침탈, 잇따른 일본의 패전과 미국의 패권 및 세계화라는 숨가쁜 흐름 속에서 동아시아의 근현대사는 외래 문화와 토착 문화라는 단순한 이분법이 아니라 한층 복잡한 문화의 충돌 및 접변의 관점에서 고려되어야 할 것이다. 그리고 이러한 관점에서 문화를 보면, 세계화 시대의 문화라는 것 자체가 지극히 혼성적(hybrid)이고 유동적(nomadic)이라는 점을 이내 깨닫게 된다. 그리하여 토착 문화라는 것이 대관절 무엇인지에 대해 자문하지 않을 수 없는데, 고유한 토착 문화를 찾는 일이란 흡사 양파의 껍질을 벗기는 것이나 다름없다는 인상을 강하게 받는 것이다.

기실, 지난 10여 년 간 민족주의 담론은 복잡하게 발전했다. 제국주의 열강의 침략은 당장은 민족을 다른 모든 것에 앞서는 자연적인 현상으로 보는 원초론(primordialism)에 입각한 민족주의적 반응을 낳았으나, 외세의 침략이 장기간에 걸쳐 진행되면서 원초론적 시각은 점차 퇴색하게 되었다. 그런데 원초론에 벗어난 새로운 민족주의 담론은 주로 서양의 역사적 경험을 토대로 형성된 것처럼 보인다. 서양에서 민족주의의 일대 전환기라고 할 수 있는 19세기 후반에서 20세기 전반에 이르는 시기에 시민권을 통해 국가 소속성이 확인되고 지방적 특수주의를 민족적 보편주의로 전환시키면서 이른바 "상상의 공동체"로서 민족들이 창출되었다. 그리하여 가령 그때까지 없었던 이탈리아인이 만들어지고 농민은 프랑스인으로 바뀌었다. 국가권력에 의해 의무교육과 징병제, 기타 출생 · 혼인 · 사망과 관련된 민사 행정이 도입되면서 원초적인 민족문화의 존재가 가정되고 상상되었다. 이것이 바로 민족의 구성과 '발명'인바, 이로써 민족에 대한 원초론적 시각은 적어도 학계에서는 많이 퇴조한 듯이 보인다.

이와 같은 탈(脫)원초론의 경향은 세계화라는 큰 흐름과 맞물리면서 더욱 힘을 얻는 듯한데, 특히 미국의 대중문화가 다른 세계에 광범위하게 침투하면서 세계 문화의 생태계가 무소불위의 통합주의에 삼켜져 동질화되고 있다. 그러나 이 과정은 또 다른 역설을 보여주는데, 세계화 속에서 범람하는 문화적 획일주의와 그 밑에 숨겨진 제국주의적 논리에 저항하면서 고유한 민족문화의 가치를 내세우는 민족주의적 대항 논리가 힘을 되찾고 있는 것이다. 원래 서구의 보편적 문명과 비서구의 특수한 문화의 대위법은 그 자체 유럽 지성사의 산물로서, 특히 독일의 낭만주의적 사고방식에서 발원했다고 말할 수 있다. 이러한 유럽의 낭만주의적 민족주의의 에토스에서 볼 때, 다시 말해 정치와 분리된 문화의 관점에서 볼 때, 보편주의 문화와 민족문화는 극적으로 대립된다. 이 점은 오늘날에도 확인된다. 서구 문명을 계승한 미국의 보편적 대중문화는 그 왕성한 식욕으로 말미암아 역설적이게도 미국식 보편주의에 저항하면서 고유한 민족문화에 집착하는 취향을 조장하고 있는 듯하다.

그리하여 (유럽이건 미국이건) 보편 문명에 흡수될 것인가, 아니면 고유문화를 유지할 것인가 하는 양자택일이 성급하게 제기되고 있다. 그리고 외래문화와 전통문화의 교섭 과정에서 전통문화의 요소가 얼마만큼 강조될 것인가 하는 문제는 두말할 나위도 없이 외부 충격의 크기에 좌우될 것이다. 이렇게 보면, 동아시아에서 전통문화, 그러니까 유교나 불교문화는 외래문화의 충격이 크면 클수록, 더 강한 힘을 받고 지속될 것이 틀림없어 보인다.

그러나 중요한 것은 문화적 교섭 과정이 오래되고 복잡한 것일수록 외래문화와 전통문화를 산뜻하게 구분하기는 어려워지리라는 점이다. 물론 이렇게 구분이 어려워질수록 오히려 외래문화에 맞서 전통문화를 발명해 내려는 충동은 그만큼 커질 것이다. 하지만 외래와 전통의 구별짓기와 전통의 발명이 능사는 아니다. 그것은 해결책이 아닐뿐더러 위험하기까지 하다. 구별짓기와 발명은 필경 진실을 은폐하고 압도하는 '허구적 실재(false reality)'의 창안으로 이어지기 십상이다. 그리고 '허구적 실재'라는 말 자체가 암시하듯이, 진실한 사태에 대한 잘못된 상상은 그 자체로 현실이 되고 만다. 이러한 '허구적 실재'는 보통 전체주의 체제를 지탱하는 기반이 되는데, 가령 소련 국민들은 체제가 붕괴하기 직전까지 소련이 세계에서 가장 훌륭한 복지국가라고 믿었던 것이다.

그렇다면 세계화 시대의 '문화 문제'에 대한 진정한 해결책은 외래와 전통의 구별짓기와 전통의 발명에 있는 것이 아니라 외래문화에 대한 관용과 이해에 있을 것이다. 이와 관련하여 인류학자 니컬러스(Ralph Nicholas)의 말이 의미심장하다. 그는 인류학 강의실에 들어온 학생들에게 다른 우주관과 가치관을 가진 다른 사회에 사는 사람들의 주관적 입장을 취할 수 있는 것이 다른 문화 체계에 대한 이해를 가능하게 할 것이라고 역설한다. 즉, 그는 학생들에게 가난한 힌두교도들이 더러운 갠지스 강물에서 목욕하는 것을 바라보는 선교사들의 입장이 돼보라고 한다. 그리고 이 가난한 선교사들을 연민의 감정으로 바라보면서 그들이 이미 몸을 씻어 더러워진 작은 욕조에서 목욕하는 모습을 상상해보라고 권한다. 요컨대 문화적 차이를 진정으로 이해하는 첩경은 잘못된 청결(정화)의 의미를 재고하는 것이라는 주장이다.

이러한 맥락에서 고유한 토착 문화의 독자성과 우월성을 내세우는 민족주의의 부활을 경계할 필요가 있다. 이와 관련하여 가령 서양의 역사학자들과 인류학자들이 현대 일본의 민족주의를 가리켜 과거를 되돌아보는 노스탤지어 민족주의(nostalgic nationalism)로 재평가하는 것이 우리의 주목을 끈다. 그런데 메이지 유신 때의 민족 형성에 대한 강한 향수에 바탕을 둔 일본의 노스탤지어 민족주의는 원초론을 극복하려 하면서도 과거의 국가중심주의로 회귀하여 제국주의와 전쟁의 시기에 범해진 각종의 과오들을 은연중에 덮어버리는 경향이 있다.

기실, 전후 일본의 역사 인식의 기저에는 청일전쟁과 러일전쟁에서 승리하면서 근대국가를 완성하여 열강으로서 인정받는 과정을 '명치의 영광'으로 보고, 만주사변과 중국 침공, 그리고 태평양전쟁으로 이어지는 과정을 '소화의 치욕'으로 보면서 두 시기를 두렷이 구별하는 이중성이 깔려 있다. 이러한 역사 인식의 틀에서는 가령 한반도의 식민 지배는 당연히 '명치의 영광'에 속하게 되는데, 이는 한국의 입장에서는 '치욕'이 되는 바, 그럼으로써 양자 사이에는 건널 수 없는 강이 놓이게 되는 셈이다. 확실히 이러한 역사 인식은 동아시아 3국의 공존과 공영, 나아가 동아시아 통합이라는 시대적 요청을 실천하는 데 치명적인 장애물이 된다.

이러한 민족주의적 역사 인식의 위험은 비단 일본에만 국한된 것은 아니고 오늘날 중국과 한국의 역사 인식에도 도사리고 있다. 그렇다면 세계화를 외치는 시대에 이와 같은 민족주의적 인식이 다시금 고개를 드는 이유는 무엇일까? 부활한 민족주의를 원초론으로 설명할 수는 없다. 오히려 그것은 근대화 과정의 급격한 사회 변동 속에서 민족적 정체성을 의도적이고 인위적으로 확인하려는, 일종의 구조관련론(contextualism)이라 할 수 있다. 민족이 원래부터 '거기' 존재했다고 믿는 종래의 원초론이 과거를 통해 현재를 정당화한다면, 민족의 근대적 구성과 '발명'을 강조하는 새로운 구조관련론—언필칭 근대론(modernism)이라고 불러도 좋다—은 현재를 통해 과거를 정당화한다. 그러나 어느 것이나 과거에 대한 반성과 현재에 대한 이해가 없기는 매한가지이다. 요컨대 역사적 반성과 문화적 이해를 결여한 채 동아시아의 새로운 평화와 번영을 기대하는 것은 요원하다. 다시금 동아시아에서 민족주의의 바람직한 모습이 어떠해야 할지에 대해 진지한 토론이 요구되는 까닭이 여기에 있다.

3. 동아시아의 서양 수용

중국, 일본, 한국 등 동아시아 3국은 공히 자의든 타의든 19세기 이래 서양의 기술과 제도, 학문을 수용했으나, 서양을 수용하는 구체적인 방식은 동아시아 3국이 각기 달랐다. 동아시아의 이러한 서양 수용과 그 과정에서 노정된 차이들은 향후 각국의 근대적 발전 경로에서 차이를 낳았으며, 나아가 오늘날 각국의 사회 구성과 문화 체제의 차이로까지 이어지게 되었다.

원래 중국이 서양을 수용할 때 견지했던 기본 원칙은 중체서용(中體西用), 즉 주자학적 원리를 토대로 하여 서양의 앞선 과학기술을 활용한다는 것이었다. 그런 가운데 관심은 점차 기술의 수용에서 법과 제도의 수용이라는 문제로 확대되었다. 가령 강유위(康有爲)와 그의 제자인 양계초(梁啓超) 등의 개혁론자들은 성법(成法)을 변혁하여 강국을 지향하는 자강(自强)을 도모했는데, 이 변법자강운동은 종래의 양무운동과 그것이 토대를 둔 중체서용론이 전제정을 유지한 채 서양의 기술 문명만을 수용하여 부국강병을 도모하려 한 데 비해서 정치체제와 교육제도 등 법과 제도 자체를 개혁함으로써 입헌군주정을 토대로 하여 부국강병을 도모하려 했다는 데 큰 차이를 보여주었다.

특히 양계초는 깊이 있는 역사적 성찰을 보여주었는데, 그는 중국인들의 역사 인식의 변화를 통해 구국민치의 정치사상을 실현하고자 했다. 이를 위해 양계초는 종래의 역사가 조정의 군주 및 그의 신화를 중심으로 서술됨으로써 국민을 위한 역사 서술이 없는 것을 비판하고, 개인과 개인의 관계를 중시하며, 죽은 과거가 아니라 현재사로서의 역사 서술을 지향하고, 사실과 역사 이념의 관계를 새로이 설정—사실은 인체에 해당하고 이념은 정신에 해당한다는 비유를 통해—하고자 했다. 이러한 진보 사관을 바탕으로 하여 양계초는 입헌군주제에 터전을 둔 역사 진화론과 국가 유기체설을 제시했는데, 그의 역사서들은 대한제국 말기에 우리나라에도 큰 영향을 미쳤다.

이러한 개혁 운동에도 불구하고 중국에서는 아편전쟁으로 서양 제국주의의 반식민지로 전락하고 청일전쟁에서 참패하는 수치를 겪으면서 반(反)전통 사상이 확산되었다. 반전통주의는 결국 5·4운동에서 절정에 이르렀는데, 가령 노신(魯迅)은 『광인일기』에서 "중국의 역사란 실은 사람을 잡아먹는 역사"라고 규정하고 전통이 중국의 발전을 저해하는 원흉이라고 질타했다. 이렇듯 급진적인 반전통주의를 내세우는 지식인들은 중국을 근대화하기 위해 전통 체계를 타파하는 일이 급선무라고 생각했다. 그들의 관점에서 중국의 전통은 모두 "해악한 것" 또는 "무용한 것"으로서, 중국 사회의 발전을 가로막는 최대의 장애물이었던 것이다.

이러한 중국의 반전통주의는 다른 경우들과 많은 부분에서 대조가 되는데, 제국주의의 침략에 직면한 동양 각처에서 많은 지식인들은 그들의 전통문화 속에서 외세를 막을 수 있다는 전통주의적 입장을 취했으니 말이다. 이미 이슬람이나 인도 사회 등 여러 비서구 사회 지식인들은 전통의 유용한 부분을 그대로 두면서 근대화를 수용하는 '신(新)전통주의'를 채택했다. 이에 비해 5·4운동 전후 중국 지식인들은 철저한 반전통주의 사상의 토대에서 전통에 대한 가차 없는 비판만이 중화 민족을 스스로 구제하는 최선의 방법이라고 하여, 그와 현격한 대조를 이루는 것이다.

이러한 우상 타파적인 반전통주의는 20세기 중국 사상의 급진화에 큰 영향을 주었는데, 1920년~1930년대 초의 중국 지식인들 사이에서 중국식 마르크스주의가 크게 확산되었고, 이 경향은 마침내 1949년 공산주의 혁명으로 대미를 장식했다. 중국 공산주의를 어떻게 평가할 것인가 하는 문제는 여전히 심각한 논란을 불러일으키는 쟁점이기는 하나, 그것이 낳은 수많은 한계와 결함에도 불구하고 일단은 서양 및 일본 제국주의 세력에 저항하는 민족주의의 대용물로서 중국의 근대화라는 큰 맥락 안에 있는 운동이요, 체제라고 평가할 수 있지 않을까 한다.

한편, 일본은 동아시아 3국 중에서 가장 일찍, 그리고 가장 철저히 서양을 수용한 나라이다. 일찍이 많은 일본의 지식인들이 서양의 제도와 학문에 깊은 관심을 두는 가운데 특히 우리의 주목을 끄는 것은 일본이 선도적으로 서양사에 대한 깊은 관심을 보이면서 근대 역사학을 발전시켰다는 점이다. 가령 후쿠자와 유기치는 영국의 문화사가 헨리 토머스 버클(Henry Thomas Buckle)의 『영국문명사』에서 제시된 문명관을 통해 나름의 서양관과 역사관을 체득하면서 일본의 서양 수용에서 적극적인 역할을 수행했다. 그런가 하면 이미 1887년에 동경제국대학에서는 랑케(Leopold von Ranke)와 드로이젠(Johann Gustav Droysen) 밑에서 공부한 리스(Ludwig Riess, 1887~1902)가 전문적 역사 방법론을 교수함과 동시에 '국제 관계사', '영국 헌정사', '세계사' 등의 교과목들이 개설되었다. 리스는 일본 사학에 엄정한 사료 비판을 도입하고 일본 역사학회의 창립과 역사학 저널의 편집과 발간에도 깊이 관여했다.

그런데 일본의 서양 학문 수용 과정에서 특히 주목을 끄는 것은 마르크스와 베버의 거대 이론이 수용된 과정이다. 1920년대 말부터 일본의 사회과학계 전반에 걸쳐서 베버의 저술들이 비상한 관심의 대상이 되기 시작했다. 특히 그의 『프로테스탄티즘의 윤리와 자본주의 정신』이 소개된 이래 그의 숱한 저술에 대한 번역의 열기가 한껏 달아올랐다. 이런 가운데 오쓰카 히사오(大塚久雄)의 베버주의와 다카하시 도루(高橋亨)의 마르크스주의가 절충된 새로운 사회경제사 해석 모델이 종래의 역사주의적 해석 모델을 대체하여 발전했는데, 가히 '오쓰카-다카하시(大塚-高橋)사학'이라 할 만하다.

이 모델은 유럽의 근대성을 그것이 태어난 유럽 문화의 맥락에서 떼어내 규범적 타당성을 갖는 이념형으로 제시하고, 이를 준거로 하여 일본 사회를 분석하고자 했다. 여기서 각별히 흥미로운 점은 베버의 독특한 문제의식이 일본사에 적용된 방식이다. 잘 알려져 있다시피, 베버는 종교개혁 이후의 유럽사를 진화론적으로 해석하면서 근대적-합리적 요소(자본주의 정신 혹은 관료제적 지배)에다 전근대적-비합리적 요소(프로테스탄티즘의 종교 윤리 혹은 카리스마적 지배)를 결부시켰는데, 일본 학자들은 이를 배워 일본 자본주의의 발전(근대적-합리적 요소)에다 천황제(전근대적-비합리적 요소)를 적극적으로 결합해 일본사를 정당화하고자 한 것이다. 그 결과는 잘 알려져 있듯이 군국주의와 제국주의, 그리고 태평양전쟁이었다.

한편, 1945년 패전 이후에 미국 점령 아래에서 미국식 대중문화가 대량으로 유입되는 가운데 미국의 사회과학 이론이 일본 열도를 지배하기 시작했다. 그 이전까지는 유럽 전통의 영향을 받았던 열도가 이제 미국 전통의 새로운 영향 아래에 놓이게 된 것이다. 유럽 전통에서 미국 전통으로의 이행으로 일본 학계의 풍토와 경향도 바뀌기 시작했다. 일본을 지배한 미국의 사회과학 이론이 보여준 특징은 다음과 같이 정리될 수 있을 것이다. 첫째, 미국 사회과학은 유럽 사회과학이 가졌던 자본주의 자체에 대한 비판적 관심으로부터 후퇴하여 자본주의를 전제로 하는 산업사회학이나 관료제, 절차적 민주주의 연구를 선호했다. 둘째, 유럽 사회과학은 전통적으로 역사학을 비롯한 광범위한 인문학에 의해 매개되었던 데 비해서 미국 사회과학에서는 그러한 인문학적 토대가 상대적으로 경시되면서 통계학이나 사회심리학 등의 계량적이고 기능주의적인 분석을 매개로 발전했다. 결국 미국의 사회과학 이론은 비판적-인문학적 통찰보다는 구조-기능주의적 분석에 바탕을 두면서 미국식 민주주의의 발전과 실현을 추구하는 방식으로 발전했는데, 이것이 전후 일본은 물론이요, 한국의 학문적 환경을 결정했던 것으로 보인다.

한국에서 서양 인식의 기원은 조선 후기 실학 전통으로까지 거슬러 올라가는데, 이 전통은 당시 조선 사회의 모순과 갈등을 극복하기 위한 타개책으로서 "경세치용(經世致用)", "이용후생(利用厚生)", "실사구시(實事求是)" 등의 구호를 내걸면서 서양의 기술과 제도를 다양한 방식으로 수용하려고 했다. 물론 청을 통해 서양 문물을 수용한 많은 실학적 지식인들은 서양의 우수하고 유용한 과학기술(西器)과 동양의 유교적 세계관(東道)을 화합시키고자 했으나, 이는 쉬운 과제가 아니었다. 대체로 보아 이수광이 서학 지식을 본격적으로 한국에 전래하고 이승훈이 사제 서품을 받을 때까지의 180여 년 간은 전통적 세계관에 바탕을 두면서 서양 지식을 표피적으로만 수용한 단계였다.

한국에서 서양이 본격적으로 수용된 것은 대략 19세기 중엽 이후부터였던 것으로 보인다. 서양 세력의 침공에 대한 위기감이 팽배해지는 가운데 본격적인 개화 국면이 열리기 시작했다. 특히 1873년에 고종이 대원군을 대신하여 친정을 선언하면서 개화가 불가피하다는 인식이 절박하게 다가왔다. 일본과 중국에 유람단과 영선사를 파견하여 그 개국의 실태를 파악하고, 개화를 주도할 새로운 기구를 설치하여 신문물의 수용을 적극적으로 강구함으로써 강력한 근대화의 의지를 표출했다. 그뿐만 아니라 종래에는 사대부만을 지지 기반으로 삼았던 군주정을 백성의 나라, 즉 "민국(民國)"으로 부각시키면서 정부의 개화 의도를 백성에 널리 알리고 민심을 반영하는 공공 언론, 가령 〈한성순보〉와 〈한성주보〉를 간행한 것도 모두 그러한 맥락에서 이해될 수 있는 사실들이다.

물론 고종의 정책은 완전 개방을 통한 서구화를 지향하는 것이 아니라 동도서기론(東道西器論)과 구본신참론(舊本新參論)에 바탕을 둔, 다분히 절충적인 성격의 개화주의였다. 그런데 여기서 동도(東道)란 단순히 전통적인 지배 이념인 유학 자체가 아니라 영·정조 등의 선왕들이 물려준 민국 정치의 이념이었다는 데 유의해야 한다. 이 민국 정치의 이념이란 국과 민을 일치시키면서 "국은 민에 의지하고 민은 국에 의지하는" 정치체제를 지향하는 이념이었다. 그 반면에 전통적인 유교 이념은 수기(修己)를 거친 자에게만 치자(治者)의 자격을 주는 전제 아래에서 정치란 모름지기 왕과 사대부들의 전유물로서 백성을 단지 통치의 대상으로 보는 이념이었다. 하기야 군주는 왕조를 계속 유지하기 위해 대다수 민의 편이 되거나, 적어도 그들의 부당한 피해를 보호해주는 최소한의 공정성을 갖추어야 했다. 그렇다면 탕평 군주들의 민국론도 전통적인 유교 이념을 발전적으로 계승한 것이라 할 수 있다. 그럼에도 조선이 일본의 식민지로 전락한 사실은 이와 같은 '위로부터의' 개혁이 실패했음을 웅변으로 말해준다.

오늘날 식민지기 조선을 어떻게 평가할 것인가, 특히 한국의 근대화라는 큰 맥락에서 식민지기를 어떻게 볼 것인가 하는 문제는 여전히 뜨거운 쟁점으로 남아 있다. 한편에서는 식민지기를 '수탈'의 관점에서 파악하며, 다른 한편에서는 '근대화'의 관점에서 이해한다. 그러나 논쟁의 양편은 서로 간의 화해할 수 없는 갈등에도 불구하고 한국에서 민족국가의 확립과 근대화라는 발전주의적 전망을 공유하고 있지 않은가 한다. 아닌 게 아니라 해방 이후에 본격적으로 학문적 품새를 갖추어가던 한국의 역사학도 주로 민족국가의 확립과 근대화라는 주제에 몰두했다. 그런 가운데 남한의 한국사학에 국한해 말하면 기본적으로 반제국주의적 민족주의에 입각한 역사적 인식들이 발전했다. 그러한 인식 틀에 따르면 식민지와 분단으로 이어진 역사적 과정은 '비정상적' 상태로서 미완의 민족국가를 완성하는 일이야말로 최우선의 민족적 사명이었다.

한편, 서양사학의 경우에는 초창기의 많은 연구자들이 집중적으로 영국, 프랑스, 독일의 근대 초기, 그러니까 민족국가의 기원에 해당하는 시기를 탐구한 것도 의미심장하다. 특히 서양사학은 그와 같은 민족국가 형성의 과제와 동시에 서구에서 발전한 인권과 민주주의라는 의제를 제시함으로써 관료적 권위주의의 시대에 제한적이나마 자유주의와 민주주의의 가치를 알리는 데 기여했다.

기실, 1960년대 이후 남한 사회는 관료적 권위주의 체제 아래에서 미증유의 근대화를 추진하여 급속하게 자본주의 사회를 발전시켰다. 비록 이 과정에서 자유주의와 민주주의의 가치가 억압되기는 했지만, 그럼에도 불구하고 대중사회와 대중민주주의가 발전하고 비교적 견실한 시민적 중산층이 형성되었다. 관료적 권위주의 정치체제도 타파되어 오늘날에는 "민주화 이후의 민주주의"까지 논의되고 있는 형국이다. 이러한 상황에서 유념할 사실은 그동안 민족국가의 완성과 근대화의 성취라는 긴급한 과제에 묻혀 상대적으로 도외시된 인권이나 개인의 자유와 같은 문제들을 다시 제기하는 일이 아닐까 한다. 그리하여 미완의 민족국가를 완성하는 것을 지상 과제로 설정한 지금까지의 민족주의 일변도의 역사학도 이러한 상황 변화를 반영하여 역사적 평가의 기준을 쇄신하거나 다변화하지 않을 수 없을 것이다.

4. 맺음말 : 민족국가에서 공동체로

동아시아 3국은 19세기 이래 서양 세력의 팽창이라는 역사적 격동을 온몸으로 겪으면서 이른바 '근대'에 진입하고 '세계'에 편입했다. 이러한 근대 진입과 세계 편입의 과정에서 동아시아 3국은 정치적으로 근대 민족국가를 형성하고 공업화를 성취했다. 그러나 3국의 민족국가 형성과 공업화 성취의 과정은 사뭇 달랐다. 특히 가장 일찍 서양을 수용한 일본이 서양을 답습하여 제국주의 정책을 펼치면서 중국과 한국은 (반)식민지로 전락하는 불행한 경험을 겪기도 했다. 동아시아 평화와 공영을 먼 미래의 일로 치부해서는 안 되겠지만, 그것에 대해 낙관적으로 전망하기 어려운 이유도 바로 그와 같은 불행한 과거의 기억이 있기 때문이다.

그러한 불행한 과거의 기억은 물론 유럽에도 있다. '하나의 유럽'이라는 이념이 면면히 이어져왔음에도 불구하고 유럽은 항상 여러 민족국가들의 유럽으로 존재했다. 적어도 1648년 베스트팔렌조약 이래로 유럽은 국가 간 체제의 다른 이름에 불과했으니 말이다. 결국 그와 같은 국가 간 체제와 그 속에서의 국가들 사이의 치열한 경쟁과 각축 속에서 발생한 것이 양차 세계대전임은 두말할 나위도 없을 것이다. 그러나 세계대전이라는 불행한 기억을 뒤로하고 유럽인들은 '하나의 유럽'을 실현하기 위한 유럽 공동체 실험을 통해 새로운 평화와 진보의 미래를 모색하고 있다. 이제 유럽인들은 선조들이 손에 총을 쥐고 건너던 국경을, 사무 가방과 배낭을 메고 건너고 있다. 그리고 유럽인들은 '유럽'을 하나의 정치적 실체로 발전시키려고 노력하고 있다. 유럽 헌법의 제정 노력이 이를 잘 보여준다. 하버마스는 이렇게 말하고 있다. "유럽은 하나의 헌법을 필요로 하는가? 오직 하나의 정치 공동체로서만 유럽 대륙은 비로소 심각한 위기에 직면한 문화적 생활양식을 방어할 수 있다." 확실히 이러한 현실 진단은 민족국가별로 조직된 역사와 그것이 낳은 비극에 대한 통절한 반성에 기초하여 민족국가를 극복하고 새로운 하나의 정치 공동체를 수립하려는 유럽인들의 의지를 반영하고 있다.

그렇다면 오늘날 유럽에서 전개되는 공동체 실험은 동아시아 세계에도 자못 시사하는 바가 크다고 하겠다. 최근에 학계와 시민사회의 일각에서 적극적으로 개진되고 있는 동아시아 공동체의 담론이 과거의 불행한 기억을 극복하고 동아시아에서 새로운 평화와 번영의 미래를 담보할 수 있는 가능성을 보여주고 있으니 말이다. 그러나 동아시아와 유럽의 역사적 조건은 다르다. 왜냐하면 일본 제국주의의 경험을 통해 중국과 한국에 강요된 식민지와 분단의 경험이 오히려 민족국가의 완성이라는 '근대적' 요구를 촉구하고 있는 듯이 보이기 때문이다.

그렇다면 민족국가의 극복이라는 과제를 역사적 지향으로 삼으면서 동시에 식민지와 분단의 트라우마를 치유하는 일이 필요할 듯하다. 그리고 동아시아에서 민족적 정체성은 서양 세력이 들어오기 전에 존재한 왕조국가에 대한 소속감과 공동의 문화 의식을 토대로 이미 발전했다는 점에도 주목할 필요가 있다. 민족 전통에 대한 새로운 관심이 촉구되는 이유가 여기에 있다. 그러나 전통문화에 대한 관심은 개인과 인권에 대한 관심과 짝을 이루어야 한다. 가령 치자 계급과 식자 계급만을 '군자(君子)'로 대우하던 유교적 전통문화의 차별관을 허물고, 오히려 개개인의 윤리로서 '수신제가치국평천하(修身齊家治國平天下)'의 원리를 적극적으로 해석하여 개인들 바깥에서 부과된 국가 귀속성 대신에 국민 개개인이 스스로 선택하는 공화주의적 귀속성을 강조하는 것이 동아시아 공동체와 조화를 이루는 민족 형성에 기여하리라는 점을 명심해야 할 것이다. 물론 이러한 공화주의적 원리가 하버마스가 주장하듯이 유럽공동체 및 세계시민주의의 길과 통할지는 장담할 수 없지만, 세계 평화에 기여하는 동아시아의 새로운 공동체적 질서를 모색하는 유력한 사고의 도구가 될 수 있음은 분명하다고 하겠다.

이러한 문제의식에서 동아시아 역사학, 그중에서도 특히 서양의 민족국가 형성의 경험을 모델로 하여 발전한 동아시아 서양사학의 과제가 새로이 제기될 법하다. 이 과제란 곧 동아시아의 경험과 유럽의 경험을 비교함으로써 민족국가의 역사적 위상과 의미를 근본적으로 성찰하는 일일터이다. 그런데 여기서 비교사란 일국과 일국을 단순히 겹쳐놓은 방식의 역사가 아니다. 필경 비교사는 종래의 자민족 중심의 역사에서 진일보한 것이기는 하되, 그것을 근본적으로 극복한 것은 아니다. 오히려 각국이 서로에 대해 조건이 되면서 뒤얽혀 발전하는 역사, 그러니까 프랑스인들이 말하는, 이른바 '교차된 역사(histoire croisée)'가 필요하지 않을까 한다. 나아가 분석 단위 자체를 민족에서 지역 혹은 세계로 바꾸어보는 실험적 시도도 값진 성과를 낳으리라 생각한다. 결국 이런 식의 새로운 연구는 동아시아의 전통이나 유럽의 근대성 가운데 어느 한 편을 절대화하는 것이 아니라 양자 관계의 역사를 성찰함으로써 양자를 통합하는 대안적 세계사상(世界史像)을 개발하는 것을 목표로 할 것이다.

05 조지 이거스

유럽중심주의의 재고찰

서양과 탈식민 시대 인도를 중심으로

영광스럽게도 고 이민호 교수의 회고집에 기고할 수 있는 기회를 갖게 되었다. 나는 40년 전 독일 괴팅엔의 막스플랑크 역사연구소에서 이민호 교수를 처음 만났다. 그 후 우리는 한국, 일본, 독일 등에서 만나 이야기를 나누고 의견을 교환해왔다. 나는 이민호 교수가 유럽중심주의 문제를 다룬 네 편의 논문들을 영문 요약본을 통해 최근 접한 바 있다. 이 논문들은 본래 한국어로 작성되었지만, 나의 옛 제자인 홍석민 박사가 내가 읽을 수 있도록 번역 · 정리해주었다.[1] 이 논문들은 나와 이민호 교수가 공유하는 견해와 가치들을 반영하고 있다. 즉, 유럽중심주의라는 개념이 등장하고 쇠퇴한 역사적 맥락, 그것이 가지고 있는 한계와 긍정적 측면, 그리고 유럽 계몽사상에 내재되어 있는 그 기원들에 대해 다루고 있다. 우리 두 사람 모두 계몽사상에 대해 깊이 천착해왔다. 그리고 계몽사상이 얼마나 유럽, 아니 더 정확히 말해 서양 세계뿐만 아니라 비서양 세계의 경제적 · 정치적 · 문화적 발전에 기여했는지 이해하고 있다.

1. 서양

유럽 혹은 서양중심주의의 부상에 대한 나의 해석은 두 가지 점에서 이민호 교수의 것과 다르다. 그는 2007년에 출판한 한 논문에서 서양의 부상이 500년 전 크리스토퍼 콜럼버스가 아메리카 대륙을 발견한 시점에 시작된 것으로 파악한다. 그는 이것을 "불가피한" 발전이 아니라 "우연"으로 본다.[2] 어느 시점에서 유럽이 세계적인 경제적 · 정치적 영향력을 갖는 세력으로 등장하였느냐에 대해서는 연구에 따라 상당한 편차가 존재한다. 이민호 교수가 인용하는 이매뉴얼 월러스타인[3]과 페르낭 브로델[4]은 16세기와 18세기 사이에 유럽이 세계경제의 패권을 장악했다고 본다는 점에서 그와 입장을 같이한다. 그러나 그들은 이것을 신세계의 발견이라는 우연한 사건과 연관시키지 않았다. 오히려 그들은 자본주의 경제의 출현을 전 세계적 경제 팽창의 기원으로 파악했다. 중국의 송나라나 명나라는 아메리카 대륙에 도달할 수 있는 해상력을 보유하고 있었으면서도, 그

1) 이민호 교수의 네 편의 논문 영어 제목은 다음과 같다. "What is German History to Us Koreans?", 『독일연구』, No. 14(2007), 3~19; "Europe and Nation States," 『서양사론』, 28. 1(2001), 99~134; "How to Read World/Global History," 『역사비평』, No. 59(Summer 2002), 175~203; "The Past and future of Nation States in East Asia: East Asia's Acceptance of the West and the Prospect of Nation States," 「한국서양사학회 50주년 기념 국제학술대회」(July 2007).

2) 이민호, 「독일사는 우리에게 무엇인가?」

3) Wallerstein, ed., *The Modern World System in the Longue Durée*(Boulder, 2004).

4) Braudel, *Civilisation matérielle, économies, capitalisme*, 3 vols.(Paris, 1979~1987).

리고 아프리카까지 진출했으면서도, 왜 아메리카 대륙을 차지하지 않았는가?

근대 국민국가의 출현을 고려하지 않고 그것을 설명할 수 있을까? 그러나 스페인, 포르투갈, 영국, 프랑스, 네덜란드, 그리고 덴마크 같은 유럽의 국민국가들이 — 독일과 이탈리아는 국민국가가 아니었다 — 아메리카 대륙을 넘어서 남아시아와 블랙 아프리카 지역까지 식민지를 팽창한 데에는 확실히 정치적 통제뿐만 아니라 경제적 지배라는 목적도 존재했다. 즉, 원료 그리고 유럽보다 훨씬 저렴한 노동력이라는 — 노예 노동을 포함한 — 초기 자본주의 경제체제의 필요를 충족시키기 위한 것이었다. 이 모든 일이 1800년이 되기 전에 일어났다. 이민호 교수가 인용한 안드레 군더 프랑크가 주장하는 것처럼, 서양이 — 독일과 미국을 포함한 서유럽을 의미한다 — 세계경제의 패권을 장악한 것은 겨우 지난 200년간이었다. 프랑크는 그 이전에는 중국의 명 · 청조나 인도의 무굴제국, 페르시아의 사파비왕조, 그리고 터키의 오스만제국 등이 유럽보다 더 선진적이었다고 주장한다. 케네스 포머란츠도 『대분기(大分岐): 유럽, 중국, 그리고 세계경제의 형성』(2000)[5]이라는 최근 저서에서 이러한 입장을 지지한다. 그는 통계 수치를 제시하면서 18세기 말 중국, 일본, 인도가 서유럽만큼 경제적으로 발전한 상태였다는 사실을 입증한다. 그리고 서양이 세계적 강대국으로 부상한 것은 신세계 발견 및 자본주의적 세계 시장의 등장과 관련된 것이 아니라, 그보다 훨씬 뒤의 산업혁명 때문이라고 주장한다.

바로 이러한 맥락에서 유럽중심주의가 하나의 세계관으로 등장한다. 유럽중심주의는 다음과 같은 몇 가지 가정들을 전제한다. 그것은 근대화

---

5) Pomeranz. (Princeton, 2000), also Roy Bin Wong, *China Transformed: Historical Change and the Limits of European Experience*(Ithaca, 1997).

라는 개념과 긴밀히 연결된다. 또 유럽의 근대성이 유럽만이 아니라 세계 일반의 규범이기도 한 역사적 과정의 결과라고 전제한다. 간단히 말해, 역사적 과정을 거치면서 결국에는 모든 사람들이 수용하게 될 단 한 가지 형태의 근대성만 존재한다는 것이다. 따라서 진보적이고 문명화된 서양과 후진적이고 아직 진정으로 문명화되지 못한 비서양이라는 이분법적 대립이 존재한다. 서양 제국주의는 나머지 세계에 문명과 근대성을 전달하는 역할을 부여받는다. 이러한 개념은 백인의 사명이라는 식으로 인종주의적인 면을 띠기도 했다.

자본주의에 기반한 유럽의 경제적 우위가 산업혁명 이전 신세계 발견의 시대에 기원을 두고 있다고 주장할 수도 있지만, 하나의 이념이자 실제로서 유럽중심주의는 분명히 좀 더 근래에 등장하였다. 그것은 18세기 계몽사상의 소산이다. 일종의 역사관의 전환이 18세기에 일어났다. 서양과 비서양 사람들을 동등하게 인식했던 앞선 시기의 역사관에서 이탈한 것이다. 독일 철학자 고트프리트 빌헬름 라이프니츠(1646~1716)는 17세기에서 18세기로 넘어가는 전환기에도 여전히 중국과 유럽을 유라시아 대륙의 양 끝에 있는 두 개의 위대한 문명들이라고 언급하였으며, 이슬람교도들의 문화적 업적을 인정하였다.[6] 7권짜리 영어 저술 —곧 유럽의 여러 언어들로 번역되었다— 『보편사: 초기 시대부터 현재까지』(1736~1766)[7]는 진정한 의미에서 보편사였다. 전체 분량의 절반을 유럽과 유럽의 식민지들을 다루는 데 할애하였으며, 나머지는 중국, 일본 및 그 밖의 아시아

6) 아시아에 대한 유럽인들의 긍정적 태도에 대해서는 Jürgen Osterhammel, *Die Entzauberung Asiens: Europa und die asiatischen Reiche im 18. Jahrhundert*(München, 1998)를 보라.

7) *An Universal History, from the Earliest Account of Time*, 7 vols.(London, 1736~1744); *Universal History: The Modern Part of an Universal History from the Earliest Accounts of Time*, 44 vols. (London, 1759~1766).

지역을 다루었다. 흥미로운 점은 상당한 분량을 블랙 아프리카 지역을 다루는데 할애했다는 것이다. 이 책은 유럽이 우월하다는 어떠한 주장도 담고 있지 않았다. 또한 훗날 지배적 서사로 자리 잡는, 역사가 근대를 향해 점진적으로 발전하였다는 식의 내용은 전혀 포함하지 않았다. 오히려 이 책은 바로 그러한 경로를 제시하지 않았다는 이유로 계몽사상가들에게 날카롭게 비판받았다.[8] 괴팅엔의 역사가 아우구스트 루드비히 슐뢰처는 이 책이 학문적 기준도 충족시키지 못했을 뿐만 아니라 역사 발전에 관한 체계적 사상도 제시하지 못했다고 비판했다. 그 결과 계몽주의 역사 서술은 한편으로는 역사의 영역을 확장하였으나, 다른 한편으로는 그것을 서양에만 한정함으로써 오히려 축소시키는 결과를 낳았다. 1772년 슐뢰처의 다음과 같은 기록은 계몽주의 역사 서술이 역사학의 확장에 기여했음을 잘 보여주었다. 역사가는 "더 이상 정복자들과 그 군사들이 북소리에 맞추어 행군한 군사로(military road)를 따를 필요가 없다. 그 대신 상인들이나 전도사들, 그리고 여행가들이 다닌 그동안 주목받지 못한 길을 따라가야 한다. …… 불과 빵, 브랜디 등의 발명은 아르벨라, 자마, 막데부르크 전투만큼 가치 있는 사실들이다."[9] 스코틀랜드의 윌리엄 로버트슨(1721~1793)이나 프랑스의 기욤 레날 신부(1716~1796)와 같은 동시대인들처럼, 슐뢰처 또한 저서 『북유럽사』에서 여전히 사회사를 보편사적 관점과 접목하였다. 볼테르(1694~1778)도 『제 민족들의 풍습과 정신에 관한 고찰』(1756)에서 중국과 페르시아를 다루었지만, 그에게 문명의 중심은 유럽이

8) 계몽주의적 관점에서 보편사의 비판적 수용에 관한 탁월한 논의는 Johann van der Zande, "August Ludwig Shlözer and the English Universal History," Stefan Berger et al eds., *Historikerdialoge*(Göttingen, 2003), pp. 135~156.

9) Georg G. Iggers, "The European Context of Enlightenment Historiography", Hans-Erich Bödeker et al eds., *Aufklärung und Geschichte*(Göttingen, 1986), p. 240.

었다. 그의 저서 『루이 14세의 시대』에서도 마찬가지였다.

18세기 후반까지 다수의 진보주의 이론들이 체계화되었다. 프랑스의 자크 튀르고(1717~1781)와 콩도르세 후작(1743~1794), 스위스의 아이작 이젤린(1728~1792), 스코틀랜드의 애덤 퍼거슨(1743~17794), 애덤 스미스(1723~1790), 그리고 존 밀라(1735~1801) 등은 근대 유럽을 — 콩도르세는 미국을 이미 이 범주에 포함시켰다 — 역사 발전의 정점으로 기술했다. 퍼거슨, 스미스, 밀라는 역사적 변화의 가장 중요한 요인으로 교역과 자유시장의 발전을 꼽았다. 그것은 유목 생활부터 여러 단계들을 거쳐 당대의 도시 상업사회까지 발전하였다는 것이다. 콩도르세 후작은 『인간 정신 진보의 역사적 풍경』(1794)에서 미국혁명과 프랑스혁명이 합리적 기준으로 사회를 재조직하였다고 평하고, 뒤이어 발생한 과학혁명을 역사 발전의 최고 단계로 규정하였다. 계몽주의자들은 정치적 신조로는 "인권"을 설파하였지만, 대부분 그것을 사회적 · 경제적 평등이 아닌 법적 평등의 관점에서 옹호하였다. 게다가 여성은 배제되었으며 1787년 미국 헌법은 노예제를 묵인하였다. 그들은 또한 비유럽인들이 열등하다는 생각을 배제하지 않았다. 일상사를 연구하였으며 여성의 역사를 쓴 최초의 역사가들 가운데 한 명인 괴팅엔의 역사학자 크리스티안 마이너(1747~1810)는 유럽의 백인들이 가장 뛰어난 인종이고, 황인종들은 지적 수준이나 신체적 아름다움에서 백인들보다 열등하며, 흑인들은 유인원과 거의 다를 바 없다고 주장하였다. 마이너가 유별나게 인종주의적이었던 것이 아니다. 볼테르, 이마누엘 칸트, 벤저민 프랭클린 같은 18세기의 많은 뛰어난 사상가들도 마찬가지였다.[10] 인종주의는 훗날 비백인 지역에서의 식민 활동을 정당화해주었다.

---

10) 위키피디아에서 볼테르에 관한 논문과 구글에서 "18th Century Racism"을 보라.

이와는 입장을 달리하는 목소리도 있었다. 그 가운데 가장 유명한 사람은 요하네스 고트프리트 헤르더(1744~1803)였다. 그는 백인종뿐만 아니라 모든 사람들이 동등하게 존엄하다고 인정하였다. 그러나 계몽사상은 양가적이었다. 한편으로는 인류의 평등과 자결을 옹호하면서도, 다른 한편으로는 진보라는 미명 아래 유럽인의 우월성을 숭상했다. 이는 우리가 이미 보았듯이 비유럽, 비백인들이 열등하다는 신념과 결합되어 그들에게 유럽의 문명을 전수해야 한다는 논리로 이어졌다. 그리고 유럽인들이 비유럽 세계의 문명들, 특히 아시아에 대해 이전에 가지고 있었던 지배적인 태도를 전도시켰다. 위르겐 오스터하멜(1952~)이 언급하였듯이, "18세기 초만 하더라도 아시아는 유럽의 비교 대상이었다. 그러나 이제 그러한 비교는 더 이상 받아들여지지 않았다."[11]

이러한 유럽중심주의는 19세기 들어 훨씬 더 지배적인 사고로 자리잡았다. 산업화로 경제적 · 기술적 발전이 가속화하면서 역사적 사고에 영향을 줄 수 있는 물적 조건들이 훨씬 더 강력해진 것이다. 19세기 전환기에 발생한 혁명적인 정치적 격변으로 서유럽과 중부 유럽, 그리고 미국에서 자본주의적 기업 발전에 방해가 되는 잔재들이 일소되었다. 새로운 사회 · 경제 체제의 비판자임을 자임한 맑스와 프리드리히 엥겔스(1820~1895)는 그들이 부르주아적이라고 낙인찍은 이 새로운 체제가 경제적 역량에 엄청난 변화를 가져왔다는 사실을 이해했다. 그들은 1848년 「공산당 선언」에서 기술과 과학의 엄청난 진보를 강조하며 다음과 같이 썼다. "부르주아지는 단 100년 만에 앞선 세대를 모두 합한 것보다 더 크고 거대한 생산력을 창조해냈다."[12] 맑스와 엥겔스는 이를 자본주의 체제가 등장

---

11) Osterhammel, *Geschichtswissenschaft jenseits des Nationalstaats*(Göttingen, 2001), p. 84.

12) Robert C. Tucker, *The Marx-Engels Reader*, 2d edition(New York, 1978), p. 477.

한 결과로 인식했다. 한때 강력한 힘과 문화를 보유했던 제국이었으며, 서양인들의 존경을 받았던 중국이 서양에 복속된 것은, 근대적 관료제 국가의 뛰어난 효율성과 기술적으로 앞선 서양의 군사적 힘 때문이었다. 산업화로 서양 자본주의가 비서양 세계를 경제적으로 침투하는 것이 가능해진 것이다. 이 모든 것들이 근대 과학과 기술에 의존하는 서양 사회가 역사 발전의 정점이라는 믿음을 강화하는 데 기여했다.

맑스의 사례는 특히 시사하는 바가 크다. 왜냐하면 그는 당대의 기성 질서를 통렬히 비판하였지만, 근대 유럽이 걸어온 길을 나머지 세계도 따를 것이라는 통념을 대부분 공유했기 때문이다. 그는 경제 발전에 관하여 다음과 같이 기록한 적이 있다. "더 산업화된 나라(영국)는 저개발 국가의 미래다."[13] 오늘날 유럽중심주의라는 비난을 피하고 싶어 하는 맑스주의 이론가들은 맑스가 저개발 국가로서 염두에 둔 것은 서유럽 사회들, 특히 독일이었지 세계 전체가 아니었다고 주장한다. 그러나 1853년 〈뉴욕 트리뷴〉지에 기고한 글에서 그는 비서양 사회인 인도도 결국에는 유사한 길을 따를 것이라고 주장한 바 있다.[14] 또한 그가 경제적 · 기술적 발전만이 아니라 좀 더 광범위한 문명화의 기준들을 염두에 두고 있었다는 것도 확실하다. 그는 인도에서 영국 제국주의가 자행한 잔인하고 억압적인 통치를 비난하였지만, 이 또한 인도 근대화의 필수적인 단계라고 생각했다. 즉, 인도는 유럽의 규범에 따라 훈육되어야 했다. 맑스는 당시 대다수 사람들과는 달리 세계를 혁명적으로 변혁하여 자본주의의 억압적 성격을 극복하고 자유롭고 사회적으로 정의로운 사회를 위한 토대를 세워야 한다고

13) Marx, "Preface to the First German Edition", *Capital*, vol. 1, in Tucker, p. 296.

14) 1881년 베라 자술리치에 응수하면서 그는 러시아 농업사회는 유럽과는 다른 사회주의 경로를 따라야 할 것이라고 인정했다. Tucker, 675; Keith Anderson, *Marx at the Margin: On Nationalism, Ethnicity, and Non-Western Societies*(Chicago, 2010), pp. 229~236.

주장했지만, 그가 보기에도 인도는 19세기 유럽이 성취한 진보적 단계에 비해 뒤처진 전자본주의적일 뿐만 아니라 전근대적인 사회였다.

맑스는 19세기의 사상적 주류인 사회적 · 정치적 보수주의와 날카롭게 대립하는 혁명적 글들을 남겼지만, 비서양 세계를 폄하했다는 점에서는 다르지 않았다. 게오르그 프리드리히 빌헬름 헤겔(1770~1831)처럼 그도 오직 서양만이 역사를 갖는다고 믿었다. 그것은 고전고대에서 중세 봉건 시대를 거쳐 근대 세계에—자신이 부르주아의 시대라고 부른—이르는 역사이다. 헤겔의 관점에서는 아프리카는 물론이고 인도와 중국조차도 역사를 갖지 못했다. 그것은 맑스에게도 마찬가지였다. 그는 그 나라들을 정체되고 전제적인 "아시아적 생산양식"으로 격하시켰다. 레오폴트 폰 랑케(1795~1886), 제임스 밀(1773~1836), 그의 아들 존 스튜어트 밀(1806~1873), 그리고 토머스 매콜리(1800~1859) 같은 많은 역사가들과 역사 사상가들은, 인도에는 역사는 물론 어떠한 의미 있는 문명도 존재하지 않았다고 생각하였다. 나머지 세계에 문명을 전달하는 것은 서양의 사명이었다. 이러한 문명화 사명은 서양 제국주의를 정당화했다. 어떤 식민 국가도 인도만큼 언어, 교육 체제, 세속적 외양 등에서 서양, 특히 영국의 문화적 방침에 따라 철저히 변화된 나라는 없었다. 인도에서는 영어 사용 문화가 발전했다. 물론 토착 언어의 사용을 주장하고 힌두나 이슬람 문화 같은 토착 문화의 서양화에 저항했던 반대 흐름도 있었다.

서양을 세계의 권력과 문명의 중심지로 보는 시각은 역사 연구에도 영향을 미쳤다. 우리가 알고 있듯이, 19세기에 일어난 역사학의 근대화 과정은 역사학의 근본적인 방향 전환을 의미했다. 이는 19세기 전반 독일 대학들을 시작으로 근대적 형태의 대학이 발전한 세계 전역으로 전파되었다. 거의 모든 곳에서 압도적으로 독일 모델을 수용했다. 이 과정에서 역사학은 "과학적" 기준을 도입한 전문적인 학문 분야로 거듭났다. 여기서 과학적이라는 것은 자연과학에서처럼 보편적인 법칙의 공식화를 추구한다는 의미가 아니라, 신뢰성이 확인된 1차 사료에 비판적으로 의존한다는 의미다. 이 사료들은 상당 부분 국가 문서들이었고, 역사학은 국민국가의 정치 동학을 연구하는 데 크게 기여했다. 따라서 18세기식 보편사가 2차 문헌에 자유롭게 의존했다면, 이제 공문서가 그 자리를 대신했다. 그로 인해 사회적 · 문화적 측면은 자주 소홀히 취급되었고 정치적—외교적 사건을 포함한—사건들에 대한 서사가 주종을 이루었다. 영국과 미국의 경우 정도가 덜하지만, 대부분의 나라에서 역사학 연구의 중심 대학은 국가의 재정 지원에 크게 의존했다. 국가는 필요한 경우 역사 서술의 방향에 영향을 미칠 수 있었다. 새로운 전문 역사학은 국민적 정체성 형성을 중요한 애국주의적 과제로 보았다. 물론 대개 제도권 밖의 아마추어 역사가들이 활발하게 참여했던 지역사가 완전히 배제되지는 않았다. 그러나 비서양 사회와 문화에 대한 관심은 18세기 때보다 줄었으며, 그 나마도 독자적인 문명이 아니라 서양 식민지 열강의 속국으로 취급되었다. 세계사 서술은 서양으로만 한정되었다. 노령의 랑케[15]가 개별 국민국가들의 역사를 집필한 후 세계사를 쓸 때에도 마찬가지였다. 그에게 세계사란 서양의 역사였다. 서양 문화를 전파하는 과정에서 지식인들의 역할을 강조할 때 선교사들을 간과해서는 안 된다. 그들은 원주민들을 낙후된 존재로 보았으며 그들의 신앙도 미신적이고 원시적인 것으로 간주했다. 따라서 이를 자신들이 생각하기에 우월한 문화의 종교적 진실을 담고 있는 기독교 신앙으로 대체하고자 했다.

유럽중심주의는, 역사 서술이 서양 제국주의의 붕괴라는 새로운 세계

---

15) Leopold von Ranke, *The Theory and Practice of History*, ed. Georg G. Iggers(London, 2011).

적 상황을 반영하기 시작한 20세기 후반에 이르러서야 심각한 도전에 직면하였다. 비로소 유럽중심주의적 전제들과 결별하고 비서양 세계의 문화를 그 자체로 연구하는 새로운 종류의 세계사가 등장했다. 이민호 교수의 원고들은 19세기 막바지에 시작된, 유럽중심주의적 사상가들의 낙관주의에 맞선 저항을 추적하고 있다. 우리는 프리드리히 니체(1844~1900)나 이후 20세기 전반의 마르틴 하이데거(1889~1976)를 생각해볼 수 있다.[16] 그들은 포스트 계몽주의적(post-Enlightenment) 근대성의 과학적 합리성과 대중 사회 및 그것이 창조한 문화에 맞서 저항하였다. 하이데거는, 소크라테스 이전의 사상가들과는 결별한 채 소크라테스 철학의 합리주의만을 계승한 서양 세계의 지적 전통을 일종의 참담한 실패작으로 규정했다. 그리고 심미적이고 시적인 대안들로 되돌아갈 것을 요청했다. 훗날 포스트모더니즘 이데올로기가 되는 것의 기초가 바로 여기서 만들어졌다. 니체와 하이데거의 이러한 근대성 비판은 모든 형태의 민주주의에 대한 거부, 니체의 '초인'으로 상징되는 신엘리트주의, 그리고 보통 사람들의 — 니체가 그토록 경멸했던 — 복지를 강화할 사회 개혁에 대한 반대를 수반했다. 하이데거의 세계관에 비추어보면 그가 열성적인 나치 당원이 된 것은 놀랄 일도 아니었다.[17] 그럼에도 불구하고 그들의 근대성 비판의 초점은 여전히 서양에 머물러 있었다. 하이데거는 철학적 담론이 가능한 언어는 고전 그리스어와 근대 독일어 — 둘 다 서양의 언어이다 — 이렇게 두 개밖에 없다고 생각했다.

인상적인 것은, 서양과 인도 좌파 지식인들 가운데 상당수가 유럽 계몽

16) Georg G. Iggers, "Rationality and History", Henry Kozicki, ed., *Developments in Modern Historiography*(New York, 1993), pp. 19~40.

17) E. G. Heidegger, *Die Selbstbehauptung der deutschen Universität / Das Rektorat 1933/34: Tatsachen und Gedanken*(Frankfurt, 1983), 9~19; rpt. "Self-Assertion of the German University", *Review of Metaphysics* 38(1985), pp. 470~480.

사상의 과학적 에토스에 대한 니체와 하이데거의 비판을 수용했다는 사실이다. 물론 사회의 재구성에 대한 그들의 관점은 니체와 하이데거의 신사회질서와 매우 다르지만 말이다. 신좌파 사상가들 가운데 다수가—전통 맑스주의의 경제 환원주의와 정치적 반자유주의를 거부하기는 했지만—본래 맑스주의자들이었다. 그들은 식민지 및 탈식민지 사회에 대한 서양의 지배를 세계 자본주의 체제에 내재된 착취라는 관점에서 보았다. 또 서양적 근대성의 과학적 에토스를 자본주의적 사회체제의 한 부분으로 보아 비판했으며 이러한 에토스와 단절한 대안들을 모색하였다. 막스 호르크하이머(1895~1973)[18]와 테오도어 아도르노(1903~1969) 같은 프랑크푸르트학파의 포스트 맑스주의적 "비판 이론"은 이성에 대한 계몽주의적 믿음을 인간 해방의 원천이 아니라 합리적 계획과 통제에 따라 세계를 재조직하는 수단으로 보았다. 홀로코스트는 그것의 극단적 표현이었으며, 모든 근대사회가 어느 정도 그것에 기반하고 있다는 것이다. 여기에서 한 발짝만 더 나아가면 나중에 서양의 근대성을 비판한 미셸 푸코(1926~1984)와 만난다. 그는 『광기의 역사』와 『감시와 처벌』에서 르네상스 이후 서양의 전 역사를 이성으로 광기를 대체하려 한 시도로 보면서, 이로 인해 자유가 확장되기는커녕 그 반대로 획일성이 강요되었다고 비판하였다. 이러한 비판을 중심으로 근대 인도 문화의 서양적 측면들의 본질을 둘러싼 인도 내부의 논쟁이 전개된다.

18) 프랑크푸르트 학파에 대해서는 Martin Jay, *The Dialectical Imagination: A History of the Frankfurt School and the Institute of Social Research 1923–1950*(Boston, 1973); John Ambromeit, *Max Horkhemer and the Foundations of the Frankfurt School*(Cambridge University Press, 2011).

2. 인도

이제 인도에서 논의되고 있는 유럽중심주의에 대한 세 가지 — 세 명의 학자들을 중심으로 한 — 탈식민주의 담론을 살펴보자. 세 담론/학자 모두 식민지 경험에 대해 비판적이다. 그러나 그것에 대한 평가는 매우 다양한 관점에서 이루어진다. 그들 모두 계몽주의의 유산을 — 세속주의, 과학과 진보에 대한 신뢰, 개인의 권리에 대한 강조 — 유럽중심주의의 핵심으로 본다. 그러나 이들 가운데 아시스 낸디만이 계몽주의의 유산을 완전히 거부한다. 다른 사람들은 계몽주의의 유산이 근대 인도를 형성하는 과정에서 수행한 역할을 인정한다. 따라서 그들은 유럽 계몽주의의 부정적 측면뿐만 아니라 긍정적 측면도 인정한다.

한 가지 유념해야 할 사실은 세 명 모두 영어를 사용한다는 점이다. 그들은 영어로 이루어지는 국제적 논쟁에 활발히 참여하고 영어를 사용하는 서양의 학술 기관에서 상당한 시간을 보낸 바 있다. 차크라바티는 현재 시카고 대학 역사학 교수이다. 인도에는 이렇게 영어로 쓰인 문헌들과 힌두교나 이슬람교 지향의 역사가들이 지방어로 쓴 저작들 사이에 현저한 괴리가 있다. 나 또한 이 지방어들을 읽지 못하기 때문에 내가 제시하는 설명도 대부분 한쪽으로 치우쳐 있다. 아마도 지방어로 된 저작들은 식민지 경험과 서양의 유산에 대해 훨씬 더 비판적일 것이며, 인도 전통문화에 훨씬 더 가까운 사람들을 주 독자층으로 삼고 있을 것이다. 반면, 우리가 다루는 세 명의 학자들 — 낸디처럼 서양에 비판적인 역사가를 포함하여 — 은 학식 있는 독자들을 대상으로 한다. 차크라바티가 이야기한 것처럼, 이 집단의 사람들에게는 "유럽의 지적 전통이야말로 인도를 포함한 대다수 — 전부는 아니더라도 — 근대 대학들의 사회과학 분과(여기에 역사학도 포함된다)에 현존하는 유일한 전통이다. …… 한때 중단되지 않고 살아남아 있었던 산스크리트나 페르시아, 그리고 아라비아의 지적 전통이 유럽의 남아시아 식민 통치의 결과, 이제는 이 지역 대다수의—아마도 모든—근대적 사회과학자들에게(따라서 역사학자들에게도) 역사 연구의 대상으로만 존재하게 되었다."[19] 그러나 분명한 것은 그것이 인도 사람들 전체가 무관심한 탓이 아니라는 것이다.

서양의 지적 전통에 대한 가장 날카로운 공격은 뱅골 출신 사회 이론가이자 정치심리학자이며 문화비평가인 아시스 낸디가 『역사와 이론』(1995)에 기고한 논문 「역사의 잊힌 쌍둥이(History's Forgotten Doubles)」[20]를 통해서 이루어졌다. 낸디는 과학적 합리성을 전면적으로 거부하는 것으로부터 공격을 시작한다. 과학적 합리성의 기원은 프랜시스 베이컨까지 거슬러 올라가며 19세기의 진보 이론을 통해 한층 더 발전하였다. 서양의 역사학은 과학적 방법론을 면밀히 추종했다. 그것은 "문화적 특질을 신화, 민담, 서사시 등에 의존하여 정의한" 비근대적 문화권의 전통적 지식을 파괴했다.[21] 근대적이고 세속적인 역사 개념은 더 인도적인 세상을 구현하기는커녕 20세기에 이루어진 많은 새로운 형태의 폭력과 착취에 직접적인 책임이 있다. 20세기의 수많은 사람들이 두 차례 세계대전의 원인이 되었던 이데올로기들과 홀로코스트, 그리고 스탈린주의 같은 것들에 헌신하였다. 비서양 세계로 수출된 역사 서술 자체가 여기에 책임이 있다는 것이다. 그것은 반드시 극복되어야 한다. 근대과학의 환상에서 자유로운 개방된 문화로 되돌아가야 한다. 그러나 서양의 역사관이 전 세계를 지배하고 있다. 이는 식민 지배를 통해 서양 문화가 유입된 결과이다. 따

19) Dipesh Chakrabarty, *Provincializing Europe: Postcolonial Thought and Historical Difference*(Princeton, 2000), pp. 5~6.

20) Nandy, vol. 34(May 1995), pp. 44~66.

21) *Ibid.*, p. 44.

라서 서양 지향적인 인도인들 대부분은 그들의 미래가 얼마나 정확히 유럽이나 북미와 비슷해지느냐에 달려 있다고 믿는다. 낸디가 보기에 관건은, 차크라바티처럼 비서양 세계 문화의 비중이 훨씬 더 높아진 대안적 역사학으로의 전환을 모색하는 것이 아니라,[22] 그것과 완전히 단절하고 보다 오래된 기억의 형태로 되돌아가는 것이다. 중요한 것은 선택적으로 망각하는 것이다.

낸디는 극단적인 반근대 · 반계몽주의 입장을 대변한다. 그의 입장은 유럽중심주의의 한계를 밝히는 데 주력하는 훨씬 더 온건한 디페시 차크라바티의 것과는 완전히 다르다. 『유럽을 지방화하기(Provincializing Europe)』(2000)라는 저서에서 볼 수 있듯이, 차크라바티 역시 유럽중심주의를 버려야 한다고 주장한다. 그러나 거기에는 유럽의 유산 가운데 중요한 부분은 보존해야 한다는 중대한 단서가 포함된다. 이는 낸디의 주장대로, 차크라바티를 포함한 고등교육을 받은 대다수의 인도인들 — 인도인들의 대다수를 말하는 것이 아니다 — 이 유럽의 관점에서 자신들의 지적 전망을 표현한다는 것을 보여준다. 차크라바티의 저서는 두 가지 핵심적인 주장을 담고 있다. 첫째, 유럽의 근대성이 보편적 성격을 갖는다는 것이다. 유럽 계몽주의의 유산이 없었다면 인도는 생각할 수도 없다. 차크라바티의 말을 직접 인용해보자. "'정치적 근대성' — 근대적 국가기구에 의한 통치, 관료제, 자본주의적 기업 — 이라는 현상은 유럽의 지적 · 신학적 전통에서 유래하는 특정한 범주 및 개념이 없었다면, 전 세계 어디에서도 불가능했다. 시민권, 국가, 시민사회, 공공 영역, 인권, 법 앞에서의 평등, 개인, 공사의 구분, 주체에 대한 관념(the idea of the subject), 민주주의, 인민 주권, 사회 정의, 과학적 합리성 등과 같은 개념들은 모두 유럽의 사

22) *Ibid.*, pp. 52~53.

상과 역사에 기초하고 있다."[23] 낸디가 거부하는 것이 바로 이러한 개념들이지만, 차크라바티와 이민호 교수, 그리고 나는 그 가치를 인정한다. 차크라바티가 "유럽의 사상은 우리가 비서양 국가들의 정치적 근대성의 경험을 고찰할 때 필요 불가결하기도 하면서 동시에 부적절하다"라고 썼을 때, 바로 이 점을 강조한 것이다.[24] 그러나 불행히도 많은 나라들이, 특히 비서양 세계의 나라들이 차크라바티가 정치적 근대성의 가치라고 본 규범에 따르지 않는다. 이것은 차크라바티의 두 번째 핵심적인 주장으로 이어진다. 정치적 근대성을 포함한 근대성은 유럽 계몽주의의 유산에서 물려받은 것과 다른 형태로도 존재할 수 있다는 것이다.

예를 들어 인도, 중국, 케냐 같은 비서양 세계의 정치 공동체들이 독자적인 방식으로 서양과는 다른 노선을 밟아왔다 하더라도, "이러한 다른 역사들은 모두 '유럽의 역사'라는 거대 서사의 변주에 머무르는 경향이 있다."[25] 이보다 더 유럽중심주의적일 수 있을까? 그러나 그는 이 거대 서사를 떠받치는 개념에서 근본적인 오류를 발견하고 그것을 "역사주의"라고 부른다. "역사주의"는 유럽중심주의의 핵심이다. 그것은 역사를 근대 유럽에 이르는 단선적이고 진보적인 과정으로 본다. "역사주의는 근대성 혹은 자본주의가 본래 전 세계적인 것이 아니라, 유럽이라는 특정한 장소에서 발생하여 바깥 세계로 전파된, 즉 시간의 흐름에 따라 세계화된 것으로 보이게 했다."[26] 그것은 시대착오라는 개념을 도입하여, 비유럽 세계의 문화와 사회가 충분히 발전하지 않았으며, 그들이 최우선적으로 도달해야 할 유럽적 근대성의 규범에서 여전히 멀리 떨어져 있는 것처럼 보이게

23) *Ibid.*, p. 4.
24) *Ibid.*, p. 16.
25) *Ibid.*, p. 27.
26) *Ibid.*, p. 7.

했다. 차크라바티가 명백히 거부하는 것은 바로 이 관념이다.

차크라바티는 유럽 자체의 불균등한 근대성 문제를 다루지 않는다. 그는 자신의 저서를 두 명의 핵심적인 유럽 사상가들 사이의 대화로 본다. 자본주의를 분석적으로 해부한 맑스와 해석학적으로 접근한 하이데거가 그 두 사상가들이다. 한 사람은 계몽주의적 합리성을 대변하며, 다른 한 사람은 그 합리성의 한계를 일깨워준다. 문제는 정치적 권위주의와 극단적 민족주의를 지지하고 나치당의 대변인 노릇까지 했던 하이데거를 왜 휴머니즘의 전형으로 선택해야만 했냐는 것이다. 차크라바티 자신이 지향하는 목표이기도 하고, 또 맑스주의의 지나치게 분석적이고 결정론적인 측면을 제어하기 위해서도 반드시 필요하기도 한, 바로 그 휴머니즘의 전형 말이다.

차크라바티는 근대성에는 두 가지 측면이 있다고 본다. 앞에서 언급한 유럽식 근대성은 비서양 세계에 강제되거나 식민화와 제국주의 과정에서 수용되었다. 한편, 차크라바티의 중심 주장들 가운데 하나는 다양한 경로의 근대성들이 존재하며, 유럽 역사주의는 이 점을 인식하지 못하고 근대성의 정도를 서양의 기준에 얼마나 근접했는가로 판단한다는 점에서 근본적으로 잘못되었다는 것이다. 그는 빅토리아 시대 뱅골에서 유럽 자본주의가 실제로 어떻게 경제 행위에 변화를 가져와 더 많은 노동 규율과 본질적으로 서양적인 시간 의식을 주입했는지 자세히 이야기한다. 그러나 그는 뱅골의 중간계급이 서양적 형태의 고전적 부르주아가 아니었으며, 또한 그 근대성은 프로테스탄트 윤리에 상응하는 것을 전혀 발전시키지 않았고, 가부장적인 대가족제도를 이상화하는 전통 때문에 유럽식의 개인주의가 발전할 여지가 거의 존재하지 않았다는 점을 강조한다. 역사가는 유럽의 근대성이 세속주의적 경향을 강하게 띠고 있다 하더라도, 다른 사회의 근대성은 다양한 형태의 종교와 미신을 포함하고 있다는 사실을 인식해야 한다. 차크라바티는 그것을 후진성의 표시가 아니라 현재의 일부로 본다. 유럽의 역사적 사상을 지방화하기 위해서는, "인간이 되는 다양한 방식"[27]이 존재함을 인식해야 하며 "인간은 결코 하나의 통합된 소속감을 가질 수 없는, 즉 필연적으로 파편화된 역사를 가질 수밖에 없는 존재임을 깊이 숙고해야 한다."[28] 그러나 차크라바티는 "유럽을 지방화한다는 것이 유럽의 사상을 멀리하는 것이어서는 안 된다"라고 결론을 내린다.[29]

차크라바티는 포스트모더니즘에 관해서는 간략히만 언급한다. 그는 모든 역사를 언어로 환원하고, 역사적 사실이나 비판적 방법론이라면 무조건 문제시하는, 자신이 "포스트모더니스트들의 순전한 미친 짓이자 문화상대주의자들의 헛소리"라고 부르는 것에 대해 두 가지 문제를 제기한다.[30] 그는 『역사에 관해 진실을 이야기하기(Telling the Truth about History)』[31]라는 저서의 저자들의 견해에 동의한다. 즉, 역사적 서사에는 최소한의 합리성이 필요하다는 것과 역사적 사실과 증거에 대한 공동의 합리적 이해에 기초한 "작업 가설적 진실(workable truths)"이 필요하다는 실용적인 생각에 동의한다.[32] 그는 2006년에 발표한 한 후속 논문에서, 서양에서 기원했지만 오늘날 전 세계로 전파된 전문 역사가들의 보편적인 문화가 존재하며, 따라서 그것이 서양의 문화적 지배의 실례를 잘 보여준다는 생각에 의문을 제기한다. 모든 사회는 19세기 서양식 역사학을 접하

27) *Ibid.*, p. 254.
28) *Ibid.*, p. 255.
29) *Ibid.*
30) *Ibid.*, p. 75.
31) Joyce Appleby, Lynn Hunt, and Margaret Jacob, *Telling the Truth about History*(New York, 1994).
32) Chakrabarty, p. 99.

기 전부터 과거에 대해 사고하는 전통을 가지고 있었다. 그리고 심지어 오늘날에도 역사에 대한 대안적 접근이 가능하다. 요컨대 이런 식으로 차크라바티는 합리성에 대한 믿음을 되풀이한다. 그러나 그 합리성이 서양적인 것과는 다른 형태를 취할 수 있다는 가능성을 열어둔다.

델리 대학의 역사학 교수 슈미트 사카는 낸디와 차크라바티 둘 다와 흥미로운 대조를 이룬다. 이들과 마찬가지로 그도 반식민주의, 즉 서양(영국)의 지배에서 인도를 해방시켜야 한다는 대의에 동감한다. 그의 초기 업적들 가운데 상당수가 영국의 통치에 맞선 인도의 투쟁을 다룬다. 그러나 그는 차크라바티처럼 인도가 서양의 유산에 많은 것을 빚지고 있다고 믿는다. 둘 다 영국 식민주의에 억압적인 면뿐만 아니라 해방적인 면도 있음을 인정한다. 낸디와 달리 그들은 카스트와 공동체, 그리고 신화에 의존했던 예전 세상으로 돌아가는 것을 원치 않았다. 그들이 돌아가고 싶어 하는 세상은 정치적 독립은 물론 "사회 정의, 착취에 맞선 경제적 권능(empowerment) 그리고 문화적 자립"을 위해 투쟁했던 그런 세상이었다.[33] 그는 이것을 인도 근대성의 핵심으로 본다. 즉, 인도의 전통이 아니라 보편적 시민사회에 더 깊이 뿌리 내리고 있는 근대성 말이다. 그들 둘 다 이 점에 동의하며, 또한 근대성이 민족과 종교적 다양성에 따라 여러 형태를 취할 수 있다는 점에 대해서도 동의한다. 이것은 이민호 교수의 주된 관심사이기도 하다. 그러나 차크라바티가 인정하는 대안적 근대성들에는 신화, 미신, 그리고 공동체 질서와 같은 개인의 시민적 권리라는 개념을 결여한 옛 인도의 많은 요소들이 포함된다. 그런데 사카는 바로 이 개인의 시민적 권리야말로 관용적이고 세속적인 근대 인도의 핵심적인 부분이어

33) Sarkar, ed., *Towards Freedom: Documents on the Movement for Independence in India 1946*, Part I(Oxford, 2007), p. viii.

34) *Ibid.*, p. xxvi.

야 한다고 주장한다.[34]

인도역사연구협회(Indian Council of Historical Research, ICHR)가 사카를 『자유를 향하여: 1946년 인도 독립 운동에 관한 기록』의 편집자로 위촉했을 때, 이러한 가치들에 대한 그의 헌신이 시험대에 올랐다. 힌두교 정치 조직은 자신들을 불리하게 조명했다는 이유로 문서의 발간에 반대했다. 2000년 집권당인 힌두 민족주의 정당(BJP)의 압력으로 ICHR는 이 문서집의 발간을 중단시켰다. 몇 년 후 국민회의(Congress Party)가 다시 집권한 후에야 책을 출간할 수 있었다. 힌두교 공동체 조직이 원했던 교과서는 상당한 규모의 이슬람교 소수파의 존재를 인정하지 않고 자신들의 제한적이고 종파적인 민족관을 강조하는 것이었다. 또한 그들은 "독립된 인도의 시민사회에서 근대적 과학관을 촉진시켜줄 개방적이고 민주적이며 세속적이고 시민적 자유가 보장되는 국가"를 거부하였다.

사카는 차크라바티와 더불어 1982년 『서발턴 연구(Subaltern Studies)』의 창립자 가운데 한 명으로 참여했다. 편집자 라나짓 구하가 창간호에서 제시한 것처럼, 이 잡지는 주요 정치 지도자나 지식인 같은 이른바 '부르주아'가 민족해방운동의 주역이었다고 해석하는 인도 역사학계의 주류와 결별하였다. 대신에 그들은 안토니오 그람시의 '서발턴' 개념을 차용하여 하위계급들에 관심을 집중하였다. 그들은 이 하위계급들이 구하의 고전적인 저서 『농민 반란의 기본 성격(The Elementary Aspects of Peasant Insurgency)』에서 볼 수 있듯이, 어리석은 백성들이 아니라 정치의식을 가지고 실제로 자신들의 역사를 개척한 '주체(agent)'였다고 주장한다. 이 모든 것들이 『영국 노동계급의 형성』을 집필한 E. P. 톰슨의 맑스주의를 연상시켰다. 그것은 1960년대 서양에서 인간의 얼굴을 한 사회주의를 추구하며, 정통 맑스주의와 소비에트식 독재의 경제 환원주의의 대안을 모색했던 반체제적인 맑스주의 신좌파였다.[35] 사카는 여기에 자신을 동일시할 수 있었다. 그러나 구하와 『서발턴 연구』는 이내 포스트모더니즘 쪽으로 이동했다. 『서발턴 연구』가 초창기 아래로부터의 급진적 역사를 강조하던 시기에는 인도 밖에서 관심을 거의 끌지 못했지만, 포스트모더니즘 시기에 와서는 탈식민주의 사상의 영역에서 점점 더 많은 국제적 영향력을 행사했으며 특히 라틴아메리카와 아프리카에서 두드러졌다. 『서발턴 연구』가 새롭게 방향을 전환하게 된 핵심적 계기는, 1977년 『오리엔탈리즘』에서 계몽주의를 서양 식민주의 및 제국주의의 핵심 구성 요소로 파악하고 이에 맹공을 가한 에드워드 사이드(1935~2003)의 주장을 수용하게 된 것이었다. 계몽주의에 대한 공격은 그것의 합리주의와 인도주의적 윤리를 서양의 지배 도구로 규정하고 거부한다는 것을 의미했다. 이는 계몽주의를 계승한 맑스주의도 거부한다는 것이었다. 사카가 『서발턴 연구』와 갈라선 것은 바로 이것 때문이었다. 그는 정통 맑스주의의 경제 환원주의가 이제 그것과 마찬가지로 극단적으로 단순화되고 일방적인 문화주의적 환원론으로 대체되었다고 보았다. 그것은 "수사에 대한 논리의 전통적 우위를 전도시켰다."[36] 포스트모더니즘이 역사 서술에 미친 영향을 살펴본 사카는 그것이 대변하는 "극단적 형태의 인식론적 · 윤리적 상대주의"[37]에 반대했다. 그는 문화 지향적인 포스트모더니즘이 여성을 비롯해 이전까지 배제되었던 민족 및 인종 집단으로 역사의 영역을 확장시키는 데 기여했음을 인정했다. 포스트모더니즘은 사료를 이해하는 도구로 언어의 역할을 강조함으로써, 실증주의적 리얼리즘의 함정—진지한 역사 서술들이라면 대부분 이미 다 피해나갈 수 있었다—을 정확히 피해 갔다. 그

35) Sarkar, *Writing Social History*(Oxford, 1997), p. 63.

36) Sarkar, "Postmodernism and the Writing of History", Sarkar, *Beyond Nationalist Frames: Postmodernism, Hindu Fundamentalism, History*(Bloomington, IN, 2002), p. 154.

37) *Ibid.*, p. 155.

러나 그는 차크라바티와 마찬가지로 과거를 연구하는 합리적 수단은 물론 사실과 환상, 진실과 신화 사이에 의미 있는 구분선 따위는 존재하지 않는다는 생각에 반대한다. 전통적 맑스주의와 계몽주의의 일방적인 측면들은 인정되어야만 한다. 확실히 페미니즘은 남성 중심적인 계몽주의를 비판함으로써 이득을 보았다. 사카가 보기에 "푸코는 권력관계에 대한 역사 연구의 범위를 '정치'와 '경제'라는 전통적인 범주를 넘어 일상생활의 세세한 부분들로 영구적으로 확장시켰다."[38] 그러나 사카는 묻는다. 완전히 상대화되지 않은 진실과 자유에 대한 아무런 기준도 없이 권력과 지배의 범주들에 대한 비판이 가능한가?[39] 사이드의 식민주의 분석은 푸코처럼 권력과 지식을 동일시하는 많은 포스트모던 사상가들에 의해 수용되었다. 그러나 사이드의 분석은 "근대 서양의 오만불손함이 그토록 억압적일 수 있게 해준 바로 그것, 즉 제국주의적 경제 · 정치 권력의 물질적 형태와의 관련성을 무시한다. 왜냐하면 협소한 문학 비평만으로는 그것을 이해하는 데 충분치 않기 때문이다."[40] 따라서 사카는 유럽중심주의를 비판하면서도 인도 민주주의의 기초를 닦은 유럽의 사상적 요소들을 긍정적으로 평가한다. 마지막으로, 사카는 묻는다. "목적론을 거부한다고 해서 더 살 만하고 공정하며 인도적인 세상을 만들려는 희망과 노력까지도 완전히 포기해야만 하는가?"[41]

38) *Ibid.*, p. 172.
39) *Ibid.*, p. 174.
40) *Ibid.*, p. 185.
41) *Ibid.*, p. 193.

05-1 Georg G. Iggers

A Reexamination of the Role of Eurocentrism in Western and Postcolonial Indian Historical Thought

I feel honored to have been asked to contribute to the memorial volume for Prof. Lee Min-Ho. I first met him forty years ago at the Max Planck Institute for History in Göttingen, Germany. We have since then communicated, exchanged ideas, and visited each other in Korea, Japan, and Germany. I have now read the English summaries of four articles by Prof. Lee, originally in Korean, dealing with the question of Eurocentrism, which my former student Dr. Hong Seok-Min prepared for me.[1] These articles reflect ideas and values which Prof. Lee and I share, our view of the historical context in which the conception of Eurocentrism emerged and declined, the limitations and the positive sides of this conception, and its roots in the European Enlightenment.

We both realized the extent to which the Enlightenment, to which both of us were committed, had not only a positive side which contributed to the economic, political, and cultural development not only of the European, or better said, Western world, but also of the non-Western world.

1. The West

There are two points on which my interpretation of the rise of Euro- or Western-centrism differs from that of Prof. Lee. In a paper which he published in 2007, he dates the phenomenon of the rise of the West with Christopher Columbus' discovery of the Americas more than five hundred years ago. He sees this not as an "inevitable" development, but as an "accident."[2] There is considerable disagreement in the literature on the question how to date the emergence of Europe as a world economic and political power. Immanuel Wallerstein[3] and

1) The English titles of the four articles by Prof. Lee Min-Ho are "What is German History to Us Koreans?", *Korean Journal of German Studies*, No. 14 (2007), 3–19; "Europe and Nation States", *Journal of Western History*, 28. 1. (2001), 99–134; "How to Read World/Global History", *Critical Review of History*, No. 59 (Summer 2002), 175–203; "The Past and Future of Nation States in East Asia: East Asia's Acceptance of the West and the Prospect of Nation States", as yet unpublished paper delivered at the "International Conference in Celebration of the 50th Anniversary of the Korean Society of Western History", July 5–6, 2007.

2) "What is German History to Us Koreans?"

3) See Wallerstein, ed., *The Modern World System in the Longue Durée* (Boulder, 2004).

Fernand Braudel,[4] whom Prof. Lee cites, would agree with him that it was between the sixteenth and the eighteenth centuries that Europe secured hegemony over the world economy. But they would not relate this to the accidental discovery of the New World. Rather they would see the roots of global economic expansion in the emergence of a capitalist economy. Why did Song or Ming China, which had the naval capacity to reach the Americas, and reached Africa, not take possession of the Americas?

Can it be explained without taking into account the emergence of the modern nation state? Yet the colonial expansion beyond the Americas to South Asia and Black Africa by European nation states, Spain, Portugal, England, France, the Netherlands, and Denmark—Germany and Italy were not yet nation states—clearly involved not only political control but also economic domination, the search of raw materials and even cheaper labor than in Europe, including slave labor, all parts of a nascent capitalist economic order. All this happened before 1800. As Andre Gunder Frank, whom Prof. Lee cites, argues, it has been only in the last two hundred years that the West—and this meant Western Europe, soon including Germany, and the United States—secured its hegemony over the world economy. Before that he claims the Ming and Qing dynasties in China, the Mogul empire in India, the Safavid rule in Persia, and the Turkish Ottoman Empire were more advanced than Europe. This position is supported in Kenneth Pomeranz's recent

4) Braudel, *Civilisation matérielle, économies, capitalisme*, 3 vols., (Paris, 1979–1987).

study, *The Great Divergence: Europe, China and the Making of the World Economy* (2000)[5], which maintains with statistical evidence that China, Japan, and India in the late eighteenth century were as economically developed as Western Europe and that the rise of the West to world power was tied not to the emergence of a capitalist world market in the age of discovery, but only much later to the Industrial Revolution.

It is in this context that Eurocentrism emerges as a world view. Eurocentrism involves several assumptions: It is inseparably connected with a concept of modernization. It assumes that European modernity is the outcome of a process of history which constitutes a norm not only for Europe but for the world generally. Briefly said, it holds that there is one form of modernity which will eventually in the course of history be accepted by all peoples. There thus exists a binary opposition between a progressive, civilized West and a backward not yet truly civilized non-West. Western imperialism embodies the function of bringing civilization and modernity to the rest of the world. This conception often took on a racial aspect in the form of a white man's burden.

But while there may be grounds for holding that European economic supremacy grounded in capitalism may have had its origins in the age of discoveries, preceding the Industrial Revolution, Eurocentrism as an

5) Pomeranz. (Princeton, 2000), also Roy Bin Wong. *China Transformed: Historical Change and the Limits of European Experience* (Ithaca: 1997).

idea and as a practice is clearly more recent. It is a child of the eighteenth-century Enlightenment. In the course of the eighteenth century a turn took place in historical outlook away from an earlier view of world history which recognized the equal dignity of Western and non-Western peoples. The German philosopher Gottfried Wilhelm Leibniz (1646–1716) at the turn to the eighteenth century still spoke of two great civilizations at the two ends of the Eurasian continent, China and Europe, and acknowledged the cultural achievements of the Moslem peoples.[6] The English multi-volume *Universal History from Earliest Times to the Present* (1736–1766),[7] soon translated into various European languages, was truly universal, with half the volumes devoted to Europe and its colonies, the remainder to China, Japan, the rest of Asia, and interestingly enough also to Black Africa. It avoided any pretensions of European superiority. Nor did it introduce what was later called a master narrative of the progressive development of history to the modern age. It was for its failure to portray such a course that it was sharply criticized from Enlightenment perspectives.[8] The Göttingen

---

6) On positive European attitudes towards Asia, see Jurgen Osterhammel, *Die Entzauberung Asiens: Europa und die asiatischen Reiche im 18. Jahrhundert* (München, 1998).

7) *An Universal History, from the Earliest Account of Time*, 7 vols. (London. 1736–1744); *Universal History: The Modern Part of an Universal History from the Earliest Accounts of Time*, 44 vols. (London, 1759–1766).

8) For an excellent discussion of the critical reception of the *Universal History* from the perspective of the Enlightenment, see Johann van der Zande, "August Ludwig Schlözer and the English *Universal History* in Stefan Berger et al., eds., *Historikerdialoge* (Göttingen, 2003), 135–156.

historian August Ludwig Schlözer took it to task for lacking a systematic idea of historical development, in addition to insufficiently adhering to scholarly standards. The result was that Enlightenment history on the one hand broadened the scope of history, on the other hand narrowed it by confining itself to the West. Thus Schlözer reflected this broader side when he wrote in 1772 that the historian "was no longer to follow the military road where conquerors and armies marched to the beat of the drum. Instead he should travel the unnoticed route followed by traders, apostles, and travelers....The invention of fire, bread, brandy, etc. are just as worthy facts as the battles of Arbela, Zama, and Magdeburg."[9] In his *Nordic History* he still combined social history with a universal perspective, as did his contemporaries William Robertson (1721–1793) in Scotland, and the Abbé Guillaume Raynal (1716–1796) in France. Voltaire (1694–1778) still dealt with China, and Persia in his *Essay on Manners and the Spirit of Nations* (1756), but for him the center of civilization was Europe, as it also was in his Age of Louis XIV (1751). By the second half of the eighteenth century several theories of progress were formulated, most notably those by A. R, Jacques Turgot (1717–1781) and the Marquis de Condorcet (1743–1794) in France, Isaac Iselin (1728–1792) in Switzerland, Adam Ferguson (1743–1794), Adam Smith (1723–1790), and John Millar (1735–1801) in Scotland for all of whom modern Europe —which for

9) Cited in English in Georg G. Iggers, "The European Context of Enlightenment Historiography" in Hans-Erich Bödeker et al eds., *Aufklärung und Geschichte* (Göttingen, 1986), 240.

Condorcet already included the United States—represented the high point of historical development. For Ferguson, Smith, and Millar the most important factor in historical change was the advancement of trade and free markets through several stages from nomadism to the urban commercial societies of their day. For the Marquis de Condorcet (1743–1794) in his *Sketch of a Historical Picture of the Progress of the Human Mind* (1794) the highest stage of historical development was the scientific revolution followed by the American and French Revolutions which applied rational standards to the reorganization of society. Although the political credo preached the "rights of man" (*les droits de l'homme*), for most of its advocates it meant legal but not social and economic equality, did not include women, and in the U.S. Constitution of 1787 tolerated slavery. It also for many did not exclude the belief in the inferiority of non-European peoples. Thus the Göttingen historian Christian Meiners (1747–1810), who wrote histories of everyday life and was one of the first historians to write a history of women, asserted that white Europeans constituted a superior race, that yellow peoples were inferior to the whites in intelligence and physical beauty, and that the Blacks were barely different from the apes. Meiners' racism was by no means unique, it was shared by many distinguished eighteenth-century thinkers, including Voltaire, Immanuel Kant (1724–1804), and Benjamin Franklin (1706–1790).[10] It offered justifications for later colonial exploitation in the non-white

10) See the Wikipedia article on Voltaire and the Google article "18th Century Racism".

world.

There were dissident voices. The best known of them was Johannes Gottfried Herder (1744–1803) who recognized the equal dignity of all peoples, not only of the white race. But the Enlightenment had two sides to it, human equality and self-determination on the one hand, and on the other a widely held belief in European superiority, linked to the idea of progress, and joined, as we saw, with the belief in the inferiority of non-European and non-white peoples to whom European civilization had to be brought. This reversed an attitude which had dominated earlier in respect to non-Western, particularly Asian, civilizations. But, as Jurgen Osterhammel (1952–) noted: "In the first half of the eighteenth century Europe compared itself with Asia, now it no longer accepted such comparisons."[11]

This Eurocentrism was even more dominant in the nineteenth century. However, the conditions under which historical thought changed were immensely strengthened by economic and technical developments which accompanied industrialization. The revolutionary political changes at the turn to the nineteenth century had in all of Western and Central Europe and the United States done away with the remaining barriers to the development of capitalist enterprises. Karl Marx (1818-1883) and Friedrich Engels (1820-1895), critics of the new social and economic order which they labeled bourgeois, nevertheless understood the tremendous changes in economic capacities brought

11) Osterhammel, *Geschichtswissenschaft jenseits des Nationalstaats* (Göttingen, 2001), 84.

about by this order. "The bourgeoisie, during the rule of scarce one hundred years, has created more massive and more colossal productive forces than have all preceding generations together" they wrote in the "The Communist Manifesto" in 1848,[12] stressing the tremendous advances in technology and science. Marx and Engels recognized this as the result of the emerging capitalist order, despite their criticism of this order. The subjection of China, once recognized as a formidable power and culture, respected by the West, was made possible through the technologically advanced military strength of the West as well as the greater efficiency of the modern bureaucratic state. The industrialized economy made possible the economic penetration of the non-Western world by Western capitalism. All of this contributed to strengthening the conviction that Western society resting on modern science and technology represented the high point of historical development.

It is important to cite Marx here, because despite his trenchant critique of the status quo of his time, he largely shared the widely held belief that the path which modern Europe had taken would be followed by the rest of the world. As he wrote in reference to economic development: "The country that is more developed industrially (England) only shows, to the less developed, the image of its own future."[13] Marxist theorists today, who wanted to protect him

12) In Robert C. Tucker, *The Marx-Engels Reader*, 2d edition (New York, 1978), 477.

13) Marx, Preface to the First German Edition, *Capital*, vol. 1, in Tucker, 296.

against the charge of Eurocentrism, have argued that he had only Western European societies in mind, particularly Germany, not the world as a whole. Yet his articles in 1853 in the *New York Tribune* reflect that India, as one example of a non-Western society would ultimately follow a similar path.[14] But it is also clear that he meant not only economic and technological developments, but civilized standards more broadly. He condemned the brutality and the oppressive character of British imperialism in India, yet saw this as a necessary step in the modernization of India. This meant that India had to be brought up to European norms. India represented not only a pre-capitalist but a pre-modern society, backward as compared to the progressive stage which nineteenth-century Europe represented, although he unlike the majority of his contemporaries wanted to revolutionize this world in order to overcome the oppressive nature of capitalism and lay the foundations for a free and socially just society.

Yet despite this revolutionary note which differed sharply from the social and political conservatism of major currents of nineteenth-century thought, he shared their arrogance in regard to the non-Western world. For him as for Georg Friedrich Wilhelm Hegel (1770–1831), only the West had a history, extending from the classical ancient, through the feudal medieval, to the modern world, which

14) In his well known response to Vera Zazulich in 1881 he recognized that agrarian Russia may follow a different path to socialism than Europe. See Tucker, 675; Keith Anderson, *Marx at the Margins: On Nationalism, Ethnicity, and Non-Western Societies* (Chicago, 2010), 229–236.

Marx identified as bourgeois. India, China, not to speak of Africa, for Hegel had no history, nor did they for Marx, who relegated them to a stagnant, despotic "Asian mode of production". With respect to India, a host of historians and historical thinkers, including Leopold von Ranke (1795–1886), James Mill (1773–1836), his son John Stuart Mill (1806–1873), and Thomas Macaulay (1800–1859), denied not only that India had a history, but that it was civilized in any meaningful sense. It was the task of the West to carry its civilization to the rest of the world. This civilizing mission gave legitimacy to Western imperialism. Perhaps no colonial country was as deeply transformed along lines of Western, specifically British, culture, in respect to language, the educational system, and the secular outlook, as India. There developed an English-language culture. Of course, there existed also contrary trends, which maintained the vernacular languages and resisted the Westernization of the indigenous, i.e. Hindu and Moslem culture.

This concentration on the West as the center of world power and civilization also shaped historical studies. These studies, as we know, underwent a fundamental reorientation in the nineteenth century, as part of a process of modernization, first at the German universities beginning in the first half of the century, then throughout the globe, wherever modern style universities developed which in almost all cases adopted a great deal of the German model. This involved the formation of history as a professional discipline which insisted on the introduction of "scientific" (*wissenschaftlich*) standards, scientific not in the sense of the formulation of general laws as in the natural sciences, but rather of the critical reliance on primary sources tested for their authenticity. These sources to a great extent consisted of documents of state which greatly contributed to the study of the politics of the nation state. Hence the free reliance on secondary literature employed in the universal histories of the eighteenth century gave way to a dependence on official documents producing a narrative of political, including diplomatic, affairs, very often giving insufficient attention to social and cultural aspects. In most countries, less so in Great Britain and the United States, university centered historical studies were greatly dependent on the financial support coming from the state which in some cases were able to influence the orientation of historical writing. The new professional history saw contributing to the formation of national identity as an important patriotic task. This did not exclude a flourishing local history pursued generally by amateur historians outside the academy. Less attention than in the eighteenth century was paid to non-Western societies and cultures which were now studied as dependencies of Western colonial powers rather than as civilizations on their own terms. And world history, when it was written as it was by the aged Leopold von Ranke,[15] who had earlier written the history of individual national states, limited itself to the West. For him world history was the history of the West. In stressing the role which

15) See Leopold von Ranke, *The Theory and Practice of History*, ed. Georg G. Iggers (London, 2011).

intellectuals played in the transmission of Western culture, we must not forget the missionaries who sought to replace what they considered to be the superstitious, primitive religious faith of indigenous people whom they considered to be backward, with their form of Christianity which for them reflected the religious truth of a superior culture.

The dominance of Eurocentrism was not seriously challenged until well in the second half of the twentieth century when historical writing responded to a new global situation marked by the dissolution of Western colonial empires. It was now that a new kind of world history emerged which broke with Eurocentric assumptions and studied non-Western cultures in their own terms. Prof. Lee in his lectures has traced the reaction against the optimism of Eurocentric thinkers beginning in the last part of the nineteenth century. We think of Friedrich Nietzsche (1844–1900) and later in the first half of the twentieth century of Martin Heidegger (1889–1976).[16] They reacted against the scientific rationalism of post-Enlightenment modernity and against the mass society and culture it created. Heidegger saw the intellectual tradition of the Western world since its origins in the rationalism of Socratic philosophy, and its break with the pre-Socratic thinkers, as a dismal mistake and called for a return to aesthetic and poetic alternatives. Here the basis was laid for what later was to become the ideology of postmodernism. For Nietzsche and Heidegger this critique of

16) See Georg G. Iggers, "Rationality and History" in Henry Kozicki, ed., *Developments in Modern Historiography* (New York, 1993), 19–40.

modernity was accompanied by a rejection of every form of democracy, a call for a new elite, Nietzsche's superman, and his opposition to social reforms which would enhance the welfare of the common people whom he denigrated. It was not surprising that Heidegger's world view led him to become an active member of the Nazi party.[17] Despite their critique of modernity, their focus remained on the West. For Heidegger there were only two languages in which philosophic discourse was possible, classical Greek and modern German, both Western.

It is striking that broad segments of the intellectual left in the West and in India adopted Nietzsche's and Heidegger's critique of the scientific ethos of the European Enlightenment, although their view of the reconstitution of society differed sharply from Nietzsche's and Heidegger's vision of a new social order. Many of the thinkers of the New Left had earlier been Marxists, although they rejected the economic reductionism and political illiberalism of traditional Marxism. Yet they saw the domination of the West of the colonial and postcolonial societies in terms of the exploitation inherent in global capitalism. They condemned the scientific ethos of Western modernity as part of the capitalist social order and sought alternatives which would break with this ethos. The post-Marxist "Critical Theory" of the Frankfurt School of Max Horkheimer (1895–1973)[18] and Theodor

17) E. g. Heidegger, *Die Selbstbehauptung der deutschen Universität / Das Rektorat 1933/34: Tatsachen und Gedanken* (Frankfurt, 1983), 9–19; rpt. "Self-Assertion of the German University," *Review of Metaphysics* 38(1985): 470–80.

Adorno (1903–1969) now saw the Enlightenment belief in reason not as source of human freedom but as an instrument for reorganizing the world according to lines of rational planning and control which found their extreme expression in the Holocaust but also formed a part of all modern societies. It is only a step from here to the critique of Western modernity later pursued by Michel Foucault (1926–1984) in *Madness and Civilization* and *Discipline and Punish* where the whole history of the West since the Renaissance in seeking to replace madness through reason has created not greater freedom but on the contrary forced conformity. This critique becomes central in the controversies in India over the quality of Western aspects of modern Indian culture.

2. India

I shall now turn to three postcolonial reactions to Eurocentrism as exemplified in an ongoing discussion in contemporary India. All three of these reactions agree in their critical attitude towards the colonial experience. Yet they assess this experience in very different terms. They all see the Enlightenment heritage at the core of the Eurocentric outlook - its secularism, its faith in science and progress, its emphasis

18) On the Frankfurt School see Martin Jay, *The Dialectical Imagination: A History of the Frankfurt School and the Institute of Social Research 1923–1950* (Boston, 1973), and John Abromeit, *Max Horkheimer and the Foundations of the Frankfurt School*, to appear with the Cambridge University Press in 2011.

on the rights of the individual - but only one of these authors, Ashis Nandy, rejects this heritage in its entirety. The others recognize the role which this heritage played in the creation of a modern India. They thus see the positive as well as the negative side of the European Enlightenment.

We should at this point introduce a word of caution. The literary language of all three is English. They are active participants in international discussions carried on in English and all have spent considerable time at Western, English speaking academic institutions. Chakrabarty is currently professor of history at the University of Chicago. There is a sharp split in India between this literature carried out in English and the writings of Hindu-oriented historians in vernacular languages or for that matter of Moslem historians. Since I do not read these languages, my presentation is in important ways one sided. It is to be expected that these vernacular writings involve a much more critical attitude toward the colonial experience and the Western heritage and are intended for a different audience, much closer to Indian cultural traditions, while the three authors with whom we are dealing, including one as critical of the West as Nandy, are addressing a learned public. And as for this public, as Chakrabarty notes, "the European intellectual tradition is the only one alive in the social science departments (and this includes history departments) of most, if not all, modern universities, including those of India... One result of European colonial rule in South Asia is that the intellectual traditions once unbroken and alive in Sanskrit or Persian or Arabic are now only matters of historical research for most–perhaps all–modern social scientists (and hence also historians) in the region."[19] But they are obviously not a matter of indifference for the Indian population as a whole.

The sharpest attack on the Western intellectual tradition is contained in an article by the Bengali social theorist, political psychologist, and cultural critic Ashis Nandy (b. 1937) in an article "History's Forgotten Doubles",[20] published in *History and Theory* in 1995. Nandy begins with a full scale rejection of the scientific rationality going back to Francis Bacon and finding its further development in nineteenth-century theories of progress and beyond. History in the Western world patterned itself closely in its methodology on the sciences. It destroyed the older understanding of the past in non-modern cultures "which have depended on myths, legends, and epics to define their cultural selves."[21] Instead of leading to a more humane world, the modern secular concept of history directly shares responsibility for the many new forms of violence and exploitation in the twentieth century in which millions have been sacrificed to the ideologies as the basis of the two world wars, the Holocaust, and of Stalinism. The historical mode which has now been exported in the non-Western world itself is to blame for this. It must be repudiated. There must be a return to open

19) Dipesh Chakrabarty, *Provincializing Europe: Postcolonial Thought and Historical Difference* (Princeton, 2000), 5–6.

20) Nandy, vol. 34 (May 1995), 44–66.

21) Ibid., 44.

cultures free of the illusions of modern science. But the historical outlook now dominates most parts of the globe, the result of the import of Western culture to large portions of the world through colonialism. Thus the bulk of Western oriented Indians are convinced that their future lies in being exactly like European and North Americans. For Nandy the task now is not to turn to alternative histories, as Chakrabarty seeks to do,[22] which pays greater attention to the cultures of the non-Western world, but to do away with history altogether and to return to older forms of remembering and, what is important, selective forgetting.

Nandy represents an extreme anti-modern and anti-Enlightenment position. It differs sharply from Dipesh Chakrabary's much more moderate attempt to show the limits of Eurocentrism. As the title of his book, *Provincializing Europe* (2000) suggests, he too wants to put Eurocentrism to rest, but with important modifications which preserve major parts of the European heritage. This demonstrates what Nandy has maintained, namely that the majority of educated Indians, including Chakrabarty, but not the majority of Indians as such, articulate their intellectual outlook in European terms. There are two key theses which inform Chakrabarty's book. The first involves the universal European character of modernity. India, but not only India, is unthinkable without the heritage of the European Enlightenment. To cite Chakrabarty: "The phenomenon of 'political modernity'–namely the

22) Ibid., 52–53.

rule by modern institution of the state, bureaucracy and capitalist enterprise–is impossible to think of anywhere in the world without invoking certain categories and concepts, the genealogies of which go deep into the intellectual and even theological traditions of Europe. Concepts such as citizenship, the state, civil society, the public sphere, human rights, equality before the law, the individual, distinctions between public and private, the idea of the subject, democracy, popular sovereignty, social justice, scientific rationality and so on all bear the burden of European thought and history."[23] These are the very things which Nandy rejects, and in which he, Prof. Lee, and I believe. Chakrabarty emphasizes this when he writes that "European thought is both indispensable and inadequate in helping us think through the experiences of political modernity in non-Western nations."[24] But unfortunately many of the countries, particularly in the non-Western world, have not acted in accordance with the values Chakrabarty identifies with political modernity. This leads us to the second key idea, that nevertheless modernity, including political modernity, can take on very different forms, not merely those linked to the European heritage of the Enlightenment.

Nevertheless despite the different paths in which non-Western political societies have gone–and he cites India, China, and Kenya as examples–in a peculiar way "all these other histories tend to become

23) Ibid., 4.

24) Ibid., 16.

variations on a master narrative that could be called 'the history of Europe'"[25]. How more Eurocentric can you get? Nevertheless he sees a basic fault in the conception which underlies this master narrative and which he calls "historicism". "Historicism" lies at the heart of Eurocentrism. It sees history as a unilinear, progressive process leading to modern Europe. "Historicism is what made modernity or capitalism - and the two are here closely identified - look not simply global but rather as something that became global *over time*, by originating in one place, namely Europe, and then spreading outside it."[26] It introduces the concept of anachronism, by which non-European cultures and societies are seen as archaic, still removed from European norms of modernity which they must first approach, an idea which Chakrabarty obviously rejects.

Chakrabarty does not deal with the question of uneven modernities in Europe itself. He sees his book as a dialogue between two key European thinkers, Marx's analytical approach to capital and Martin Heidegger's hermeneutical approach; the one represents Enlightenment rationality, the other is aware of the limits of rationality. The question arises why Heidegger, who in his affirmation of political authoritarianism and ultra nationalism became a spokesman of the Nazi party, should have been chosen as representative of the humanism for which Chakrabarty stands and which should balance the overly

25) Ibid. 27.

26) Ibid., 7.

analytical and deterministic side of Marx.

For Chakrabarty there are two sides to modernity. The European form of modernity, described above, has imposed itself on the non-Western world or been adapted by it in the course of colonization and imperialism. On the other hand, one of Chakrabarty's main theses is that there are diverse modernities and that a key fault of European historicism, as he describes it, is that it does not recognize this and measures modernity in terms of the proximity to Western standards. He discusses in detail how the impact of European capitalism in Bengal in the Victorian period in fact introduced changes in economic behavior towards greater work discipline and an essentially Western sense of time. Yet he stresses that the Bengali middle class was not classically bourgeois in a Western manner, that Bengali modernity never developed a counterpart to the Protestant ethic, and that the traditional idealization of the extended paternalistic extended family left little room for the development of a European style individualism. But notwithstanding the powerful tendencies towards secularism in European modernity, the historian must recognize that in other societies various forms of religion and superstition are an integral part of modernity; Chalrabarty does not see them as signs of backwardness, but as parts of the present. To provincialize European historical thought one must recognize that there are "diverse ways of being human"[27] and "contemplate the necessarily fragmentary histories of

27) Ibid., 254.

human belonging that never constitute a one or a whole."[28] But, Chakrabarty concludes, "provincializing Europe cannot ever be a project of shunning European thought."[29]

Chakrabarty touches on postmodernism only in passing, but at two points he takes issue with what he calls "the sheer madness of postmodernist and cultural relativist talk" which reduces all history to language and questions any idea of facts or critical method.[30] He agrees with the authors of the book, *Telling the Truth about History*,[31] that historical narratives require a certain minimal investment in rationality, and with their pragmatic idea of "workable truths", which would be based on a shared, rational understanding of facts and evidence.[32] In a later article in 2006, he questions the idea that there is a global culture of professional historians, identical today throughout the world, invariably Western in origin, an illustration of Western cultural domination. Yet all societies had traditions of thinking about the past before they encountered the nineteenth-century Western version of the discipline of history. And even today alternative approaches to history are possible. Chakrabarty thus reiterates his belief in rationality but leave open that it can take on forms other those dominated by the West.

28) Ibid., 255.

29) Ibid.

30) Ibid., 75.

31) Joyce Appleby, Lynn Hunt, and Margaret Jacob, *Telling the Truth about History* (New York, 1994).

32) Chakrabarty, 99.

Sumit Sarkar (b. 1939), professor of history at Delhi University, is an interesting contrast to both Nandy and Chakrabarty. With both he shares the commitment to anticolonialism, to freeing India from Western, i.e. British domination. A good deal of his early work deals with India's struggle against British rule. Yet like Chakrabarty, he believes strongly that India owes a great deal to the Western heritage. Both see the oppressive side of British colonialism, but also the liberating aspects it brought. Unlike Nandy they did not want a return to an earlier world in which caste, community, and myths were maintained, but one[33] which achieved not only political independence but also struggled "for social justice, for economic empowerment against exploitation, and for cultural autonomy."[34] This for him is the core of Indian modernity, a modernity which has deeper roots in global civil society than in Indian traditions. Here both would agree, They would also agree that modernity can take on different forms with respect to ethnic and religious diversities. This is also a major concern of Prof. Lee. But the alternative modernities which Chakrabarty legitimizes include large elements of the Indian past, including religious myths and superstitions and a communal order lacking a conception of individual civil rights. But it is the latter which for Sarkar must be a central part of modern India as a tolerant and secular society.[35]

His commitment to these values was put to a test when he was

34) Sarkar, ed., *Towards Freedom: Documents on the Movement for Independence in India 1946, Part I* (Oxford, 2007), "Editor's Introduction', viii.

35) Ibid., xxvi.

appointed by the Indian Council of Historical Research (ICHR) as editor of the Documents on the Movement for Independence in India, *Towards Freedom*, for the year 1946. The Hindu political movement objected to the publication of documents which put it in an unfavorable light. The publication of the collection was blocked in 2000 by the ICHR under the influence of the Indian government dominated by the Hindu nationalist party (BJP). Only after the Congress Party returned to office several years later did publication become possible. What the Hindu communal movement wanted were textbooks to buttress their vision of a narrow, sectarian nation, not recognizing the existence of a considerable Moslem minority, and rejecting Sarkars's call for "an open, democratic, secular and civil libertarian state which was to promote a modern scientific outlook in civil society in independent India."

Sarkar together with Chakrabarty became one of the founders in 1982 of *Subaltern Studies*. As its editor Ranajit Guha (b. 1923) explained in the opening issue, the journal was to break with the dominant Indian historiography for which leading political leaders and intellectuals, whom he identified as 'bourgeois', were the central figures in the movement for national liberation. Instead, using the term 'subaltern' derived from Antonio Gramsci, it should concentrate on the subordinate classes which had not been mindless subjects but were 'agents' who possessed a political consciousness and actually made their history, as they did in his classic monograph *The Elementary Aspects of Peasant Insurgency*. All this reminded of the Marxism of E.

P. Thompson's *Making of the English Working Class* which had been a constitutive element of the dissident Marxist New Left which in the 1960s in the West in its search for a socialism with a human face sought an alternative to the economic reductionism of orthodox Marxism and its dictatorial Soviet form.[36] Sarkar could identify with this. But soon Guha and the *Subaltern Studies* moved to the proximity of post-modernism. Until then the *Subaltern Studies* had attracted little attention outside of India in its initial radical history from below phase, now in their postmodern phase they asserted an increasing international influence on postcolonial thought, especially in Latin-America and Africa. A key element in the new orientation of *Subaltern Studies* was its acceptance of Edward Said's (1935–2003) polemic against the Enlightenment as an integral part of Western colonialism and imperialism in his *Orientalism* of 1977. The attack against the Enlightenment involved a rejection of its rationalism and its humanistic ethics as instruments of Western domination. This rejection included Marxism which was linked to the Enlightenment. It is at this point that Sarkar broke with the *Subaltern Studies*. As he saw it, the economic reductionism of orthodox Marxism was now replaced by an equally simplistic and onesided culturalist reductionism, which "inverted the traditional primacy of logic over rhetoric".[37] Sarkar in examining the impact of postmodernism on the writing of history objected to the

36) Sarkar, *Writing Social History* (Oxford, 1997), 63.

37) Sarkar, "Postmodernism and the Writing of History" in Sarkar, *Beyond Nationalist Frames: Postmodernism, Hindu Fundamentalism, History* (Bloomington, IN, 2002), 154.

"extreme forms of epistemological and ethical relativism"[38] it represented. He acknowledged the contributions which the cultural orientation of postmodernism had made in broadening the scope of history to the inclusion of women and previously excluded ethnic and racial groups. Through its stress on the role of language in mediating understanding of the sources, it rightly avoided the pitfalls of positivist realism, which had been already avoided by most serious historiography. Yet like Chakrabarty he rejects the notion that there are no rational means for the study of the past, that there is no valid distinction between fact and illusion, between truth and myth. One-sided aspects of the Enlightenment as well as of traditional Marxism must be recognized. Feminism certainly has benefited from the critique of the male dominated Enlightenment. For Sarkar "Foucault has permanently expanded the range of historical studies of power relations beyond the conventionally defined 'political' and 'economic' into the pores of everyday life."[39] Yet is the critique of categories of power and domination possible without some standards of truth and freedom which have not been totally relativized, Sarkar asks.[40] An analysis of colonialism as practiced by Said and accepted by broad segments of postmodern thought which following Foucault equates power with knowledge "ignores precisely the things that make modern Western arrogance so exceptionally oppressive, its links with very

38) Ibid., 155.
39) Ibid., 172.
40) Ibid., 174.

material forms of imperialist economic and political power, for the understanding of which a narrowly literary critique is hardly adequate."[41] Thus Sarkar combines a critique of eurocentrism with an affirmation of those elements of European thought which form the basis of Indian democracy. And finally, Sarkar asks, "need (the) rejection of teleology be equated necessarily with a complete jettisoning of hopes and efforts for change towards a more liveable, just and humane world?"[42]

41) Ibid., 185.
42) Ibid., 193.

06 최갑수

유럽 중심주의의 극복과 대안적 역사상의 모색

1. 머리말

이 땅에 서양사 교육이 시작된 지 한 세기가 넘었고, 전문적인 서양사 연구가 나온 지도 반세기가 되었다. 그간 한국의 서양사학은 양과 질 양면에서 비약적인 성장을 경험했다. 해방 공간에서 최초로 본격적인 논문이 나온 이래 1980년대에 들어오면서 매년 100편이 넘는 논문이 나오고 있고 50개가 넘는 대학에서 서양사를 포함하는 역사학 관련 학과가 설치되어 일부에서는 이미 서양사를 전공하는 박사학위 소지자를 배출했으며, 최근에는 단순히 개설서나 논문 모음집 정도가 아니라 일관된 주제를 다룬 단행본이 출간되고 있다. 그러기에 이미 10여 년 전에 한 대표적인 서양사학자는 "우리나라에서의 서양사학의 역사"를 운위하면서 '성장과 발

전'이라는 자못 낙관적인 어휘를 구사할 수 있었던 것이다.[1]

하지만 요즈음 서양사학을 포함하여 '역사학의 위기'를 걱정하는 목소리가 도처에서 들리고 있다.[2] 인문학의 위기라는 일반적 현상 속에서 역사학도 예외일 수 없겠지만, 서양사학도들이 느끼는 위기감은 남다르다고 하겠다. 외국사, 그것도 문화적으로나 지리적으로 멀리 떨어진 이국의 역사를 전공한다는 것이 주는 계면쩍음과 당혹감은 어제오늘의 일이 아니지만, 역사학의 위상 하락과 디지털 시대의 도래, 그리고 탈근대주의의 도전이라는 새로운 사태 발전이 서구 학계 학문 수준과 국내 학계 연구 여건의 간극과 괴리 속에서 제자리를 찾지 못하는 연구자들을 더욱 초라하게 만들고 있는 것이다.

이 성장과 위기의 양면성을 어떻게 볼 것인가? 위기가 성장으로 말미암은 것인지, 아니면 성장이 위기의 돌파구가 될 수 있는 것인지? 어느 쪽을 보든 위기의 돌파구는 쉽게 열릴 것 같지 않다. 이 글은 양자가 긴밀하게 연결되어 있다는 인식에서 출발하여 이제까지의 서양사 연구를 반성하고 앞으로의 과제를 전망해보고자 한다. 전망이 곧 돌파구를 열어주지는 못하겠지만 반성은 그 밑거름이 될 수 있을 것이다.

2. 한국 서양사학의 조건

먼저 우리의 서양사학이 처해 있는 상황을 들여다보자. 여기서 상황이란 흔히 말하는 연구 여건이 아니라 학문 편제에서의 위치를 말한다. 물론

1) 차하순, 『서양사학의 수용과 발전』, 나남, 1988.

2) 대표적인 것으로, 올해 전국역사학대회 공동 주제의 발제 및 토론문을 들 수 있다. 의미심장하게도 공동 주제는 '역사학과 지식정보사회'였다(제43회 전국역사학대회 발표문, 17~111쪽 참조).

자료 구득난과 도서관 미비 같은 부실한 연구 여건이나 외국어 습득의 어려움이 서양사 연구의 성격이나 심지어 내용을 일정 정도 규정한다. 예컨대 국내의 서양사 논문 가운데 영국사나 미국사를 대상으로 한 것이 전체의 절반에 달하고 그 다음으로 독일사 분야가 많은 것이나, 서양사 연구가 구미의 몇 나라에 한정되어 있는 반면, 여러 나라를 관통하는 비교사적 연구가 거의 없는 것도 중등 교과에서의 외국어 교육 현실을 반영한 것이다. 그러기에 궁극적으로 유럽 내지 서양이 하나의 전체로서 우리에게 어떤 의미를 갖느냐 하는 문명사적 전망이 절실함에도 불구하고, 연구자들은 각국사에 매몰되어 거시적 관점을 놓치기 일쑤이며, 이러한 경향이 개선되기는커녕 오히려 전문화와 더불어 심화되고 있다.

게다가 자료 미비와 특히 1차 문헌 구득난은 우리 서양사학 연구에 커다란 장애물이 되어왔다. 우리 대학들의 빈약한 도서관 사정이야 새삼스러울 것도 없지만, 그것이 주는 한계는 개개 연구자들의 게으름 탓으로 돌리기에는 너무도 심각했던 것이 사실이다. 한때 어떤 자료를 갖고 있느냐에 따라 연구 주제가 정해지기도 했거니와, 사상사 연구가 상대적으로 큰 비중을 차지하게 된 것도 이러한 현실과 무관하지 않다. 원 사료를 직접 다루기가 어려워 주로 연구 문헌에 의존할 수밖에 없는 여건에서 독창적인 연구 결과가 나오기 어려웠고, 그러자니 풍성하고 생동감 있는 역사상을 제시한다는 것이 애초부터 난망이었다.

1980년대 들어 경제 사정이 좋아져서 외국 박사가 늘어나고 국내 박사의 현지 조사가 가능해지면서 새로운 가능성이 열리기는 했지만, 아직 가시적 성과가 나오지 있지 못하다. 외국 학위 소지자들 가운데 학위논문 주제를 귀국 후에도 계속 추구하여 독자적인 연구 영역을 개척한 이가 드물뿐더러, 국내 학위자가 한국 현실을 반영한 문제의식을 외국 연구자 못지않은 사료 작업을 통해 의미 있는 역사상 구축에까지 이른 경우 역시 거의 없다고 해도 과언이 아니다.

외국 학위들은 주제가 해당 분야의 중심 영역에서 벗어난 주변적인 문제를 다룬 것이 적지 않고, 심지어 일부는 그야말로 학위를 따기 위한 것에 불과하여 전반적으로 문제의식의 빈곤을 드러낸다. 그러니 그들의 발표를 듣다 보면 "그래서 어쨌단 말인가?" 하는 자조적인 물음이 결론을 대신하는 경우가 태반이다. 반면에 국내 학위는 다른 극단을 보여준다. 최근 연구 성과의 기반 위에서 상당한 사료를 동원한 참신한 연구가 전혀 없는 것은 아니지만, 대부분은 문제의식의 과잉과 사료 작업의 한계라는 이중성을 드러낸다. 주제는 서양사 연구의 골격을 이룰 만한 큰 문제들이지만, 그것을 다룰 만한 분석력과 방법론의 결핍은 기왕의 해석을, 그것도 거칠게 소개하는 선에서 그치기 십상이다. 그러니 이른바 '국내파'와 '해외파'의 강점과 약점이 상보적으로 작용하여 상승 효과를 내기보다는 양자 사이에 일정한 긴장 관계, 심지어 일종의 "경멸의 폭포"가 나타나고 있는 것이다.

연구층의 이런 이중적 구조와 감정은 연구자들의 능력 부족 못지않게 불비한 연구 여건을 반영한 것이기는 하지만, 더 근본적으로는 우리와 구미 여러 나라의 학문 편제의 차이와 관련된다. 우리의 경우 역사학의 학문적 위치 설정이라는 문제와 관련하여 학문 체계가 갖는 특징은 크게 세 가지로 정리될 수 있다.[3]

첫째, 인문학과 사회과학은 공히 '인간과학'으로서 상호 긴밀히 연관되어 활발한 학제적 작업을 벌여야 함에도 불구하고 서로 유리된 채 통합적 학문 공동체의 구축에 실패했다. 역사학은 학문적으로 양자를 매개할 수

---

3) 이에 대해서는 소광희 외, 『현대의 학문 체계』, 민음사, 1994 ; 백낙청 엮음, 『현대 학문의 성격』, 민음사, 2000 참조.

있는 '총체성'을 잠재적으로 지녔음에도 불구하고 경직된 분과 학문 체제를 극복하지 못해 그것을 현실화하는 데까지 이르지 못했으며 끝내 인문학의 한 분야로 강등되고 말았다. 역사학이 인문학의 한 부류로 간주된 데에는 '진단학회'의 보수적인 학문관이 작용하기도 했지만, 사회과학의 활력을 역사학의 자기 갱신으로 끌어들이지 못한 사학자들의 태만함이 한몫을 했다.

둘째, 한국 인문학의 정체성 결여이다. 근자에 '인문학의 위기'를 우려하는 목소리가 높아지면서 그 요인으로 흔히 세 가지가 지적되고 있다. 하나는 분과 학문 체제가 심화되면서 인문학의 개별 분과는 있되 "인간이란 무엇인가?"라는 자못 거창한 질문을 던지는 인문학 자체의 실종이요, 다른 하나는 비활자 매체 내지 영상 매체와의 관계 회복을 요청하는 디지털 시대의 개막이요, 마지막으로 주체적으로 근대사회와 국가를 건설하지 못한 역사적 실패로 말미암아 인문학이 아직까지도 전통과의 화해를 이룩하는 데 이르지 못했다는 점이다.[4] 이 가운데 셋째 요인인 '전통과의 단절'은 역사학에 특히 심각한 문제를 야기하고 있다.

주지하다시피 근대 국민국가의 등장과 근대 대학의 출현은 불가분의 관계를 갖는다.[5] 대학이 새로이 등장하는 국민 문화를 보존하고 창출하는 담당자가 되었다면, 국가는 대학의 아카데미즘과 그 물질적 기반을 지탱해주는 보증자였던 것이다. 국권 상실은 우리의 대학에 태생적 한계를 설정하여 대학 체계를 불구화했으며, 해방된 뒤에도 상황은 근본적으로 바뀌지 않았다. 왜곡된 학문 체계는 대학이 아직도 독자적이고 자생적인 학문 재생산의 토대를 구축하고 있지 못한 뼈아픈 현실에서 뚜렷하게 드러

4) 최갑수, 「한국 인문학의 자기 혁신을 위한 제언」, 『1998 지식인 리포트』(『현대사상』 특별 증간호, 1998.6), 95~111쪽.

5) Bill Readings, *The University in Ruins*, Cambridge, Mass.: Harvard Univ. Press, 1996.

난다. 한국학은 세계적 학문 흐름에서 배제된 채 소외되어 있으며, 서양학은 우리 현실과 전통에 착근하지 못한 채 공허한 일반론에 빠지기 일쑤이다. 한국학과 서양학의 대화를 가능케 하는 학문적 규범과 소통 체계가 거의 부재하는 속에서 그 어떤 학문 분야보다도 양자의 결합이 절실한 역사학으로선 그만큼 학문적 정체성을 확보하기가 쉽지 않다.

셋째, 우리 사학계의 불구적 파편화는 이른바(한)국사-동양사-서양사라는 유서 깊은 삼분 구조로 고착되었다. 이 3구분법은 동·서양의 쌍생아('他者', 곧 '非我')에 주체('我')가 결합된 심미적 안정성을 보여주며, 또 세계사와 우리 역사의 관계 규정에 대한 접근법적 소묘를 제공해준다. 사실 역사학 내의 이런 분할 편제는 일본의 선례를 따른 것으로 해방 직후 남한에서 최초로 조직된 전문 학회은 '역사학회'(1945. 12. 25. 창립)가 "서양사부, 조선사부, 동양사부"를 둔 이래 주도적인 분류 방식으로 자리 잡았다.[6] '역사학회'가 한국전쟁의 와중에 상당수의 회원을 상실하고[7] 새롭게 젊은 회원을 충원하여 1952년에 재조직된 뒤에도 3구분법은 그대로 살아남아 1950년대 말에 '서양사학회', '동양사학회', 급기야는 '한국사연구회'가 발족했으며, 심지어 예외적이기는 했지만 일부 대학에서 사학과가 국사학과, 동양사학과, 서양사학과로 분리되는 일이 벌어지기도 했다.

오늘날 우리 학계에서 두루 통용되고 있는 이 구분법은, 그렇지만 구미 학계의 그것과 비교해보면 당연한 것이라기보다 특수한 것임을 쉽게 알

6) 역사학회 편, 『역사학연구』 제1집(1949. 5), 326쪽의 휘보 참조. 이 잡지는 남한 최초의 역사학 전문학술지다. 여기에서 흥미로운 것은 국사학이 아니라 조선사학이라는 표현이다. 당시만 해도 일본 대학에서 교육받았던 역사학회 회원들에게 국사학이란 곧 일본사학을 뜻하는 것이었으니 달리 표현할 방도가 없었을 것이다. 하지만 조선사학이나 한국사학이 국사학보다 훨씬 넉넉한 표현임은 말할 나위도 없다.

7) 회원 가운데 김성칠(金聖七), 김일출(金一出), 김재룡(金在龍), 전석담(全錫淡) 등은 좌익으로 몰려 죽임을 당하거나 월북하고 또 일부는 불상사로 죽거나 납북당했다.

아볼 수 있다. 유럽 대학에는 전공에 따라 자국사와 외국사의 구분은 있을지언정, 제도적 차원에서 그러한 구분은 존재하지 않고 오직 하나의 '역사학'만이 있을 뿐이다. 초등교육에서 '국사'를 가르치기는 하지만 중등교육 수준이 되면 외국사와 국사의 구분은 사라진다. 유럽 각국에서 절대다수가 자국사 연구에 종사하면서도 그들은 국사학자가 아니라 그냥 역사가이다. 그러면 대문자, 단수의 이 '역사학'은 어떤 내용을 갖는가? 그것은 유럽 중심의 세계사요, 자국 중심의 유럽사이다. 그러기에 유럽에서 역사란 나라에 관계없이 기본적으로 동일한 내용을 지니며, 다만 자국의 궤적이 다소간 강조되면서도 유럽사 일반과의 균형을 잃지 않는다. 이는 유럽이 사실상 하나의 문명이었음을 반영하는 동시에 유럽이 역사상 최초로 진정한 의미의 세계사를 이룩했다는 자긍심의 발로라고 할 수 있다. 문제는 이러한 자부심이 유럽중심주의로 과대 포장되면서 분과 학문 체제의 성격을 규정하게 되었다는 점이다. 이리하여 '역사'란 단지 과거의 재구성에 그치는 것이 아니라 진정한 변화, 즉 참으로 새로운 근대성을 이룩한 사회와 문명에만 고유한 것으로 파악되었다. 그러니까 유럽만이 '역사'를 갖고 있다는 것이다.[8]

그렇다면 비유럽 세계에는 '역사'가 없는 것일까? 19세기 유럽인들은 기본적으로 그렇게 생각했다. 왜냐하면 유럽 이외의 어떤 문명도 '근대' 사회를 만들어내지 못했기 때문이다. 하지만 그들은 이슬람, 인도, 중국 같은 고도의 농업 문명과 아프리카를 동일선상에서 비교하는 것은 무리라고 판단하여 양자를 구분했다. 이리하여 '역사'는 있지만 농업사회 단계에서 정체해버린 '동양'과 아예 '역사 없는 사람들(People without

---

8) 라인하르트 코젤렉, 『지나간 미래』(1979 ; 한철 옮김, 문학동네, 1996)의 제1부 ; 조셉 폰타나, 『거울에 비친 유럽』(1994 ; 김원중 옮김, 새물결, 1999)의 제8장 참조.

history)' 간의 준별이 나타났다. 전자를 다루는 학문 분야로 '동양학(Orientalism)'이, 후자에 대해서는 인류학이 자리잡게 되었다. 정치학, 경제학, 사회학, 역사학, 동양학, 인류학으로 이루어진 근대 분과 학문 체계의 발상은 이렇듯 자못 범상치 않다. 앞의 네 분야는 오직 유럽만을 연구 대상으로 하며, 뒤의 세 분야는 역사 발전에 걸맞은 단계적 지위를 갖는 것이다. 흔히 유럽인들이 "진보를 발명했다"라고 운위되나 위의 학문관이 보여주는 바와 같이 "후진성을 발견했다"라는 것이 더 정확한 평가이다. 그들은 후진성이라는 거울을 통해 오히려 자신을 규정했던 것이다.[9]

우리의 3구분법은 도입 취지에 관계없이 유럽중심주의를 증폭시킬 가능성이 애초부터 작지 않았다. 우리 역사를 유럽사와 동일시할 수는 없었다고 하더라도 유럽은 '근대성'의 창안자요 담지자로서 '서양'이라는 한 전형의 현실태(現實態)였다. '동양'이란 특히 유럽에게 무엇보다도 이슬람을 뜻하는 것이었음에도 불구하고, 우리에겐 중국으로 치환되어 그것에 동양학의 편향된 관점과 해석이 가해졌다. 국사란 국민적 자긍심의 함양을 위한 민족사 서술의 터전으로서 마땅히 보호받아야 할 배타적인 독점 영역인 동시에 동양학 및 서양사학의 발전된 이론을 검증하는 실험장이 되었다. 이러한 학문적 준거 틀은 특히 이 땅의 서양사학자들에게 기묘한 이중적 무능력을 가져다주었다. 한국사 연구 성과를 기반으로 할 때만이 자신의 전공 영역에서 독자적인 발언권을 행사할 수 있는데, 경직된 3분 구조는 이 가능성을 차단했다. 그렇다고 그쪽 학계에서 독자적인 연구 성과를 내기에는 엄청나게 두터운 연구층을 실감해야 했다. 따라서 우리의 서양사학은 서방 학계에는 아무런 기여도 하지 못한 채 국내 학계에 대해서는 구미 사학계의 유럽 중심주의를 거의 아무런 반성적 고찰 없이 전

9) I. 월러스틴, 『사회과학으로부터의 탈피』(1991 ; 성백용 옮김, 창작과 비평사, 1994), 제1장.

달하는 전도사 노릇에 머물 수밖에 없었다. 우리의 서양사학이 구미 역사학의 앞선 성과에 기대어 "서양사적 방법론의 일반성"을 외치지만, 기실 그것은 보편주의를 내세우는 유럽 서양사에 대한 투항이요 독자적 역사상의 부재를 호도하는 무능력의 발로일 뿐이다.

3. 근대화 거울로서의 서양사

이제 우리의 서양사학사를 간략하게 살펴보자. 여기에서는 사학사 자체를 추구하기보다는 연구자들의 세대별 특징과 아울러 전체적인 성격을 드러내고자 한다.

우리나라에서 본격적인 서양사 논문이 나오기 시작한 것은 해방 이후이니, 그 이전은 서양사학의 '전사(前史)'라고 할 수 있다. 이 시기의 특징은 다음 세 가지로 요약된다. 첫째, 개항으로 서양에 대한 지식과 이해가 시급한 과제가 되었다. 이에 신문들을 통해 서양에 대한 정보가 알려지고 서양에 관한 책이 번역되고 서양사에 대한 기초 지식을 중등 교과에서 가르쳤다. 개항 이후 일제 강점에 이르는 시기에 서양에 대한 이해는 국운을 가름할 만한 사안이었으나 "서양의 정치제도 · 정치사상에 대한 정보는 1880년대 초반 〈한성순보〉 때 이미 대부분 입수되고 있었다"[10]라는 주장에도 불구하고 광무제국의 '동도서기론'이든 개화파의 '서도서기론'이든 서양의 정체를 제대로 알아봤다고 평가하기는 어렵다고 하겠다.

둘째, 일제 시기에 중학교나 전문학교 수준에서 서양사 교육은 꾸준히 계속되었으나, 1930년대를 고비로 '국어(일본어)', '국사(일본사)' 등이 강

10) 이태진, 「서양 근대 정치제도 수용의 역사적 성찰」, 백낙청 엮음, 『현대학문의 성격』, 394쪽.

조되면서 축소되었고, '경성제국대학'에는 서양사 전임교수는 있되 서양사 강의와 연구는 이루어지지 않았다. 그것이 민족의식이나 민권사상을 고취할 것을 우려했기 때문이다.[11] 이는 서양사학이 신생국가 건설에 일정한 역할을 맡을 수 있음을 예고하는 것이었다고 볼 수 있다.

셋째, 우리 서양사 연구의 제1세대라고 할 수 있는 조의설(趙義卨), 김성식(金成植), 김성근(金聲近) 등이 1930년대 중반 이후 귀국하여 서양사학을 예비했다. 이들은 모두 1900년대생이고 일본에서 교육을 받고 랑케 사학의 영향을 크게 받았다. 이들은 해방 이후 서울의 주요 대학에 포진하고 서양사 연구를 주도했다. 이들의 역사학은 전반적으로 보아 계몽적 수준을 넘지 못하고 대체적으로 사상이나 문화 연구에 집중했으나, 조의설은 그 수준을 넘어서는 폭넓은 역사 세계를 제시했다.

다음 세대의 등장은 서양사학계의 본격적인 형성을 뜻했다. 김재룡(金在龍), 민석홍(閔錫泓), 이보형(李普珩), 길현모(吉玄謨), 노명식(盧明埴), 안정모(安貞模), 양병우(梁秉祐) 등으로 대표되는 제2세대는 모두 1920년대생이고, 일본식 엘리트 교육을 받았으며, 김재룡을 제외한다면 대체로 실증사학의 연장선상에 있던 자유주의자라고 할 수 있다. 관심을 끄는 것은 이들이 지닌 문제의식의 너무나도 선명한 공통점이다. 그것은 한마디로 남한 사회의 근대화, 곧 산업화와 민주화였다. 이들은 서양사에서 우리 사회의 근대적 발전에 지침과 교훈을 줄 만한 주제를 잡아 꽤 수준 높은 연구 성과를 내놓았다. 이들은 독일농민전쟁, 프랑스혁명기의 농민 문제, 미국혁명과 노예제 문제, 영국 산업혁명기의 생활수준 논쟁, 젠트리 논쟁, 프랑스 제3공화정의 성립 과정, 영국 장원의 붕괴 과정, 고대 아테네 민주정치사, 튜더 왕조기의 농업 정책, 영국혁명, 프로이센의 농업 개혁 등을

11) 김종철 외, 『한국 고등교육의 역사적 변천에 관한 연구』, 한국대학교육협의회, 1990, 85~197쪽.

주제로 사회 세력의 역학 관계를 고려한 자못 역동적인 역사상을 제출했다. 흥미롭게도 이들은 논문 주제로 농민이나 농업 문제를 잡는 경우가 빈번했으며, 이는 산업화가 본격화되기 이전 우리 사회의 현실을 반영한다고 하겠다. 이들은 기본적으로 부르주아 사학의 틀 안에서 작업했지만, 강한 문제의식으로 말미암아 그 한계를 어느 정도 극복할 수 있었고 한국사 연구에 대해서도 일정하게 개입할 수 있었다.

제2.5 및 3세대의 등장은 서양사학의 전문화 추세에 박차를 가했다. 특히 차하순(車河淳), 이인호(李仁浩)로 대표되는 해외 유학파의 귀국은 학계에 커다란 자극이 되었다. 1930년대에서 1940년대생을 아우르는 이들은 시대사, 지역사, 특수사의 고유 분야를 개척하여 서양사학의 외연을 넓혔다. 이들의 문제의식 역시 앞 세대의 그것과 크게 다르지 않아 우리의 근대화 경험을 유럽이라는 거울에 비춰보려고 했다. 다만 선배들이 공백으로 남겨놓았던 영역이나 시대적 변화를 반영하여 새로운 문제가 연구 대상이 되었다. 르네상스 계몽사상, 유토피아 사상, 프로이센 개혁, 사학사, 러시아사, 사상사, 로마 공화정 등이 전자에 해당하며, 사회문제, 혁명과 인텔리겐치아의 관계 등이 후자에 해당한다. 하지만 전문화의 반대급부로서 이들은 일부 예외가 있기는 하지만 앞 세대에 비해 전반적으로 문제의식이 약화되는 경향을 보였다. 그리고 이는 인문학 내지 역사학의 다른 분야와 비교하여 이른바 4 · 19 및 이후 세대의 서양사 연구자 수가 상대적으로 적었다는 사실과 무관하지 않다. 이들이 한창 학문적 열정을 불태울 나이에 연구자로의 입문이 좁았음은 대학의 충원이 연구 활성화에 얼마나 결정적인 중요성을 갖는가 하는 점을 잘 보여준다.

제4세대라고 할 수 있는 1980년대 이후에 글을 쓰기 시작한 연배의 연구자들은 선배들에 비하면 학운이 좋은 편이었다. 이들은 산업화가 본격화되면서 고등교육이 대중 교육으로 바뀌는 데 따른 대학 팽창의 덕을 볼 수 있었다. 연구자 수가 크게 늘어났고 배출 대학의 저변도 확대되었으며, 연구자들의 경향도 다양해졌다. 학계의 양적 확대도 한계가 있어 1990년대를 거치면서 곧 충원의 포화 상태가 나타났지만, 전임이 되지 못한 박사급 저자가 출현했다는 사실은 이제 서양사학계가 다양한 역사 해석을 아우를 만한 규모로 성장했음을 말해준다. '한국서양사학회'라는 단일한 조직으로 뭉쳤던 회원들은 전공 영역에 따라 고중세사는 시대별로, 근현대사는 지역별로 산하 학회들을 꾸리기 시작했고, 심지어 특정 주제를 중심으로 하는 전문 학회를 탄생시키기도 했다.

크게 보아 제4세대 연구자들은 성장기에 따라 두 부류로 분류할 수 있다. 하나는 전공 분야야 어찌되었든 기본적으로 사회사적 방법론을 공유하는 부류이고, 다른 하나는 탈근대주의의 논지에 개방적인 자세를 취하면서 '문화사'를 대안으로 추구하는 부류이다. 사실 이들은 공히 한국 사회에 대한 강한 실존적 문제의식을 지니며 서양사학계의 존재 상황에 대한 진단에서도 크게 다르지 않다. 이들이 함께 "국제적으로 경쟁력 있는 학문적 성취에 도달하는 것을 목표로 삼"고 "인접 학문 분야와의 교류"를 촉진하고 "일반 대중"[12]에 대한 연구자들의 열린 태도를 강조하는 데 공감함에도 불구하고 대안모색에서 일정한 차이를 보이는 것에는, 1980년대와 1990년대 지적 풍토의 변모 과정과 지식인 사회의 확대가 작용을 했다고 생각된다. 거의 동년배인 제4세대 연구자들이 보여주는 다양성은 기실 우리 사회의 격렬한 산업화와 일정 수준의 민주화에 따른 자본주의 경제－시민사회－국가의 중층 구조를 반영하며, 그것은 다시 서구의 '근대성'에 대한 다양한 해석으로 이어지고 있는 것이다.

이렇듯 4세대에 걸치는 연구자들은 서양의 과거 속에서 우리 사회의 미

12) 「문화사학회 창립에 부쳐」, 『역사와 문화』 창간호, 2000, 4쪽.

래상을 그리고 그 경험의 역사적 의미를 논구했다는 점에서 기본적으로 근대주의자들이었다. 이들의 기대에 부합하게도 남한 사회는 세계사상 유례가 없을 정도로 급격한 근대화를 겪어 서구가 2세기 동안에 경험한 변화를 불과 두 세대가 채 되지 않는 짧은 시간에 이룩해냈다. 그리고 이러한 격변은 그대로 그들이 상정했던 유럽의 '근대성'에 반영되었다. 제1세대에게 그것은 자립적인 독립국가의 수립이요 그것을 위한 문화적 자존이었다. 그렇기에 이들은 서양 문화의 원천으로 거슬러 올라갔고 자유주의와 민족주의에 관심을 쏟았다.

청운의 20대에 신생국가의 인적 공백을 메워야 했던 제2세대는 책임 있는 위치에서 '봉건제에서 자본주의로의 이행', 곧 전통적인 농업사회로부터 새로운 산업사회로의 이행과 이에 부수되는 민주혁명을 근대화의 요체로 여겼다. 이들이 후자보다는 전자에 더 큰 관심을 기울이기는 했지만, 자유와 평등의 조화에 대한 균형 감각을 결코 상실하지 않았다. 제3세대 역시 제2세대와 크게 다르지 않으면서도 지식인의 역할을 강조하고 산업화가 야기하는 사회문제에 더 큰 관심을 기울였다. 이 제3세대에 오면서 '근대성'이 더 다양한 내용을 갖게 되었고, 미국의 '근대성'에 대한 차별적 인식이 나타났다.

제4세대는 선배들과 비교하여 근대성을 적극적으로 해석하여 '위로부터 근대화'만이 아니라 '밑으로부터 근대화'의 길이 있음을 승인하고 '자본주의적 근대'에 대한 대안을 서양의 현대적 경험 속에서 모색했다. 대안의 내용은 연구자에 따라 상당한 편차를 보여 '새로운 중세로의 복귀', '이상화된 자본주의로의 몰입', '계급 정치를 통한 대안 사회의 모색', '시민사회의 역동성을 통한 탈중심사회' 등을 포괄했다.

기이한 것은 한국 서양사학계가 4세대를 경과하면서도 유럽 내지 서양에 대해서는 집요할 정도로 맹목적이었다는 점이다. 그것은 이들에게 단순히 연구의 대상을 넘어 한국 사회를 보는 준거 역할을 했으며, 따라서 어느 누구도 서구와 미국의 근대성이 갖는 어두운 측면, 곧 제국주의적 속성에 대해 진지한 문제 제기를 하려 하지 않았다. 사실 그것은 유럽 근대성의 핵심적인 일부를 이루었음에도 불구하고 아무도 그 명암의 대차대조표를 꼼꼼하게 작성하려 하지 않았던 것이다. 왜 그랬을까?

이는 근본적으로 서양사학계가 서양을 하나의 전체로서 대면하지 못하고 우리 사회의 문제를 정면으로 고민하지 못했던 시대적 상황과 제도적 여건으로 말미암은 것이라고 할 수 있다. 그렇기에 우리 서양사학계는 예컨대 미군이 이 땅에 진주한 지 반세기가 넘도록 "미국은 과연 우리에게 어떤 존재인가?"라는 절박한 물음에 속시원한 답변을 내놓고 있지 못하며, 지중해 문명의 한 변방에 불과했던 유럽이 어떻게 19세기에 전 지구적 차원에서 헤게모니를 장악하게 되었는가 하는 자못 거창한 질문에 어울리는 문명사적 성찰을 제기하고 있지 못한 것이다. 한마디로 유럽중심주의에 매몰되어 있는 것이다.

4. 서양사학의 과제와 전망

유럽 중심주의는 단순히 이데올로기가 아니다. 푸코 식으로 말해 그것이 일종의 담론 체계임은 분명하지만 일련의 논변들의 집합체에 그치는 것이 아니라 수많은 연구자들이 정교하게 구축한, 거대한 문서고를 갖춘 지식 편제요 학문 체계이다. 더욱이 실제로 유럽은 19세기에 세계의 중심이 되었으며, 미국이라는 아류를 통해 여전히 큰 영향력을 행사하고 있다. 유럽중심주의는 단지 '지식'에 그치는 것이 아니라 그것을 뒷받침할 만한 '권력'을 지녔던 것이다.

부분적으로 진실을 포함하지 않는 신화란 지속력을 가질 수 없듯이, 전통적인 유럽사 역시 19세기 유럽의 세계사적 우위를 거시적인 관점에서 설명해주는 준거 틀로서 큰 설득력을 갖고 있음을 부정하기 어렵다. 그렇기에 우리의 서양사 연구자들도 그것에서 벗어나기는 참으로 어려웠던 것이다. 하지만 보편적인 진보의 담당자임을 근거로 하여 유럽인들의 우월성을 정당화하는 역사관은 ① 진보가 모든 비유럽인들만이 아니라 대부분의 유럽인들의 희생 위에서 이룩되었고, ② 더욱이 비유럽인들에게서 그들의 역사를 빼앗아 공식적인 역사 이외에 다른 길이 있을 수 있음을 애초부터 차단하고 진보라는 이름으로 행해진 다양한 형태의 경제적 수취와 사회적 통제를 호도하는 기능을 수행했다는 점에서 근본적인 비판 대상이 되어야 한다. 그것은 유럽이 지녔던 문화적 헤게모니 장치의 핵심적인 일부분으로서 사실상 그 헤게모니의 단순한 반영물에 그치는 것이 아니라 오히려 그것을 영속화하는 기능을 담당했던 것이다.

유럽중심주의는 모든 전문 연구에 스며들어 있지만 그것들을 통해 확인하기란 쉽지 않다. 왜냐하면 유럽에서 역사학이 하나의 분과 학문으로 자리잡기 이전에 이미 유럽 중심의 역사상이 형성을 완료했기 때문이다. 앞서 보았듯이 19세기 유럽은 자신만이 진정한 변화를 경험했다고 자부하고 그 변화를 과거의 흐름 속에서 추적하는 일을 역사학의 임무로 부과했다. 그 역사라는 것은 새로이 등장한 국민국가에 정체성과 정당성을 부과하기 위한 민족사 서술이었음에도 불구하고 명확한 문명사적 틀을 갖추고 있었다. 우선 그것은 자생적인 변화 능력을 유럽에만 부여하여 '역사'를 독점했다. 유럽의 주도 아래 오직 유럽의 자극을 통해서만 역사는 단선적으로 발전한다는 것이었다. 따라서 시간도 유럽인의 독점물이었다. 유럽만의 역사는 유럽 중심의 세계사로 확대되어 유럽의 내적 발전에 부합하는 거시적인 시간대를 설정했다. 세계사는 고대-중세-근대(-현대)로 3분되어 고대-중세의 단절은 무시된 채 유럽은 '지중해 고대'의 적자(嫡子)가 되고 중세 이래의 변화와 발전은 오직 내적 역동성으로만 설명되었다. '서구의 대두'를 설명하는 가운데 서구의 역사학은 그 요인의 형성 과정을 훨씬 이전의 시대에까지 끌어올려 추적했고, 급기야 인류사 전체를 하나의 설명틀로서 관통했던 것이다.

애초 이러한 견해는 '유럽 팽창' 이후 외부 세계에 대한 사실과 자료가 축적되면서 그 '타자'를 어떻게 길들일 것인가 하는 물음에 답하려고 노력하는 가운데 나타났으며, 2세기가 넘는 정치화(精緻化) 과정을 거쳐 18세기 말에 스코틀랜드 계몽사상을 통해 정식화되었다. 16세기 전반기에 예컨대 에스파냐 정복자들은 잉카나 마야문명의 풍성함과 화려함에 오히려 압도되었으며, 후반기에 들어서야 기독교로 무장하면서 야만과 문명(기독교)이라는 이분법을 무차별적으로 적용하기 시작했다. 17세기 중반기 데카르트만 하더라도 인류에 관한 새로운 지식에 질서를 부여하려고 노력하면서도 아직 유럽의 우위가 아니라 '차이'를 지적하는 선에서 그치고 있었다. 18세기 들어 유럽에서 기독교적 준거가 약해지면서 '타자'를 세속적인 방식으로 길들일 수 있는 가능성이 열렸다. 계몽사상은 유럽이 이룩한 물질적 진보와 문화적 성과를 기반으로 하여 외부 세계의 자료들을 진화론적 역동성을 갖는 하나의 시간 틀 속에 배치했다. 즉, 법이나 관습은 생계를 유지해가는 방식에 의존하게 마련이어서 그 설명의 원리는 단지 지리적 요인(기후나 자연 조건)만이 아니라 역사적 요인에 있는 것이며, 인류사의 각 발전 단계는 구체적인 '생계 양식'에 조응하며 여러 부류의 민족들 사이에 나타나는 차이는 인간 진보의 일정한 수준을 반영한다는 것이었다. 흄은 사냥과 낚시→농업→상업의, 애덤 스미스는 사냥→유목→농업→상업의 발전 단계를 설정했으며, 그 첨단은 언제나 유럽의 차지가 되었다.

계몽사상의 발전관은 휘그적 역사 해석이나 맑스주의적 역사관 또는 아날학파의 그것과 같은 매우 이질적인 거대 담론의 원류를 이루며, 이 셋은 인식 지평 차이에도 불구하고 진보사관, 변화의 강조, 변화의 주체 관심, 총체적 파악, 유럽중심주의 등을 공유한다. 여기서 아날학파가 갖는 이중성은 유럽중심주의에 대한 반성의 계기를 제공해줄 수 있다는 점에서 유의미할 만하다. 아날학파의 역사학은 유럽과 비유럽을 하나의 총체로 묶고 인간적 삶의 모든 측면을 하나의 설명 틀로 규명하려는 전통적 역사상의 절정이자 동시에 역사에 작용하는 여러 심급 사이의 인과관계의 필연적 연쇄를 끊으려고 했다는 점에서 해체 요인을 배태했다. 그 연구자들은 역사를 움직여나가는 힘만이 아니라 그것에 저항하는 힘에도 주목하여 인식의 새로운 지평을 열었다. '장기 지속'을 강조하는 브로델의 전체사에는 변화에 대한 공포와 권태가 배어 있으며, 유럽이 더 이상 근본적으로 변화할 수 없다는 패배주의가 근저에 깔려 있는 것이다.

여기서 최근 유럽 사학계가 이룩한 전통적 역사관에 대한 자기반성의 사례들을 일일이 소개할 생각은 없다.[13] 사실 구체적인 역사 서술 차원에서 그것을 직접 확인하기란 쉽지 않다. 왜냐하면 역사학 역시 하나의 학문으로서 사료를 통해 과거를 재구성하는 작업적 규준과 아울러 연구사적 전통을 존중하는 전문가적 규준을 존중해야 하기 때문이다. 하지만 주의 깊게 살펴보면 고대-중세-근대-현대라는 시대 구분법과 전통적인 발전관이 도전받고 있음을 어렵지 않게 확인할 수 있다. 제2차 세계대전 이후 유럽 헤게모니의 상실, 1968년의 '5월 혁명', '현실사회주의'의 붕괴, '계몽사상의 기획'에 대한 자기반성 등이 유럽사 중심의 세계사에 균열을 야기할 수 있는 현실적 요인으로 작용했던 것이다. 중요한 것은 이러한 유

13) 이에 대해서는 조셉 폰타나, 『거울에 비친 유럽』이 훌륭한 안내서 역할을 할 것이다.

럽 역사학의 자기반성을 유럽중심주의 극복을 위한 변화의 적극적 계기로 포착하는 일이다. 새로운 밀레니엄을 맞이하여 서양 중심의 역사상을 뛰어넘는 새로운 세계 사상을 능동적으로 모색하자는 것이다. 이 모색이야말로 현재 이렇다 할 만한 정체성을 내세우지 못하고 있는 서양사학에 명확한 존재 이유를 제공해줄 것이다.

그러면 어떻게 할 것인가? 유럽중심주의를 극복하는 일은 그에 관한 논문을 쓰는 일로 극복될 문제는 아니다. 연구자 개개인이야 자기 전공 영역에서 전문적 성과를 내는 일보다 더 중요한 것이 있겠는가? 물론 연구자에 따라 구미 사학계의 미묘한 변화를 포착하여 그것을 유럽 중심의 역사관을 극복하기 위한 적극적인 기회로 활용할 수는 있을 것이다. 하지만 이론적으로 보자면 깨달음이 먼저요, 실천은 그 다음이다. 양자가 역동적 상호관계를 갖고 있음은 말할 나위도 없겠지만, 대안적 역사상의 가능성 탐색이 있을 때만이 유럽중심주의 극복의 단서가 마련되며, 서양사학의 독자적 정체성이 형성될 수 있는 것이다.

문제는 이 과제가 서양사학도만의 일이 아니라는 점이다. 역사학 내의 다른 분야에서 이루어진 연구 성과에 특별한 관심을 갖는 연구자가 있을 수 있지만, 그러한 소통이 의도적인 노력 없이도 이루어질 수 있도록 그것을 제도화하는 일이 긴요하다. 연구자들에게 서양사의 전문성을 훼손하지 않으면서 한국사의 문제의식을 자연스럽게 공유할 수 있도록 하자는 것이다. 이것이 가능하려면 학부 역사 교육의 기본 틀이 바뀌어야 하고 사학도에게는 우리 역사 문헌에 쉽게 접할 수 있도록 한문이 필수적으로 부과되어야 할 것이다. 대학원이야 현재보다도 전문성이 훨씬 강화되어야 하지만, 연구 수준에서 교류나 합동 연구가 빈번하게 일어나도록 '역사학 연구소'가 만들어지고 활성화되어야 할 것이다. 이런 정도의 변화로 당장에 통합적인 역사상이 구축되는 것은 아니지만, 한국사-동양사-서양사의 상관성이 확보되지 않는다면 그것은 처음부터 기대조차 하기 어려울 것이다.

5. 맺음말

그간 우리에게 과연 국사학, 동양사학, 서양사학이 아닌 '역사학' 자체가 있었는지 자못 심각하게 반성해야 할 것이다. 전문화라는 그간의 추세에 기대어, 독자적인 연구 분야를 확보하려는 이러한 분과화 경향을 일방적으로 잘못된 것이었다고 평가하기는 어려울 것이다. 하지만 구미 학계조차도 자신들의 전통적 역사관에서 탈피하려는 이때에, 우리 학계가 3분 구조를 연구 수준에서조차 계속 유지한다면 한국 역사학의 존재 이유는 사라질지도 모를 일이다. 이제 새로운 세기를 맞이하여 각 분야의 축적된 역량을, 유럽중심주의를 극복할 수 있는 대안적인 역사상을 모색하여 우리 역사학의 정체성을 빚어내는 방향으로 이끌어야 할 것이다. 사학계의 외연적 성장이 역사학 위기의 한 요인이라면, 그 위기는 내포적 발전에 의해 극복될 수 있을 것이다.

근대 역사학은 자신의 존립 근거와 물적 기반을 근대국가로부터 부여받았다. 그렇기에 유럽에서조차 각국의 역사학은 정도의 차이가 있지만 민족주의적 성격을 가질 수밖에 없었다. 거의 모두가 기본적으로 민족사학이었다는 말이다. 우리나라의 경우 이 혜택은 거의 전적으로 국사학에게 돌아갔다. 국사학은 1960년대 중반 이후 국민적 정체성의 일각을 담당하게 되었으며, 그러한 역할에 힘입어 성장과 발전을 경험했다. 하지만 그 대가는 '역사학'에게 뼈아픈 것이었다. 사학계에 이중 구조가 나타났으며, 이제 그것은 연구 현장에까지 스며들어 우리 역사학을 불구화하고 있는 것이다. 이 이중 구조를 타파하지 못한다면 국가가 더 이상 역사 지식의 주된 소비자가 아닌 새로운 세기에 국사학은 물론 서양사학도 생존력이 저하될 것이다. 역사학 내의 활발한 소통은 역사학 각 분과의 정체성 형성에 도움이 될 뿐만 아니라 인문학과 사회과학의 폐쇄 구조를 타파하는 데도 크게 기여하게 될 것이다.

07 강철구

한국에서 서양사를 어떻게 보아야 하나

1. 한국서양사학의 유럽중심주의

서양인들이 200년 이상 발전시킨 서양사 체계는 기본적으로 유럽중심주의[1]에 의해 강하게 채색되어 있다. 한국의 서양사학은 전통적으로 서양 역사학의 많은 영향을 받아왔으므로 역시 그것으로부터 자유롭지 못하다.

따라서 해방 이후 60년이 지났고 그동안 한국 서양사학이 많은 진전을

1) 이번 학술대회 발표자나 토론자 가운데에서 유럽중심주의라는 용어와 관련해 혼란이 있었다. 서구중심주의라는 용어를 사용하는 사람들이 꽤 있으나 서구(西歐)의 구(歐)는 구라파(歐羅巴)의 줄인 말로 '유럽'을 중국어로 차음한 것이다. 그러니 서구는 서유럽을 말한다. 아마도 많은 사람들이 서구를 유럽과 미국을 포함하는 개념으로 사용하는 듯하나 이 단어에 미국은 포함되지 않는다. 또 유럽을 하나의 문화적 단위로 생각한다면 서유럽중심주의보다는 유럽중심주의를 사용하는 것이 좋을 듯하고 그것이 불편하다면 북미 지역을 포함하여 서양중심주의로 사용하는 것이 좋을 것이다.

보였음에도 불구하고 아직 충분하게 학문적인 독립성을 확보했다고 보기는 어렵다. 이는 한국 서양사학이 한국 사회의 지적 요구를 충분히 만족시킬 수 없다는 것을 의미한다.

이렇게 된 것은 그동안 서양사 연구자의 수와 능력이 제한되어 있었다는 사실과도 관계가 있으나 유럽중심주의 이데올로기에 대한 문제의식이 크지 않았기 때문으로도 보인다. 이것은 유럽중심주의에 대한 비판적 태도가 국제적으로도 1980년대부터나 나타나기 시작한 것을 고려하면 충분히 이해할 수 있는 일이다.

물론 다른 나라에서 이루어지고 있는 비판도 아직 일부 분야에 한하여 있고 그 수준도 높다고 할 수는 없다. 그럼에도 일부의 논리는 매우 설득력이 있고 점점 더 많은 연구자들의 관심을 끌고 있다. 따라서 한국에서도 이제 서양사 체계의 유럽중심주의를 어떻게 극복하느냐 하는 문제에 대해 보다 많은 관심을 기울일 필요가 있다고 생각한다.

여기에서 중요한 것은 우선 문제가 있다는 사실을 받아들이는 일이다. 그래야 그에 대해 적절한 대처를 할 수 있기 때문이다. 이를 위해서는 우리의 서양사 체계와 유럽중심주의의 관계에 대해 전반적인 재검토가 대체적으로라도 먼저 이루어질 필요가 있다.

물론 그동안 한국 서양사학에 대한 연구사적 검토가 없었던 것은 아니고 때때로 이루어져 왔다. 그러나 대체로 세대별 차이라든가 전문 분야의 연구 경향이라든가 하는 것만이 이야기되었을 뿐이지 이데올로기적인 측면에서 서양사 해석의 틀이 전체적으로 검토된 적은 없다.[2] 따라서 이데올로기적 측면의 검토를 통해 한국 서양사 체계에서 유럽중심주의가 차

2) 이에 대해서는 김영한, 「서양사학 반세기」, 『과학시대의 인문학』, 서강대 출판부, 2004. pp. 152~186 참조.

지하는 역할과 의미에 대한 확인이 이루어져야 할 것이다.

그동안 서양사 연구자들이 서양사 체계의 유럽중심주의적 치우침에 대해 불편함과 불만을 이야기해오지 않은 것은 아니다. 그럼에도 그것이 본격적인 비판적 수준으로 나아가지 못한 것은 무엇을 어떻게 비판해야 할는지 잘 몰랐기 때문이다. 각 전문 분야에서 새로운 관점을 만들고 대안을 제시하는 일이 그만큼 어렵기 때문이다. 그래도 최근의 몇몇 연구들을 통해 그 방법론이나 체계에서 어느 정도 진전의 가능성이 나타나고 있는 것은 다행한 일이라고 생각한다.

그렇다고 이 일은 쉬운 일도 아니고 단기간에 해결될 수 있는 일도 아니다. 서양인들이 지난 두 세기 동안 그 나름으로는 최선의 노력을 기울여 만든 체계를 짧은 시간 내에 해체하고 다른 체계로 적당히 대체할 수 있다고 생각하는 것은 공상에 불과하기 때문이다. 그러므로 많은 사람들이 장기간에 걸쳐 노력을 기울여야 할 큰 사업이다. 아마도 서양사 연구자들이 최소한 한 세대 이상은 이에 매달려야 하지 않을까 생각한다. 그래야 우리 나름의 관점을 어느 정도 확립할 수 있을 것으로 보인다. 또 이것은 공동의 협력이 필요한 작업이다. 몇몇 개인의 제한된 노력으로는 불가능하다. 많은 서양사 연구자들이 이 일의 중요성과 시급성을 깨달아 각자의 전문 분야에서 연구의 초점을 이에 맞추어야 할 것으로 생각한다. 그래서 개별 전문 분야에서 구체적인 비판적 작업과 전체적인 조망이 함께 맞물려야 할 것이다.

한국 서양사학에서 유럽중심주의를 극복하기 위해서는 세 가지 방향으로 연구가 함께 진행되어야 할 것으로 생각한다.

첫째, 세계사적 · 비교사적인 접근을 하여야 하고, 둘째, 연구 영역을 시 · 공간적으로 확대하고, 셋째, 그러는 가운데 서양 역사학 체계 안에 내재하는 유럽중심주의 이데올로기를 철저히 파헤치고 그것을 극복하려는 노력을 기울일 필요가 있다. 이에 대해 차례로 논의해 보자.

2. 세계사적 · 비교사적 연구

지금까지 세계의 역사는 대체로 서양을, 특히 유럽을 중심으로 그려져 왔다. 그래서 세계사라는 말을 사용하지 않은 것은 아니나 그것은 대개 유럽 역사의 확대판 외의 다른 것이 아니었다. 그것은 지금까지 서양인들이 쓴 대부분의 세계사 개설서들이 세계문명사(History of World Civilizations)라는 형태 속에서 유럽의 문화 발전을 그 중심에, 다른 지역들을 주변부에 놓고 있는 데에서 잘 알 수 있다.[3] 따라서 유럽과 북아메리카를 제외한 비서양 지역의 역사는 상대적으로 적게 다루어질 뿐 아니라 그 의미도 크게 축소되어 있다. 그것은 서양 학자들이 전통적으로 서양을 인류 문명의 중심으로, 또 서양사의 특수성, 예외성을 믿어왔기 때문이다.

이런 생각은 독단적인 것으로, 비서양 세계의 문화적 · 역사적 고유성과 가치를 인정하지 않으려는 데서 비롯된 것이다. 또 그 결과적인 산물이기는 하지만 비서양 세계에 대한 인식이 왜곡되어 있고 천박하기 때문이다. 서양 이외의 세계를 진지하게 연구할 필요가 없다고 생각하기 때문이다. 18세기의 계몽사상과 19세기의 문화적 제국주의의 연장선상에 서 있는 이런 태도는 이제 마땅히 청산되지 않으면 안 될 시점이다.

사실 서양인들이 지리적 · 문화적인 면에서 하나의 단위로 묶는 아시아 지역에는 세 개의 별개 문명이 존재한다. 동아시아의 유교 문명, 남아시아

3) 파머와 콜턴의 유명한 『근대 세계사』도 유럽과 유럽 문명을 주로 다루고 있음에도 불구하고 세계사라는 이름을 달고 있다. 이는 하나의 예일 뿐 많은 책들이 그렇다. R. R. Palmer & J. Colton, *A History of Modern World*, New York, Fifth Edition, 1978 참조.

의 힌두 문명, 서아시아의 이슬람 문명이 그것이다. 그것 하나하나는 다 오랜 역사 속에 발전한 것이고 그 수준도 매우 높으며 유럽 문명과 비견할 만한 것이다. 따라서 유라시아 대륙 전체를 놓고 본다면 유럽 문명은 모두 네 개의 문명 가운데 오직 하나에 불과할 뿐이다. 그러니 서양인들이 서양과 동양을 나눈 선은 자연적인 것이라기보다는 E. 사이드가 말하는 대로 '상상적인 지리학'[4]이라고 할 것이다.

근대에 와서 유럽이 세계의 중심이 된 것은 일찍 산업화를 달성한 유럽이 비유럽 세계를 힘으로 지배할 수 있었기 때문이다. 그럼에도 유럽이 세계사적으로 중심부를 차지하게 된 것은 1800년 이후, 더 정확히 말하면 아편전쟁이 일어난 1840년대 이후이다. 그러니까 그 기간도, 지난 반세기간의 미국의 헤게모니를 포함하여도, 150년 이하이며 이미 그 위치도 아시아의 재홍으로 흔들리기 시작하고 있다.

문제는 근대에 와서 우세를 확보한 서양인들이 그것을 고대로까지 확장하여 비서양인에 대한 정신적 · 지적인 지배를 확고히 하려 했다는 점이다. 그리하여 세계사는 그리스로부터 이어지는 서양 문명의 역사로서 생각되어왔고 비서양 세계는 주변적인 위치만을 차지할 수밖에 없었다. 그러니 그렇게 구성된 세계사가 왜곡되고 불균형한 것이 되지 않는다면 정상이 아닐 것이다.

이렇게 잘못된 세계사 체계에서 유럽중심주의를 극복하는 길은 우선은 지금까지 세계사에서 소외되었고 제대로 평가받지 못했던 비서양 지역의 역사를 재평가함으로써 세계사 속에서 그 적절한 위치와 지위를 부여하는 일이다. 그런 의미에서 진정한 세계사적 시각을 확립하는 것은 매우 중

4) A. Dirlik, Chinese History and the Question of Orientalism, *History and Theory*, V. 35, No. 4, 1996, p. 97.

요하다.

그렇다고 세계사를 연구하는 것이 간단한 일은 아니다. 세계사는 너무 광범한 대상을 다루므로 대체로 다른 역사가가 연구해놓은 성과인 2차 사료에 의존하여 종합하는 방식을 취할 수밖에 없다. 따라서 1차 사료를 가지고 전문적인 연구를 해야 역사를 제대로 연구하는 것이라고 믿는 사람들로서는 받아들이기 어렵다.[5] 그것을 거부하는 역사가들도 많은 이유이다.

개념도 문제이다. 세계사나 지구사 등 개념들이 혼란스럽게 사용되고 있다. 인류사 전체를 세계사로 보는 사람도 있고[6] 세계사와 지구사를 같은 개념으로 사용하는 사람들도 있다. 또 서기 1500년을 기점으로 그 전을 세계사, 그 후를 지구사로 규정하는 사람들도 있다.

서기 1500년 이전에는 각 문명들이 비교적 독자적으로 발전했고 그 이후에는 유럽인이 아메리카, 아시아로 진출하며 여러 문명이 서로 긴밀한 관계를 가지며 진정한 지구사가 만들어지기 시작했다는 것이다.[7] 그 외에도 여러 난제들이 도사리고 있으므로 쉽게 성과를 내기는 어렵다. 그럼에도 우선 세계사적 관점을 갖는 것은 중요하다고 생각한다.[8]

세계사적 접근을 위해 반드시 필요한 것이 비교사적 접근법이다. 이는

---

5) P. Pomper, World History and Its Critics, *History and Theory*, Vol. 34, No. 2, May, 1995. p. 2 참조.

6) M. G. S. 호지슨은 세계사를 B.C. 7000년에서 A.D. 1800년까지의 농업 시대와 A.D. 1800년 이후의 기술 시대로 나눈다. W. Green, Periodizing World History, *History and Theory*, Vol. 34, No. 2, May, 1995, pp. 105, 109 참조.

7) E. L. Farmer, Civilizations as a Unit of World History: Eurasia and Eurppe's Place in it, *The History Teacher*, V. 18, No. 3, 1985, p. 354.

8) 한국의 서양사 연구자들은 아직은 대체로 서양사에만 관심이 있다. 따라서 아시아 등 비서양 세계에 대해뿐 아니라 국사에 대해서도 잘 모르고 관심도 크지 않다. 이는 지금까지의 서양사 체계를 받아들이는 한 당연하다. 또 그에 의존한 우리의 서양사 교육 체제가 갖고 있는 한계 때문으로도 보인다. 서양사와 비서양 세계의 역사, 그리고 국사의 유기적인 관계를 별로 고려하지 않기 때문이다. 따라서 이러한 한계를 넘어서기 위한 보다 통합적인 역사관과 역사 교육이 바람직해 보인다.

서양 문명을 세계사의 중심으로 또 세계사의 절대적인 기준으로 삼지 않기 위해서 반드시 필요하다. 그럼에도 비교사적 방법이 쉬운 것은 아니다.

서양 근대에서 특히 중요하게 생각되는 개념들은 자유, 평등, 민주주의, 법의 지배, 인권, 세속성 같은 것들이다. 이 개념들이 서양사의 맥락에서 중요한 것은 사실이다. 그런데 문제는 서양인들은 그것들이 세계사적 보편성을 갖고 있다고 생각한다는 것이다. 그리하여 서양뿐 아니라 비서양 세계에 대해서도 무차별적으로 적용한다. 더 큰 문제는 비서양인들이 서양인들이 주장한 개념들의 세계사적 보편성을 믿고 그것을 기준으로 비서양의 역사적 현상들을 설명할 때 생겨난다. 물론 그 과정에서 그것들이 비서양 세계에서 어떤 의미가 있는지, 또 적실성을 갖는지 충분히 확인된 적은 없다. 이 개념들은 서양의 역사 과정 속에서 만들어진 것이므로 그것들을 그대로 사용하는 경우 비교 행위 자체가 유럽중심주의적 틀에서 벗어나기 어렵다. 따라서 이런 개념들이 정말로 세계사적인 보편성을 갖는 것인지 아닌지 비서양인의 시각에서 다시 한 번 재검토할 필요가 있다. 그리고 적합하지 않다고 판단될 경우에는 단호히 거부해야 할 것이다.

비교사에서 이와 관련되는 또 하나의 문제는 우리가 서양과 비서양 세계를 어떻게 객관적으로 인식하고 이해할 수 있는가 하는 점이다. 더 구체적으로 말한다면 서양인들이 서양과 대립시키는 비서양 세계의 역사와 문화를 전통적인 오리엔탈리즘적 인식에서 벗어나 어떻게 객관적으로 인식할 수 있는가이다. 많은 경우 그것이 비서양 세계의 역사나 현실에 대해 편향되거나 왜곡된 정보를 전달하고 있기 때문이다.

아직도 비서양 세계에서는 자기 나라의 것도 그런 경우가 있지만 다른 비서양 세계의 정보를 거의 절대적으로 서양 사람들에게 의존하고 있으므로 이것은 간단한 문제가 아니다. 실제로 한국에서도 최근 여러 대학에서 하고 있는 아시아나 아프리카 지역에 대한 '지역 연구'는 많은 경우 미국에서 발전한 '지역 연구'의 성과를 받아들이면서 그 오리엔탈리즘적 인식의 전통을 잇고 있다. 따라서 오리엔탈리즘과 관련된 이론적 문제나 또 그 결과로서의 비서양 세계에 대한 해석이 실제로 어떻게 이루어지는지에 대해 깊은 관심을 가질 필요가 있다.[9]

그러면 비교사를 통한 유럽중심주의의 극복 방안을 몇 가지의 구체적인 문제들을 통해 살펴보자. '동방적 전제'는 근대 서양인들이 아시아 고대사회나 전통사회의 정치를 설명한 대표적인 개념 틀의 하나이다. 그런 주장의 근원은 그리스로부터 시작되기는 하나 20세기 후반에도 K. 비트포겔 같은 사람에 의해 유포될 정도로 큰 영향력을 가졌다. 그리하여 특히 고대 이집트의 정치는 파라오 한 사람만의 독단적이고 폭압적인 전제로 간주된다. 그리고 그것을 그리스의 민주주의와 대비시킨다. 그러나 고대 민주주의에 대한 최근의 한 연구는 그리스 민주주의와 같은 정치 의사의 결정 형태는 오리엔트 지역에서도 발견되는 일반적인 형태라고 주장한다. 이집트나 메소포타미아 지역에서도 정치는 공공 토론과 상세한 투표 절차에 의존했고 공공건물이나 도시의 성문 입구에서는 수많은 민회들이 소집되었었다는 것이다.[10] 이집트 최고의 정치적 의사 결정도 파라오의 독단이 아니고 수많은 위원회들의 단계적인 결정 과정을 거쳐 이루어졌

9) 전통적으로 서양 사람들은 서양 문화는 상세히 연구하는 반면 비서양 문화는 지나치게 단순한 형태로 파악하여 별 유보 조건 없이 같이 비교하는 잘못된 방법을 사용해왔다. 베버가 시간적 공간적 차이를 고려하지 않은 채 유교와 도교를, 유럽의 일부 지역에서 일정한 시기에 나타난 칼뱅주의와 무차별적으로 비교한 것이 그런 예이다. 그래서 칼뱅주의와는 다른 유교의 특징적 모습을 찾아내기 위해 공자가 살았던 춘추전국시대에서 현대에 이르기까지를 하나의 시간적 단위로 설정하는 잘못된 방법을 사용했다. 중국 사회를 정체되어 변화하지 않은 고대적인 사회로 보기 때문인데 이런 식으로는 제대로 된 비교가 이루어질 리가 없다. Ho-fung Hung, Orientalist Knowledge and Social Theories: China and the European Conceptions of East-West Differences from 1600 to 1900, *Sociological Theory*, V. 21, No. 3, Sep., 2003, p. 275 참조.

10) Y. Schemeil, Democracy before Democracy?, *International Political Science Review*, 2000, Vol. 21, No. 2, p. 99.

으며, 이집트나 메소포타미아에서도 그리스의 경우와 같이 노예, 외국인 같은 비천한 자라 할지라도 고소, 항의, 시위가 가능했다는 것이다.[11] 아직 잘 정립된 주장으로 생각되지는 않지만 사실로 받아들여지게 된다면 민주주의의 개념 자체가 다시 정립되어야 할 것은 물론이고 민주주의의 발전과 서양 문명의 상관관계가 근본적으로 재검토되어야 할 것이다. 민주주의적인 정치적 의사 결정 형태가 서양인만이 아니라 인류 공동의 자산이 될 가능성도 있는 것이다.

세속성의 문제를 한번 보자. 세속성은 유럽의 근대성 확립과 관련해 중요한 주제이다. 서양인들은 세속화 과정을 르네상스, 종교개혁, 계몽사상과 연결해 논의한다. 특히 계몽사상이 여기에서 중요한 역할을 한 것으로 주장한다. 그러나 이때 서양 학자들은 비유럽 사회에서의 세속성 문제에 대해서는 고려할 필요성을 거의 느끼지 않고 또 고려하지도 않는다. 막스 베버를 비롯한 많은 서양 학자들이 아시아 사회를 종교성에 매몰된 사회이고 따라서 합리성이 결여된 사회라고 믿기 때문이다. 그래서 우리도 세속성을 근대사회의 특징으로 보는 서양 사람들의 주장을 무의식적으로 따른다. 그렇게 되면 세속성은 이성과 합리성으로 무장하고 종교성을 극복한 서양 문화의 산물로 받아들여질 수밖에 없다.

그러나 이슬람 사회나 힌두 사회와, 우리 동아시아의 경우에는 사정이 다르다고 생각한다. 물론 동아시아 전통사회의 종교성을 어떻게 인식하느냐 하는 것은 간단한 문제는 아니다. 이 지역의 공식적인 지배 이념은 유교였으나 대중적 차원에서는 한국의 경우 불교나 무속, 일본의 경우에는 불교와 신도, 중국에서는 불교와 도교가 중요한 역할을 했기 때문이다. 그러나 유교는 종교라고 보기에는 어려운 점이 있고 다른 종교들도 다원

11) 같은 논문, pp. 104, 110.

적인 신앙 행위의 일부일 뿐이다. 서양의 기독교와 같이 인간의 총체적인 충성심을 요구하는 형태는 아니다. 이렇게 보면 동아시아의 경우는 종교성이 유럽에 비하면 매우 미약한 사회라고 할 수도 있을 것이다. 계몽사상 시대 영국의 이신론자 등 일부 유럽인들이 유교를 합리적인 종교로 찬미한 것은 그런 면에서 베버와는 다른 해석의 가능성을 보여준다.[12]

따라서 이런 점을 고려하지 않고 유럽에서의 세속성의 증대를 근대성의 중요한 요소로 파악하여 그것을 그대로 동아시아 사회에도 적용한다면 매우 잘못된 결론을 도출할 수 있을 것이다. 동아시아의 세속화된 문화를 유럽의 영향으로 볼 수도 있기 때문이다.

이렇게 비교사적인 접근을 통해 유럽과 비유럽 사회의 같은 점과 다른 점을 분명히 밝히는 것은 서양사를 바로 이해하기 위해 필수적인 작업이 되지 않을 수 없다.

3. 시 · 공간적인 연구 지평의 확대

유럽중심주의를 극복하게 하는 또 하나의 중요한 방법론은 연구자들이 각 전공 분야 사이의 장벽을 넘어서서 서양사 전체를 보다 폭넓고 유기적으로 보는 태도를 갖는 것이다. 전공 분야의 폐쇄성을 넘어서게 되면 어떤 주제의 유럽중심주의적 편향을 보다 쉽게 파악할 수 있기 때문이다. 서양

12) 그들은 자신들의 신념을 지지하기 위해 자주 유교철학에 의존했다. 영국 이신론자 가운데 가장 학식이 깊은 매튜 틴들(1657~1733) 같은 사람은 공자의 도덕적 가르침은 계시적 기초 위에라기보다 합리적 기초 위에 있다고 주장한 바 있다. J. J. Clarke, *Oriental Enlightenment*, London & New York, 1997, p. 51 참조. 이런 태도는 20세기 말에 와서 동아시아의 산업 발전을 유교의 자기 기율, 교육, 가족주의, 세속성에 대한 큰 관심과 연관 짓는 논의에서도 다시 나타나고 있다. Ho-fung Hung, 위의 논문, p. 275.

사를 보다 큰 틀에서 바라보는 통합적 시각이 필요하다는 것이다.

먼저 시대사적인 단절의 폐쇄성을 넘어설 필요가 있다. 고대사, 중세사, 근대사는 각각 사료의 특성도 다르고 사용하는 언어나 개념도 다르고 연구 방식에서도 차이가 있다. 따라서 어느 시대사 전공자가 다른 시대에 쉽게 접근하기가 어렵다. 그런 것이 각 전공 영역을 폐쇄 공간으로 만들어 다른 분야로부터의 접근이나 비판을 막는 일종의 성역을 만드는 경향도 있다. 그러나 역사 연구에서 시대 사이의 상호 관련성을 생각하면 이런 고립은 별로 바람직하지 않다고 생각한다.

이것은 공간적으로도 마찬가지이다. 서양사를 보는 우리의 시각은 대체로 서유럽과 미국에 초점을 맞추는 경향이 있다. 그러나 고대 세계에서는 서유럽에 초점을 맞추는 것이 불가능하다. 동유럽이 중심일 뿐 아니라 오리엔트 지역을 중요한 고려 대상으로 넣어야 하고 아프리카도 마찬가지이다. 중세에 와서도 이는 마찬가지이다. 이슬람 문명권과의 관계를 배제하고 유럽을 제대로 이해하기 힘들기 때문이다. 근대에 오면 아메리카, 아프리카, 아시아의 역사가 모두 유럽사와 긴밀한 관계를 갖는다. 따라서 서유럽이나 미국에만 제한되어서는 제대로 된 안목을 가질 수 없다. 이것은 국가사 별로 나누어 연구하는 풍토에도 마찬가지로 적용할 수 있는 이야기이다. 연구 영역이 공간적으로도 크게 확대될 필요가 있다는 것이다.

이 문제들을 시간적인 것은 그리스 민주주의, 공간적인 문제는 세계체제론의 두 가지 주제를 중심으로 검토해보자.

그리스 민주주의는 서양 고대사에서 매우 중요하게 다루어지는 주제이다. 그리고 유럽중심주의적 서술에서도 중요하다. 서양인들이 민주주의를 근대 서양 문화가 이룬 위대한 업적의 하나로 생각하기 때문이다. 따라서 대체로 아테네 민주주의도 그 의의를 높이 평가하며 과장하는 경향을 보인다.

이 문제에 바로 접근하기 위해서는 아테네 민주주의를 동떨어지게 보아서는 안 되고 근대 민주주의와 관련해서 보아야 한다. 그것만을 따로 떼어 현대와 관련 없는 고립된 주제로 보아서는 그 의미를 잘 알 수 없기 때문이다. 이 문제와 관련해서는 서양에서도 비교적 최근에 들어와서야 본격적인 관심을 보이고 있다. 아테네 민주주의 2,500주년을 기념하는 여러 프로젝트들 가운데 하나로서 1993년에 미국 워싱턴에서 열린 '고대와 근대의 민주주의'라는 학술회의가 그 하나의 예이다.[13]

여기에서 핵심 문제는 아테네 민주주의와 근대 민주주의의 같고 다른 점을 밝히는 것과, 아테네 민주주의가 근대에 미친 영향을 검토하는 것이었다. 그래서 정치 이념이나 실천의 갖가지 부문에서 그 문제들이 상세하게 논의되었다.

아테네 민주주의(*dēmokratia*)는 그 핵심이라 할 자유(*eleutheria*)와 평등(*isotēs*)의 개념과 긴밀하게 결합한다. 이때 자유가 의미하는 바는 1) 자유롭게 태어난 시민의 상태, 2) 정치기구의 운영에 참여할 자격이 있음, 3) 자기가 하고 싶은 대로 하며 살기, 4) 전제적 통치자에게 예속되지 않기 같은 네 가지 의미가 있다.[14]

평등은 모든 시민에게 정치 참여와 관직에 접근할 수 있는 기회를 제공하는 것이다. 이는 '지배하는 자와 지배받는 자가 교대로'라는 유명한 공식에서 잘 볼 수 있다. 그래서 모든 시민은 모든 또는 대부분의 관직에 취임할 자격이 있다. 이를 위해 추첨이 광범하게 사용되며 관직에 대한 자격

13) 그 결과물이 J. Ober & C. Hedrick(ed.), *Dēmokratia: A Conversation on Democracies, Ancient and Modern*, Princeton, 1996이다. 그 문제의식은 30년 전에 M. I. Finley가 이미 그의 Democracy: Ancient and Modern, New Brunswick, 1973에서 제시한 것이다.

14) M. H. Hansen, The Ancient Athenian and the Modern Liberal View of Liberty as a Democratic Ideal, in: J. Ober & C. Hedrick(ed.) *Dēmokratia: A Conversation on Democracies, Ancient and Modern*, Princeton, 1996, p. 94.

제한은 매우 드물게 사용된다. 또 관직의 임기는 단기간이며 그 자리를 계속 보유하는 것은 예외적인 경우에 제한된다.

그러면 고대의 자유는 근대의 자유와 어떻게 다른가. 현대 정치이론가들은 자유를 적극적 자유와 소극적 자유, 둘로 나눈다. 앞의 것은 정치에 참여하는 자유이고 뒤의 것은 사적 영역에 대해 간섭을 받지 않는 자유이다. 그런데 아테네의 자유는 전자의 것에서는 근대와 거의 비슷하다. 그러나 후자의 것에서는 근대와 달리 큰 제약을 받고 있었다.

형식적으로는 개인이 하고 싶은 대로 하고 살았다고 하나 실제로 국가의 권력에는 아무런 제한도 없었고, 결정이 적절한 과정을 통해 내려지기만 하면 국가는 어떤 일에도 정당하게 간섭할 수 있었다.[15] 말하자면 자유는 법의 지배와, 결정 과정에 참여를 의미할 뿐 근대의 경우와 같이 양도할 수 없는 권리를 가진 것을 의미하지는 않았다.

평등의 의미도 다르다. 아테네인들은 정치 참여에서 평등을 추구했으며 이는 가난한 사람에게까지도 적용되는 것이었다. 민주주의란 실제로는 가난한 자의 지배인 것이다. 그러나 그런 평등은 성인 남자 시민에게만 한정되는 것이었고 여성, 노예, 외국인 같은 외집단을 배제하는 것이었다. 또 내집단 내에서도 정치는 많은 경우 부유한 사람들의 손에서 움직였다. 그러니까 그들이 주장하는 원리와 실제는 매우 달랐다. 또 아테네인들은 경제적 평등에 대해서는 큰 관심을 갖지 않았다. 이는 근대 민주주의에서 평등의 개념이 경제적 평등에 큰 비중을 두고 있는 것과는 다르다. 이렇게 아테네인들이 말하는 평등은 근대의 평등 개념과는 많이 다르다.

15) 아테네는 때때로 발언의 자유를 줄이는 법을 통과시켰다. 그들이 그런 일을 자주 하지 않은 것은 그들이 국가를 넘어서는 사적 영역이 있다는 것을 인정해서가 아니라 단순히 그렇게 하지 않으려 했기 때문이다. M. I. Finley, *Democracy: Ancient & Modern*, New Brunswick, 1994, p. 116 참조.

그러면 이런 개념들은 근대의 같은 개념과는 어떤 관계가 있을까? 민주주의, 자유, 평등의 근대적 개념은 미국 독립, 프랑스혁명, 영국 공리주의 사상의 산물이다. 아테네에서 직접 이어진 전통이 18세기에 서유럽과 아메리카에 전달되었다는 아무런 증거도 없다.[16] 또 아테네의 민주주의는 19세기에 자유주의적 견해를 발전시킨 사람들에게 전연 또는 거의 중요성이 없었다. 민주주의의 적극적 의미, 그리고 민주주의-자유-평등이라는 세 단어의 결합은 19세기 중반에 고대적인 전통과는 별개로 생겨난 것이기 때문이다.

이렇게 같은 개념이 고대와 근대에 어떻게 다른 의미로 사용되었는가를 생각하지 않고 그 유사성만을 강조하여, 서양 근대 민주주의의 기원을 아테네로 연결하는 단순 논리에는 무리가 따를 수밖에 없는 것이다. 이렇게 시간적으로 연구를 확대하게 되면 서양사에서의 연속과 단절, 맥락의 변화를 보다 잘 이해할 수 있게 된다.

최근 발전하고 있는 세계체제론은 서양사 연구의 지평을 시간적으로뿐 아니라 공간적으로도 크게 확장시킨 대표적인 주제이다. 이미 I. 월러스틴은 그의 세계체제론을 통해 근대 경제사의 지평을 크게 확대한 바 있다. 그것을 한 나라의 역사나 유럽사의 차원을 벗어나 세계사의 차원으로 확대한 것이다.

그러는 가운데 근대 세계경제에서 유럽을 중심으로 하는 각 지역 사이의 지배-예속 관계의 유기적인 구조를 밝혀냈다. 이렇게 월러스틴이 근대 경제사 연구 영역의 시야를 넓혔다는 점에서 큰 기여를 한 것은 사실이나 최근의 연구에 비추어 보면 그 한계도 점점 분명해 보인다. 특히 요사이 큰 성과를 보이고 있는 근대 초 아시아경제사 연구는 근대에서 유럽을

16) M. H. Hansen, 위의 논문, p. 99.

세계경제의 중심으로 보는 전통적인 견해에 도전하고 있기 때문이다. A. G. 프랑크뿐 아니라 R. 빈 웡이나 K. 포머런츠 같은 사람들이 아시아 연구자들의 성과를 받아들여 발전시키고 있는 중국경제사 연구는 종래에 생각해온 것과는 달리 중국이 18세기까지 서유럽과 대등하거나 더 높은 수준의 경제를 발전시켰다는 것을 보여주고 있다. 이는 나아가 16~18세기 사이의 다른 아시아 지역 경제에 대한 새로운 연구도 고무하고 있다.

그러나 최근의 세계체제론은 이 범위를 훨씬 뛰어넘어 세계체제를 선사시대로까지 확장하고 있다. 이미 선사시대부터 거의 전 세계가 하나나 여러 개의 교역망을 통해 하나의 경제체제에 포섭되어 있었다는 것이다. 그리고 이런 사실을 고대 각 지역 도시들의 성장과 쇠퇴, 또 경기 변동 등의 방법을 통해 입증하고 있다.[17]

A. G. 프랑크와 B. K. 질스는 기원전 3000년기에서 서기 1600년까지의 세계경제를 다음과 같이 상승기와 하강기로 나누어 보고 있다. 그들이 만든 표는 아래와 같다.[18]

상승기	하강기
B.C. 3000~2800/2700	2700~2600/2500
2600~2400	2400/2300~2000
2000~1800/1750	1800/1750~1600/1500
1600/1500~1200	1200~1000
1000~800?	800~550?
600/550~450/400?	450~350?
350~250/200?	250/200~100/50
200/100~A.D. 200	A.D. 150/200~500
500~750/800	750/800~1000/1050
1050~1250/1300	1250/1300~1450
1450~1600	

경기의 상승과 하강의 이런 순환이 전 세계적으로 나타난다는 것이다. 청동기시대까지 거슬러 올라가는 이런 연대의 구분이 일반 역사가들에게는 어떻게 보면 황당무계하게 느껴질 수도 있다. 절대적으로 사료가 부족한 시기이므로 신빙성이 떨어질 수밖에 없기 때문이다. 그러나 이 사람들의 구분이 아주 근거가 없는 것도 아니므로 경제의 전 세계적 관련성을 한번 검토해보는 것도 아주 의미가 없다고 생각되지는 않는다.

중세나 근대에 들어오면 상황이 좀 더 낫다. J. 아부-루고드는 동아시아와 중동, 유럽의 세 군데의 중심을 갖는 13, 14세기 세계체제의 존재를 주장하고 있다. 몽골제국의 정복으로 인해 만들어진 하나의 거대한 세계체제 안에서 이 세 개의 중심이 느슨하게 연결되어 있었다는 것이다. 설득력이 있는 이야기이다.[19]

또 G. 모델스키와 W. R. 톰슨은 서기 930년 이후, 50~55년 단위의 콘트라티에프 경기순환 19개가 전 세계에 걸쳐 나타나는 것을 발견하고 있다. 그들은 경기변동이 이렇게 전 세계에 같이 영향을 주고 있는 것은 세계가 하나의 경제체제 속에 포섭되어 있는 증거라고 주장한다. 특히 1760~1780년대의 경기후퇴는 전 세계에 파급된 것으로 이는 멀리 동떨어져 있는 러시아에서까지도 관찰된다. 이런 맥락에서 보면 미국의 독립이나 프랑스혁명도 우연의 산물이 아니라 이러한 전 세계적 경기후퇴와 관련이 있는 것으로 보인다.[20]

이렇게 월러스틴이 발전시킨 세계체제론은 이미 월러스틴을 넘어서 기

---

17) A. G. Frank and B. K. Gills, The Five Thousand Year World System in Theory and Praxis, in: R. A. Denemark et al(ed.), *World System History*, London, 2000, p. 11.

18) 같은 곳.

19) J. Abu-Lughod, *Before European Hegemony: The World System AD1250-1350*, New York, 1989.

20) A. G. Frank and B. K. Gills, 위의 논문, p. 13.

원전 5000년 전부터 시작하여 현대에까지, 그리고 전 지구를 그 연구 영역으로 하는 새로운 하나의 학문 분야로 발전하고 있다. 따라서 연구의 공간적 확장도, 주제에 따라 적용 가능성의 차이가 있기는 하나, 유럽중심주의의 폐해를 넘어설 수 있는 중요한 수단이 될 수 있을 것이다.

4. 이데올로기 비판적인 접근

위의 방법들을 통해 서양사의 유럽중심주의가 완화될 가능성은 있으나 그것만으로 모든 문제가 해결되지는 않는다. 보다 중요한 문제는 서양 학자들의 유럽중심주의적 태도를 극복하는 일이기 때문이다. 이를 위해서는 지식사회학적인 측면에서 서양 학자들의 논리적 근거를 철저히 파헤치고, 또 우리 입장에서 서양 학자들의 주장이 갖는 의미를 판단하려고 적극적으로 노력하지 않으면 안 된다. 그렇게 하지 않으면 피상적인 접근으로 끝날 수밖에 없다. 따라서 서양 학자들의 어떤 이론이나 주장에 대해서도 보다 더 정밀하고 섬세하게 접근하고 그것이 유럽중심주의적 성격을 갖고 있는 것은 아닌지 검토할 필요가 있다. 여기에서는 두 가지 예를 들어 보겠다. 둘 다 프랑스혁명과 관련되는 것으로 프랑스혁명기의 유대인 해방 문제와, 민족주의 이론에서 시민적 민족과 종족적 민족을 나누는 이분법에 관한 내용이다.

먼저 유대인 해방 문제를 보자. 보통 프랑스혁명기의 유대인 해방은 프랑스혁명사에서 매우 중요한 사건으로 받아들여진다. 그것이 프랑스혁명에게 억압으로부터의 인간의 해방이라는 보편적 성격을 주는 것으로 생각하기 때문이다. 그래서 프랑스혁명의 많은 연구자들이 그것을 칭송하는 경향을 보인다. 그러나 보다 정밀하게 들여다보면 그것은 그렇게 간단한 문제가 아니다.

1791년 9월 27일에 프랑스 국민의회는 프랑스 내의 유대인들에게 시민권을 주기로 의결했다. 이것은 유대인에게 법적 평등을 보장해준다는 것을 의미했다. 혁명가들은 당연히 이를 혁명의 보편성을 보여주는 쾌거로 환영했다. 많은 유대인들도 이것이 수 세기에 걸친 굴욕과 법적 차별, 주류 사회로부터의 배제를 끝내주리라는 낙관적인 전망을 했다. 그래서 겉으로만 보면 이것은 인간 해방이라는 점에서 시대사적인 의미를 갖는 전환점으로 기록될 수 있었다. 사실 당시 프랑스에 거주하는 유대인의 수는 많지 않았다. 보르도 주위에 3,500명 정도, 알자스-로렌에 3만 명, 파리에 500명 정도였다. 그럼에도 국민의회가 다른 많은 중요한 사안에도 불구하고 이 사안을 경시하지 않은 것은 이것이 혁명의 보편성과 관련해 상징적인 의미가 있다는 것을 잘 의식하고 있었기 때문이다.[21]

그러나 그것은 일방적인 해방이 아니라 큰 희생을 요구하는 거래였다. 왜냐하면 유대인들은 시민권을 부여받기 위해 유대인 공동체의 자율성을 허용하는, 과거에 프랑스 왕으로부터 받은 특권을 포기해야 했기 때문이다. 또 민사적인 일에 대해 유대교 성직자인 랍비가 가지고 있던 관할권을 포기해야 했다. 그러니까 유대인이 프랑스인이 된다는 것은 어디까지나 개인 자격으로서였다.

혁명가들이 유대인들에게 이런 요구를 한 것은 그들의 종교적 공동체를 제거함으로써 프랑스 문화에 동화되기 쉽게 만들기 위해서였다. 이 점에서 이 법안을 주도한 A.그레고어의 태도는 확고하다. 그리하여 일부 유대인들이 개인적으로 프랑스 사회에 편입되는 대신 유대인의 종교 공동

---

21) G. Kate, The Emancipation of the Jews, in: F. A. Kafker외(ed.), *The French Revolution: Conflicting Interpretations*, Malabar, 2002, pp. 424~425.

체는 공식적으로 부인되었다.

유대인의 해방은 유대인 사회에 큰 파급효과를 가져다줄 것 같아 보였으나 실제로는 그렇지 않았다. 그들 대부분의 직업 구조나 주거 형태, 종교 생활의 리듬이 19세기 후반까지도 그대로 유지되었기 때문이다. 또 랍비의 권위는 공동체의 자율성이 포기됨으로써 많이 줄어들기는 했으나 19세기 상당 부분 동안 종교적 · 민사적 일과 관련해 권위를 유지했다. 그뿐 아니라 프랑스 사회 내의 반유대주의적 감정도 끊이지 않고 지속되었다.[22]

결국 혁명기의 공화국은 종교와 정치의 분리를 명분으로 유대인에게 형식적인 법적 평등을 주는 대신 그들의 공동체를 부인함으로써 그 종교 생활의 파괴를 기도한 것이다. 동화를 하지 않는 한 그들이 진정한 프랑스 국민이 될 수는 없다고 믿었기 때문이다. 제3공화정 아래 창궐한 프랑스의 반유대주의는 혁명기 프랑스인의 이런 생각의 연장선상에 있는 것이다.

이런 태도는 오늘날 이슬람 이민자들에 대한 프랑스인들의 태도에서도 비슷하게 나타난다. 최근 프랑스 정부는 이슬람 소녀들이 히잡(이슬람 여성들이 머리에 쓰는 수건)을 쓰고 등교하는 것을 금지하는 법을 제정했는데 그 명목도 정교분리이다. 공공생활에서 이슬람교적 행위를 금지하려는 것이다.[23] 그러나 이런 행위는 공공생활에서 기독교적 행위들이나 상징이 자연스럽게 받아들여지고 묵인되는 것과 비교한다면 이슬람 교인에 대해 종교의 자유를 제한하는 행위로서 '톨레랑스'를 입에 달고 사는 프랑스인들의 논리에 부합하는 것은 아니다. 그러니 그 톨레랑스라는 것이 실은 비

22) J. P. Berkovitz, The French Reolution and the Jews: Assessing the Cultural Impact, in: *AJS Review*, Vol. 20, No. 1, 1995, p. 26.

23) 1980년에 당시 총리인 레이몽 바르가 소수파의 문화적 권리를 인정하는 것은 프랑스의 평등의 가치와 배치된다고 말한 것은 같은 맥락의 이야기이다. P. C. Albert, The Right to be Different: Interpretations of the French Revolution's Promise to the Jews, in: *Modern Judaism*, Vol. 12, No. 3(Oct., 1992), p. 251.

기독교인에 대한 배타성과 인종주의적 편견을 감춘 겉치레는 아닌지 의심을 살 만한 것이다.[24] 이는 프랑스혁명이 자랑하는 보편주의와는 동떨어진 것이다.

다음에는 민족주의와 관련된 문제를 보자. 서양 학자들은 보통 민족주의를 두 가지 형태로 구분한다. 시민적 민족주의과 종족적 민족주의가 그것이다. 그리고 그것을 각각 서유럽형과 동유럽형으로 규정한다. 동유럽형은 비유럽 지역에도 그대로 적용된다.

이 분류는 1940년대에 민족주의를 본격적으로 이론화한 H.콘에게서 처음 체계화되었다.[25] 그는 서유럽에서 발견되는 보다 온건한 민족주의와, 라인강 동쪽의 보다 해롭다고 생각되는 민족주의를 나누기 위해 이 구분법을 사용했다. 그것은 그가 당시 맹위를 떨치고 있던 독일 나치즘의 억압적이고 파괴적인 민족주의에 주목했기 때문이다. 그 후 이 분류는 대부분의 서양 학자들에게 대체로 그대로 받아들여졌다. 현재 서양에서 민족주의 연구의 주류를 형성하고 있는 근대주의자들의 대부분이 그렇다. 최근의 영향력이 큰 민족주의 이론서인 『1780년 이후의 민족과 민족주의』를 쓴 E. 홉스봄도 이 분류에 의존하고 있다.[26]

이런 구분에 의하면 서유럽형의 민족은 공동의 법과 영토 안에 사는 시

24) 이 문제에 대해서는 박단, 『프랑스의 문화전쟁 : 공화국과 이슬람, 책세상』, 2005를 참조하시오.

25) Hans Kohn의 주저는 *The Idea of Nationalism*, New York, 1944이다. 그의 이러한 구분에 대해서는 Ken Wolf, Hans Kohn's Liberal Nationalism: The Historian as Prophet, *Journal of History of Ideas*, V. 37, No. 4, 1976 참조.

26) 홉스봄은 1830~1870년의 유럽 민족주의의 첫 단계는 수용적이고 시민적이고 민주적인 반면, 1870~1918년의 것은 종족-언어적 민족주의로서 인종주의적 외국인 혐오주의를 보여주며 그것이 20세기 중반의 인종주의적 파시즘과 나치즘에서 절정에 달한다는 것이다. 그는 종족적 민족주의는 근대 세계가 가져온 대규모의 경제 변화와 인구 이동으로 인한 방향 상실과 두려움에서 비롯한 것이라고 주장한다. 즉, 그것을 근대 세계의 발전을 막는 부정적인 힘으로 규정하고 있다. E. Hobsbawm, *Nations and Nationalism since 1780*, Cambridge, 1992. pp. 101~130 참조.

민들의 합리적인 결사체이다. 그것이 개인의 자발적인 의지와 동의나 승낙에 의해 구성되기 때문이다. 따라서 이는 인종이나 피부색, 신조, 성별, 언어, 종족성과는 아무 관련이 없으며 어느 국경 안에 사는 모든 사람들은 속지법(屬地法) 원리에 따라 시민권을 가질 수 있게 된다. 그것이 개인적 자유나 민주주의와 연결되며 진보적이고 근대적인 성격을 갖는다고 믿는 것은 그 때문이다.

반면 동유럽형의 민족은 공통의 문화와 종족적 기원에 뿌리를 두고 있다. 따라서 민족은 개인을 넘어서는 유기적인 전체로서, 태어나면서부터 지울 수 없는 민족적 성격을 부여받게 된다. 여기에서 민족은 역사의 산물이므로, 거주에 의한 자유로운 결사체가 아니라 어느 땅에 태어남으로써 그 안에 편입된다. 그러니 동유럽형의 민족은 속인법(屬人法)의 지배를 받아 폐쇄적일 수밖에 없고 비민주적인 권위주의 체제와 결합하기 쉽다는 것이다.[27]

그런데 이 구분은 단순히 지리적으로만 민족과 민족주의의 형태를 구분한 것이 아니라 그 안에 가치 판단이 자리 잡고 있다는 점에서 상당히 복잡한 문제를 야기한다. 즉, 서유럽형 민족주의는 기본적으로 좋은 것이고 비유럽을 포함하는 동유럽형 민족주의는 나쁜 것이라는 전제를 깔고 있기 때문이다.

그러면 서유럽형의 대표 주자로 생각되는 프랑스의 경우를 통해 이런

27) 민족주의 연구가 발전함에 따라 이 두 가지 형태의 분류는 수다한 쌍의 대립항으로 확대되었다. 정치적 민족–문화적 민족; 국가민족–문화민족; 시민적–종족적; 자유주의적–비자유주의적; 개인주의적–집단주의적; 자발주의적–유기적; 합리적·신비적–감정적; 애국주의–쇼비니즘; 온건한 애국주의–극단적 애국주의; 프랑스 계몽사상–독일 낭만주의; 계약–민족(Volk); 입헌주의적–권위주의적; 민족정체성–민족주의; 게젤샤프트–게마인샤프트; 법적·합리적–전통적; 역사적 민족들–비역사적 민족들; 억압받는 사람들의 민족주의–억압하는 사람들의 민족주의; 민족적 자유주의–제국주의가 그것이다. P. Spencer & H. Wollman, Good and Bad Nationalism: A Critique of Dualism, in: *Journal of Political Ideologies*, Oct. 98, Vol. 3, Issue 3, p. 256 참조.

구분의 문제점을 살펴보자. 보통 프랑스인은 프랑스혁명을 통해 민족을 형성했다고 주장된다. 사회계약설에 의해 인민이 국가의 주인이 되었다고 믿기 때문이다. 그래서 혁명기의 프랑스인은 시민적 민족을 구성한 모범적인 예가 된다.

그러나 그것은 이론적으로만 그렇다고 할 뿐이지 실제의 상황은 다르다. 혁명기의 복잡다단한 상황으로 시기에 따른 변동이 있기는 하나 동의에 의해 민족으로 참여하는 것은 제한적이었기 때문이다.

프랑스인권선언 제3조는 '모든 주권의 원리는 기본적으로 민족에게 있다'라고 규정하고 있다. 이렇게 분리할 수 없고 양도할 수 없는 주권을 민족에게 귀속시킴으로서 개인적 자유는 민족의 구성원으로서만 가능하게 되었고 민족이 독재적인 성격을 행사할 수 있게 되었다.[28]

혁명 과정에서 나뉠 수 없는 하나의 민족이 강조된 것은 그 결과이다. 그리하여 혁명가들은 혁명 이데올로기에 반대하는 '비애국적인' 개인들을 탄압하고 배제하고 축출했으며 공포정치 시기가 그 절정을 보여준다. 그런 점에서 혁명기의 민족은 결코 자발적으로 구성된 시민적 민족은 아니다. 그것은 상당한 정도로 인위적 방식으로 구성된 것이다.

또 시민적 민족 형성의 기원을 보통 1789년 6월 17일에 삼부회의 제3신분 대표들이 자신들을 국민의회로 선언한 행위에서 찾는다.[29] 그런데 이들이 삼부회 선거를 거쳐 대표로 선출되기는 했으나 이 문제와 관련해 유권자들의 위임을 받은 적은 없다. 따라서 혁명가들이 자신을 민족의 대표로 불렀고 사후적으로 권력을 장악하였다고 하여 시민적 민족이 형성되

28) C. I, Keitner, *The Paradoxes of Nationalism: The French Revolution and Its Meaning for Contemporary Nation Building*, New York, 2007, pp. 71~80.

29) W. H. Sewll, Jr., *A Rethoric of Bourgeois Revolution*, Durham and London, 1994, p. 6 참조.

었다고 하는 주장은 설득력이 떨어진다. 또 한발 양보하여 형식적으로 법적으로는 그렇다고 해도, 민족이 법적인 요소에 의해서만 구성되는 것은 아니다. 민족적 정체성 등 다른 여러 요소들이 필요하다.

그러면 혁명가들의 이런 행위에 대한 국민들의 동의는 어느 정도였을까? 이는 혁명기의 투표 행태를 통해 어느 정도 가늠해볼 수 있다. 혁명기에는 선거권이 많이 확대되었다. 그러나 성인 남자만 대상이 되었고 그것에도 재산 자격 제한이 따랐다.

그럼에도 1차 선거의 투표권이 있는 능동적 시민의 경우 1790~1791년에는 약 300만 명, 1792년에는 500만 명, 그 후에는 많이 축소되어 약 100만 명 정도였다.[30] 전체 인구 2,750만 명에 비하면 당시로서는 결코 적은 수는 아니다. 그렇다고 해도 이들에 의해 구성된 의회가 전체 프랑스인의 대표권을 가지며 그래서 민족을 구성했다고 주장하기는 어렵다. 투표율에도 문제가 있다. 초기에는 혁명적 열기가 높았으나 곧 억압과 공포정치가 환멸을 가져왔다. 또 혁명가들은 혁명에 우호적으로 보이지 않는 사람들의 투표권 행사를 방해했으므로 선거에 대한 관심은 높지 않았다.

결과적으로 혁명기의 투표율은 1790년의 전국 규모의 첫 선거에서는 48퍼센트로 높은 편이나, 1791년에는 23퍼센트, 1792년에는 15퍼센트로 떨어지고 그 상태로 1790년대 말까지 유지된다.[31] 마지막 단계에서는 약 15만 명 정도만이 1차 선거에서 투표를 한 셈이다. 그러니 시민들의 의지가 선거를 통해 제대로 반영되었다고 하기는 어렵다. 게다가 공포정치 시기에는 이미 프랑스 거주 외국인들은 의심의 대상이 되어 배척을 받기 시작했다.

---

30) M. Crook, *Elections in the French Revolution*, Cambridge, 1996, p. 159.

31) R. Blaufarb, The French Revolution: The Birth of European Popular Democracy? *Comparative Studies in Society and History*, V. 37, No. 3, 1995, p. 613.

프랑스의 정복 전쟁이 시작되면서부터 혁명가들은 프랑스의 국경을 자연적 국경까지 확대하려 애썼다. 피레네 산맥과 라인 강이 그 목표가 되었다.[32] 그러나 자연적 국경이라는 논리는 혁명이 표방하는 인민주권설과는 배치되는 것이다. 자연적 국경이라는 생각은 혁명 이전의 산물이다. 따라서 추상적 보편성을 중시한 혁명 초기의 혁명가들은 이에 별 관심이 없었다. 더구나 1791년 헌법은 '프랑스 민족은 정복전쟁을 부인하며 타인의 자유에 대해 무력을 사용하지 않을 것'을 선언했으므로 역사적인 국경선을 넘어서기는 어려웠다. 프랑스의 국경은 자연과 역사가 아니라 '눈에 보이지 않는 자유의 원리에 의해' 그어진다고 생각했기 때문이다.

자연적 경계가 새롭게 문제가 된 것은 혁명 전쟁에서 헤게모니 열망을 가지면서부터이다. 1792년 9월의 발미전투, 11월의 제마프전투의 승리로 혁명 군대는 사부아, 니스, 벨기에와 라인 강 서안의 일부를 점령했다. 이 점령지를 놓고 국민공회 내에서는 논쟁이 벌어졌다. 지롱드파는 인민주권설을 내세워 병합을 주장했다. 그러나 점령지에서 인민주권과 자유로운 동의를 내세우는 것은 위선적인 태도였다. 또 일부 소수 집단은 자연적 경계라는 슬로건을 여론화하며 병합을 요구했다.

로베스피에르와 산악파는 자연적 국경을 위한 병합은 반대했으나 '조국이 위험에 처해 있다'는 논리로 그것을 받아들였다. 이런 태도는 총재정부 시대에도 마찬가지로 유지되었다.[33] 그리하여 자연적 국경론은 리슐리외에서 당통, 국민공회에 이르기까지 외교정책의 핵심 원리이고 프랑스

32) 자연적 국경은 혁명가들이 처음 주장한 것이 아니다. 그것은 절대주의 시대부터 지속되어온 목표이다. 실제로 절대주의 시대에 이를 위해 여러 영지들의 교환 작업, 병합 등이 있어왔다. 혁명가들은 이 전통을 이었을 뿐이다. P. Sahlins, Natural Frontiers Revisited: France's Boundaries since the Seventeenth Century, in: *The American Historical Review*, Vol. 95, No. 5, 1990, pp. 1425~1435.

33) P. Sahlins, 같은 논문, pp. 1443~1446.

통일성의 핵심 용어가 되었다.[34]

그 결과 많은 외국인들이 새로 확대된 프랑스 국경 안에 편입되고 시민권을 받게 되었으나 그것은 동의에 의한 것이 아니고 정복에 의한 것이다. 그 과정에서 형식적인 투표가 행해졌으나 정복지에서의 투표가 별 의미가 있을 리가 없다. 또 속지법의 경우도 일관되게 적용된 것이 아니다. 속지법적 관념도 사실은 혁명기에 보편적인 원리에 의해 만들어진 것은 아니고 구체제에서 시작된 것이다.[35] 그러나 그것도 나폴레옹 시기에는 후퇴했다. 단순한 속지법은 거부되었고 국적은 혈통에 따라 주어졌다.

제3공화국 때 와서야 속지법이 다시 받아들여졌으나 이때도 속지법은 엄격한 사회화 교육, 즉 민족적 교육 제도와 결합했다. 새로 국적을 취득한 자를 충성스러운 국민으로 만들어내기 위해서였다.

따라서 속지법에 의한 시민적 민족이라는 것도 밑으로부터의 대중의 정치 참여를 통해, 즉 적극적인 민주적 참여와 동의에 의해 이루어진 것이 아니라 위로부터 정치적으로 무력한 대중들에게 과해진 것에 불과하다. 이는 영국이나 미국의 경우도 마찬가지이다.[36]

그리하여 민족주의가 절정기에 이른 19세기 후반의 제3공화정에 가면 그 민족주의는 독일 등 동유럽형의 다른 나라 민족주의와 큰 차이가 없다. 이렇게 된 것은 민족이 동의에 의해 성립했다고 하는 것은 이론상의 문제일 뿐이고 현실적으로 그것은 시·공간이라는 역사와 영토 속에 터를 잡지 않으면 안 되기 때문이었다.[37]

---

34) 같은 논문, p. 1423.

35) 16세기에 프랑스인이 되려면 프랑스에서 태어나고 부모 가운데 한 사람이 프랑스인이어야 했고 프랑스에 일정 기간 거주해야 했다. 18세기에 오면 거주 조건은 마찬가지이지만 앞의 두 조건 가운데 하나만 충족시키면 되었다. R. Brubaker, *Citizenship and Nationhood in France and Germany*, Cambridge, Massachusetts, 1996, pp. 36~39 참조.

36) P. Spencer & H. Wollman, 위의 논문, pp. 62~63.

결국 프랑스 민족을 형성하는 데 본질적인 역할을 한 것은 그 종족성과 역사성, 영토 등의 요소이다. 인민주권설이 영향을 미치지 않은 것은 아니나 프랑스 영토 안에서 수백 년 동안 같이 살아오며 만들어진 문화적 동질성, 종족적 동질성이 민족 형성의 본질을 이루었다는 것이다. 이 점에서 프랑스의 민족 형성은 다른 나라의 것과 큰 차이가 없다. 동유럽형과 차이가 있다 해도 그것은 질적인 것이 아니라 정도의 차이에 불과하다.

사실이 이런데도 혁명기의 사건들이 다르게 해석되는 것은 그것들이 계몽사상이나 프랑스혁명을 정점에 놓는 프랑스 보편주의의 영향을 강하게 받고 있기 때문이다. 따라서 이런 유럽중심주의적 이데올로기의 작위적 성격을 바로 이해할 필요가 있다.

5. 유럽중심주의의 극복을 위하여

유럽중심주의의 극복을 위한 여러 방안들을 간단히 살펴보았다. 위에서 말했지만 유럽중심주의의 극복은 단순히 지금까지 서양사에서 충분히 다루지 않은 지역의 역사를 재평가하고 그것을 세계사에 편입한다고 하여 이루어지는 것은 아니다. 그것으로 서양인들이 구축해놓은 유럽중심주의적 논리가 쉽게 분쇄되지는 않는다.

보다 중요한 것은 서양사의 유럽중심주의적 논리 체계에 정면으로 부딪쳐 이를 분쇄하는 작업이다. 이데올로기 비판적 접근이 중요한 이유이다. 물론 이 작업은 어렵다. 서양 학자들이 내세우는 이론이나 해석의 전

---

37) B. C. J. Singer, Cultural Versus Contractual Nations: Rethinking their Opposition, in: *History and Theory*, Vol. 35, No. 3(Oct., 1996), p. 323 참조.

제와 그 논리 추구 과정, 결론을 꼼꼼히 따지고 그 밑바닥까지 파고들어 비판적 접근을 해야 하기 때문이다. 그러나 그렇게 하지 않으면 큰 성과를 거두기 힘들다. 이런 점에서 유럽중심주의를 극복하는 새로운 서양사 내지 세계사 연구는 우리에게 하나의 커다란 도전이라고 할 수 있을 것이다.

국내의 일부 연구자들 가운데에는 유럽중심주의의 비판이 서양 사람들이 해놓은 것을 따라가는 것이고 그런 면에서 또 하나의 유럽중심주의를 보여주는 예라고 냉소적인 태도를 보이는 사람들도 있다. 그렇게 따라가기만 하면 언제나 서양 역사학의 그늘에서 벗어날 수 없다는 것이다.

그러나 문제는 그렇게 간단하지 않다. 유럽중심주의의 비판이 영미의 학계나 출판물들을 통해 확산되고 있기는 하지만 그 중심 인물들은 많은 경우 아랍계나, 라틴아메리카계, 아시아계 사람들이다. 또 그들의 영향을 받은 사람들이 주도하고 있다.

그러니 우리가 주도하여 유럽중심주의를 비판하면 좋으나 아직 여건이 되지 않는 상황에서 그런 연구 방향을 받아들이는 것이 특별히 부끄러운 일은 아니다. 그것은 논의의 단초로서 의미가 있는 것이기 때문이다. 물론 앞으로 연구가 진행되어나가며 우리의 독자성 없이 서양 학계의 주장을 무비판적으로 따라간다면 그런 비판을 들어도 마땅할 것이다.

독창성이 없다는 주장도 위의 이야기와 관련된다. 서양 사람들 주장을 따라가니 독창성이 있을 리 없다는 것이다. 그러나 실제로 유럽중심주의를 비판하는 작업을 해나가다 보면 그것도 반드시 타당한 이야기는 아니다.

서양 사람들의 이론이나 해석이 유럽중심주의적인가 아닌가는 어느 정도의 지적 능력이 있고 비판적인 안목을 갖는 사람이라면 누구든지 대개 알 수 있다. 따라서 그런 것들에 대해 문제의식을 갖는 것은 서양인만이 할 수 있는 것은 아니다. 우리의 문제의식이 더 클 수도 있다.

예를 들어 미국의 '애국주의'를 보자. 미국인들은 9 · 11 사태 후에 '애국주의'를 과거보다 더 크게 부르짖는데 아마 조금만 생각이 있는 사람이라면 미국인이 쓰는 이런 단어가 기본적인 내용에서 민족주의와 별 차이가 없을 것이라는 점은 충분히 짐작할 수 있을 것이다. 따라서 그것을 비판할 때 반드시 서양 학자들의 글을 볼 필요는 없다.

10여 년 전에 한 서양 학자가 서양 선진국에서의 이런 은폐된 민족주의적 태도를 비판하는 책을 냈다.[38] 물론 그 책이나 다른 서양 학자들의 책을 참고하면 이런 문제에 대해 보다 명확해진 논리와 풍부하고 구체적인 사례를 들 수 있을 것이다. 그러나 그 책들을 이용하여 논리를 보다 구체화하고 세련되게 만든다 하여 우리의 독창성이 부정되는 것은 아니다. 이것은 우리가 서양 학자들의 글을 이용한다고 해서 그런 작업이 아무 생각 없이 이루어지는 것이 아니라는 것을 말하려는 것이다.

또 지금까지 서양 사람들이 해놓은 유럽중심주의 비판이라고 해도 아직은 시작 단계에 불과하다. 몇 가지 주제들에 대해 나름의 대안적 해석을 만들어가는 단계에 불과하다. 따라서 한국의 연구자가 어떤 주제에 대해 유럽중심주의를 비판한다고 하면 그것은 절대로 서양 사람들이 해놓은 것을 그대로 받아들이는 형태가 될 수 없다.

어떤 주제에 대해 이미 서양 학자들이 해놓은 작업이 있다 하더라도 그것을 찾아내기 위해서는 온갖 자료들을 다 찾아보고 그 문맥을 살피는 노력을 해야 한다. 뿐만 아니라 흩어져 있는 그런 단편적 논리들을 이용하여 하나의 논리 체계를 만들어내려면 먼저 우리의 머릿속에 밑그림이 그려져 있어야 한다. 그 바탕 위에서 서양 사람들의 여러 주장들을 검토하여 이용할 수 있는 것은 이용하고 보충할 수 있는 것은 보충하는 것이다.

그러므로 이런 작업은 서양 사람들의 주장을 막연히 받아들이는 수동

---

38) Michael Billig, *Banal Nationalism*, London, 1995.

적인 태도로는 불가능하다. 나름대로 대안을 찾으려는 적극적인 자세가 없으면 안 된다. 그런 의미에서 그것은 단순한 모방이 아니라 상당한 독창성을 요구하는 작업이다. 그러니 해보지도 않고 지레 우리의 연구 작업을 평가절하할 필요는 없다는 것이다.

08 박용희

유럽중심주의 극복을 위한 일(一) 모색

유럽과 이슬람 세계 근대사 인식의 문제를 중심으로

1. 들어가며

유럽사의 전개 과정을 역사 발전의 보편적 기준으로 놓고 사유하는 방식으로 유럽중심주의가 비판의 대상이 되고 있다. 근대 서구 역사학이 행사한 지적 헤게모니에 대한 비판이나 비(非)서구 학계의 주체적 시각 결여에 대한 지적은 이제 더 이상 새로울 바 없는 일로 여겨지고 있다.[1] 최근에 들어서는 단순히 이런 입장 천명의 수준을 넘어 "구체적인 역사 서술에 대한 검토 단계로의 발전"을 시도해야 한다는 목소리가 높다.[2] 또한 실현

1) 근대 서구 역사학은 유럽의 우위라는 명제를 전제하고 이를 확인하기 위해 일련의 체계적 인식을 구축해온 것이었다는 점이 명백해지고 있다. 박용희, 「한국의 서양사 연구와 유럽중심주의 극복」 『서양사론』 95 (2007), pp. 83~111.

을 위한 구체적 계획은 명확해 보이지는 않으나 "서양사 체계에 대한 전반적인 재구축"을 주장하는 요구가 제기되고 있기도 하다.[3]

그러나 유럽중심주의를 극복하는 일이 결코 쉽지 않다는 점은 명백하다. "학문의 보편성"이라는 전제하에 서구 역사학계에 의해 정립된 세계사 인식이 내린 뿌리가 깊기 때문일 것이다. 게다가 아직도 몇몇 핵심적인 논점을 둘러싸고는 유럽중심주의라는 문제의식을 제기하는 것 자체가 논란거리가 되기도 한다. 그중에서도 근대 유럽의 전 지구적 패권을 둘러싼 문제는 핵심적인 논란의 대상이다.[4] 심지어 유럽중심주의 극복을 논하는 이들조차 근대 유럽의 전 지구적 패권이 "일정 부분 사실에 입각해" 있다고 인정하고, 이로 인해 유럽중심주의 극복이 쉽지 않다고 주장하고 있다.[5]

이 글은 이렇게 논란의 여지로 남아 있는 문제들 중에서 유럽과 이슬람 문화권을 둘러싼 근대사 해석의 문제를 다루고자 한다. 사실 두 문화권은 7세기 초반 이슬람 종교의 탄생 이래 불가분의 관계를 지속해온 역사가 있다. 그러나 두 세계를 이해하는 흔한 방식은 근대를 기점으로 엇갈린 발전의 길을 간 완전히 다른 두 문화권이란 인식이다. 전(前)근대 시기에는

2) 최갑수, 「서문」, 한국서양사학회 엮음, 『유럽중심주의 세계사를 넘어 세계사들로』(푸른역사, 2009), p. 11.

3) 강철구, 『역사와 이데올로기-서양역사학의 유럽중심주의에 대한 비판적 검토』(용의 숲, 2006).

4) 이 문제는 논자에 따라서는 단순히 객관적인 사실이기에 유럽중심주의 극복과는 무관한 문제로 간주되기도 한다. 가장 대표적인 것이 근대 자본주의 세계체제의 형성을 주장하는 월러스틴과 세계체제론자를 둘러싼 논란이다. 국내에서도 이런 세계체제론을 대변하는 이들은 자본주의 세계체제의 형성을 유럽중심주의와 무관한 역사적 사실로 간주하는 반면, 이에 비판적인 논자들은 프랑크(A. G. Frank)의 주장을 받아들여 이들을 유럽중심주의자라 비판한다. 다음 글을 보라. 유재건, 「세계사 다시 읽기와 유럽중심주의—A. G. 프랑크의 『리오리엔트』를 중심으로」, 『창작과 비평』 122 (2003), pp. 328~342 ; 강성호,「근대 자본주의 세계체제와 유럽」, 한국서양사학회 엮음, 앞 책, pp. 196~229.

5) 그러나 이렇게 유럽의 패권을 기정사실화하는 차원에 머무르는 설명법은 부분적일지라도 근대화론을 이미 용인하고 있고, 따라서 유럽중심주의를 비판하면서도 그에서 헤어나올 수 없는 자가당착에 빠질 위험성이 있음이 분명하다. 다음 글을 보라. 최갑수, 「서문」, 같은 책, p. 6.

유럽보다 우위의 위치에 놓여 있던 이슬람 세계가 근대기에 접어들면서 침체 내지 후퇴의 길을 갔음에 비해, 유럽은 상대적으로 후진적인 상태에서 근대적 흥기를 이끌어낸 것으로 인식되는 경향이 있다.

오늘날 이런 이해가 가진 문제점을 지적하는 목소리는 결코 드물지 않다. 너무도 명백한 것으로 여겨지던 근대 유럽의 전 지구적 패권이란 사실 인식에는 유럽이 근대 세계사와 세계 문화의 '주류'라는 무의식적인 가정이 전제되어 있다고 주장되기도 한다.[6] 특히 근대 이슬람 세계의 후진성과 유럽의 문명적 발전에 대한 주장은 그것이 단순히 사실이라기보다는 수 세기에 걸친 두 문화권의 관계를 규정해온 허위의식의 산물임이 주장되고 있다.[7] 그럼에도 불구하고 여전히 두 세계의 역사 해석을 둘러싼 새로운 설명 방식은 모색 단계에 있다. 거대한 담론 체계로 발전한 유럽중심주의는 그것의 극복을 위한 연구 전략의 수립을 전제하지 않는다면 쉽사리 극복되기 어려워 보이며, 특히 산발적으로 이루어질 수 있는 개별 연구가 문제 제기 이상의 수준을 넘어설 수 있을지 확신하기 어렵다.[8]

이 글의 우선적인 주안점은 이들 문화권의 근대사를 둘러싸고 개진된 전형적인 이해를 비판적으로 재고하는 일에 두어질 것이다. 이 글은 특히 19세기 근대 오리엔트학의 등장과 함께 형성되기 시작한 두 문화권에 대한 전형적인 이해를 살피고, 이런 이해가 근대 역사학에 의해 수용되는 면모를 밝히는 데 주력할 것이다. 나아가 이 글에서는 이런 전형화된 두 세계의 근대적 관계에 대한 인식을 비판적으로 극복하기 위해 일찍부터 이루어진 시도들을 조명하고자 한다. 이를 위해 에드워드 사이드(Edward

6) 볼프강 슈말레, 『유럽의 재발견』(을유문화사, 2006). 여기서는 특히 p. 304, 314.

7) 박용희, 「유럽인들의 이슬람관 — 오래된 편견, 변화하는 선입견, 고안된 "타자관"」, 『경주사학』 28 (2008), pp. 85~103.

8) 최근 유럽중심주의 극복을 염두에 둔 세계사 재해석이 개별 연구를 통해 시도되고 있다. 한국서양사학회 엮음, 앞 책 ; 서양사학자 13인, 『서양문화사 깊이 읽기』(푸른역사, 2009).

W. Said)와 마셜 호지슨(Marshall G.S. Hodgson)의 연구가 주목될 수 있다. 이들의 노력은 유럽중심주의를 극복하기 위한 선구적 연구라는 점에서만이 아니라 장차 유럽중심주의를 극복할 수 있는 이론적 토대를 제공하고 있다는 점에서 주목될 필요가 있다. 이로부터 시작하여 향후 새로운 세계사 인식을 위해 유용할 수 있는 방법론을 도출해내는 일은 새로운 연구의 출발점이 될 수 있을 것이다.

2. 통념화된 두 세계의 근대사에 대한 이해

(1) 유럽 오리엔트학의 이슬람 세계 이해

유럽과 이슬람 세계에 대한 학술적 연구는 이슬람 세계가 아니라 유럽의 학술적 연구자들에 의해 주도되었다. 일찍이 16세기 이래 성서 이해에 도움이 되리라는 생각하에 파리, 라이덴(Leiden), 옥스퍼드, 케임브리지 등에서 아랍어가 학습되기 시작했고, 이는 유럽에서 이슬람 문화권에 대한 학술적 연구의 맹아였음이 틀림없다. 그리고 이런 전통이 근대적 학문으로 발전한 것은 서구 세력들이 이슬람 세계로 진출하게 된 것과 밀접히 연관되어 있었다.[9]

19세기 초반부터 시작하여 프랑스, 영국, 네덜란드, 오스트리아 등지의 오리엔트학자들에 의해 주도되면서 오리엔트학 내지 이슬람학이 체계적으로 발전되기 시작했다.[10] 처음에는 대부분의 연구자들이 문헌학적 방식에 입각한 이슬람권의 언어 연구를 주로 수행하기 시작했으나, 곧이어 그

9) 따라서 일찍이 미국의 비교문학자 에드워드 사이드는 식민지 팽창의 역사와 긴밀히 연결된 오리엔트에 대한 학술적 관심으로 오리엔트학에 대해 비판적으로 주목한 바 있다. Edward W. Said, *Orientalism* (London, 1978), p. 87.

문화와 역사에 대한 연구 역시 추진되었다. 19세기에 이미 오리엔트학은 상당한 학문적 발전을 이루고 있었다. 오리엔트 연구자들은 스스로를 '책상 앞의 서생(Stubengelehrte)'으로 인식하고 학술적 엄밀성을 고수하는 이들이었다. 게다가 이들은 자신들의 연구를 서구 제국의 직접적인 정치적 필요와 연결시키는 데에 일정한 거리감을 가지고 있었다.[11]

그러나 이런 서구의 오리엔트학자들이 객관적이고 가치중립적으로 오리엔트를 인식하기에 이르렀다고 볼 수는 없다. 사실 그들은 연구 대상으로 오리엔트를 자기의 관점에서 볼 수밖에 없었고, 곧 자기중심적인 사고방식에서 자유로울 수 없었다.[12] 이는 19세기 후반에 들어 유럽 오리엔트학의 주축을 구성하게 되는 독일 오리엔트학과 그 연구자들에게 명백히 드러나는 것으로, 이 연구자들은 몇 가지 공통적인 관점을 공유하면서 이슬람의 사회와 역사를 바라보고 있었다.

우선 이들은 세속적 관점에서 유럽의 우위를 전제하고 유럽과 이슬람의 역사를 비교하고 있었다. 이들에게는 탈종교를 통해 계몽의 대표자가 된 유럽은 이슬람과 같이 "여전히 종교적으로 규정되는 사회, 도덕, 정치체제"와 뚜렷이 대비된다는 생각이었다. 19세기 독일 이슬람학자였던 칼 하인리히 베커(Carl Heinrich Becker, 1876~1933)는 이슬람이 계몽, 합리

10) 물론 모든 학술적 연구가 현실 정치적 요구와 결부된 차원에서 이루어진 것은 아니었음이 틀림없다. 박용희, 「타문화 인식의 가능성과 한계-세기 전환기 독일 이슬람학자들의 '이슬람 문화' 인식을 중심으로」, 『한국의 지식 지형도-서양사』(책세상, 2007), pp. 431~460.

11) 이들은 서구 각국의 제국주의적 이해에 기여할 목표를 명백히 하며 이슬람 사회를 연구한 것은 아니었다. 오히려 그런 경향을 드러내는 경우는 예외적인 몇몇에 불과했다. 같은 논문, p. 440f. 심지어 다수의 연구자들은 이슬람 사회에 대한 우호적 태도를 드러내는 데 주저하지 않았으며, 그 사회에 대한 호의적 이해의 필요성을 강조하기도 했다. Albert Hourani, *Islam in European Thought* (London, 1991).

12) Ekkehard Rudolph, *Westliche Islamwissenschaft im Spiegel muslimischer Kritik* (Berlin, 1991), p. 161.

화, 세속화를 이룰 수 없기 때문에 후진적이라고 주장하였다. 그는 특히 이슬람 문화는 유럽과 마찬가지로 고대 그리스 문명에 연유하며, 따라서 이슬람 문화도 유럽과 동일한 뿌리에서 출발하고 있다고 주장하였다. 그러나 그는 근대의 이슬람을 "잘못된 발전의 길을 간 후진적 사회"로 이해했다. 이는 이슬람이 고대의 유산을 제대로 계승하지 못한 결과이며, 그것은 유럽에서 전개된 르네상스와 종교개혁이 이슬람 사회에서는 일어나지 않았다는 점에서 증명된다고 생각했다.

게다가 근대 국민국가의 확립, 자본주의 경제체제를 이룬 서구의 근대적 발전과 그를 이루지 못한 이슬람에 대한 대비는 이들이 두 문화권을 바라보는 중요한 관점이었다. 19세기 이슬람 문화권을 연구한 대부분의 학자들은 국제주의적 이슬람이 근대국가의 발전을 저해하고 있다는 데 일치하고 있었다. 독일의 이슬람학자 마르틴 하르트만(Martin Hartmann, 1851~1921)은 이슬람 사회의 발전을 위해서는 서구식 근대화의 개혁이 필요하다고 생각했으며 그것은 국민국가라는 단위 속에서만 가능하다고 주장하였다. 이제 서구는 이슬람에 근대국가와 자본주의 경제체제를 강요할 "문명화의 사명"을 띠고 있다고 생각되었다.[13]

때로는 이슬람에 비교한 유럽의 문명적 우위가 인종의 우월에 근거한다고 주장되기도 했다. 사회적 · 문화적 차이를 설명하는 논리로 인종주의적 사고는 인간의 문명이 결정적으로 "인종 특성"에 의해 규정된다는 것이었다. 프랑스의 에르네스트 르낭(Ernest Renan, 1823~1892)은 세계의 다양한 인종들은 각기 다른 능력이 있다고 전제하였다. 그는 인종들이 명백히 우열에 따라 분류될 수 있다고 생각하였다. 물론 그는 아랍의 셈족과

13) 따라서 이들에게 제1차 세계대전 직전 오스만제국에 대한 아랍 지역의 반란을 사주하는 역할을 하는 "아라비아의 로렌스(T. E. Lawrence of Arabs)"는 아랍의 민족운동을 지원하는 "유럽의 사명"을 실천한 "영웅"이었음이 틀림없다. 다음 책을 보라. Albert Hourani, 앞 책, p. 143f.

유럽의 아리아족을 가장 상위의 인종으로 분류하였다. 그러나 그는 셈족을 단지 종교를 발전시켰을 뿐 "과학과 학문을 낳은" 아리아족에 비해 열등한 것으로 파악하였다. 셈족은 과학과 학문을 낳지 못하는, 미래가 없는 인종으로 간주되었다.

이런 관점들 아래서라면 두 문화권의 문화적 우열 관계는 자명한 일이었다. 이슬람은 근대사에 접어들어 서구 문화와 비교했을 때 부정적 측면 일색인 것으로 인식되기에 충분했다. 서구는 자유롭고 민주적이며 인간적인 문화가 되었고, 반대로 이슬람에는 반(反)문명, 후진성이라는 부정적 꼬리표가 따라붙게 되었다. 그들에게도 이슬람은 역사적으로 계몽된 서구라는 이상에 비한다면 후진적인 문명임이 틀림없으며, 이는 근대적 전환기를 기점으로 역전된 두 문화권의 역사가 낳은 결과물이었다. 이로부터 두 문화권의 근대사를 둘러싼 이해의 전형이 형성되기에 이르렀다.

(2) 근대 유럽 역사학의 태도

그럼에도 이 서구 오리엔트학자들의 노력은 당시 유럽 학계의 풍토에서는 큰 의미를 갖는 것이었다. 전통 역사학이 언어의 장벽으로 이슬람에 대한 관심을 증대시킬 수 없었던 것에 반해, 현지어에 능통한 학자들이 이슬람에 쏟는 관심은 다른 문화에 대한 심층적 이해의 가능성을 보여주었다.[14] 게다가 이들의 학술적 전통은 비교적 지속성을 가지고 유럽의 문헌학계를 이끌고 있었다.

그러나 이 학자들은 유럽을 고전 문명의 유일한 상속자로 자처하면서, 자신들이 속한 유럽이 이슬람 세계에 비교하여 우위에 있다는 주장을 하

14) 랑케는 세계사 서술을 위해 아랍어 공부의 필요성을 절감했으나 어려워 결국 포기했다고 고백했다. 다음 글을 보라. Ernst Schulin, *Die weltgeschichtliche Erfassung des Orients bei Hegel und Ranke* (Göttingen, 1958), p. 188.

고 있었다. 이 과정에서 르네상스 이래 생겨나기 시작한 "필헬레니즘"(Philhellenism)이 유럽과 고대 그리스와의 상관관계를 설정하게 하는 결정적인 인식으로 작용했음이 틀림없다.[15] 그리고 이들에게 이슬람은 고대 그리스의 유산인 유럽과 동일한 가치를 가지는 문화는 아니었다. 오히려 그것은 유대-그리스-로마-기독교 전통과 별개의 "동양적" 문화로 인식되고 있었다. 이는 고대 그리스 사회가 지중해의 양편을 포괄하는 형태로 발전하였다는 사실, 그리고 중세기 동안 그 유산이 주로 이슬람 문화권에 의해 계승 및 발전되었다는 사실을 인정하지 않는 주장이었다.

이와 같은 인식은 대다수의 전문 역사가들에 의해서도 수용되고 있었다. 대표적으로 고대사가 몸젠(Theodor Mommsen)은 필헬레니즘의 관점에서 이슬람을 "헬라스적인 것의 사형인"이라고 혹평하기도 했다.[16] 게다가 나아가 고대 문명으로 이어지는 유럽의 역사적 전통은 '근대성'을 이룩하는 '진보'를 가능하게 한 전제로 인식되기에 이르렀다. 이런 인식 태도에 입각하자면 유럽만이 모든 역사를 주도하는 주체로 여겨질 따름이며, 다른 모든 역사들은 이런 유럽에 의해 이루어진 주도 서사의 변종으로 간주될 수 있을 뿐이었다.

근대 서구 역사학의 토대를 구축한 역사가 레오폴트 폰 랑케(Leopold von Ranke)의 유럽 각국사에 대한 연구는 유럽중심주의적 태도를 이미 전제하고 있었다. 그에 따르면 세계사란 진정한 의미에서 인류의 보편사가

15) 필헬레니즘이란 그리스·로마 문화를 본받아야 할 고전으로 간주했던 르네상스 이래의 가치관과 역사의식의 소산이었다. 요한 요아힘 빙켈만(Johann Joachim Winckelmann, 1717~1768) 이래 서구 지식인들은 그리스인에게서 "이상적 인간형"을 발견하고자 했으며, 이는 필헬레니즘적 "전통의 발견"을 의미하는 것이었음이 틀림없다. 19세기 독일 역사학자 드로이젠의 연구는 이런 경향을 대변한다. 다음 책을 보라. Johann Gustav Droysen, *Geschichte des Hellenismus(1843)*, ed. by Erich Bayer (Darmstadt, 1980).

16) Theodor Mommsen, *Römische Geschichte* (Berlin, 1884), p. 611.

아니라, 문명화된 유럽 민족의 역사, 그것이 실현된 유럽 국가사를 의미하고 있었다. 따라서 랑케가 지향한 세계사는 실제 "유럽 대륙 내의 제한된 주민의 세계사적 발전상을 중심으로 구성한 역사"였으며, 나아가 유럽 주요 민족의 발전상을 중심으로 한 근대 역사학의 전형을 구축하였던 것이다. 이후 유럽중심주의적 태도를 전제하면서도 유럽의 민족사 서술을 주된 업무로 하는 역사학의 전형이 형성되게 되었다.

이런 유럽 근대 역사학의 전통 속에서 유럽과 비유럽의 역사를 동등하게 취급하는 세계사를 위한 가능성은 배제되고 있었다. 유럽과 비유럽 세계를 포괄하는 의미에서의 진정한 보편사, 세계사의 가능성은 이미 배제되고 있었다.[17] 또한 유럽과 이슬람의 역사를 둘러싼 이해에 있어서도 지배적이었던 것은 양 세계의 관계를 지나치게 대립적으로 파악하고 역사적 발전의 다른 길을 강조하는 방식이었다.

이런 유럽 역사가들의 이해를 대변하며 또 이를 재생산한 데 크게 기여한 이로는 벨기에의 역사가 앙리 피렌(Henri Pirenne, 1862~1935)을 들 수 있다. 그는 경제사의 관점에서 중세의 시작을 이슬람의 등장과 연결시키는 테제를 제기하여 역사학계에 큰 영향력을 행사하였다. 그에 따르면 고대 지중해 세계의 경제적 통일성이 게르만족의 침입 이후에도 계속 유지되다가 7세기 이슬람의 흥기로 무너지게 되었다는 것이었다. 이로 보자면 이슬람의 출현은 고대 지중해 문화의 종식자였으며, 이런 이질적 문화로서의 이슬람은 고대 그리스 · 로마 문화와 어떤 연관 관계도 갖지 않는, 따라서 유럽과 구분되는 것이었다.[18]

---

17) 19세기 역사철학적 유산은 지구상 민족들의 역사에 대한 증가하는 지식을 정당하게 구조화하는 데 적합하지 않았으며, 따라서 완전히 유럽 중심적이었다. 다음 책을 보라. Lutz Raphpael, *Geschichtswissenschaft im Zeitalter der Extreme. Theorien, Methoden, Tendenzen von 1900 bis zur Gegenwart* (München, 2003), 특히 p. 193f.

이후에도 근대사를 기점으로 다른 길을 간 문화권으로 이슬람에 대한 인식은 결코 약화되지 않았다. 20세기 후반에 들어서도 독일의 저명한 세계사 시리즈물의 하나인 『프로필래엔 세계사(Propyläen Weltgeschichte)』는 이슬람의 역사를 유럽과의 대립적인 인식 속에 서술하고 있다.[19] 물론 이 세계사 시리즈는 기존의 역사 연구가 유럽만을 제한적으로 다루어왔다는 점을 비판하면서 이슬람의 역사를 유럽의 형성과 동일한 시대적 맥락에서 다루고자 하는 야심찬 의도에게 기획된 것이었다. 게다가 7세기의 역사를 다루는 맥락에서는 아랍의 제국과 카롤링거 제국을 대등한 차원에서 비교하면서 그 역사적 기원을 동일한 고대 문명에서 찾고 있기도 하다. 또 이 책에서는 중세 시기에 이르러서도 여전히 관철되고 있는 이슬람 세계의 우위를 인정하는 태도를 명백히 하고 있다.

그러나 이 책의 편집자 중 한 명인 아우구스트 니취케(August Nitschke)는 책의 서문에서 이미 13세기에 접어들면 유럽과 이슬람이 다른 발전의 길을 가고 있었다는 인식을 명백히 하고 있다. 그에 따르면 중세 성기에도 유럽의 정신적·세속적 군주들은 기독교 유럽의 통일성을 지키려는 시도를 계속하고 있었다. 그러나 13세기에 들어 명확해지기 시작한 것이 유럽 내 개별 "민족들(Nationen), 신분들(Stände) 등을 중심으로 한 이해관계의 분화"였다. 그리고 그 결과 생겨나기 시작한 집단과 집단, 신분과 신분의 구분은 실은 "자연적 질서에 대한 인정(Bejahrung der natürlichen Ordnung)"이었으며, 그 결과 유럽은 기독교 제국이라는 인위적 질서를 위해 애쓸 필요가 없었다는 것이다.[20]

---

18) Henri Pirenne, *Mohammed and Charlemagne*, trans. Bernard Miall (New York, 1939). 이런 피렌의 테제는 고고학 연구에 의해 일찍부터 반박되고 있다. 다음 책을 보라. Richard Hodges (ed.), *Mohammed, Charlemagne and the Origins of Europe* (New York, 1983).

19) Golo Mann, Alfred Heuß, August Nitschke (eds.), *Propyläen Weltgeschichte* 5: Islam. Die Entstehung Europas (Frankfurt a. M./ Berlin, 1963).

반면 니취케는 이 책의 이슬람 편을 담당한 미국의 오리엔트학자 구스타프 에드문트 폰 그루네바움(Gustav Edmund von Grunebaum)의 주장을 인용하면서 이슬람 세계에서는 이에 비교될 수 있는 전환이 이루어지지 못했음을 주장하고 있다. 그 결과 "신의 뜻, 적, 그리고 파라다이스"에 대한 집착을 놓치 않은 이슬람 세계는 통일성에 대한 끝없는 지향을 낳았고, 이는 "자연적 질서에 대한 인정"에 이르지 못하게 되었다는 것이다. 이로써 이해관계의 분화가 "역동성"을 특징으로 하는 문화를 낳은 유럽과 후진적인 상태에 머무르게 된 이슬람 세계는 명백히 다른 세계라는 것이었다. 이는 오랫동안 유지 및 확대 재생산되어온 유럽에 의한 이슬람관을 드러내는 것과 다름없다.

3. 유럽중심주의 비판을 위한 선구적 시도

(1) 오리엔탈리즘 비판

이런 오랜 유럽중심주의의 전통에도 불구하고 비교적 긴 역사를 가지는 유럽에서의 이슬람 연구는 학문으로서의 위상을 의심받지 않았다. 따라서 그것은 '오리엔트적인 것'에 대해 어떤 가치를 부여한다기보다는 그것을 객관적으로 연구하는 경향으로 이해되어왔다.[21] 미국의 비교문학자 에드워드 사이드는 1978년 출간된 책을 통해 이런 학술적 전통에 대한 비판적 이해의 길을 열었다.[22] 그는 오랜 전통을 갖는 '오리엔트' 사회에 대

20) 같은 책, p.18.

21) 오늘날에도 서구 학계의 일각에서는 오리엔탈리스트들에 대한 긍정적 평가를 요구하는 목소리가 드물지 않다. 서구의 이슬람 전문가들 사이에서는 자신들의 학문의 스승에 대한 긍정적 평가를 요구하기도 한다. 그 대표적인 예가 버나드 루이스(Bernad Lewis)이다. Bernad Lewis, *Islam in History. Ideas, Men and Events in the Middle East* (London, 1973).

한 학술적 연구만이 아니라 이슬람 사회와 문화를 언급하는 서구의 문학, 예술, 저널리즘 등을 광범위하게 다루면서 이들 속에 광범위하게 왜곡된 이미지가 작용하고 있다는 결론에 도달했다. 그리고 그는 오리엔탈리즘이라 표현되는 이런 서구인들의 인식에는 일방적인 권력 의지가 작용하고 있음을 주장하였다.

또한 사이드는 이런 서구인들의 인식이 "서양인의 경험 속에 오리엔트가 차지하는 특별한 지위에 근거하는 것"으로 문화적인 헤게모니에 근거하는 것임을 주장하였다. 특히 사이드가 주목한 것은 서구의 학문으로 이슬람학, 아랍학과 그 학자들의 연구였다. 그리고 그는 이 연구들이 오리엔탈리즘이라 부를 수 있는 하나의 담론 장치를 기반으로 하여 동양 세계를 자신들의 의지대로 "고안(invention)"하고 있었다고 주장하였다. 서구에 의한 이슬람 문화권에 대한 직접적 지배의 시기에 서구인들에 의한 이슬람관은 그 사회와 문화에 대한 객관적 인식에 근거한 것이 아니라, 오히려 그들의 자기 우월감, 제국주의 지배와 연관된 문화적 지배 욕구의 발현이나 다름없었다.

이로부터 이슬람의 사회와 문화를 바라보는 유럽의 인식 태도에 대한 근본적인 문제 제기가 가능해졌다. 실제 논리의 명료성과 그 비판적 의미로 인해 사이드의 주장은 지성계에 큰 반향을 불러일으켰으며 뜨거운 찬반 논란의 대상이 되었다.[23] 최근까지도 다방면에 걸쳐 비판적 논란은 계속되고 있다. 오리엔트학의 전통에 대한 평가의 문제 외에도 여러 논점이 논란거리가 되고 있다.[24]

22) Edward W. Said, 앞 책, p. 11.

23) 1979년부터 1982년 사이에만 이 책에 대한 비중 있는 서평과 비평 논문만 해도 70여 편이 쏟아져 나왔다. 가장 유명한 비판가는 버나드 루이스(Bernard Lewis)이다. Bernard Lewis, "The Question of Orientalism", *The New York Review of Books* (1982. 6. 24.), pp. 49~56.

그러나 무엇보다 문제시되는 것은 그의 접근법이 서구 오리엔트학자들에 의해 공공연히 드러난다고 하는 '동양을 본질화하는 태도'를 답습하고 있다는 비판일 것이다. 책이 발간된 직후 그에게서 "옥시덴탈리즘"이라는 개념으로 표현된 반(反)서양적 정서를 의심하는 경향이 나타났다.[25] 사이드가 오리엔트의 사회와 문화를 바라보는 서구인들이 보일 수 있는 다양한 면모를 무시하고 있으며, 그런 관점에서 출발하자면 그는 오리엔탈리즘에 의해 왜곡되지 않은 오리엔트 사회와 문화에 대한 '진정한' 인식의 가능성을 강변하고 있다는 주장이 제기되었다. 확실히 이런 '순수한' 이슬람 사회와 문화에 대한 역사적 이해가 이슬람 사회 자체에서, 자기 사회의 역사와 문화를 절대화하면서 제기되는 것이라면 이는 유럽중심주의의 역전된 형태와 다르지 않다는 점은 명백하다.[26]

그러나 이런 여러 논란에도 불구하고 사이드의 문제 제기가 가지는 의의는 결코 적지 않다. 오늘날 사이드에 의해 제기된 오리엔탈리즘의 문제의식을 고려하지 않은 채 유럽과 비유럽 세계의 역사를 설명을 시도하는 일은 불가능하게 되었다. 특히 사이드의 문제 제기는 서구의 학술적 오리

24) 사이드를 둘러싼 여러 논쟁점에 대해서는 다음 글을 참고할 수 있다. Jürgen Lütt, "Die Orientalismus-Debatte im Vergleich: Verlauf, Kritik, Schwerpunkt im indischen und arabischen Kontext", Hartmut Kaelble (ed.), *Gesellschaft im Vergleich: Forschungen aus Sozial-und Geschichtswissenschaften* (Frankfurt a. M., 1998), pp. 511~567.

25) Norris Merchant, Rezension in *New Leader* 62 (1979. 1. 1.), p. 18. 최근의 논의로는 다음 책을 참고할 수 있다. 이언 바루마, 아비샤이 마갤릿, 『옥시덴탈리즘 – 반서양주의의 기원을 찾아서』(민음사, 2007).

26) 이슬람 근본주의의 경우에서 명백히 드러나듯이 이런 시도를 설득력 있는 대안적 역사상으로 간주할 수는 없다. 그런 설명법이 유럽중심주의를 대체한 새로운 역사 이해의 가능성을 열어주지 않는다는 점은 의심의 여지가 없다. 특히 비서구 사회의 근대성이란 "그에 대해 비판적일 수는 있으나 이미 우리가 그 속에 있음으로 인해 불가능한 부정"의 대상이라는 한 논자의 주장은 이런 맥락에서 확실히 설득력이 있다. G. C. Spivak, "The Making of Americans, the Teaching of English, and the Future of Colonial Studies", *New Literary History* 21 (1990), pp. 187~198.

엔트 인식을 둘러 싼 비판적 인식의 길을 열었다는 점에서 의미 있는 것이었다. 그 결과 어떤 형태로든지 문화적 자기중심주의에 입각한 세계사 인식의 위험성을 의식할 수 있게 되었다는 점은 중요하다. 이는 아마도 기존의 유럽중심주의적 세계사 이해를 넘어 새로운 세계사를 추구하는 데 있어 불가결의 전제라고 해야 할 것이다.

(2) 마셜 호지슨의 세계사론

이후에도 이런 문제의식에서 출발하여 이슬람의 역사에 대한 새로운 해석이 시도된 예는 많지는 않았다. 오늘날까지 이루어진 여러 시도 중에서 특히 이슬람사와 연관하여 주목할 수 있는 것은 극히 드문 것이 사실이다. 이 글에서 언급되는 마셜 호지슨의 세계사 기획은 몇 안 되는 시도 중에서 독보적인 데가 있다. 『이슬람의 모험(The Venture of Islam)』을 써서 잘 알려진 호지슨은 전형적인 서구 오리엔트학, 그중에서도 특히 이슬람학 전공자였다.[27] 그는 결코 자신의 연구를 이슬람 문화권에 국한하지 않았으며, 오히려 그것을 세계사의 맥락에서 파악하면서 유럽중심주의를 극복한 두 문화권의 역사에 대한 이해를 추구하였다.

이런 그의 태도는 그 자신 스스로 몸담았던 이슬람학의 전통에 대한 반성적 고찰에서 온 것이었음이 틀림없다. 앞서 살핀 바와 같이 칼 하인리히 베커, 구스타프 폰 그루네바움 등의 전형적 오리엔탈리스트들은 이슬람 문화를 초기의 번영과 근대사회의 쇠퇴라는 관점에서 이해하고 있었다. 이런 인식에 맞서는 호지슨의 새로운 세계사를 위한 전략은 "하나의 거대한 역사 복합체"로 "아프로-유라시아 사회"를 상정하는 것이었다.[28]

27) 마셜 호지슨에 대한 자세한 소개를 위해 다음 글을 참고할 수 있다. Albert Hourani, 앞 책, 특히 pp. 85~108.

28) 마셜 호지슨, 『마셜 호지슨의 세계사론』(사계절, 2006), p. 40.

그에 따르면 이 사회는 농경이 시작된 이래 산업혁명 때까지 계속 성장하면서 지역을 초월하여 아프리카와 유라시아 대륙에 존재하였다고 가정되는 하나의 거대 사회였다. 물론 이런 가설을 제시한 그의 의도는 명백하다. 우신 이 역사 복합체 속에서 유럽의 주변적인 위치를 확인하고, 나아가 이슬람을 "객관적" 역사에 합당하게 세계사 속에서 다시 자리 매기는 일이 시급했다. 호지슨이 바라본 "이슬람권 사회"는 17세기에 이르기까지 "아프로-유라시아 반구"에서 가장 광대한 사회였고, 따라서 다른 사회들에게 가장 영향력 있는 사회였기 때문이다.

그리고 그의 일관된 추구는 유럽중심주의의 극복이었다. 이런 점은 특히 두 문화권의 근대사를 다룬 대목에서도 명백히 드러난다. 우선 호지슨은 1800년경을 서구 사회에 "대변동"이 일어난 시기로 보고, 이 "사건"을 "'문명'이라고 부르는 것이 처음으로 나타났던 사건에 비견"될 수 있는 일이라 높이 평가하였다.[29] 또 그는 막스 베버(Max Weber)와 유사한 방식으로 왜 이 대변동이 "서구에서만 일어났을까"를 묻고 있다. 그러나 그가 이 문제에 답하는 방식은 베버와 상이하며, 이는 다분히 유럽중심주의 비판을 염두에 둔 것이었다. 아마도 그는 베버를 비역사적 비교를 일삼은 사회학자 내지는 서구 근대성을 중심에 두고 문명 비교를 추진한 유럽중심주의자로 보고 극복의 대상으로 삼았던 듯하다.

우선 그는 베버를 의식한 듯 이 "사건"을 단지 유럽적인 사건이 아니라 "세계사적 과정"의 산물로 보았다. 또한 이 대변동은 유럽에서만 일어날 수밖에 없었던 일이 아니라 "지구의 어느 곳에선가 조만간 일어날 일"이었다. 또한 그는 베버의 근대성과 서구 합리주의에 대한 논거를 의식한 듯 모든 사회는 그 자체로 합리적이며, 따라서 전통과 근대의 이분법을 통해

29) 같은 책, p. 93.

"서구의 대변동"을 설명하는 것은 유럽 중심적 태도에 불과하다고 보았다.

이런 인식 속에 그가 "서구의 대변동"을 설명하는 방식은 독특하다. 그에 따르면 "서구의 대변동"은 전통으로부터 서구적 근대를 향한 전환점이 아니다. 그것은 단지 "농경주의" 단계에서 "기술주의의 시대"로 전환을 의미하는 것이며, 이때 기술주의는 그 폭발적 성격에도 불구하고 일반적으로 진보적인 것을 표현하는 것은 아니다. 호지슨은 이런 방식으로 근대화 이론의 패러다임을 벗어나려 했다. 그리고 이를 통해 그가 얻고자 한 것은 유럽과 이슬람이라는 두 문화권의 "장기적인 변화의 방향을 보여" 주며 나아가 양 문화권의 "잠재력을 평가"하는 것이었다.[30]

오리엔탈리즘이라 불리는 유럽 이슬람학의 전통에 서 있었음에도 불구하고 이슬람과 유럽이란 문화권의 역사적 지위를 재평가하고자 한 호지슨이 갖는 의미는 크다. 물론 그가 너무 넓은 공간적 범위와 너무 긴 시간대를 대상으로 다분히 거시적 접근을 지향했으며, 따라서 상당히 추론적인 가설 제시 수준에 머물고 있다는 점을 생각하면 그의 연구가 현재 우리에게 갖는 의미는 제한적일 수 있다. 그러나 그의 연구는 유럽중심주의를 극복한 새로운 세계 사상을 모색하는 마당에 시사하는 바가 적지 않다. 그가 요구하듯이 유럽의 역사를 세계사 속에서 제한된 의미를 갖는 것으로 주변화하고, 또 다른 문화권, 특히 이슬람 문화권의 역사의 의미에 대해 재주목하는 일은 그 어느 때보다 절실히 요구되고 있기 때문이다.

30) 같은 책, p. 205.

4. 새로운 세계사 인식을 위한 모색

(1) 여전히 남는 근대사 인식의 문제

사이드나 호지슨과 같은 독보적 연구자들은 불평등한 역학 관계로 각인된 유럽과 이슬람의 근대사를 새로운 각도에서 조명할 가능성을 제시한 바 있다. 그러나 양 세계의 근대적 발전을 설명하는 방식은 여전히 근대 유럽의 전 지구적 패권 형성과 이에 비해 상대적으로 열세에 처한 이슬람권의 쇠퇴라는 인식 틀을 넘어서지 못하고 있다.[31] 특히 서구적 시각인 근대화론을 크게 벗어나지 않는 선에서 여러 패러다임이 경쟁하면서 근대사에 대한 해석을 시도하고 있다. 몇 가지 제출된 패러다임을 소개할 수 있다.

우선 계몽의 원칙과 역사 발전 단계론을 다시 내세우면서 서구를 중심으로 한 근대의 확립을 설명하는 경향이 있다. 어니스트 겔너(Ernest Gellner)와 같은 이는 구래의 발전론과 달리 근대화라는 구상의 개방성과 역사적 우연성을 인정한다. 그러나 그는 결코 근대화가 가진 역사적 발전으로서의 성격과 인류 보편성에 대한 확신은 포기하지 않고 있다. 이런 역사 인식은 아울러 미완의 근대성이 완성될 미래에 대한 기대를 포기하지 않는다. 이런 기대는 미완의 서구적 '근대'는 여전히 생명력을 잃지 않고 있으며, 오히려 그것을 그 내부적 수정, 보완을 통해 완성하는 것이야말로 세계사적 발전의 대안이라는 주장으로 이어지고 있다.[32]

---

31) 저명한 오리엔트학자 버나드 루이스 역시 예외는 아니다. 그에게 두 문화권의 역사는 "이슬람이라는 신앙과 그것을 받아들인 사람들"의 역사와 기독교 문화에서 시작하여 근대적 문화를 이룬 유럽의 역사로 명백히 구분되는 것이다. 아울러 이 두 세계의 근대사는 서구의 충격과 그에 대한 이슬람의 대응과 저항의 역사로 인식될 따름이다. 버나드 루이스, 『이슬람 1400년』(까치, 1994).

32) Ernest Gellner, *Plough, Sword, and Book: the Structure of Human History* (Chicago, 1990).

또 다른 설명 모델은 서구 근대화에 대한 자연과학적 설명을 추구하기도 한다. 자연환경이 사회 발전을 결정한다는 환경결정론적 입장에서 1500년경 더 나은 조건의 창출에서 문화 간 발전의 차이를 설명하고자 하는 재레드 다이아몬드나 다른 자연과학자들은 역사 해석의 또 다른 모델을 제시하고 있다.[33] 이들은 인종주의적 사고에 입각한 설명을 원칙적으로 거부하지만 근대 세계의 불균등한 발전을 인정하면서 세계사에 대한 설명을 시도하고 있다. 이들에게 역시 근대 세계에서 유럽과 이슬람의 불평등한 역학 관계는 우연적인 것이기는 하지만, 부인할 수 없는 사실이다.

그러나 제시되고 있는 이런 여러 구상은 유럽이 이룩한 근대적 보편성에 대한 믿음을 전제하고 있으며, 이런 인식 속에서 유럽중심주의 문제는 극복의 대상으로 잘 상정되지 않는다. 그러나 이제 서구만이 행위자였고 또 그들이 주도한 역사가 근대사를 좌우하는 것이었다는 낡은 근대화론은 폐기되어야 마땅하다는 인식이 등장하기에 이르렀다. 또 지난 세기 말 포스트모더니즘의 영향 속에 근대성의 보편사적 의미를 제고해야 한다는 목소리가 높다. 유럽적이고 서구적인 성취의 확산이 근대 세계사의 전개과정이었으며, 그 연장선상에서 세계의 미래는 근대화의 진전 여부에 달렸다는 생각이 비판적 논구의 대상이 되고 있다.[34] 이런 문제의식과 맥을 같이하면서 최근 서구 학계의 일각에서는 유럽사를 중심에 두는 보편주의적 태도를 부정하고, 각 문화권의 다양한 발전에 대해 주목하는 문제의식과 그에 입각한 두 세계의 관계에 대한 해명을 요구하는 목소리가 커지

33) Jared M. Diamond, *Guns, Germs, and Steel: the Fates of Human Societies* (New York, 1999). 한글 역본 : 『총, 균, 쇠－무기, 병균, 금속은 인류의 운명을 어떻게 바꿨는가』(문학사상, 2005).

34) 1960년대부터 '서발턴'이라 불리는 일군의 인도 연구자들에 의해 추진된 연구는 포스트모던, 포스트콜로니얼의 문제의식으로 발전되어 서구적 근대의 보편성에 대한 도전을 계속하고 있다. 김택현, 『서발턴과 역사학 비판』(박종철출판사, 2003).

고 있다.

(2) 새로운 세계사 이해를 위한 대안 전략 1 – 유럽을 주변화하기

그러나 여전히 유럽의 팽창으로 시작되는 근대사를 인정하는 시각은 일반적이다. 물론 유럽의 팽창으로 시작된 근대사를 전제하는 것이 유럽중심적 태도라고 볼 수는 없다. 그러나 근대 서구의 역사적 전개 과정을 유럽적이고 서구적인 역사적 성취의 확산 과정으로 파악하고, 또 나아가 그 패권을 기정사실화하는 이런 설명법이 비서구 사회의 역동성과 그 사회들이 가지는 세계사적 의미를 제대로 주목할 수 있을지는 의심스럽지 않을 수 없다.

따라서 유럽중심주의 극복의 지향을 염두에 두면서 가장 먼저 극복의 대상으로 등장하는 것은 근대 유럽을 둘러싼 신화이다. 즉, 오랫동안 근대 유럽은 "계몽사상과 프랑스혁명", 산업혁명과 자본주의 발달을 거치면서 세계사의 주도권을 갖게 되었고, 이런 과정에서 유럽이 주도한 "문명화"가 인류 사회를 역사 발전의 최고 단계에 이르게 한 것으로 인식되는 경향이 있었다. 그러나 이렇게 비서구 사회와 무관한 서구 문화의 역사적 특수성을 인정하고, 나아가 그것을 인류 역사 발전의 보편적 모델로 삼는 인식 태도는 전형적인 유럽중심주의의 발현이나 다름 없다.

최근 역사가들 사이에서는 서구의 역사도 하나의 지역사에 불과하다는 인식이 등장하고 있으며, 그런 인식의 틀 내에서 유럽을 특수한 그 자체의 맥락에서 이해하고자 하는 경향이 등장하고 있다.[35] 아울러 그들은 이를 통해 세계사 속에서 유럽의 문명사적 위치를 '주변화'하기를 요구하고 있다. 물론 앞서 언급한 호지슨은 유럽을 지리적 차원에서 주변화하는 방식을 전면에 내세운 바 있다. 앞서 살핀 바와 같이 그는 "하나의 거대한 역사복합체"로 "아프로-유라시아 사회"를 상정하면서 세계사를 이해하고자 했으며, 동시에 유럽은 그런 역사 복합체를 이루는 핵심적 지역들 중 하나에 불과했다. 그의 주장에 따르면 그 복합체 내에서 "주변적인 역할, 그리고 중세가 시작되고 한참 지나기까지 후진적인 역할"에 머물러 있던 유럽을 독자적 지위를 갖는 하나의 "대륙"으로 파악해온 것은 서구 중심적 지리적 세계관의 관철이나 다름없었다.[36]

그 밖에도 유럽의 우월함이라는 주장과 거의 동일시되는 근대 유럽의 흥기를 설명하는 방식에서도 유럽의 주변화가 시도되고 있다. 호지슨이 시도한 방식은 우선 근대 유럽이 경험한 "대변동"은 유럽에서만 일어날 수밖에 없었던 일이 아니라 "지구의 어느 곳에선가 조만간 일어날 일"이라 묘사하면서 이런 주장이 흔히 내세울 수 있는 문명론적 연관성을 제거하는 것이었다. 또한 그는 변화를 기술적인 차원에서 일어난 것으로 축소해석하면서 근대적 발전론과의 연관성을 부인하고 있었다. 이런 근대 유럽의 흥기에 대한 질적 평가를 통해 유럽의 우월함이라는 주장은 철저히 거부될 수 있었다.

유럽 흥기의 원인을 설명하는 또 다른 방식 속에서 유럽의 주변화가 시도되고 있기도 하다. 대표적인 것이 유럽의 흥기를 문화의 본질론적 차원에서 설명하기보다는 우연적이고 역사적 계기를 통해 설명하는 방식이 있다. 역사학자 볼프강 슈말레(Wolfgang Schmale)는 근대 초기 포르투갈의 아메리카 대륙 발견과 영국의 산업화를 설명하면서 그 원인을 유럽의

35) Dipesh Chakrabarty, "Europa provinzialisieren. Postkolonialität und die Kritik der Geschichte", Sebastian Conrad (ed.), *Jenseits des Eurozentrismus. Postkoloniale Perspektiven in den Geschichts-und Kulturwissenschaften* (Frankfurt a. M., 2002), pp. 283~312. 이런 관점을 역사 연구의 관점으로 더욱 구체화하는 것으로 다음 글을 참고할 수 있다. Eckhardt Fuchs, "Introtuction. Provincializing Europe. Historiography as a Transcultural Concept", Eckhardt Fuchs/ Benedikt Stuchtey (eds.), *Across Cultural Borders. Historiography in Global Perspective* (Oxford, 2002), pp. 1~26.

36) 마셜 호지슨, 앞 책, p. 63f.

본질에서 구하는 것이 아니라, "그런 일이 일어날 수 있는 개연성과 그것을 가능하게 하는 조건"이 특별히 이 지역에서 축적되고 있었다는 점을 통해 설명하려 하고 있다.[37] 이는 명백히 유럽 문화의 우월성을 가정하는 기존의 태도와는 구분된다. 아울러 그는 이런 역사적 전개 과정을 설명하면서 유럽의 대항해나 유럽의 산업화라는 비역사적 설명 방식을 택하기보다 특정 지역에서 시작된 사회적이고 문화적인 변화가 확산되는 과정에 대한 역사적 설명을 시도하고 있다.

(3) 새로운 세계사 이해를 위한 대안 전략 2 – 문화권에 대한 역사적 연구와 문명 본질론의 극복

이와 같이 유럽과 이슬람 세계에 대한 역사적 연구는 근대 유럽을 우위에 두는 기존의 세계사를 벗어날 가능성을 제시한다. 이와 함께 두 세계에 대한 연구 방식 자체를 재고하면서 유럽중심주의를 극복한 역사 연구의 새로운 방법론이 모색될 수도 있다. 그를 위해 특히 유용한 것은 조야(粗野)한 문명론의 문제를 제기하는 일이다. 왜냐하면 지금까지 두 세계를 연구하는 방식에는 대체로 이런 거친 문명론의 흔적이 역력하기 때문이다. 사실 유럽과 이슬람 세계에 대한 연구라면 흔히 지금까지 문명론이라 불리는 영역, 즉 슈펭글러(Oswald Spengler)와 토인비(Arnold Toynbee)에 의해 전제된 "배타적 단일 구조"를 가진 독립적 단위로 문명을 상정하는 태도를 떠올리게 된다.[38] 물론 명백한 것은 오늘날의 이런 논의가 지난 세기 초반의 이런 역사철학적 혹은 유사 학문적 접근법과 동일할 수 없으며,

37) 볼프강 슈말레, 앞 책, 여기서는 특히 p. 304, 314.

38) 최근 한국에서도 주목받는 이슬람 연구자들은 이런 문명 연구의 틀을 그대로 수용하고 있다. 고대 문명 교류사에 대한 내용 있는 연구에도 불구하고 다음 책은 낡은 문명론의 틀을 고수하고 있다는 점에서 한계가 있음이 틀림없다. 정수일, 『문명담론과 문명교류』(살림, 2009).

오히려 그에 머무르고자 한다면 이는 시대착오적임이 틀림없다.

그럼에도 불구하고 오늘날에도 이런 문명 내지 문화권이란 인식 단위는 여전히 의미를 갖는 것이기도 하다. 세계사를 연구 대상으로 삼으며 그 속에서 거대 사회에 대한 주목을 유의미하게 생각하는 이들이 실제 연구를 진행하고 있다. 세계사론자들과 역사사회학자들 사이에서 "구조를 드러내는 메타포(organic metaphor)"로 문화권을 상정하며, 이를 세계사 분석의 유용한 개념으로 이용하고자 하는 경향이 그것이다.[39] 물론 이런 접근법은 어떤 문화권의 실체를 상정하고 있으며, 그에 대한 이해 가능성을 전제한다. 그러나 이런 경향을 지지하는 최근의 연구자들이라 할지라도 문화권이란 비역사적 · 선험적으로 전제되는 것이 아니라는 점에는 동의할 것임이 틀림없다.

따라서 문화권에 대한 연구라 할지라도 문화권을 이루고 있는 구성 인자들의 다양한 모습에 주목하며, 이를 통해 문화본질주의를 극복하는 방식은 틀림없이 유용하다. 사실 지금까지 유럽사는 하나의 개별적인 통일체 혹은 총체로서 이해되는 유럽의 역사적 '발전'을 전제한 것이었다. 그러나 "무엇이 유럽 혹은 서양인지, 그것이 어떠한 의미를 가지는지 묻지 않은 채 유럽은 당연히 있는 것으로 가정될 수 있는가"라는 질문은 지금까지 논의가 문명에 대한 무차별적 인식을 기반으로 한 것이었음을 잘 드러낸다. 그리고 이런 거친 문명본질론이 아니라면 유럽 자체의 구체적 생성사와 그 역사적 의미를 밝히는 일은 유럽중심주의를 극복하는 또 다른 전략임이 틀림없다.

이런 맥락에서 앞서 언급한 볼프강 슈말레는 유럽의 홍기, 특히 대항해

39) 대표적으로 사회학자 아이젠슈타트의 연구는 이런 문화권의 실체를 상정하고, 이에 입각하여 문화권들의 비교, 각 문화권이 가진 특성에 대한 발견론적 연구를 계속하고 있다. S. Eisenstadt (eds.), *Reflections on Multiple Modernities* (Leiden, 2002).

시대, 산업혁명을 설명하는 방식에서도 특별하다. 그는 대항해 시대의 개막과 함께 "유럽의 팽창" 시대에 대해서도 세계체제론자 월러스틴을 인용하면서 이렇게 쓰고 있다. "팽창은 유럽이 아니라 포르투갈이 한 것이었다. 혹은 적어도 포르투갈이 주도권을 넘겨받았다고 해야 할 것이다." 이런 언급이 시사하는 바는 명백하다. 1500년경의 팽창운동은 "지역적인, 즉 포르투갈적인 위기 극복의 수단으로 시작"되었으며, 이는 "실제 전 유럽적으로 시작된 위기 때문에 유럽적 동력이 시작된 때와 구분" 되어야 한다. 그리고 이런 구분은 손쉽게 상정되어온 유럽 문명의 본질론과의 단절을 지향하는 것이다.[40]

이와 유사한 맥락에서 최근 이슬람의 세계사를 다룬 역사서들도 조야한 문명론의 문제를 인식하는 데 일치하고 있다. 이슬람 세계를 다룬 연구서의 서문에서 제시되는 다음과 같은 질문은 이런 태도를 반영한다. "도대체 이슬람 세계는 단일 구조로 존재한 적이 있는가? 아니면 그것은 실제로는 기독교 세계, 기독교 유럽과 유사하게 다양한 모습을 가진 것은 아니었는가?"[41] 이런 질문과 함께 이제 그 어떤 이슬람 연구서도 이슬람 세계를 "배타적 단일 구조"로 이해하는 경향을 지양하고 있다. 오히려 강조되는 것은 이 세계를 구성하는 다양한 요소에 대한 인정이요, 그 발전사의 다양한 길에 대한 인정이다.[42]

그리고 이런 문제의식은 최근 문화권이라는 거대 사회의 역사에 대한 연구 중에서도 새로운 접근법을 통해 문명본질론을 의식적으로 경계하는

---

40) 볼프강 슈말레, 앞 책, p. 305f.

41) Gernot Rotter, *Die Welten des Islam* (Frankfurt a. M., 1993).

42) 최근 독일어권에서 나온 책을 보더라도 역사적 평가를 자제하면서 발전사의 다양한 길에 대한 객관적 서술을 지향하고 있다. Tilman Nagel, *Die islamische Welt bis 1500* (Göttingen, 1998); Werner Ende (eds.), *Der Islam in der Gegenwart* (München, 1996). 한국어로 번역된 다음 책을 참고할 수도 있다. 아이라 M. 라피두스, 『이슬람의 세계사 1, 2』(이산, 2008).

일로 나타나기도 한다. 이는 문화권의 역사에 대한 구성주의적 태도라 명명될 수 있는 것으로 문화권 내지 문명 자체에 대한 인식의 전환을 요구한다. 이는 하나의 문화권이 본질적 구조를 가진다는 전제를 거부하고, 그것을 동적인 이미지, 관념, 담론의 차원에서 이해하고자 한다는 점에서 특별하다. 이 경우 예를 들어 이슬람이 상정된다면 그것은 지리적으로 명확히 규정되는 무엇이라기보다, 그것을 하나의 배타적 문화 단위로 인식하려는 사람들에 의해 파악된 "관념의 총체"일 따름이라 인식하고 있다.[43] 이런 인식 태도에 의거하자면 이슬람 세계에 대한 연구는 이슬람적 정체성의 변화 과정을 추정하는 방식으로 가능할 것이다. 그러나 아직도 이런 연구는 국내외를 통해 내놓을 만한 결과를 낳고 있는 것으로 보이지 않는다.

(4) 새로운 세계사 이해를 위한 대안 전략 3 – '엉킨' 문화권의 관계와 상호 영향에 대한 주목

이런 조야한 문명론의 위험성은 유럽사 해석에만 국한되는 것은 아니다. 이슬람의 근대사를 설명하는 데도 이와 비슷한 논리가 적용될 수 있음은 명백하다. 서구 사회의 근대적 발전을 이상화하는 태도를 극복한다는 논리를 내세우면서 이슬람 사회의 본질적 역동성을 거론하거나, 나아가 이슬람 세계의 자생적 근대화론을 입증하는 경우가 종종 있다.[44]

그러나 유럽중심주의 극복이 이슬람의 우월성에 대한 주장으로 역주행

43) 프랑스의 이슬람학 전공자 막심 로댕송(Maxim Rodinson)은 이런 의미에서 문명 내지 문화권을 본질화하는 태도를 "문화본질주의"라 강하게 비판하고 있다. 다음 글을 보라. M. Rodinson, "Das Bild im Westen und westliche Islamstudien", *Das Vermächtnis des Islam 1*, ed. by J. Schacht (München, 1980), pp. 24~81. 여기서는 특히 p. 80.

44) 이슬람 사회 내부의 주장들에 대한 비판적 인식을 담고 있는 다음 글을 참고할 수 있다. Gernot Rotter, "Der Islam hat die Demokratie erfunden", *Die Welten des Islam* (Frankfurt a. M., 1993), pp. 173~177.

하는 논리가 합리적 대안일 수 없다는 점은 명백하다. 이는 '거꾸로 뒤집은' 세계사를 염두에 둔 비역사적 가정임이 틀림없다. 그렇다면 설득력 있는 근대사 해석의 대안은 이렇게 유럽과 아시아에서 제기되었던 문화의 본질론적 관점과 대결하면서 그 해답을 구할 수밖에 없다. 그리고 이때 서구와 이슬람 세계의 상호작용과 관련성의 강조를 통해 우선 "서구"의 탈중심화를 기하고, 나아가 세계사적 맥락을 새로 읽어내야 한다는 것은 당연한 요구이다. 관계하는 문화권의 오랜 상호 영향의 역사에 주목하는 것은 헤게모니를 가진 문화를 중심으로 하는 세계사를 극복할 수 있는 유용한 방식임이 분명하기 때문이다.[45]

따라서 "유럽은 얼마나 유럽적인가?"라는 물음을 던지면서 오히려 유럽사의 전개 과정에 깊숙이 드리워진 비유럽사의 기원을 추적하는 한 연구는 큰 의미를 가질 수밖에 없다.[46] 이런 문제의식에서 출발하여 근대 유럽의 흥기를 바라보는 관점에 있어서도 그것을 유럽 내부의 발전의 결과로 인식할 것이 아니라 비유럽 지역과의 상호작용 속에서 바라보는 방식을 생각하는 것이 가능하다. 그리고 이를 통해 비서구 세계인 이슬람 역시 서구와의 접촉과 상호작용 속에서 근대성을 획득해간 구체적 발전 과정 속에서 이해하는 것이 의미를 갖는다. 이는 확실히 유럽과 이슬람의 근대사를 해석하는 데서도 유럽의 일방적 팽창을 염두에 둔 종래의 연구 경향이 가진 일면적 인식을 극복하는 것이며, "근대성의 실험장"으로 변해간 비서구 세계, 특히 이슬람 세계에 대한 보다 설득력 있는 이해로 나아갈

45) 유럽의 이슬람 세계 연구사에서 두 세계의 관계사 내지 상호 인식의 역사에 대한 연구는 이미 서가를 채우고도 넘쳐날 정도로 많이 이루어져 왔다. 다음 연구는 대표적인 연구 결과이다. Gereon Sievernich (eds.), *Europa der Orient: 800–1900* (Berlin, 1989).

46) Jan Nederveen Pieterse, "Unpacking the west: how european is europe?", Ali Rattansi, Sallie Westwood (eds.), *Racism, modernity and identity* (Cambridge, 1994), pp. 15~86.

가능성을 제시하는 것임이 틀림없다.

물론 근대사에서 유럽과 비유럽이 동일한 비중을 가지는, 평등한 관계하의 상호작용 과정에 있었음을 가정하는 것은 불가능하다. 그러나 힘의 불균형을 기반으로 한 문화권들의 상호관계라 할지라도 유럽을 유일한 역사적 주체로 인정하는 것이 아니라, 비유럽 세계를 역사의 또 다른 주체로 복원하는 속에서 설명 방식을 찾아야 한다는 점은 명백하다. 따라서 비서구 사회인 이슬람의 서구적 근대화 과정으로의 역사적 포섭 과정도 일방적으로 서구 문화의 관철, 즉 서구적 근대화의 실현 과정으로 해석될 것이 아니라, 문화 간의 접촉과 상호작용 속에서 이해될 필요가 있다. 그렇게 된다면 비서구 사회 이슬람 세계는 단순히 "서구 문명이 이룬 성과의 수혜자가 아니라, 유럽 근대의 실험장"으로 재발견될 수 있을 것이며, 그 속에서 이슬람 세계는 타 문화의 충격을 나름의 방식으로 대응하는 차원에서 근대 시기를 살아온 것으로 이해 가능할 것이기 때문이다.[47]

그리고 이 과정에서 서구 근대의 영향과 그 역사적 변형이 주목될 수 있을 것임이 틀림없다. 최근 아랍, 특히 시리아의 근대국가의 형성사를 다룬 한 논문은 이슬람 지역이 서구의 영향 속에서 근대 국민국가를 향한 지구적 과정에 편입되는 과정을 밝히고 있다.[48] 이 연구는 우선 유럽과 이슬람 세계를 대비하면서 근대 국민국가를 이룬 유럽과 이를 가로막고 있는 이슬람 세계의 후진성을 주장하던 기존의 통념을 거부한다. 오히려 이 연구

47) 힘의 불균등을 기반으로 한 식민지 경험이 근대의 실험 과정이며, 이를 통해 정체성의 혼종성이 만들어지는 과정에 대해 이미 연구가 진행되고 있다. Ann L. Stoler, F. Cooper, "Between Metropole and Colony. Rethinking a Research Agenda", *Tensions of Empire. Colonial Cultures in a Bourgeois World* (Berkeley, 1997), p.5.

48) Geoffrey D. Schad, "Competing Forms of Globalization in the Middle East: From the Ottoman Empire to the Nation State, 1918–67", A. G. Hopkins (ed.), *Global History. Interactions between the Universal and the Local* (London, 2006), pp. 191~228.

는 유럽과 다른 이슬람의 예외주의에 입각하여 이슬람의 역사적 후진성을 전제하는 버나드 루이스(B. Lewis)류의 연구가들을 유럽중심주의에 입각하고 있다고 비판하고 있다. 그리고 이런 비판은 근대 아랍의 국가 건설이 변화를 거부하는 이슬람적 정체성(停滯性)에 기인하는 것이 아니라, 바로 서구의 영향 아래 근대국가를 향한 지구적 과정에 편입되어간 결과로 이루어진 것이었다는 인식에 근거하고 있다. 이와 같이 서구의 영향 속에서 근대 이슬람 세계의 변화 과정을 살피는 일은 필연적으로 이슬람 사회가 유럽, 아메리카 사회만큼이나 정체적이지 않았다는 점을 밝히는 일로 이어질 수 있다.

아울러 비서구 세계로 이슬람 세계가 근대화를 향해 나아가는 과정은 유럽 모델의 단순한 모방과 확산이 아니라 문화의 상호관계 속에서 "변형이나 변환의 상호적 성격"이 관철이라는 점을 인식하는 것이 중요하다. 실제 이슬람 세계의 근대 정치사는 19세기 오스만제국을 중심으로 한 유럽식 근대국가를 추구하는 경향, 이에 맞서 지역적 민족주의의 성장, 그 밖에도 이런 지역적 민족주의를 넘어 아랍 전체의 민족주의를 추구하는 경향이 경쟁하고 투쟁해온 역사를 가지고 있다는 점은 잘 알려진 사실이다. 이는 기본적으로 이슬람 세계가 근대 서구의 영향을 때로는 흡수하고, 때로는 저항하면서 근대국가의 지구화 과정에 편입되는 과정에서 드러내는 모습이다.[49] 따라서 이런 모습을 밝히는 연구는 비서구 사회의 근대화 과정이 단순히 서구 문명의 근대적 확산 과정이 아니라, 다양한 방식으로 문화적 변용이 일어나는 과정임을 역동적으로 밝혀줄 수 있을 것으로 보인다.

또한 근대적 상호관계에 대한 연구를 통해 역으로 이슬람 세계가 서구

---

49) 이런 차원에서 이민, 물류나 자본 혹은 이념의 이전(transfer)에 대한 구체적 연구가 요구되고 있으며, 그 결과는 문명의 실질적 상호작용과 문화의 전이를 구체적으로 설명해줄 것으로 보인다. 박용희, 「한국의 서양사 연구와 유럽중심주의 극복」, 『서양사론』, 95 (2007), pp. 83~111.

에 미친 영향과 그 의미 역시 밝혀질 수 있을 것이다. 식민지를 둘러싼 상호관계의 복합적 분석을 통해 식민주의가 역으로 중심부 유럽에 미친 영향을 밝히는 연구는 이미 상당히 오래전부터 광범위하게 이루어지고 있다. 서구 학계에서는 일례로 식민지산 원료와 노동력 착취가 서구 자본의 원시적 축적에 미친 영향에 대한 연구, 최근 들어서는 카리브 해의 플랜테이션이 영국 노동자계급의 형성에 미친 영향에 관한 연구, 노예무역이 영국에서 자본주의와 산업혁명에 미친 영향에 대한 연구 등이 이뤄진 바 있다. 이런 연구가 비서구 세계가 역으로 서구의 근대화에 미친 영향을 밝히는 연구라는 점은 명백하다.[50]

일례로 식민지 경영의 경험이 다소 짧았던 독일의 경우에도 비서구 사회와의 관계, 그에 대한 인식이 다양한 방식으로 독일적 정체성 형성에 상당한 정도의 작용을 해왔음을 밝히는 연구들은 유사한 맥락에서 주목될 수 있다.[51] 이런 연구가 독일의 근대국가적 정체성의 형성 과정에 타 문화인 이슬람 세계에 대한 이미지가 거울의 작용을 했다는 테제에 의거하고 있음이 틀림없다. 또한 이런 연구는 더 이상 식민지를 비롯한 비서구 세계가 세계 인식에 있어 대상화되는 것을 거부하고, 오히려 역으로 이런 비서구 세계의 존재가 유럽사에 미치는 직접적인 영향에 주목하고 있다는 점에서 흥미로울 수밖에 없다.

그 밖에도 최근 신진 연구자들에 의해 "엉킨 역사(entangled histories)"

50) Eric Williams, *Capitalism and Slavery* (Chapel Hill, 1944); Sidney Mintz, *Die süße Macht. Kulturgeschichte des Zuckers* (Frankfurt a. M., 1992); Robin Blackburn, *The Making of New World Slavery. From the Baroque to the Modern 1492–1800* (London, 1997).

51) Sebastian Conrad, "Schlägt das Empire zurück? Postkoloniale Ansätze in der deutschen Geschichtsschreibung", *Werkstatt Geschichte* 30 (2001), pp. 61~71; Kamakshi P. Murti, *India. The Seductive and Seduced "Other" of German Orientalism* (Westport, 2001).

라 불리기도 하는 연구가 추진되고 있다. 이는 원래 불가분의 관계로 상관성을 전제할 수밖에 없는 두 문화권의 관계에 주목할 가능성을 열어준다는 점에서 의미를 갖는다.[52] 이미 오래된 연구이기는 하나 영국 제국주의를 다룬 한 연구는 이런 인식의 단초를 마련하고 있다.[53] 이 연구에서는 영국의 제국주의 시기란 단지 영국사의 일부분으로서 영국 산업 발전의 특정 단계라는 점을 넘어, 오늘날 영국 사회로 이해되는 것을 구성하게 한 필수적 요소로 인식될 것이 요구되고 있다. 이에 따르자면 식민지로 비서구 세계는 단순히 식민 본국의 역사적 대상으로서가 아니라, 이미 식민 본국이 속한 서구 세계를 구성해내는 핵심적 요소였던 것이다. 이런 설명법은 서구와 이슬람 세계의 근대적 관계가 일방성을 갖는 것이 아니었으며, 상호 긴밀히 연결된 혹은 착종된 관계였음을 밝힐 수 있는 방법론이다. 물론 "엉킨 역사"라 불리는 이런 새로운 연구 경향은 주목받기 시작한 지 오래되지 않으며, 따라서 여전히 많은 새로운 해명의 과제를 안고 있다. 이런 연구는 근대사 속에서 얽혀 들어간 두 세계의 긴밀한 관계를 밝히고, 이를 통해 보다 설득력 있는 두 문화권의 근대사를 조명할 수 있을 것으로 보인다.

5. 나가며

오늘날에 이르러서도 여전히 서구에서 기원한 근대성의 진보적 성격과

52) Shalini Randeria, "Entangled histories of uneven modernities, civil society, caste solidarities and the post-colonial state in India", Yehuda Elkana (ed.), *Unraveling Ties* (Frankfurt a. M., 2002).

53) Peter Cain, Anthony G. Hopkins, *British Imperialism. Innovation and Expansion 1688–1914* (London, 1993), p. 46.

그것이 가지는 인류 보편성에 대한 확신은 계속해서 영향력을 잃지 않고 있다. 이런 상황에서 이슬람의 역사를 바라보는 데서도 "번영의 중세와 근대의 쇠퇴"라는 도식은 은연중 계속 관철되고 있다.[54] 이에 따르면 유럽적이고 서구적인 성취의 확산이 근대 세계사의 전개 과정이라는 것이며, 이슬람 세계는 그에 포섭되고 지배될 때만이 고려될 가치가 있을 따름이다. 만일 이런 역학 관계를 거부한다면 무서운 대결 구도를 피할 수 없게 된다.

최근 새뮤얼 헌팅턴(Samuel Huntington)류의 "문명 충돌론"은 두 문화권의 현재적 대립 관계와 적대적 상호 인식을 기정사실화하는 형태로 개진되고 있다.[55] 그러나 이는 피할 수 없는 문화권들 간의 갈등에 대한 현실적이고 객관적인 인식이라기보다는, 점증하는 서구 문화의 자기 패권에 대한 위기의식과 이 과정에서 생겨나는 새로운 형태의 이슬람에 대한 적대감을 표현하는 시대 인식이다.

이런 상황에서 균형 잡힌 두 세계의 역사적 형성 과정을 밝히는 일은 사실 용이한 일이 아니다. 물론 오늘날 서구적 근대성의 의의와 한계에 대한 재고의 목소리가 높다. 아울러 세계적 유동성이 전무후무한 형태로 진행되고 있으며, 이와 함께 역사 속 문명들의 본질론에 대한 의심이 제기되기도 한다. 각 문화권의 독자적 정체성에 대한 의문이 점증하고 있는 시기에 문화권들 간의 관계와 상호 인식에 대한 이해를 요구하는 소리가 높다. 이

54) 『케임브리지 이슬람사』 최신판 역시 이슬람사를 묘사하면서 "과거의 영광"과 "서구의 근대 문명에 압도당"한 19세기를 대비하기를 주저하지 않는다. 비록 서구와 이슬람 세계의 공존을 요구하는 자유주의적 기조를 가미하고 있으나 두 문화권의 관계의 역사에 대한 강조나 상호 영향에 특별히 주목하고 있지는 않다. 프랜시스 로빈슨 외, 『사진과 그림으로 보는 케임브리지 이슬람사』(시공사, 2002). 여기서는 특히 p. 12f.

55) Samuel P. Huntington, "The Clash of Civilization?", *Foreign Affairs* 72 (1993), pp. 22~49.

런 시대 인식을 배경으로 이 글에서는 기존의 유럽중심주의를 극복한 새로운 세계사 이해를 위한 다양한 인식 전략을 정리하고자 했다.

이 글에서는 유럽과 이슬람 세계라는 두 문화권의 근대사 이해를 위해 몇 가지 인식 전략을 모색하고자 했다. 문화권으로 유럽을 주변화하는 전략, 또 두 문화권에 대한 역사적 연구나 두 문화권의 역사적 상호관계에 대한 연구를 통해 문명본질론을 벗어나는 전략이 소개되었다. 이를 통해 이슬람 세계에 대한 해묵은 편견을 버리고 그 사회가 서구적 근대의 도전에 대응하는 모습을 역사적으로 밝히고, 그 속에서 현재의 갈등을 진지하게 이해하는 태도가 기대될 수 있다. 아울러 유럽 역시 자기중심적 역사의 보편성에 대한 확신을 거두고, 다른 비서구 세계와 서로 얽혀 들어간 역사의 실타래를 풀어갈 수 있기를 요구받고 있다. 이를 위해 유럽중심주의 역사학에 대한 비판적 인식 속에 추진되어야 할 새로운 "지구사(Global History)" 연구의 지평이 열리고 있다.

09 안병직

계몽사상과 유럽의 이념

1.

근래 유럽사 연구에는 유럽사를 개별 국민국가나 민족의 시각에서 벗어나 전체 유럽의 관점에서 새롭게 조명하려는 경향이 나타나 주목을 끈다. 이러한 경향은 유럽 통합에 대한 현실적 관심과 문제의식을 반영한 것으로서, 유럽사 연구에 여러 가지 새로운 문제들을 제기하고 있다. 유럽의 이념(idea)이나 유럽의 정체성(identity)도 그 가운데 하나이다. 즉, 유럽이라는 것에 대한 인식과 관념, 유럽인으로서의 집단적 정체성은 언제부터, 어떻게 형성되었으며, 그리고 어떻게 변화해왔는가 하는 문제가 그것이다. 이러한 문제 제기는, 유럽이 지리적으로나 정치적으로 명확하게 규정할 수 있는 하나의 실체라기보다는 오히려 하나의 이념에 불과하였으며,

그러한 이념은 역사적으로 변화를 겪었다는 인식을 전제로 한다.[1]

유럽의 이념 자체가 역사적 산물이라는 관점에서 보면 18세기는 여러 가지 측면에서 주목을 끈다. 우선 18세기는 유럽에 대한 근대적인 이념이 확립된 시기였다. 다시 말해 18세기는, 계몽사상이라는 지적 조류가 상징하듯이, 유럽 문화의 세속화 경향이 가속화된 시기였고, 이에 따라 유럽의 이념도 중세 이래 유럽인들의 의식을 지배해왔던 기독교적 관념에서 탈피하게 되었다. 18세기에는 기독교 대신 새로운 문화적 모델이 유럽의 이념과 정체성의 기반으로 등장하게 된 것이다.

유럽의 이념과 정체성의 발전에서 18세기가 갖는 의미는 외부 세계와의 관계에서도 찾을 수 있다. 우선 지적할 것은 17세기 말 유럽이 오스만 제국의 침공을 물리쳤던 사실이다. 그동안 수 세기에 걸쳐 두려움의 대상이었던 오스만 튀르크 세력을 최종적으로 격퇴한 것은, 유럽이 대외적으로 자신감을 획득하고 공세적인 태도로 전환하는 중요한 계기가 되었다. 그 점에서 18세기는 비유럽 세계에 대한 우월 의식을 바탕으로 유럽의 특징적인 자기 인식이 확립된 시기라고 할 수 있다.[2]

아울러 18세기는 근대 초 신 항로의 개척과 신대륙의 발견 이후 본격화된 비유럽 지역과의 교류와 접촉이 한층 더 확대되고 심화된 시기였다. 그것은 다른 무엇보다 신대륙 및 다른 비유럽 지역을 소재로 한 각종 여행기

1) Mikkeli, H., *Europe as an Idea and an Identity* (New York: Macmilllan, 1998); Delanty, G., *Inventing Europe. Idea, Identity, Reality* (New York: St. Martin's Press, 1995); Reuter, T., "*Medieval Ideas of Europe and their Modern Historians*", in *History Workshop Journal*, vol. 33 (special feature: *Europe's Medieval Origins?*), pp. 176~180 참조.

2) Bernal, M., *Black Athena. The Afroasiatic Roots of Classical Civilization*, vol. I: *The Fabrication of Ancient Greece 1785–1985* (New Brunswick: Rutgers University Press, 1987) p. 172 ; Burke, P., "*Did Europe exist before 1700?*", in *History of European Ideas*, vol. 1 (1980, pp. 21~29), p. 24 ; Kiernan, V. G., "*Europe in the colonial mirror*", in *History of European Ideas*, vol. 1 (pp. 39~61), p. 43.

들이 이 시기에 집중적으로 쏟아져 나왔다는 사실에서 알 수 있다. 비유럽 세계에 대한 경험과 지식의 증대는 유럽과 비유럽 세계의 비교를 촉진하였고, 이는 유럽의 자기 인식과 정체성의 형성에 기여하였다. 비유럽 세계와의 차별성은 유럽 문화의 동질성에 대한 인식을 강화함으로써 유럽의 집단적 정체성을 확립하는 데 중요한 역할을 했던 것이다.[3]

2.

18세기에 확립된, 유럽에 대한 근대적인 이념은 사회적으로 소수 특정 집단에만 국한된 것이 아니었다. 이미 17세기 말부터 도시 수공업자처럼, 적어도 도시 지역에 거주하는 경우, 일반 서민들에게도 유럽에 대한 집단 의식과 정체성의 맹아가 나타났다. 이 시기 서민들이 즐겨 듣던 발라드나 혹은 그들이 남긴 일기나 비망록 등에 유럽이라는 용어가 등장한 사실이나, 18세기를 통하여 비유럽 지역에서의 모험담과 여행기를 기록한 책들이 대중적인 인기를 모았던 사실이 이를 뒷받침한다.[4]

그렇기는 하지만 18세기 유럽의 이념은 일차적으로 '아래'로부터가 아니라 '위'로부터 발전하였다. 다시 말해 지방이나 국가의 범위를 넘어 전체 유럽에 관심을 갖고, 그것을 자기 정체성의 기반으로 삼으려던 사람들은 주로 교육받은 지식인 집단, 특히 계몽사상가들이었다. 예컨대 볼테르는 유럽에는 "오늘날 더 이상 프랑스 사람이나 독일 사람, 스페인 사람, 심

3) Woolf, S., "*The construction of a european world-view*", in *Past and Present*, no. 137 (1992), pp. 72~101; Marshall, P. J. and Williams, G., *The Great Map of Mankind. Perceptions of New Worlds in the Age of Enlightenment* (Cambridge: Harvard University Press, 1982).

4) Burke, *loc. cit.*, pp. 26~27 ; Marshall and Williams, *op. cit.*, pp. 45~63.

지어 영국 사람조차 존재하지 않고, 오로지 유럽인만이 있을 뿐" 이며, "모두가 동일한 취향, 동일한 감정, 동일한 관습을 갖고 있다"라고 천명하였다.[5] 루소 역시 유럽에서 개별 국민국가가 사라지고, 동일한 취향과 생활방식을 공유하는 유럽인만이 남게 되는 장래를 기대하였다.[6]

유럽의 이념이나 정체성과 관련하여 계몽사상가들을 주목하는 것은 일견 모순된 것처럼 보일 수도 있다. 흔히들 계몽철학의 특징은 인류 보편성을 지향하는 세계시민사상(cosmopolitanism)에 있다고 믿기 때문이다. 다시 말해 18세기 계몽사상가들은 개별 국가, 민족뿐 아니라 특정 종교, 인종, 문화 등 어떤 편협한 경계에 의해서도 속박받는 것을 원치 않았고, 그들의 관심도 유럽이 아니라 궁극적으로 인류 전체였다는 것이다. 더구나 간과할 수 없는 것은, 유럽에 대한 그들의 태도가 우호적이거나 긍정적이지 않았다는 점이다. 계몽사상가들의 종교적 입장은 조금씩 달랐지만, 유럽 문화의 핵심이라 할 수 있는 기독교와 교회에 대한 비판적인 자세나, '무지'와 '미신'이 지배하는 유럽의 제도와 문화적 전통을 혁파하려는 입장에는 차이가 없었다는 것이다. 특히 유럽 사회에 대한 계몽사상가들의 비판과 공격의 이면에는 유럽과 대비되는 비유럽 사회에 대한 그들의 관심과 동경이 작용하고 있었다는 것이다.

계몽사상이 보편주의 경향을 띠고 있었음은 분명하다. 그리고 계몽사상가들이 기독교적인 가치와 제도가 지배하는 유럽 사회에 비판적이었음도 부인할 수 없다. 그럼에도 계몽사상과 유럽의 이념이 결코 상호 모순된 것은 아니며, 계몽사상에 나타난 유럽의 이념을 밝히려는 시도가 무의미한 것도 아니다. 오히려 계몽사상가들은 유럽과 관련하여 독특한 이념과

---

5) Delanty, *op cit.*, p. 71에서 재인용.

6) Hampson, N., *The Enlightenment. An evaluation of its assumptions, attitudes and values* (New York: Penguin Books. 1982), p. 71.

정체성을 추구하였으며, 그 점에서 그들의 입장은 주목할 만하다.

계몽사상가들의 입장을 논의하기에 앞서 먼저 지적할 것은 계몽사상에 대한 전통적인 인식의 문제점들이다. 그 가운데 대표적인 것으로, 흔히 계몽사상의 특징으로 지적하는 세계시민사상을 들 수 있다. 세계시민론자로서 계몽사상가들의 면모를 강조한 것은 원래 18세기 말 낭만주의자들이었다. 계몽사상에 반기를 든 그들은, 계몽사상가들을 세계시민의 이상(理想)에 함몰된, 뿌리 없는 관념론자로서 규정하였던 것이다. 낭만주의자들의 주장은 계몽사상에 대한 후대의 인식에 많은 영향을 미쳤지만, 사실상 그것은 계몽사상가들의 견해를 지나치게 단순화하고 왜곡한 것에 불과하다. 계몽사상가들의 세계시민사상은 일반적으로 이해되는 것보다 훨씬 더 복합적이고 모호한 것이다. 계몽사상가들이 세계시민의 이상에 항상 충실하였던 것은 아니며, 그들의 보편주의 사상은 추상적이고, 실제로는 여러 가지 한계와 모순을 수반한 것이었다.[7]

계몽사상에 대한 새로운 연구 결과들에 의하면, 계몽사상가들의 "세계시민사상은 내셔널리즘, 인종 의식, 직업 이익, 신분 의식 및 가문에 대한 자부심 등에 의해 영향을 받고, 항시 그것들과 타협한 형태로 나타났다".[8] 계몽사상가들의 세계시민사상이 지닌 복합적이고 이중적인 성격은 우선 국민국가에 대한 계몽사상가들의 태도에서 단적으로 드러난다. 대부분의 경우, 계몽사상가들은 현존하는 국민국가를 전쟁, 외교적 협상, 혼인 등 역사적으로 우연의 요인에 의해 결정된 인위적 산물로 간주하였다. 따라서 그들은 배타적인 민족감정이나, 지나친 애국심을 무지몽매한 사람의

7) Lively, J., "*The Europe of the Enlightenment*", in *History of the Eurepean Ideas*, vol. 1 (1981), no. 2, pp. 91~102.

8) Schlereth, T. J., *The Cosmopolitan Ideal in Enlightenment Thought. Its Form and Function in the Ideas of Franklin, Hume, and Voltaire, 1694–1790* (London: The University of Notre Dame Press, 1977), p. xi, 126.

편견으로 조롱하고 멸시하였다. 대다수 계몽사상가들의 입장은, 한 국가의 구성원이 되는 것은 개인의 선택 문제이지 인종적 운명이나 정치적 강제의 산물이 되어서는 안 된다는 것이었다. 국가는 언어, 역사, 문화적 전통이 아니라 오로지 계몽된 자기 이익과 권리를 추구하는 개인의 자발적이고 편의적인 의지에 기초할 뿐이라는 것이다. 따라서 그들은 각 개인이 자신의 권리가 보장되고, 안전하다고 느끼는 곳이 바로 자신의 조국이며, 이민(移民)의 권리는 모든 인간에게 공통된 자연권이라고 보았다.[9]

이처럼 계몽사상가들은 개인의 생명, 자유, 행복 등을 보편적인 정치 규범으로 제시하였다. 그러나 그들은 보편성을 추구하는 정치사상의 논리적 귀결이라 할 수 있는 국민국가의 폐지로까지 나아가지는 않았다. 세계시민의 이상에도 불구하고 계몽사상가들 가운데 개별적인 국민(nation)들의 존재를 부인하거나, 개별 국민이라는 분리된, 특수한 존재의 제거를 주장하고 나선 사람은 거의 없었다. 페인(T. Paine)과 같은 사상가들에게 국민국가는, 옹호할 수는 없으나 용납할 수밖에 없는 필요악이었다. 그것은 비록 자연스러운 것이 아니라 인위적인 것이기는 하지만, 개인과 전체 인류 사이를 연결하는 중간 매개체로서, 불가피하게 필요한 존재였다.[10]

나아가 계몽사상가들 가운데는 국민국가를 한층 더 낙관적인 관점에서 인식하는 경우도 있었다. 국민국가는 세계시민으로서 인간의 권리를 구현하고, 통합된 세계 문명의 보편적인 정치 규범을 실현하는 수단이 될 수 있다는 것이었다. 따라서 그들은 "진정한 세계시민이 되기 위해서는 자신이 속하는 국민국가의 훌륭한 시민이 되어야 한다"라고 보았다. 인류의 복지를 목표로 하는 한, 국민국가의 시민과 세계시민으로서의 충성심 사이

---

9) *Ibid*, pp. 105~107.
10) *Ibid.*, p. 104.

에는 어떤 갈등도 존재할 필요가 없었던 것이다.[11]

계몽사상가들의 정치사상은 인류 보편성을 추구하는 세계시민론의 한계를 보여주는 한 가지 예에 불과하다. 또 다른 예를 우리는 유럽에 대한 그들의 입장과 태도에서 찾을 수 있다. 세계시민을 지향하는 계몽사상가들은 유럽에 무관심하였으며, 유럽의 전통을 부인 내지 파괴하려 하였다는 주장은 이미 지적한 바와 같이 낭만주의로부터 유래하는 왜곡된 견해일 뿐이다. 계몽사상은 결코 전통과 유리된 뿌리 없는 것이 아니라, 유럽적 전통의 맥락에서 파악할 수 있는 것이었다. 계몽사상가들은 세계시민의 이상과는 별도로 유럽의 독특한 경험과 가치, 그리고 그것에 기반을 둔 유럽의 역할에 대하여 큰 관심과 기대를 갖고 있었기 때문이다.

물론 계몽사상가들이 유럽의 전통과 유산을 모두 수용한 것은 결코 아니다. 다른 무엇보다 그들은 중세 이래 유럽과 비유럽 세계를 구분 짓고, 유럽적 정체성의 기반이 되었던 기독교적 전통과 가치를 비판하고 공격하였다. 유럽은 "기독교 왕국"이라는, 17세기 종교개혁과 종교전쟁의 시기에도 지속된 관념을 깬 것은 18세기 계몽사상가들이었던 것이다.[12]

기독교적 세계관의 거부라는 점에서 계몽사상가들은 유럽에 대한 전통적인 이념과 결별하였다. 그러나 그것이 유럽적 전통으로부터의 탈피를 의미하지는 않았다. 오히려 그들은 유럽적 전통의 맥락에서 유럽의 이념과 정체성을 재규정하고자 하였으며, 기독교를 대신할 새로운 유럽의 전통을 창조하려고 하였다. 이러한 시도는 일차적으로 유럽의 이념을 세속화하는 것을 의미하였다. 계몽사상가들에 의하여 유럽의 이념은 더 이상

11) *Ibid*, p. 106.

12) 루터, 칼뱅, 로욜라 등 종교개혁과 반종교개혁의 대변자들은 유럽이라는 용어를 거의 사용하지 않았다. 그들이 개혁하고자 하였고 그들이 호소하였던 대상은 여전히 기독교 왕국이었다(Delanty, *op. cit.*, p. 68).

종교적인 제도나 가치와 무관한, 하나의 독자적인 의미를 확보할 수 있었던 것이다.

계몽사상가들이 제시한 유럽에 대한 새로운, 세속화된 이념은 문명(civilization)이었다. 유럽은 야만(barbarism) 내지 자연(nature) 상태와 대비되는 문명을 성취한 세계이고, 그것을 통해 다른 비유럽 사회와 구분된다는 것이었다. 문명을 유럽의 이념과 정체성의 기반으로 제시한 데는, 진보와 진보의 구현으로서 유럽의 근대성(modernity)에 대한 계몽사상가들의 믿음이 깔려 있었다. 계몽사상가들은 인류가 진보하며, 그 가운데에서도 가장 많은 진보를 이룩한 것은 유럽이라고 믿었다. 그들은 그 증거를 유럽의 근대 문화에서 찾았고, 다시 그러한 입장의 주요 근거를 바로 자신들이 추구하는 계몽에서 찾았다. 과학의 정신은 유럽에서 탄생하였으며, 유럽에는 비록 불완전하기는 하나 비판 정신이 발전하고, 전통적인 신앙 대신 이성과 합리성이 행위의 기준으로 작용하고 있다는 것이 계몽사상가들의 믿음이었다.[13]

진보와 문명이 유럽의 새로운 이념으로 등장함에 따라 그것은 일종의 규범과 같은 성격을 갖게 되었다. 다시 말해 진보가 유럽의 핵심적 이념이 되고, 근대 유럽 문명이 진보와 동일시됨에 따라, 유럽은 인류에게 모범이 되는, 문명의 보편적인 규범으로 등장하게 된 것이다. 이에 따라 계몽사상가들은 인류 발전에서 유럽의 독특한 지위와 역할을 강조하였다. 유럽은 계몽이라는, 전 인류에게 유용하나 현재로서는 오직 유럽만이 성취한 업적을 통해 비유럽 세계와 구별되고 나아가 인류 발전의 선구자로서 인류를 계도할 역할을 맡게 되었다는 것이다. 계몽사상가들은 유럽에 대한 기

---

13) *Ibid.*, pp. 65~72; Joll, J., "*Europe – An historian's view*", in *History of European Ideas*, Vol. 1 (1980), pp. 7~19.

독교적 관념에서 탈피하였지만, 유럽의 선교사적인 역할에 대해서는 기독교와 인식을 달리하지 않았다. 달라진 것은 다만 유럽이 종교적 가치와 진리 대신 세속적인 계몽의 진리를 전파하여야 한다는 것뿐이었다.[14]

인류의 전위로서 유럽의 역할을 강조하였던 계몽사상가들의 이념은 인류 보편성을 내세운 세계시민사상의 한계 내지 양면성을 보여주는 것이었다. 물론 유럽에 대한 그들의 이념이 세계시민사상과 완전히 배치되는 것으로 간주하기는 어렵다. 계몽사상가들은 유럽 사회가 그 기원에서부터 다른 사회와 차이가 있다고 보지는 않았기 때문이다. 그러나 그들은 유럽이 인류의 발전 경로를 따라 지속적으로 진보해왔고, 그를 통해 현재로서는 다른 어떤 사회도 성취하지 못한 발전 단계에 이르렀다고 믿었다. 그들에게 유럽은 다른 무엇보다도 계몽사상이 출현한 곳이고, 계몽의 원리가 적용되는 유일한 곳이며, 그것을 통해 근대라는 규범적 문명을 성취한 곳이었다. 이처럼 문명을 유럽의 근대와 동일시함으로써, 유럽적 가치는 지역적 특수성을 벗어나 보편성을 지니게 되었고, 유럽은 유럽 문명을 보편적인 가치로서 전 인류에게 전파할 사명을 갖게 되었다. 결국 유럽에 대한 계몽사상가들의 새로운 이념은 한마디로 말해 계몽된 유럽이었고, 그것은 보편적인 문명으로서 유럽이 인류의 중심이 되는 유럽중심주의(eurocentrism)를 의미하였다.[15]

14) Lively, *loc. cit.*, p. 93.
15) *Ibid.*, pp. 101~102.

3.

집단적 정체성은 생활 세계나 경험 혹은 목표를 공유한, '우리(We)'라는 존재에 대한 소속감과 연대 의식을 토대로 한다. 하지만 '우리'와 대비되는 '타자(Other)'의 존재도 정체성의 형성에 중요한 역할을 한다. 자신의 존재는, 자신이 아닌 것, 자신이 배제하는 것에 의해 규정되기도 하기 때문이다. 특히 유럽의 이념과 정체성의 형성에는 자신과 타자, 즉 유럽과 비유럽 세계 사이의 구분과 비교가 핵심적인 역할을 하였다. 유럽은 역사적으로 항상 자신과 타자라는 이분법적인 인식론에서 벗어나지 못하였고, 타자의 존재를 통해 자신을 규정하고자 하는 경향이 있었기 때문이다. 그 점에서 유럽이 비유럽 세계를 어떤 관점에서, 어떻게 인식하였는가 하는 물음은 유럽의 정체성을 이해하는 데 필수적이라 할 것이다.

18세기는 유럽과 비유럽 세계의 관계에 매우 주목할 만한 변화가 있었던 시기였다. 오스만 튀르크의 침공을 격퇴한 17세기 말 이후 유럽은, 오랫동안 위협적인 적대 세력이었던 이슬람에 대한 두려움에서 벗어날 수 있었다. 또한 18세기에 접어들어 유럽에는 세계 주행이나 극지 탐험이 유행이 되고, 발견과 탐험, 여행의 기록이 문학의 한 장르로서 자리 잡으며 출판에서도 큰 성공을 거두곤 하였다. 지금껏 잘 알려지지 않았거나 혹은 전혀 알려지지 않았던 외부 세계가 각종 여행기 등을 통해 유럽에 소개되었고, 이에 따라 비유럽 세계에 대한 유럽인들의 관심과 호기심이 고양되었다. 비유럽 세계에 대한 새로운 지식과 정보가 유럽인의 상상력을 자극하면서, 낯선 이방의 진기한 풍물에 매료되는 이국 지향성(exoticism)이 시대적 풍조가 될 정도였다.[16]

이국 지향 풍조를 가장 잘 반영한 것은 계몽사상가들이었다. 그들은, 오리엔트, 아메리카, 남태평양 등 비유럽 세계의 주민을 극본, 여행기, 시,

에세이 등 자신들의 다양한 작품에 주인공으로 자주 등장시켰다. 또 많은 계몽사상가들이 중국과 이집트, 그리고 인도의 고대 문명에 매료되었으며, 특히 볼테르는 페루로부터 일본, 고대로부터 아메리카 식민 시대에 이르기까지의 인류의 관습과 제도, 예술과 정신을 다루는 보편사(universal history)를 시도하였다.[17]

18세기 계몽사상가들은 유럽의 전통과 유럽 사회에 대해서는 끊임없이 비판하고 공격하였던 반면, 낯선 비유럽 사회의 제도와 문물에 대해서는 호의적으로 대하는 경우가 드물지 않았다. 비유럽 사회는, 유럽에 잘 알려지지 않은 낯선 것일수록 더욱 호의적으로 평가하는 경향이 있었는데, 중국이 그 대표적인 사례였다. 중국은 무신론과 전제정치가 지배하는 사회라는 지적도 있었지만, 18세기 유럽의 지식인 사이에는 중국 예찬 풍조가 지배적이었다. 예컨대 볼테르에 의하면 중국은, 도덕과 학식을 갖춘 지식인 출신의 관료들이 통치하는 평화롭고 안정된 사회였으며, 무지한 일반 백성들과는 달리 지식인들은 관용적인 일신교인 유교를 신봉하는 사회였다.[18]

비유럽 세계에 대한 계몽사상가들의 이국 지향적 정서는, 18세기에 유럽에 널리 퍼졌던 소위 "존귀한 미개인(Noble Savage)"의 이미지에도 잘 나타났다. "존귀한 미개인"은 원래 16세기 아메리카 인디언에서 유래하였는데, 18세기에는 아메리카뿐 아니라 남태평양의 타히티처럼 유럽에 새롭고 낯선 존재 일반에 확대, 적용되었다. 계몽사상가들은 이 미개인을 인

16) Rousseau, G. S. and Porter, R. (ed), *Exoticism in the Enlightenment* (Manchester and New York: Manchester University Press, 1990); Kiernan, V. G., "*Europe in the colonial mirror*", in *History of European Ideas*, vol. 1 (1980, pp. 39~61), pp. 41~43.

17) Schlereth, *op. cit.*, pp. 67~69; Burke, P., "*European views of world history from Giovio to Voltaire*", in *History of European Ideas*, vol. 6 (1985), no. 3, pp. 237~251.

18) Bernal, *op. cit.*, p. 25, 172; Schlereth, op. cit., p. 70.

류의 원초적인 과거에 대한 새로운 인식을 가능하게 하는, 산 증거로 받아들였다. 예컨대 몽테스키외에는 '야만인(barbarians)'과 '미개인(primitives)'을 구별하여, 야만인은 유목민인 타타르인이나 몽고인처럼 집단생활을 통하여 초기 사회를 구성한 인간이며, 미개인은 야만인과는 달리 인간이 사회생활을 시작하기 이전 단계의 존재로 파악하였다.[19] 이러한 구분이 시사하는 바는 명확하다. 그것은, 인간이 문명 이전에 반드시 야만이라는 부정적인 상태로 존재한 것은 아니라는 점이다. 그리하여 이 미개인은 유럽 문명의 퇴폐성에 대비되는, 유럽이 상실한 유토피아에 대한 상징으로서 18세기 유럽 지식인들의 숭배와 예찬의 대상이 될 수 있었다. 다시 말해 그들에게 미개인의 존재는, 자유와 평등 그리고 정의가 무엇이며, 유럽 문명 사회의 해악과 폐단이 어디에 있는지 잘 보여주는 것이었다.[20]

비유럽 세계에 대한 계몽사상가들의 호기심과 탐구열은, 그들이 추구하던 세계시민사상의 표현이라는 것이 종래의 일반적인 인식이었다. 인류 보편성에 대한 계몽사상가들의 믿음은, 비유럽 세계에 대한 지적 관심과 더불어 비유럽 사회와 문화도 유럽과 동등하거나 혹은 경우에 따라서는 우월한 것으로 인정하고 받아들이는 개방적 태도로 나타났다는 것이다.[21]

---

19) Pagden, A., *European Encounters with the New World. From Renaissance to Romanticism* (New Haven and London: Yale University Press, 1993), pp. 13~14.

20) Fernandez-Morera, D., "*Europe and its encounter with the Amerindians: An introduction, in History of European Ideas*", vol. 6 (1985), no. 6 (special issue: *Europe and its encounter with the Amerindians*, pp. 379~384) p. 371; Delanty, *op. cit.*, p. 98; Jaenen, C. J., "*France's America and Amerindians: Image and Reality*", in *History of European Ideas*, vol. 6 (1985), no. 4, pp. 405~420; Kiernan, *Europe in the colonial mirror*, p. 22.

21) Kiernan, *The Lords of Human Kind*, p. 21.

그러나 이러한 견해는 계몽사상이 내포한 근본적인 한계와 문제점을 간과하고, 그것을 피상적으로 이해한 결과에 불과하다. 세계시민의 이념이 모순과 양면성을 띤 것처럼, 비유럽 사회에 대한 그들의 인식도 많은 오류와 한계를 안고 있었다. 물론 비유럽 세계에 대한 기독교적 배타성과 편협성에서 탈피하고자 한 계몽사상가들의 태도나, 처음으로 유럽과 비유럽 사회와의 비교를 시도하며, 그것을 자기 성찰의 계기로 삼고자 한 계몽사상가들의 노력은 충분히 평가할 만하다. 그러나 다른 한편으로 계몽사상가들이 비유럽 사회를 보는 유럽의 관점에 근본적인 변화를 가져온 것은 아니었다. 비유럽 세계에 대한 높은 관심에도 불구하고 계몽사상가들 역시 편견과 선입관에서 벗어나지 못하였으며, 비유럽 사회의 가치와 문화에 대한 진정한 이해에 도달하지는 못하였다.

우선 지적할 점은, 비유럽 세계에 대한 계몽사상가들의 관심의 배경이다. 계몽사상가들의 관심을 비유럽 세계로 이끌었던 것은 세계시민을 지향하는 보편주의 성향이었다는 주장은 수긍하기 어렵다. 두드러진 이국지향 정서에도 불구하고 그들의 관심은 결코 비유럽 사회와 문화 자체를 이해하고 받아들이려는 데에 있지 않았기 때문이다. 계몽사상가들이 비유럽 세계에 관심을 가졌던 근본적인 동기는 자신들이 역설하는 계몽의 보편성을 강조하기 위한 것이었다.

예컨대 몽테스키외나 디드로가 그들의 저작에 페르시아인이나 타히티인을 등장시킨 것은, 순수한 비유럽 사회와 위선적인 유럽 사회를 대비시키고자 하는 목적 때문이 아니었다. 그들의 의도는 오히려 이성과 무지, 합리적인 행위 규범과 불합리한 전통 윤리 사이의 대립을 제시하고, 유럽 사회에 비판적인 자신들의 입장을 옹호하는 것이었다. 계몽사상가들의 작품에 등장하는 페르시아인이나 타히티인들은, 사실상 그들의 모습으로 가장한 계몽사상가 자신이었으며, 유럽을 방문한 그들의 이야기는 그들

의 입을 빌린, 유럽 사회에 대한 계몽사상가의 비판이었던 것이다.[22]

많은 계몽사상가들이 입에 올렸던 이른바 "존귀한 미개인"의 역할도 마찬가지였다. 계몽사상가들이 그의 존재를 창출한 것은 유럽 사회와 대비되는 비유럽 사회의 자연성과 원시성을 예찬하는 데 있지 않았다. 존귀한 미개인의 상을 통해 그들이 보여주고자 한 것은 계몽된 인간의 모습이 어떤 것인가 하는 점이었다. 존귀한 미개인의 모델은 이상적인 미개인이 아니라 사실상 이상적인 계몽인이었던 것이다.[23]

이처럼 계몽사상가들에게 비유럽 사회는, 낯설고 이국적인 존재라는 점을 이용하여 계몽의 보편성을 강조하기 위한 수단에 불과하였다. 따라서 비유럽 사회에 대한 호의와 예찬에도 불구하고 그들이 그 사회의 제도와 문화를 진정으로 이해하고 공감하기에 이르렀다고 보기는 어렵다. 유럽 사회에 대한 끊임없는 비판, 비유럽 사회에 대한 강한 흥미와 호기심에도 불구하고 그들은 결코 비유럽 사회가 유럽의 대안이 될 수 있다고 생각하지는 않았다. 비록 의식하지는 못하였다 하더라도, 근본적으로 그들은 유럽의 우월성에 대한 믿음에서 벗어나지 못하였고, 유럽의 관점에서 비유럽 사회를 바라보는 유럽 중심적 태도에서 탈피하지 못하였다.[24]

계몽사상가들의 유럽중심주의는 이미 언급한 바와 같이 진보와 문명의 이념을 토대로 한 것이었다. 비유럽 세계에 대한 인식에서도 그들은 진보와 문명은 오로지 근대 유럽의 계몽정신에서만 찾을 수 있다는 믿음에 어떤 의문도 제기하지 않았다. 그들은 계몽을 절대화하였고, 그를 통해 유럽적 가치에 보편성을 부여하였으며, 그것을 잣대로 비유럽 세계의 독특한 전통과 문화를 재단하였다. 그들은 비유럽 세계의 인식에서 자신들이 이

22) Woolf, *loc. cit.*, p. 80; Bernal, *op. cit.*, p. 172.
23) Jaenan, *loc. cit.*, p. 414.
24) Woolf, *loc. cit.*, pp. 78~80; Schlereth, *op. cit.*, pp. 71~72.

해하기 어렵거나 계몽의 관념에 부합하지 않는 것 등은 모두 역사나 자연환경에 따른 변종 혹은 돌연변이로 간주하고, 그 가치를 무시하거나 왜곡하거나 혹은 아예 부정하였다. 계몽사상가들이 비유럽 세계에서 찾고자 한 보편적인 인류는 계몽이라는 유럽적 가치를 수용한 잠재적 유럽인이었던 것이다.[25]

계몽사상가들의 유럽 중심적 태도를 고려하면 비유럽 세계와의 오랜 교류와 접촉에도 불구하고 유럽이 여전히 문화적 간극을 메우지 못하고 있었음은 놀라운 일이 아니다. 유럽과 오리엔트와의 관계가 그 단적인 사례이다. 중세 이래 오리엔트 세계에 대한 유럽의 인식에 가장 많은 영향을 미친 것은 이슬람의 종교적 이미지였다. 기독교를 위협하는 이슬람 세력에 대한 두려움과 혐오감은 오리엔트 세계의 인식에 매우 부정적으로 작용하였다. 유럽에게 오리엔트 세계는 다른 무엇보다 폭력, 잔인함, 광신적인 우상숭배가 지배하는 곳이었다.

종교적 고정관념에 의한 오리엔트의 이미지는 르네상스 이후 유럽 사회가 세속화하고, 또 오리엔트 세계와 왕래가 잦아지면서 조금씩 퇴색하기 시작하였다. 특히 17세기 말 이후 이슬람의 위협이 사라지자 오리엔트 세계는 더 이상 두려움의 대상이 아니었다. 그럼에도 오리엔트에 대한 인식은 개선되지 않았다. 여전히 오리엔트는 낯설고, 유럽적 가치에는 부합하지 않는 부정적 이미지로 남았다. 오리엔트는 전제정치와 노예 근성, 사치와 쾌락, 성적 방종이 지배하는 사회라는 것이다. 달라진 것이 있다면 오리엔트 세계에 대한 두려움이 우월 의식으로 바뀌고, 오리엔트가 유럽인의 낭만적인 상상력의 대상이 되었다는 점이었다.[26]

---

25) Schlereth, *op. cit.*, p. 126.

26) Kiernan, *The Lords of Human Kind*, pp. 135~143; Kabbani, R., *Europe's Myths of Orient. Devise and Rule* (London: Macmillan, 1986).

오리엔트 세계에 대한 우월 의식에는 계몽사상가들도 결코 예외가 아니었다. 물론 그들 가운데는 볼테르와 같이 단지 부분적이라도 오리엔트 사회의 전통과 관습 등에 공감을 표하며, 오리엔트 문화에 대하여 유럽 문화와 동등한 가치를 부여하는 경우도 없지는 않았다.[27] 그러나 오리엔트 세계를 보는 대다수 계몽사상가들의 시각은, 진보와 문명은 오로지 유럽 사회에만 발견할 수 있다는 믿음에서 탈피하지 못하였다. 즉, 계몽사상가에게 오리엔트는 한마디로 유럽의 과거를 보여줄 뿐, 아직 유럽 문명의 수준에는 이르지 못한, 마치 미성숙한 어린아이와 같은 존재였다. 동시에 그것은, 합리성과 역동성이 지배하는 유럽과는 달리, 비합리적이고 정체된 사회이며, 자체적인 진보의 가능성이 결여된 사회였다. 기독교와 이슬람 대신 문명 세계와 비문명 세계라는 이분법적 사고가 오리엔트 세계에 대한 계몽사상가들의 인식을 지배한 것이다.[28]

한편 계몽사상가들의 유럽 중심적 사고는 인종주의적 편견으로 이어졌다. 대다수 계몽사상가들은 인류의 기원은 동일하다고 생각하였다. 그리고 그들은, 문명 세계의 유럽인과 문명화되지 못한 아메리카, 아시아, 아프리카 등 비유럽인 사이에 본질적인 차이는 없으며, 단지 역사와 환경에 의한 '우연적' 차이만이 존재한다고 생각하였다. 그러면서도 은연중에 그

27) Netton, I. R., "*The mysteries of Islam*", in G. S. Rousseau and R. Porter (ed), *Exoticism in the Enlightenment* (Manchester and New York: Manchester University Press, 1990), pp. 23~45; Schlereth, *op. cit.*, p. 69.

28) Delanty, *op. cit.*, pp. 89~90. 진보와 문명을 유럽에만 국한하고, 그것을 비유럽 사회에 대한 인식의 잣대로 삼는 태도는 비이슬람권 아시아의 경우에도 예외가 아니었다. 그리하여 역동적이고 진보하는 유럽과 무기력하고 정체된 아시아라는 고정관념은 18세기 초보다 18세기 말에 더욱 강화되는 경향이 있었다(Marshall and Williams, *op. cit.*, pp. 94, 133). 특히 이 시기에 이르면 중국도 더 이상 평화, 질서, 안정 등 긍정적인 이미지로만 비쳐지지 않았다. 대표적인 중국예찬론자인 볼테르조차도, 중국이 진보가 결여된 정체된 사회라는 점에서 중국 사회를 이상화하였던 자신의 견해를 다소 수정할 정도였다(Schlereth, *op. cit.* p. 69).

들은 인종적 관점에서 인류의 표준은 백인종이며, 지구상의 다양한 종들은 이 기본 종의 환경적 변종이라고 믿었다. 계몽사상가들을 의식적인 인종주의자로 낙인찍기는 어렵지만, 최소한 그들의 잠재의식에는 인종주의적 사고 경향이 지배하고 있었던 것이다.[29]

4.

18세기를 통하여 유럽은 비유럽 세계에 대해 더 많은 것을 알게 되었지만 결코 더 잘 알게 되었던 것은 아니다. 비유럽 세계에 대한 유럽의 관심은 증가하였지만, 그것이 비유럽 세계와의 문화적 거리를 좁히는 데 이바지하지는 못하였다. 비유럽 세계와의 만남은 대부분 형식적이고 표피적인 것에 불과하였고, 이국 지향적 호기심과 취미를 만족시키는 데 그쳤다. 예컨대 18세기 말부터 유럽에는 오리엔트 풍의 가구, 향수, 터번, 카펫 등이 크게 유행하였지만, 그것이 오리엔트의 문화와 가치에 대한 이해와 오리엔트식 생활 방식의 수용을 의미하지는 않았다.

그럼에도 유럽인 자신들의 생각은 달랐다. 18세기 말에 이르면 유럽의 지식인들은 자신들이 비유럽 사회의 본질을 파악할 수 있게 되었다고 확신하였다. 실제로 18세기에는 비유럽 세계를 보는 유럽의 인식 틀이 확립되었다. 지금까지 살펴본 바와 같이 그것은 유럽이 성취하였다고 믿었던 진보와 문명의 이념이었다. 이제 유럽은 스스로 보편성을 부여한 이 유럽

29) 버널에 의하면 로크, 흄 등 일단의 17~18세기 영국의 사상가들은 검은 피부색과 지적·도덕적 열등성 사이에 상호 관련성이 있다고 믿었다(Bernal, *op. cit.*, p. 201). 또한 몽테스키외, 루소 등도 기후와 지리가 각 인종의 도덕적·정치적 능력을 결정하며, 그 점에서 유럽은 큰 이점을 가지고 있다고 믿었다(Schlereth, *op. cit.*, pp. 35~36). 델런티에 따르면 인종주의(racism)는 유럽의 이념과 정체성의 핵심이었다(Delanty, *op. cit.*, p. 85, 98).

적 가치를 통해 비유럽 세계를 분류, 측정, 평가하게 되었다. 그에 따라 유럽은 자신의 필요와 선입관에 맞는 비유럽 사회의 이미지를 창출하게 되었다. 그것은 거의 예외 없이 유럽 자신의 이미지와는 완전히 대비되는 것이었다. 자유, 진보, 문명, 역동성이 유럽을 상징한다면, 예속, 정체, 야만, 무기력 등은 비유럽의 몫이었다. 결국 유럽은 비유럽 세계에 대한 우월 의식에서 자아를 확인하고, 비유럽 문화에 대한 부정과 거부를 통해 자신의 정체성을 찾았던 것이다.

18세기 유럽의 고대 이집트 문명관은 비유럽 세계에 대한 유럽의 우월 의식이 구체적으로 어떻게 나타났고, 비유럽적 가치를 부정하고 거부하려는 태도가 어떤 결과를 가져왔는지 극명하게 보여주는 경우였다. 18세기에 이르기까지 유럽은 유럽 문명이 고대 이집트에서 유래하였다는 사실을 의문의 여지가 없는 것으로 받아들였다. 고대 그리스인 스스로 이집트의 역할을 인정하였듯이, 이집트는 유럽에 영향을 미친 모든 비기독교 철학과 지식의 원천으로 숭상되었던 것이다.[30]

그러나 18세기 중엽 이후 고대 이집트에 대한 유럽의 인식은 급전하였다. 즉, 고대 이집트가 유럽 문명의 기원이라는, 그동안 자명한 것으로 받아들인 사실을 부인하고 유럽 문명의 독자성과 그리스 문화의 중요성을 강조하기 시작하였다. 비유럽 세계에 대한 유럽의 우월 의식이 확립되면서, 그리고 아프리카 흑인종에 대한 인종적 편견이 작용하면서, 이집트는 더 이상 유럽 문명의 원류로서 용납될 수 없었던 것이다. 특히 18세기 후반 유럽에 고조된 진보의 이념은, 시간적으로 선후 관계에 있는 두 문화에서 후자는 전자에 비해 더 우월한 것이라는 믿음을 가져왔다. 새로운 문화를 창조하는 역동성과 변화를 보여주었던 그리스와 유럽 세계가, 오랜 역

30) Bernal, *op. cit.*, pp. 75~188.

사와 전통으로 정체된 이집트와 아프리카에 비해 우월하다는 것이었다.[31]

이처럼 비유럽 세계에 대한 18세기 유럽의 인식 틀은 자기중심적 우월 의식을 토대로 하였으며, 그것은 유럽의 자기 인식과 정체성의 핵심이었다. 지금까지 주로 계몽사상을 통해 살펴본 18세기 유럽의 이념과 정체성은, 19세기 이후 유럽의 대외 팽창과 관련하여 중요한 의미를 갖는다. 물론 18세기 계몽사상과 19세기 이후 유럽 제국주의의 역사적 연관성을 입증하기란 쉽지 않다. 무엇보다도 비유럽 세계에 대한 18세기 계몽사상가들의 태도를 19세기 제국주의자의 입장과 동일시하기는 어렵다. 계몽사상가들은 비유럽 세계에 대한 유럽의 지배를 옹호하는 데까지 나아가지는 않았다. 그리고 "계몽(Enlightenment)"과 "제국(Empire)", 즉 지식(knowledge)과 권력(power) 사이에 필연적인 연관 관계가 있다고 단정하는 것도 논란의 여지가 있다. 반(反)제국주의 역시 사실은 계몽의 연장선상에 있기 때문이다.[32]

그럼에도 18세기 계몽사상은 비유럽 세계에 대한 유럽의 간섭과 지배의 논리가 나타나는 출발점을 제공하였다. 그들은 비유럽 세계를 지식과 탐구의 대상으로 삼았으며, 비유럽 사회를 분석하는 "과학적인" 준거 틀을 제공하였다. 그리고 그들은 자신들의 연구 결과, 비록 명확하게 의식하지는 못하였더라도 유럽의 우월성과 유럽의 역할에 대한 믿음과 기대를 갖게 되었다. 비유럽 사회가 유럽에 비해 두드러지게 열등하며, 그것은 계몽과 같은 외부 문명의 전파를 통해서만 개선될 수 있다는 것이었다. 결국 그들은, 18세기 말 유럽에 대두한 이른바 "오리엔탈리즘"처럼 비유럽 세계를 유럽의 필요에 따라 정형화하여, 간섭과 지배, 착취를 정당화하려는

31) *Ibid.*, pp. 189~223.

32) Berman, R., *Enlightenment and Empire: Colonial Discourse in German Culture*, (Lincoln and London: University of Nebraska Press, 1998), pp. 21~22, 203~206.

시도에 지적 자양분을 제공하였던 것이다.[33]

33) Marshall and Williams, *op. cit.*, pp. 2~3, 299~303; 에드워드 W. 사이드, 『오리엔탈리즘』(박홍규 역, 교보문고, 1991).

10 김응종

서구중심주의 역사학에 대한 비판과 반비판

페르낭 브로델을 중심으로

1. 머리말

서구중심주의 역사학을 비판하는 파도가 세차게 밀어닥치고 있다. 첫 번째 파도는 에드워드 사이드의 『오리엔탈리즘』이었다.[1] 사이드에 의하면, 근대 서구의 지식인들은 동양을 타자(他者)화해 동양을 서양과 대조적인 존재로 파악했다. 예컨대, 서양은 이성적인 데 반해 동양은 감성적이고, 서양은 합리적인 데 반해 동양은 신비적이고, 서양은 동적인 데 반해 동양은 정적이고, 서양은 남성적인 데 반해 동양은 여성적이라는 식으로 규정한 것이다. "조용한 아침의 나라 한국"이라거나 "아시아의 신비"라

1) 에드워드. W. 사이드, 『오리엔탈리즘』, 박홍규 옮김 (교보문고, 1991).

는 자랑스러운 표현들도 따지고 보면 오리엔탈리즘에 속하는 말들인 셈이다. 이러한 이항 대립은 계속 이어져, 최종적으로 서양은 문명이고 동양은 야만이라는 고리로 마무리되는데, 동양은 정적이어서 스스로는 문명화될 수 없기 때문에, 서양이 동양을 도와 문명화해주어야 한다는 논리가 힘을 얻는다. 실제로 식민주의 시대에 서양인들은 이것을 서양의 사명이요 짐이라고 미화했다. 이렇게 볼 때, 오리엔탈리즘은 서양의 동양에 대한 객관적인 지식이 아니라 서양이 동양을 지배하기 위해 만들어낸 담론이었던 것이다. 사이드의 오리엔탈리즘 해부는 한국의 지식인들에게 커다란 충격을 주었다. 마르크스와 베버를 위시해서, 한국의 지식인들이 숭배해온 거의 대부분의 서양 학자들이 오리엔탈리스트였기 때문이다. 한국의 지식인들이 객관적이고 과학적인 지식으로 알고 있던 것들이 사실은 식민주의를 정당화시키기 위해 만들어진 이념적 도구였다는 것이니, 그 앞잡이로서 부화뇌동한 꼴이 된 한국의 지식인들이 느낀 자괴감이 어떠했을지는 어렵지 않게 상상할 수 있다.

그러나 사이드의 파도는 지식의 본질에 관계된 것이기에, 그리고 이슬람 지역을 대상으로 한 것이기에 국내에서의 파괴력에는 한계가 있었던 것 같다. 게다가 서양의 지식인들이 오로지 동양을 지배하기 위해 오리엔탈리즘을 만들어낸 것은 아니었다. 사이드는 근대 이후 서양의 지식인들이 서양 사회를 비판하고 개혁하기 위해 동양의 사상과 문화에 열광했다는 사실을 고려하지 않았다는 점에서 편파적이었다는 지적을 면하기 어렵다.[2] 서양인이 서양인의 관점으로 동양을 바라보는 것은 어쩔 수 없는 일이라는 점도 인정해야 한다. 오히려 그것을 서양인의 관점이라고 받아

2) 주겸지, 『중국이 만든 유럽의 근대 – 근대 유럽의 중국문화 열풍』, 전홍석 옮김 (청계, 2003) ; J. J. 클라크, 『동양은 어떻게 서양을 계몽했는가』, 장세룡 옮김 (우물이 있는 집, 2004).

들이지 않고 객관적인 진리인 양 받아들인 사람들에게도 잘못이 있을 것이다.

그러나 사이드의 파도는 더 크고 더 파괴적인 파도를 예고하는 것이었으니, 안드레 군더 프랑크의 『리오리엔트』가 바로 그것이다.[3] '리오리엔트'란 오리엔트가 조만간 세계경제의 헤게모니를 다시 장악한다는 것인데, '리' 자를 붙인 이유는 19세기 초반까지도 오리엔트가 세계경제의 헤게모니를 장악했었다고 보기 때문이다. 여기서 오리엔트란 이슬람 세계가 아니라 중국을 가리킨다. 프랑크에 의하면, 19세기 초 중국의 경제가 침체기에 빠지자 그 틈을 이용하여 서양이 세계경제의 중심을 차지한 것인데 이제 대략 200년 주기의 침체기가 끝나면서 중국이 다시 세계경제의 중심으로 부상하고 있다는 것이다. 사이드가 서구 지식인들의 관점을 고발한 데 반해, 프랑크는 '과학'의 입장에서 유럽중심주의 이데올로기를 해부했으며, 사이드가 비판했던 우리의 '선생님들' 모두가 다시 유럽중심주의자라는 혹독한 비판을 받았다. 프랑크의 예언은 후속 파도들을 동반하면서 그 파괴력을 더해가고 있다.[4]

이제 어떻게 할 것인가? 일엽편주에 몸을 싣고, 유럽인들이 만든 해도(海圖)를 더듬더듬 읽으며, 유럽인 선장들이 전해준 나침반을 따라 역사의

3) A. G. 프랑크,『리오리엔트』, 이희재 옮김 (이산, 2003).

4) 반유럽중심주의 관련 주요 저작들은 대부분 번역되었다. 아민 사미르, 『유럽중심주의』, 김용규 옮김 (세종출판사, 2000) ; 폴 A. 코헨, 『학문의 제국주의—오리엔탈리즘과 중국사』, 이남희 옮김 (산해, 2003) ; 케네스 포메란츠 외, 『설탕, 커피 그리고 폭력』, 박광식 옮김 (심산, 2003) ; 개빈 멘지스, 『1421 중국, 세계를 발견하다』, 조행복 옮김 (사계절, 2004) ; 존 M. 홉슨, 『서구문명은 동양에서 시작되었다』, 정경옥 옮김 (에코 리브르, 2004) ; 마틴 버낼, 『블랙 아테나—서양 고전문명의 아프리카, 아시아적 뿌리』, 오흥식 옮김 (소나무, 2006) ; 마셜 호지슨, 『마셜 호지슨의 세계사론—유럽, 이슬람, 세계사 다시 보기』, 이은정 옮김 (사계절, 2006) ; 재닛 아부-루고드, 『유럽 패권 이전—13세기 세계체제』, 박흥식 · 이은정 옮김 (까치, 2006). 국내 학자가 쓴 연구서로는 강철구, 『역사와 이데올로기—서양역사학의 유럽중심주의에 대한 비판적 검토』(용의 숲, 2004) ; 이성형, 『콜럼버스가 서쪽으로 간 까닭은?』(까치, 2003).

망망대해를 헤쳐온 한국의 서양사학자들은 어떻게 할 것인가? 한 원로 서양사학자는 반오리엔탈리즘과 반유럽중심주의 현상 앞에서 느끼는 정신적 혼돈을 다음과 같이 고백한다.

> 요즘처럼 역사의 '발명'이 유행어처럼 떠도는 시절도 없을 것이다. 그런데 정말 유럽사가 이슬람 세계를 왜곡시켜 '발명'된 것이라면, 유럽(서양)을 사회 발전의 모델로 삼아 변경에서 유럽사를 평생 공부한 필자 같은 사람은 자신의 학문적 생애 자체에 대해 엄청난 회의를 가질 수밖에 없게 된다. 그리고 근대 학문 자체가 베버나 마르크스의 개념들 위에서 구축된 이상, 그리고 이 개념에 따라 학문해온 이상, 이 개념들 '바깥의' 사유 공간을 탐사하는 게 지레 두려울 뿐만 아니라 그것이 가능하기라도 한지 의문스럽기만 하다.[5]

한국의 서양사학자들은 아마도 거의 모두 이러한 '두려움'과 '의문'을 느꼈을 것이다. 이제껏 공부하고 가르친 것이 모두 '거짓말'이었다니 그 황당함을 어떻게 표현할 수 있을 것인가? 그러나 마르크스와 베버의 말을 멋모르고 추종한 것이 잘못이라면, 그러한 잘못을 다시 범하지 않기 위해서라도 반유럽중심주의 담론을 '비판적으로' 수용해야 한다. '리오리엔트'라는 예언이 아무리 우리를 기분 좋게 해도, 역사학자라면 '관점'을 넘어 '사실'의 세계로 들어가 검증해보아야 한다. 그러나 이 작업이 쉽지는 않다. 동양사와 서양사 그 어느 한쪽 세계에만 갇혀 연구하고 있는 한국의 역사학자들은 프랑크의 '세계사'를 검증할 능력을 애당초 결여하고 있다. 더군다나 서양사학자들은 이제껏 서양사 연구의 '유행'을 좇느라 사실 축

---

5) 이민호, 「세계사를 어떻게 읽을 것인가 – 유럽중심주의 사관의 극복을 위하여」, 『역사비평』, 2002년 여름, pp. 202~203.

적을 게을리했기 때문에—아마도 동양사학자들도 마찬가지가 아닐까 싶다—이제 결정적으로 사실 확인이 필요한 시점에서 무력함을 느끼지 않을 수 없다.[6]

나는 서양근대경제사에 대한 실증적인 지식도 없고, 같은 시기 중국근대경제사에 대한 지식도 없으니 이중으로 무력감을 느낀다. 그렇지만 반유럽중심주의가 영원불변의 진리라고는 생각하지 않는다. 그것 역시 하나의 지적 유행일 것이다. 언젠가는 반(反)반유럽중심주의가 밀려올지도 모른다. 반유럽중심주의는 '사실'로 포장되어 있기는 하지만 그 역시 하나의 '관점'임이 틀림없다. 따라서 '사실' 차원에서의 검토와 '관점' 차원에서의 검토가 필요하다. 이러한 작업을 하는 데서 나는 역사가의 도움을 받고자 한다. 그의 이름은 페르낭 브로델이다. 프랑크는 페르낭 브로델이 세계체제론을 통해서 유럽중심주의를 벗어나려고 노력했지만 최종적으로는 유럽중심주의를 넘어서지 못했다고 평가한다. 프랑크는 유럽중심주의를 비판하기 위해서 혹은 자기의 반유럽중심주의를 입증하기 위해서 브로델을 자주 불러들인다. 따라서 거꾸로 브로델의 입장에서 프랑크의 반유럽중심주의를 검토해보는 것도 흥미로울 것이다. 브로델 식으로 표현하면, 프랑크가 만든 배는 역사의 바다를 무사히 항해할 것인가?

---

6) 유럽중심주의에 대한 국내 학자들의 글로는 다음과 같은 것들이 있다. 최갑수, 「유럽중심주의의 극복과 대안적 역사상의 모색」, 『역사비평』 2000년 가을 ; 유재건, 「세계사 다시 읽기와 유럽중심주의 : A. G. 프랑크의 '리오리엔트'를 중심으로」, 『창작과비평』 31, 2003 ; 유재건, 「근대서구의 타자 인식과 서구중심주의」, 『역사와 경계』 46, 2003 ; 강철구, 『역사와 이데올로기—서양역사학의 유럽중심주의에 대한 비판적 검토』(용의 숲, 2004) ; 강성호, 「A. G. 프랑크의 세계체제론과 마르크스주의 : '리오리엔트'를 중심으로」, 『마르크스주의 연구』 2, 2004 ; 강진아, 「16~19세기 중국경제와 세계체제—19세기 분기론과 중국중심론」, 『이화사학』 31, 2004 ; 강진아, 「16~19세기 동아시아 무역권의 세계사적 변용—따라잡기형 발전 모델의 모색」, 백영서 외, 『동아사아의 지역질서』(창비, 2005) ; 한국서양사학회 주최 제11회 한국서양사학회 학술대회, "우리에게 서양이란 무엇인가 : 유럽중심주의 서양사를 넘어서", 2006년 4월 15~16일, 서울 여성플라자.

2. 세계-경제와 세계경제

'세계-경제'와 '세계경제'의 차이는 '하이픈'이라는 작은 기호의 차이이다. 그러나 그것은 프랑크와 브로델(그리고 월러스틴)의 세계체제를 구조적으로 갈라놓는 심연이다. '세계경제'는 전 지구적인 경제를 지칭하는 반면, '세계-경제'는, 마치 제국과 같이 넓은 지역에서 이루어지는 경제를 지칭한다. 세계가 아니라 세계의 부분임에도 불구하고 '세계-경제'라고 부르는 이유는 그 안에서는 경제생활이 자기 충족적으로 이루어지기에 외부 세계와의 교류가 없더라도 생존할 수 있기 때문이다. 브로델은 13세기부터 유럽이 하나의 세계-경제로 구조화된 다음 서서히 그 유럽 세계-경제를 전 지구적인 세계경제로 확산시켜나갔다고 주장하는 반면, 프랑크는 13세기보다 훨씬 이전부터 이미 지구는 하나의 세계경제 속에 있었으며, 그것의 중심은 중국이었고 유럽은 가난한 주변부에 불과했다고 주장한다. 프랑크는 유럽 세계-경제의 확산(발전, 진보)을 인정하지 않는다. 유럽은 중국 경제의 침체로 생겨난 공백을 차지했을 뿐이라는 것이다. 19세기 이후 가시화된 유럽의 세계경제 지배는 수천 년의 초장기 지속적인 세계경제의 역사에서 볼 때는 일시적이고 예외적인 현상일 뿐이라고 주장한다.

'세계-경제'라는 개념을 체계화한 사람은 이매뉴얼 월러스틴이다. 그는 1974년에 발표한 『근대세계체제 I: 자본주의 농업과 16세기 유럽 세계-경제의 기원』에서 역사학자들의 실증적인 연구를 토대로 '세계체제론'을 정립했다. 이 책에 등장하는 무수히 많은 역사가들 가운데 월러스틴에게 직접적으로 영향을 준 사람이 바로 페르낭 브로델과 마리안 말로비스트이다. 브로델은 1947년에 출판한 『펠리페 2세 시대의 지중해와 지중해 세계』에서 16세기 지중해 세계의 자연환경, 도시, 교통망, 상업의 발전,

중심 도시들의 이동 등을 관찰하면서, 그리고 16세기의 인구를 계산하고, 거리를 재고, 소요 시간을 측정하면서 "그 자체로 거의 충분한 하나의 세계", "자율적이고 자신 위에서만 사는 데 익숙해져 있는 두 개의 경제" 등을 발견한 바 있다. 월러스틴에 의하면, 세계-경제가 근대 유럽에만 나타났던 것은 아니다. 그러나 근대 유럽 이외의 지역에 나타났던 세계-경제들은 '세계-제국'으로 변질된 데 반해 16세기 유럽 세계-경제는 세계-제국으로 변질되지 않았다. 월러스틴의 또 다른 주요 개념인 '세계-제국'은 제국이 단독으로 세계-경제의 전 공간을 차지하는 낡은 구성체로서 정치가 경제에 대해서 우월한 체제이다. 이에 비해 '세계-경제'는 정치가 아니라 경제가 각 부분들을 연결시켜주는 체제이다. 요컨대, 유럽 세계-경제가 세계-경제로 지속될 수 있었던 것은 세계-경제를 작동시키는 '경제'의 힘이 여전히 강력했기 때문이다.

세계-체제는 중심부와 주변부로 이루어진다. 중심부와 주변부 사이의 불평등 때문에 '교역'이 발생하며 그 교역은 본질적으로 불평등 교역이다. 교역이 진행되면 될수록 기존의 불평등은 더욱 심화된다. 중심부와 주변부의 차이는 '생산양식'의 차이로 나타난다. 중심부는 자본주의적 생산양식의 지배를 받는 반면, 주변부는 농노제나 노예제 생산양식의 지배를 받는다. 16세기에 유럽이 아메리카를 정복한 것은 아메리카를 유럽 세계-경제의 주변부로 흡수한 것을 의미한다. 아메리카의 발견이나 경영은 '우연'이 아니었다. 그것은 그 자체로 유럽의 힘의 폭발적인 확산을 보여주는 것이다. 이렇게 편입된 주변부 아메리카는 중심부의 발전에 기여했다. 이렇듯 16세기 유럽 세계-경제는 중심부와 주변부의 활발한 교역을 통해 힘을 축적해나갔으며, 필경에는 중국 세계-경제를 유럽 세계-경제의 주변부로 편입시켰다는 것이 월러스틴의 세계체제론이다.

브로델은 1979년에 완간된 『물질문명과 자본주의』 제3권 『세계의 시간』에서 월러스틴의 개념을 검토한다.[7] 브로델의 '세계-경제' 정의("경제적으로 독자적이며 핵심적인 것들을 자급자족할 수 있고 내부적인 연결과 교역이 유기적인 통일성을 이루는 단위")와 구조(중심부와 주변부), 불평등 교역, 중심 도시의 이동 등은 월러스틴의 개념과 다르지 않다. 그러나 유럽의 자본주의적 세계-경제의 시점에 대해서는 견해를 달리한다.

> 나는 유럽의 세계-경제가 이매뉴얼 월러스틴이 고집하듯이 16세기에 탄생한 것이 아니고 그보다 훨씬 일찍 탄생했다고 본다. 사실 월러스틴을 괴롭힌 문제는 마르크스가 제기한 문제였던 것 같다. 유명한 그 문장을 다시 한 번 더 인용해보자 : "자본의 전기는 16세기에 시작된다." 월러스틴이 보기에는 유럽 세계-경제는 자본주의를 배태하고 있는 과정이다. 이 점에서는 나 역시 그에게 반대하지 않는다. 왜냐하면 중심부 지역을 이야기하는 것이나 자본주의를 이야기하는 것이나 결국 같은 것이기 때문이다. 또한 16세기에 유럽에 세워진 세계-경제가 좁지만 비범한 대륙인 유럽에 근거를 둔 첫 번째 세계-경제는 아니라는 주장은 자본주의가 16세기를 기다려서 이때 처음 등장한 것이 아니라는 주장과 같은 것이다. 그러므로 나는 유럽의 자본주의—심지어 자본주의적인 생산 역시—가 13세기에 이탈리아에서 시작된 것이라는 마르크스의 주장(그 후 마르크스는 그렇게 말한 것을 후회했다지만)에 동의한다.[8]

월러스틴은 마르크스의 『자본론』 제4장 "자본의 일반 공식"의 내용을 근거로 "자본의 전기"가 16세기에 시작한다고 주장한다. 브로델은 마르크스의 『자본론』 제1권 26장 "시초 축적의 비밀"의 내용을 근거로 자본주

---

7) 페르낭 브로델, 『물질문명과 자본주의』, 주경철 옮김 (까치, 1995~1997).
8) *Ibid.*, III권, p. 70.

의 시대는 16세기부터 비로소 시작한다고 말하면서도 "자본주의적 생산의 최초 단서는 14세기나 15세기에 지중해 연안의 일부 도시들에서 드문드문" 볼 수 있었다는 언급에 주목한다. 브로델이 13세기라고 말한 것은 마르크스가 14세기나 15세기라고 말한 것의 착오 아니면 자기 나름대로의 수정일 것이다. 실제로 브로델은 샹파뉴 정기시가 13세기 유럽 세계-경제의 중심이었다며 주목한다.

월러스틴과 브로델의 견해는 프랑크의 견해와 차이를 보인다. 프랑크는 브로델과 월러스틴이 말하는 유럽 '세계-경제'는 '세계경제'의 일부였다고 주장한다. 월러스틴은 그것이 15세기 말이나 16세기 초에 형성되었다고 말하고, 브로델은 13세기에 형성되었다고 말한다. 아부-루고드는 13세기에 세계체제가 형성되었으며 유럽의 세계-경제는 그 요소 가운데 하나였다고 주장한다. 프랑크는 13세기설을 지지하면서도, 월러스틴의 16세기 세계-경제는 13세기 세계체제의 연장일 뿐만 아니라, 세계체제는 기원전 3000년의 청동기시대까지 소급해 내려갈 수 있다고 주장한다. 세계체제는 지금부터 5,000년 전에 시작되었다는 것이다.[9] 그 근거는 무엇일까? 세계체제를 판별하는 기준은 무엇일까? 세계체제에서는 교역이 이루어진다. 그러나 교역이 이루어진다고 해서 모두 세계체제는 아니다. 프랑크의 동반자인 질스에 의하면, 교역이 이루어지되 "어느 정도 규칙적으로 이루어져야 하며 그것이 세계체제의 각 부분의 내적인 성격에 영향

---

9) A. G. Frank, B. K. Gills(eds.), *The World system : Five Hundred Years or Five Thousand?* (Routledge, 1993) ; A. G. Frank, "Bronze age World system cycles", *Current Anthropology* 34, 1993 ; A. G. Frank, "The modern World System revisited. Rereading Braudel and Wallerstein, Stephen K. Sanderson(ed.), *Civilizations and World Systems* (Altamira Press, 1995), p. 180 ; 프랑크, 『리오리엔트』, pp, 37~42.

10) Barry K. Gills, "Capital and power in the processes of World History", Stephen K. Sanderson(ed.), *Civilization and World Systems*, p. 145.

을 줄 정도" 여야 한다.[10] 프랑크는 동일한 주기순환(cycle)의 영향을 받으면 세계체제가 형성된 것으로 본다.[11] 근대보다 훨씬 이전부터 유라시아 대륙에서 교역이 이루어졌음은 사실이다. 브로델에 의하면, 로마 시대부터 유럽은 극동의 비단, 후추, 향신료, 약물, 진주 등을 얻기 위해 금과 은을 지불했으며, 이 때문에 "유럽의 수지는 중국에 대해 대략 1820년까지 적자" 였다.[12] 실제로 율리우스 클라우디우스 시대의 화폐를 실론에서도 볼 수 있다. 흥미로운 예로서, 15세기 유럽의 여성들에게 유행했던 뿔 모양의 모자 장식은 멀리 당나라에서 온 것이다.[13] 이렇게 일찍부터, 아마도 청동기시대나 그 이전부터, 유라시아 대륙에서 경제와 문명의 교류가 이루어졌음은 사실이다. 그러나 교류라는 하나의 사실만 가지고 세계체제가 형성되어 있었다고 말하는 것은 프랑크와 질스가 설정한 기준에도 어긋난다. 규칙적이어야 하며 사회 내부적으로 상당한 영향을 끼쳐야 하기 때문이다. 그러나 이것은 결국 사실의 문제가 아니고 판단의 문제에 해당하기에, 객관적이고 공정하게 판단하기는 어렵다. 여기에다가 브로델의 기준 — "세계-경제의 끝에서 끝으로 가는 데 60일 걸린다"[14] — 을 적용한다면, 아무래도 청동기시대에 세계체제가 형성되었다고 말하기는 어렵지 않을까 싶다. 질스는 자기의 세계체제는 "최소주의(minimalist)" 정의를 따른다고 물러서면서, 교류가 이루어지면 세계체제로 볼 수 있다고 고집하지만[15], 아무래도 무리한 개념 적용이라는 생각이 든다.

11) A. G. Frank, "The modern World Systems revisited. Rereading Braudel and Wallerstein", p, 180.

12) 브로델, 『물질문명과 자본주의』, I, p. 667.

13) Fernand Braudel, *La Méditerranée et le monde méditerranéen à l'époque de Philippe II* (Armand Colin, 1985), 제2권, p. 110. 이후 이 책은 『지중해』로 표기함.

14) *Ibid.*, I, p. 354.,

15) Gills, "Capital and power", p. 146.

그러나 세계체제의 기원이 언제인가는 그리 중요한 문제가 아니다. 마찬가지 맥락에서, 홉슨처럼 "서구 문명은 동양에서 시작되었다"라고 외치는 것도 중요하지 않다. 유럽중심주의 역사가로 낙인찍힌 사람들도 이 정도는 이미 인정하고 있기 때문이다. 질스와 프랑크가 세계-경제가 아니라 세계경제가 존재했었다고 집요하게 주장한 이유는 유럽에만 세계-경제라는 세계체제가 존재했으며 유럽 세계-경제에서만 경제가 활발하게 유지되었다는 유럽예외주의를 거부하기 위해서였다. 유럽 세계-경제는 더 발전되고 더 활발한 세계경제의 일부분, 말하자면, 주변부였다는 것을 강조하기 위해서였다.

그러면 이렇게 유라시아 대륙의 끝자락에 있었던 "가난한 주변부" 유럽이 중국을 밀어내고 세계경제의 중심부를 차지하게 된 힘은 어디에서 나온 것인가? 아메리카의 은(銀)에 대해 생각해보지 않을 수 없다.

3. 은(銀)의 파괴력

지중해 세계에서만 맴돌던 유럽이 대서양 너머 아메리카 대륙으로 진출하여 유럽 세계-경제의 경계를 확대한 것은 엄청난 사건이었다. 구조적으로 인구과잉에 시달리던 유럽으로서는 잉여 인구를 내보냄으로써[16] 인구와 경작지의 불균형을 개선할 수 있게 되었다. 이로부터 파생되는 경제적 효과는 적지 않았다. 예컨대, 곡물 생산의 부담이 줄어듦으로써 그만

16) 브로델에 의하면, 16세기에 10만 명의 스페인 사람들이 이베리아 반도를 떠나 아메리카 대륙으로 향했다. 1년에 1,000명 정도의 수치에 불과했지만, 당대인에게는 적지 않은 수치였다. 1632년 로드리고 비베로는 "이런 식으로 사태가 진행되면 스페인에는 사람이 없어진다"라고 우려했다(『지중해』 I. p. 381).

큼 남은 경작지를 목초지로 전환하여 가축을 사육한다든가, 종래에는 생존을 위해 할 수 없이 밀을 심던 척박한 경작지의 용도를 경제적으로 바꿀 수 있게 된 것이다. 또 아메리카 대륙으로부터 값싼 농산물이 수입된 것도 최종적으로는 산업 발전에 도움이 되었다. 아메리카가 스페인에게만 기회를 준 것은 물론 아니었다. 아메리카는 전 유럽을 활성화시켰다.[17]

그중에서도 가장 중요한 사건은 아메리카에서 은이 유입된 것이다. 얼마나 많이 유입되었을까? 프랑크 스푸너와 브로델의 계산에 의하면, 아메리카 대륙 발견 이전에 유럽과 지중해 세계에서 유통되던 귀금속의 총량은 대략 금 5,000톤과 은 6만 톤이었다. 1500년부터 1650년까지의 1세기 반 동안 아메리카 대륙에서 공식적으로 들어온 양은 금 180톤, 은 1만 6,000톤이었다.[18] 특히, 1571년에 포토시 은광에서 새로운 수은 아말감법이 사용되면서 은 생산량이 급증하여 1580년부터 1620년 사이에 유입량이 정점에 달했다.

---

17) 브로델은 다음과 같이 구체적으로 설명한다. "대서양 너머에서 새로 맡게 된 과제, 즉 아메리카를 착취하고 처음부터 새로 건설하는 일을 스페인 혼자서 하기에는 힘에 부쳤으므로 유럽 전 지역으로부터 다양한 도움을 받아서 이 일을 수행했다. 발트 해 연안 지역으로부터 목재, 통널, 타르, 선박, 밀, 호밀 등을 들여와야 했고, 네덜란드, 독일, 영국, 프랑스로부터는 아메리카로 재수출할 직포, 가벼운 모직물, 철물 등의 공산품을 들여왔다. 때로 그것은 엄청난 양에 달해서 1553년에는 5만 필의 직물이 안트베르펜으로부터 포르투갈과 스페인으로 갔다. 1530년 이후, 특히 1540년대에 들어와서 젤란드와 홀란드의 선박들이 플랑드르-스페인 사이의 항해를 도맡았다. 특히 비스케이 지역의 배들을 카레라 데 인디아스로 돌려쓰고 있었기 때문에 그로 인하여 빌바오와 안트베르펜 사이를 연결하는 항해가 공백이 되었으므로 젤란드와 홀란드의 배들이 더욱 유용하게 쓰였다. 따라서 1535년에 튀니스에 대항해서 그리고 1541년에 알제에 대항해서 카를 5세가 플랑드르의 우르크선 수십 척을 동원하여 사람, 말, 무기, 보급품을 실어 나른 것은 이런 맥락에서 보면 전혀 이상한 일이 아니다. 더군다나 북유럽의 배를 동원하여 카레라 데 인디아스 선단을 증강시키기도 했다. 북유럽과 이베리아 반도 사이의 연결이 이처럼 완수된 것이 스페인의 역사와 더 나아가서 세계사에서 얼마나 중요한 것이었는지는 말로 할 수 없을 정도이다"(『물질문명과 자본주의』, III, p. 206).

18) 『지중해』, I, pp. 411~412. 이 수치는 브로델도 자인하듯이 매우 불확실한 수치이다. 『물질문명과 자본주의』(I, p. 675)에서는 아메리카 금속이 들어오기 전인 1500년에 유럽에는 아마도 2,000톤의 금과 2만 톤의 은이 있었던 듯하다고 말한다.

그러나 스페인은 자국의 산업을 일으키는 데 은을 이용하지 못했다. 스페인은 은의 불법 유출을 막는 데 실패했을 뿐만 아니라 카를 5세와 펠리페 2세는 네덜란드의 독립을 막는 데 광적으로 은을 탕진했다. 스페인왕국은 "다른 나라들의 인도 제도" 였다.[19] 스페인의 은은 안트베르펜으로, 그 다음에는 제노바로 흘러들어갔다. 이탈리아는 은의 일부를 레반트로 반출하여 이익을 얻었다. 아메리카의 은은 스페인을 경유하여 지중해 세계와 유럽의 경제를 활성화시켰다.

아메리카 은의 일생은 유럽에서 끝나지 않았다. 이탈리아는 제노바에서 안트베르펜으로 가는 금의 길과 이탈리아에서 멀리 중국으로 가는 은의 길의 교차로였다. 중국에서 금과 은은 1대 4로 교환된 데 반해, 유럽에서는 1대 12로 교환되었기 때문에, 유럽의 은이 중국으로 향한 것은 당연했다. 아메리카의 은이 아시아에 도달하는 경로는 레반트와 페르시아 만을 통하는 경로 외에도, 희망봉 경로, 마닐라 갤리온 선을 통한 태평양 경로가 있었다. 얼마나 많은 은이 중국으로 유입되었을까? 브로델에 의하면 1571~1821년 사이에 아메리카 대륙에서 생산한 은 가운데 적어도 절반 정도가 중국으로 흘러들어 갔다. 피에르 쇼뉘는 뉴-스페인에서 태평양을 통해 필리핀으로 들어간 것까지 포함해도 그 비율이 3분의 1에 불과할 것으로 보았지만 그 정도로도 대단한 수치라 할 수 있다.[20] 은의 중국 유입은 1820년대까지 계속된다.

그런데 일단 중국으로 들어간 은은 다시 나오지 않았다. 당시 사람들은 중국을 "귀금속의 무덤" 이라고 불렀다. 중국인들은 은을 좋아했기 때문에 "은 냄새를 맡으면" 상품을 산더미처럼 가지고 왔다고 한다. 왜 그랬을

19) *Ibid.*, I, p. 433.

20) *Ibid.*, II, pp. 274~276.

까? 장식품으로 보관하기 위함이었을까? 은화가 필요했기 때문일까? 전통적인 설명은, 아메리카의 은은 유럽에서는 경제를 활성화시키는 데 기여했지만 아시아에서는 그러한 경제적인 기능을 수행하지 못하고 퇴장(退藏)되었다는 것이다. 프랑크는 이러한 퇴장론이야말로 유럽중심주의적인 해석이라고 비판한다.

> 아시아는 화폐를 활용하지 않고 곳간에 '비축'해놓았을 뿐이라는 케케묵은 신화는 아무런 역사적 근거가 없다는 것을 보이겠다. 인도와 특히 중국을 세계에서 공급되는 화폐의 '배수구'라고 부르는 것은 근거가 없는 말이다.[21]

세계의 은이 중국으로 대량 유입된 것은 사실이다. 프랑크에 의하면, 1545년부터 1800년까지, 아메리카에서 생산된 은 13만 3,000톤 가운데 75퍼센트에 해당하는 10만 톤이 유럽으로 반입되었으며, 그 가운데 32퍼센트에 해당하는 3만 2,000톤이 아시아로 갔을 뿐만 아니라, 일본은 유럽에서 중국으로 들어간 은의 절반 정도를 중국에 공급했다. 중국은 왜 그렇게 많은 은을 필요로 한 것인가? 프랑크는 다음과 같이 설명한다. 명(明)은 인플레이션 우려 때문에 지폐 유통을 금지시키는 대신 동전과 은편(銀片)에 의존했다. 국고 수입에서 은납의 비율이 점점 높아지면서 일조편법이 실시되었으며 나중에는 모든 세금이 은납화되었다. 때문에 중국 사회에서 은의 수요가 급증했다. 중국에 유입된 화폐는 생산과 거래를 자극하고 경제 전반의 상업화를 촉진시켜 화폐의 유통 속도를 끌어올렸다. 은의 유입과 그것이 유발한 수요 증대에도 불구하고 상품 공급량이 늘었기 때문

---

21) 프랑크, 『리오리엔트』, p. 103. 비축설을 둘러싼 논쟁에 대한 간단하지만 유익한 언급으로는 강진아, 「16~19세기 중국경제와 세계체제—'19세기 분기론'과 '중국중심론'」, 『이화사학』 31, 2004.

에 가격혁명이 일어나지 않았다. 중국에서 은은 생산 증대와 인구 증가의 견인차가 되었던 반면, 중국과는 달리 경제가 허약했던 유럽에서는 은의 유입이 가격혁명을 일으켰다는 것이다.

피셔의 등식(MV=PQ. P는 가격, Q는 재화와 용역의 양, M은 화폐의 양, V는 유통 속도)으로 확인해 보아도, 은의 유입량과 유통 속도, 경제 등은 가격의 변동과 관계가 있다. 유럽에서 가격혁명이 일어난 것은 사실이다. 그러나 그것이 프랑크의 말대로 은의 유입 때문일까? 브로델을 위시한 대부분의 역사가들은 유럽에서는 아메리카의 은이 유입되기 이전에 이미 유럽 자체의 경제 사이클에 의해 가격이 상승하고 있었음을 강조한다.[22] 유럽에서 은은 가격 변동을 촉발시킨 것이 아니라 변동 폭을 크게 한 것이다. 또 프랑크의 말대로 유럽에서는 가격만 상승한 것도 아니었다. 은은 유럽 세계-경제의 중심부와 주변부의 불평등을 심화시킴으로써, 브로델식으로 말하면, "전압차"를 크게 함으로써 교역을 활성화시켰다. 이렇듯, 유럽에서의 은의 역할이 부정적인 것만은 아니었다. 유럽에서도 은은 가격과 함께 생산, 즉 경제를 활성화시켰던 것이다.

브로델은 유럽의 발흥은 아메리카의 은 '이전'에 시작되었다고 주장하는 반면, 프랑크는 가난한 유럽에서는 모든 것이 아메리카의 은과 함께 시작되었다고 주장한다. 프랑크의 재미있는 표현을 직접 들어보자.

> 서양은 어떻게 발흥했는가? 한마디로 말해 유럽인은 그것을 샀다. 처음에는

22) "가격혁명은 신대륙으로부터 금속이 대량으로 들어오기 전에 시작되었다. 영토국가의 성장은 아메리카의 발견보다 선행한다. 마지막으로 신대륙의 광산이 무대에 들어온 것은 유럽이 이들을 이용할 수단을 갖추었기 때문이다. 왜냐하면 광산 활동 자체가 그냥 이루어지는 것은 아니기 때문이다. 카스티야는 복권으로 아메리카를 얻었다고 이야기되기도 한다. 그것은 하나의 말하는 방식일 뿐이다. 신대륙의 광산은 쉬운 접근을 허용하지 않았기 때문에 유럽의 팽창력은 다른 곳에서 출구, 접속 등을 찾았을지 모른다. (……) 결정적인 것은 모터, 즉 서구였다(『지중해』, II, 27).

아시아라는 열차의 좌석 하나를 샀다가 나중에는 열차 전체를 사들였던 것이다. 가난한 유럽인이 아무리 삼등석일지언정 애당초 무슨 수로 아시아 경제 열차의 승차권을 끊을 수 있었을까? 훔쳤든 강탈했든 벌었든 아무튼 거기에 필요한 돈을 손에 넣지 않고는 불가능한 일이었다. 유럽인은 무슨 재간으로 그 돈을 손에 넣었을까? 무엇보다도 아메리카 대륙에서 발견한 금광과 은광이 자금줄 역할을 했다.[23]

중국 중심의 세계경제 주변부에 위치했던 유럽은 세계시장에 내놓을 경쟁력 있는 상품을 가지고 있지 못했는데, "아메리카라는 돈나무"[24]를 강탈함으로써 드디어 세계시장에 명함을 내놓을 수 있게 되었다는 것이다. 은은 유럽이 가지고 있던 유일한 상품이자 화폐였다는 것이다. 유럽은 이제 필요한 비단, 도자기, 차, 후추 등을 구입하고 결제할 수단을 갖추게 되었다. 은은 최종적으로 중국으로 들어갔다. 중국이 무역 흑자를 본 반면 유럽은 무역 적자를 보았다. 프랑크는 이를 통해서 중국의 경제가 우위에 있었다고 주장한다. 그러나 프랑크의 논리는 단순하다. 프랑크가 비판하는 유럽중심주의 역사학자들도 중국이 1820년 무렵까지는 무역수지 흑자를 보았음을 부인하지 않는다. 그러나 19세기 세계경제를 주도하던 영국이나 20세기 세계경제를 주도하던 미국이 모두 무역수지상의 적자를 보았다는 점에서 무역수지 흑자가 곧바로 경제적인 우위를 말해주는 것은 아니다. 유럽의 교역은 유럽 세계-경제의 중심과 주변에서 활발하게 이루어졌지 유럽 세계-경제와 중국 사이에서 활발하게 이루어지지 않았다는 점도 고려해야 한다.[25] 18세기 말이나 19세기 초 중국과 유럽의 경제를

23) 『리오리엔트』, p. 435.
24) *Ibid.*, p. 442.

비교하는 것은, 특히 비전문가에게는, 매우 어려운 일이다. 그러나 중국이 유럽의 상품을 필요로 하지 않았다는 유명한 사실은 중국이 풍족했기 때문이 아니라 자급자족적이었고 보수적이었으며, 너무 가난하여 수요가 없었기 때문으로 해석되어야 하지 않을까 싶다.[26] 은이 경제적으로 사용되지 못했다는 사실도 고려해야 한다. 중국은, 마치 스페인이 네덜란드의 독립을 막기 위해 은을 탕진했듯이, 만리장성을 구축하는 데 은을 탕진했기 때문이다. 만리장성은 "은괴의 무덤"이었다.[27] 중국 역시 스페인과 마찬가지로 "다른 나라들의 인도제도"가 아니었을까 싶다. 레이 황은 "당시의 서구는 화기를 이용하여 전술을 개혁했는데, 왜 중국은 오히려 만리장성을 쌓았던 것일까" 자문하며 중국의 전근대성을 지적한다.[28] 따라서 은의 역할을 프랑크와는 다른 각도에서 바라볼 필요가 있다. 은은 유럽이 세계-경제를 확대하기 위해 사용한 무기였을 가능성이 높다. 프랑크 자신이 일본의 은에 대해서 그러한 말을 하고 있다.

플린은 또 세계의 유동성에 대한 일본의 지대한 공헌, 특히 중국에 대한 은 수출이 없었을 경우 세계사는 특히 유럽의 역사는 달리 쓰였을지도 모른다는 대담한 가설을 내놓은 바 있다. 그런가 하면 이와는 정반대로 은이 쏟아지면서 일본을 견제하지 않았다면 일본은 세계 은 시장에서 강력한 발언권을 행사하면서 중국과 동남아시아의 정치나 경제를 지배하게 되었을지도 모른다는 주장도 있다. 그런 상황이 벌어졌을 경우 이렇다 할 결제 수단이 없던 유럽은 세계무역에서 배제되었을 것이다.[29]

---

25) Immanuel Wallerstein, "Frank proves the European Miracle", *Review*, XXII, 3, 1999, pp. 358~359.

26) 폴 A. 코헨, 『학문의 제국주의—오리엔탈리즘과 중국사』, p. 248, 266.

27) 이성형, 『콜럼버스가 서쪽으로 간 까닭은?』, p. 163.

28) 레이 황, 『만력 15년—아무 일도 없었던 해』, 김한식 외 옮김 (새물결, 2004), p. 392.

일본의 은이 무기로 사용되었다면 마찬가지로 유럽의 은도 무기로 사용되었을 것이다. 프랑크는 은의 고갈이 명나라를 멸망시켰을지도 모른다는 가설에 관심을 보이며 실제로 은의 유입이 급감하면서 통화 부족과 함께 경기가 침체되었음을 인정한다.[30] 그러나 은과 관련해서 프랑크가 시종일관 강조하는 것은 중국의 무역수지가 흑자를 보였다는 사실이다. 프랑크는 은이 무기로 사용되었음을 외면한다. 브로델은 은이 중국의 경제를 점령하는 데 사용된 무기였음을 강조한다.

> 16세기에 아메리카의 보물이 극동에까지 수출되어 이곳에서 지방 화폐나 금속괴로 변환했으며 이것이 유럽의 이익이 되었다는 사실은 결코 대수롭지 않은 사실이 아니다. 유럽이 세계를 삼키고 소화하기 시작한 것이다. 우리는 이 사실을 회고하여 유감스럽게 생각하고 이 시대 유럽의 건강성을 의심하는 과거의 역사가들—그리고 심지어는 오늘날에도 그렇게 생각하는—과 의견을 달리한다. 그들의 생각은 유럽이 극동 방향으로 지속적인 화폐상의 출혈을 겪었다는 것이다. 무엇보다도 유럽이 이 출혈 때문에 죽지는 않았다. 그리고 이것은 마치 한 도시를 포격해서 점령한 군대를 보고 포탄과 화약을 많이 잃어서 안 되었다고 말하는 것과 같다.[31]

---

29) 『리오리엔트』, p. 254.

30) *Ibid.*, p. 384.

31) 『물질문명과 자본주의』 I, p. 659. "경제사가들은 이러한 일방적인 은의 유출이 알맹이를 잃어버리는 불리한 현상이라고 말한다. 그러나 이것은 중상주의적인 편견에 기반을 둔 추론이 아닐까? 나 역시 비유를 이용해서 반론을 편다면 이것은 문을 굳게 잠그고 잘 안 열어주는 나라에 대해서 유럽이 자신의 금화와 특히 은화를 가지고 계속적으로 포격을 가한 것과 같다"(『물질문명과 자본주의』 II, p. 277) ; "이미 자주 얘기했지만, 중국과 인도는 세계에서 유통되던 귀금속의 묘지가 되어버렸다. 귀금속은 이곳에 들어갔다가는 다시 나오지 못했다. 이 이상한 상수 요인은 서유럽으로부터 동양으로의 출혈을 유발했다. 이에 대해서 어떤 사람들은 이것이 아시아에 대한 유럽의 약점이었다고 한다. 그러나 내가 보기에는 이것은 유럽이 아시아에서 혹은 유럽 내에서도 대단히 수익성이 좋은 시장을 개방하도록 만드는 데 쓴 수단이었다"(『물질문명과 자본주의』 III, p. 683).

브로델은 마치 프랑크에게 말하는 것 같다. 유럽은 중국에 사치품을 의지한 반면, 은에 굶주린 중국은 유럽에 은이라는 필수품을 의지했기 때문에, 예속된 쪽은 유럽이 아니라 중국이었다. 은은 유럽이 중국을 통제하는 강력한 수단이었다. 브로델은, 귀금속의 자유 유통을 보장하는 것은 지배적인 경제의 특권이었기에 은이 중국으로 유출되었다는 사실은 유럽의 경제가 우위에 있었음을 증명하는 것이라고 말한다.[32] 프랑크는 유럽이 중국경제에 예속되었다는 이야기를 후렴구처럼 반복하지만 근거가 충분하지는 않다. 유라시아 대륙의 양극단에 있던 두 개의 세계-경제가 은을 매개로 더욱 활발하게 접촉한 것으로 보아야 하지 않을까 싶다. 그리고 그 경쟁에서 유럽이 승리한 것으로 보아야 할 것이다.[33]

4. 콩종튀르의 신비

프랑크는 주변부 유럽이 아메리카의 은을 가지고 중국 시장에 진출하는 데는 성공했지만 유럽이 중국의 경제를 무너뜨린 것은 아니라고 말한다. 프랑크는 끝까지 유럽의 힘, 유럽의 능동적인 역할을 인정하지 않는

32) 『물질문명과 자본주의』 II, p. 781.

33) 중국으로의 은 유입에 대한 국내 연구로는 강진아, 「16~19세기 동아시아 무역권의 세계사적 변용—따라잡기형 발전 모델의 모색」이 있다. 강진아는 유럽이 중국에 일방적으로 종속되었다는 식의 프랑크의 견해에 반대하는 것 같다. "최근의 연구들은 서구중심론에 대한 비판으로 근대 이전에 존재한 아시아 내 독자적 무역 질서를 강조하지만, 역시 이 시기 무역 체제의 중요한 특징 중 하나는 포르투갈, 스페인, 네덜란드, 영국 등의 진출로 인한 서구 경제권과의 링크였다. 이 유라시아 양극단 경제권의 연결은 어느 한쪽의 피동적 편입이라고 할 수 없다. 적어도 경제적인 면에서 두 경제권은 더욱 밀접해졌으며 사회경제적으로 두 사회에 거대한 변환을 가져왔다고 생각한다. 따라서 16~19세기 동아시아의 경제적 지역 질서의 성격을 세계사와의 관련성상에서 명확히 할 필요가 있다"(pp. 45~46).

다. 대신 프랑크는 중국 경제의 몰락을 중국 경제의 콩종튀르(conjoncture) 때문이라고 설명한다.

브로델 역사학의 핵심 개념이기도 한 콩종튀르는 두 가지 의미를 지니고 있다. conjoncture는 라틴어 conjuntus(결합된)에서 나온 말이다. 『프티 로베르』 사전은 다음과 같이 풀이한다: “여러가지 상황들(circonstances)이 만나서 생겨난 국면(situation)으로서, 하나의 변화의 출발점으로 간주된다.” 그러니 이 경우, ‘국면’이라는 통상적인 번역어는 콩종튀르의 한 가지 의미를 잘 반영한다고 볼 수 있다. 그러나 경제학의 경우에는 특별한 의미를 지니고 있다. 『라루스』 사전에 의하면, “특정 지역이나 국가에서, 단기적인 경제활동의 비계절적인 변화들 또는 이러한 변화를 연구하고 예견하는 기술”이다. 이러한 콩종튀르를 연구하는 경제학자를 conjoncturiste라고 부르는데, 수학적인 분석 기법을 활용하여 경제적인 콩종튀르를 연구하고 이것의 변화를 계산하는 사람들이다. 최초의 conjoncturiste로 꼽히는 사람은 프랑스의 경제학자인 클레망 쥐글라르이다. 그는 1862년에 출판한 상업 위기에 관한 책에서 경제 위기의 주기성(週期性)에 대해 주의를 환기시켰으며, 이를 토대로 미래 상황을 예견했다. 콩종튀르는 주기적으로 변하기 때문에 예측이 가능한 변화를 지칭한다. 따라서 콩종튀르라는 관점으로 역사를 바라보는 것은, 인간의 제반 활동, 특히 경제활동들은 나름대로의 주기를 가지고 상승과 하강을 반복하며 순환한다고 인식하는 것이다.

프랑크는 이렇게 역사를 바라보고 있다. 프랑크가 청동기시대부터 세계경제가 시작되었다고 말할 수 있었던 것은 이미 그때에도 경제가 주기적인 상승(A 국면)과 하강(B 국면)을 반복했다고 보기 때문이다. 경제적 움직임에는 계절적인 움직임, 10년 주기, 단기적 콩종튀르, 콘드라티예프의 50년 주기와 같은 장기적 콩종튀르가 있으며, 가장 장기적인 움직임으로는 세기 단위의 추세(trend)가 있다. 예컨대, 브로델에 의하면 유럽은 1470년경부터 1650년까지의 '장기 16세기' 내내 상승 추세에 있었다.[34] 프랑크는 중국 중심의 세계경제는 1400년경에 상승하기 시작하여 18세기 후반에 하강기로 접어들었는데, 그때까지 주변적 지위에 머물러 있던 유럽이 그 틈을 타서 세계경제의 패권을 차지했다는 논리이다. 일견 단순해 보이는 이러한 논리에는 의외로 강한 주장이 도사리고 있다.

> 어쩌면 장기적 경제 사이클이 정말로 있었고 그 사이클이 하강 B 국면으로 접어들면서 아시아의 여러 지역과 제국이 잇따라 쇠락을 맞이한 것일지도 모른다. 그러나 그때까지 주변적 지위에 머물러 있던 유럽이, 그리고 얼마 뒤에는 북아메리카가 B 국면에 빠져 있던 아시아를 따라잡을 수 있었을 것이다. 오늘날의 동아시아 신흥공업경제지역처럼. 그때부터 유럽은 세계사의 주역을 자처하면서 세계경제의 패권이 잡기에 이르렀다. 영원한 것은 물론 아니지만! 서양의 발흥은 동양의 쇠락에 뒤이어 나타났다.[35]

중국이 쇠락한 것은 서양의 자본주의 탓도 아니며, 유럽에 압도당한 결과도 아니다. 중국은 유럽과의 경쟁에 의해서 패배한 것이 아니라, 자체의 경제 사이클에 의해서 상승했다가 하강한 것이라는 설명이다. 다음 표현은 참으로 재미있다.

> 결국 1800년을 전후하여 아시아가 유럽과의 경쟁에서 밀려난 것은 전반적으로 빈곤해서도 아니었고 전통에 문제가 있어서도 아니었고 무슨 대단한 실

34) 브로델, 『지중해』 제2부의 결론.

35) 『리오리엔트』, pp. 432~433.

책을 저질러서도 아니었다. 마르크스 식이면서 슘페터 식의 어법을 빌리자면 실패의 근원은 성공에 있었던 것이다. 아시아 각국의 경제가 밀리게 된 것은 그때까지 아메리카에서 유입되는 화폐를 자금으로 삼아 18세기 상당 기간 동안 지속되었던 장기 A 국면적 팽창으로 조성된 경제적 인센티브에 대응하는 과정에서 절대적으로나 상대적으로나 성공을 거두었다는 데 있었다. 기존의 이론과는 정반대의 결론인 셈이다.[36]

팽창했기 때문에 수축했고 상승했기 때문에 하강했고 성공했기 때문에 실패했다는 단순한 논리이다. 이러한 논리는 프랑크의 말대로 기존의 이론과는 '다른' 이론임은 분명하나, 기존의 이론만큼 설득력이 있는 것 같지는 않다. 우선 콩종튀르를 가지고 설명하는 것은 무엇을 '확인'할 수는 있어도 '설명'하지는 못한다. 중요한 것은 18세기 말에 중국의 경제가 '왜' 하강했는가를 설명하는 것인데, 콩종튀르는 하강이라는 사실을 확인해줄 뿐이다. 하강했기 때문에 하강했다는 것은 설명이 아니며, 하강할 운명이기 때문에 하강했다고 말하는 것은 과학적인 설명이 아니다. 콩종튀르에 의한 설명은 순환론적이며 숙명론적이며 신비주의적이다.[37] 경제학자인 폴 파브라는 브로델의 핵심 개념인 콘드라티에프 사이클은 대부분의 경제학자들이 받아들이지 않는 낡은 개념이라고 비판했는데, 동일한 비판을 프랑크에게도 가할 수 있을 것이다.[38]

역사의 흐름을 이렇게 '순환'으로 설명하는 것은 역사의 발전이니 진보

---

36) 『리오리엔트』, p. 489.

37) 실제로 프랑크는 역사를 순환론적인 관점에서 볼 필요가 있다고 말하며, "순환적 움직임은 뭇 존재와 생명, 생물에서 보편적으로 나타나는 현상 같다. 그것은 현실의 많은 영역, 아니 모든 영역에서 확인된다. 물리학, 우주론, 생물학, 진화론, 그리고 실제로 문화와 관념 영역에서도 확인된다"라고 말한다(『리오리엔트』, p. 531) ; Samir Amin, "History conceived as an Eternal Cycle", *Review*, XXII, 3, 1999.

니 하는 또 다른 유럽중심주의를 비판하는 것이다. 세계경제의 주변부에 불과한 유럽의 역사 변화를 가지고 세계사의 흐름을 설명하는 것 자체가 프랑크가 보기에는 언어도단이었다. 중국 중심의 세계사를 주장하는 사람이 유럽중심주의적인 개념을 거부하는 것은 논리적으로 당연하다. 유럽의 사회와 경제가 일정한 생산양식에 의해서 변해왔다고 설명하는 것, 특히 근대에 들어 봉건제에서 자본주의로 이행했다고 설명하는 것을 프랑크는 받아들이지 않는다. 어느 사회에나 여러 가지 생산양식이 혼재해 있을 뿐이라는 것이다. 프랑크의 설명 방식에는 생산양식도 자본주의도 없다. 청동기시대부터 하나의 세계체제가 형성되었고 중심과 주변을 맺어주는 것은 정치권력이 아니라 '경제'였다면 청동기시대도 어느 정도는 '자본주의적'이었다고 말할 수 있기 때문이다. 프랑크에게는 역사의 순환이 있을 뿐 발전은 없다. '하나'의 세계체제가 있고, 그 안에서의 상승과 하강의 순환만 있을 뿐이다.[39] 역사는 연속이고, 차이가 있다면 그것은 정도의 차이일 뿐 질적인 차이는 아니라고 말하는 것이다.[40]

프랑크에게 가할 수 있는 또 다른 비판은 그의 논리가 일관적이지 않다는 점이다. 프랑크는 근대 유럽사와 세계사가 펼쳐지는 과정에서 유럽 밖의 지역에서 이루어진 모든 공헌은 무시하고 유럽 내부의 원인과 결과만을 보려는 유럽예외주의적인 태도를 "터널 역사관"이라고 비웃는다.[41] 사

38) *Une leçon d'histoire de Fernand Braudel*, Châteauvallon, 1985년 10월 (Arthaud-Flammarion, 1986), p. 91 : 지오반니 아리기 역시 프랑크의 A 국면과 B 국면이 프랑크가 비판하는 그 어떤 카테고리들보다 "더 공허하고 더 프로크루테스적"이라고 비판한다(Giovanni Arrighi, "The world according to Andre Gunder Frank", *Review*, XXII, 3, 1999, p. 344).

39) 월러스틴, 사민, 유재건 등은 앞의 논문들에서 프랑크의 반생산양식론을 비판한다.

40) 브로델은 자본주의의 본질을 '독점'이라고 파악하고 이 독점의 비율이 확대되고 축소되는 것으로 경제사의 흐름을 설명하고 있는데, 이것은 프랑크의 순환적 관점과 유사한 것으로 생각할 수 있다.

41) 『리오리엔트』, p. 66.

실, 마르크스주의 역사학자들의 변증법적 설명, 브로델과 월러스틴의 내재적 설명 등은 어느 정도 이러한 터널 역사관이라는 지적을 받을 만하다. 그러나 중국의 쇠락을 유럽의 강화된 경쟁력 탓이 아니라 중국 자체의 경제 하강으로만 설명하는 것 역시 '터널 역사관'이라는 비판을 면하기 어려울 것 같다. 세계체제 안에서 서양은 동양의 영향을 받았음을 강조하면서도 동양은 서양의 영향을 받지 않았다고 강변하는 것은 편파적이다.

마지막으로, 프랑크는 아메리카의 은 이후, 또는 13세기 세계-경제 이후 진행된 유럽의 내적 발전을 인정하는 데 너무 인색하다. 프랑크는 "유럽인은 '근대화'는 말할 것도 없고 제 힘으로 이루어낸 것이 하나도 없다."[42] 유럽인이 가진 것이 있었다면 그것은 "세계경제의 반주변부에 머물러 있던 '후발성'의 비교 우위였을 뿐"이라고도 말한다.[43] 마지못해 인정하지 않을 수 없을 경우에는 서양의 발흥은 "아시아 경제라는 거인의 어깨에 올라탄 것"으로, 다시 말해 세계경제 안에서 중국 덕분에 이루어졌음을 강조한다.[44] 그러나 아무리 유럽의 근대화를 부정하고 싶어도 유럽의 기계화를 부정할 수는 없었던지, 산업혁명은 인정한다. 프랑크는 "상대적으로 높은 유럽의 임금과 생산 요소 비용은 기술 개발의 기회와 인센티브를 제공"했다며 산업혁명의 계기를 설명한다.[45] 이러한 인구적 관점은 브로델의 관점과 동일하다.[46] 그리고 이것은 프랑크가 중국 경제의 건강 지표로 제시했던 인구 증가라는 것이 저임금을 유발하고 기술 개발을 불필요하게 하는 후진국 경제의 지표였음을 본의 아니게 인정하는 것이기도 하다. 프랑크가 "산업혁명은 예기치 못한 사건이었다"라고 폄하

42) *Ibid.*, p. 410.
43) *Ibid.*, p. 442.
44) *Ibid.*, p. 513.
45) *Ibid.*, p. 464.

하는 것은 충분히 예상할 수 있는 일이다.[47] 산업혁명에도 불구하고 유럽과 중국 사이에는 일인당 국민총생산에서 별다른 차이가 없었다는 폴 베어록의 반가운 연구를 인용하며, 유럽의 우위는 산업혁명이 일어나고도 한 세기 후에 가서야 시작되었다고 말하며 산업혁명의 역사적 의의를 반감시킨다. 그러나 산업혁명을 우연적인 것으로, 하찮은 것으로 볼 수는 없을 것 같다. 왜냐하면, 브로델이 주장하듯이 산업혁명은 "수 세기 전에 시작된 산업화의 마지막 과정"이며 동시에 분기점으로 보아야 할 것이기 때문이다.[48] 다시 말하면 산업혁명으로 폭발하기 전에 유럽은 서서히 내공을 길러왔던 것으로 보아야 하기 때문이다. 다른 비유를 들면, take-off(이륙)은 한 순간이지만 그러기 위해서는 비행기가 있어야 하고 활주로가 있어야 하고 관제 시설 등이 있어야 하기 때문이다.[49] 프랑크는 이러한 유럽의 내재적 발전을 외면한다. 이 대목에서 프랑크는 동양 정체론에 맞서 유럽 정체론을 주장하는 것 같다. 프랑크는 왜 유럽이 승리하게 되었는지를 설명하지 못한다. 마지못해 인정하는 산업혁명마저 우연적인 사건에 불과했다고 말하니 결국 유럽의 승리는 "기적"인 셈이다. 월러스틴이 "프랑크는 유럽의 기적을 증명했다"라고 비꼰 것은 이러한 이유 때문이다.[50] 유럽이 아메리카를 발견하고, 지속적으로 경영하고, 산업혁명을 일으킨 것

---

46) 『물질문명과 자본주의』 III, p. 742. " …… 유럽만이 홀로 기계혁명을 주도할 수 있었다는 것에는 거의 의심의 여지가 없다. 그러나 이 혁명은 발전 그 자체만을 위한 도구 정도가 아니었다. 그것은 지배의 도구이며 국제적 경쟁을 파괴하는 도구였다. 유럽의 산업은 기계화되면서 다른 나라들의 전통적인 산업을 축출할 수 있었다. 이때 벌어진 간격은 갈수록 벌어졌다. 1400~1450년부터 1850~1950년까지의 세계사의 이미지는 초기의 불균등성이 15세기 말 이후 수 세기간 계속되는 왜곡의 영향을 받아 점차 깨져간다는 것이다. 이 중요한 줄거리에 비하면 그 나머지 모든 것은 부수적인 것에 불과하다."

47) 『리오리엔트』, p. 526.

48) 『물질문명과 자본주의』 III, p. 743.

49) *Ibid.*, III, p. 745.

50) Immanuel Walleretein, "Frank proves the European Miracle".

은 그만큼 유럽 내부의 힘이 강했음을 말하는 증거로 보아야 할 것이다.

브로델에 의하면 유럽의 세계-경제는 13세기에 형성되었다. 다시 말하면 유럽은 13세기부터 중심부와 주변부 사이의 교환에 의해 내재적으로 발전하기 시작했으며, 아메리카의 은 덕분에 그 성장이 가속되었다. 그리고 그 성장은 원거리 무역을 담당하는 대상인들에 의해 자본주의적으로 지속되었다. 프랑크는 콩종튀르의 신비에 귀의함으로써 '터널'에 갇혀 중국 경제의 상승과 하강만을 바라보고 그것으로서 설명을 종료하고 만 것이다. 서양과 동양의 관계가 역전되기 시작한 것은 프랑크가 주장하듯이 18세기 말이 아니었다. 그것은 가시적으로 드러난 시점일 뿐이다. 아마도 월러스틴이 주장하듯이 아메리카의 은이 들어오기 시작하면서, 아니면 브로델이 주장하듯이 13세기에 세계-경제가 형성됨으로써 역전되기 시작했을 것이다.[51] 레이 황은 중국이 명나라 때부터 쇠퇴하기 시작했다고 보며, 당시의 자본주의 맹아설을 인정하지 않는다.[52]

유럽은 중세 말부터 지속적으로 성장한 반면, 중국은 서양 중세 말까지의 모든 면에서의 창조성과 우위를 지속시키지 못하고 정체했으며 결국에는 서양에 압도당하고 말았다.[53] 서양은 발전했고 중국은 정체했다는 것은 유럽중심주의 역사학의 전형이지만, 그러나 그것은 사실이 아닐까?

---

51) 『물질문명과 자본주의』 II, p. 801. 브로델은 구체적으로 1252년 서양이 금화를 제조하면서부터 유럽과 이슬람 및 비잔티움과의 관계가 역전되기 시작했다고 말한다.

52) 레이 황, 앞의 책, pp. 388~389. "뒤떨어진 농업경제를 유지하고 상업과 금융의 발전을 억제하는 이와 같은 정책이야말로 중국이 세계사적으로 선진적이었던 한 · 당에서 낙후한 명 · 청으로 바뀌게 된 주요 원인이다."

53) 주겸지는 유럽은 진보한 반면 중국은 정체 상태에 놓여 있었다는 내용의 글을 인용하면서 이러한 고찰이 "객관적인 고찰"이라고 평한다(주겸지, 『중국이 만든 유럽의 근대』, p. 372).

5. 맺음말

프랑크가 세계-경제와 세계경제를 구분한 것은 유럽 세계-경제가 중국 중심의 세계경제의 일부였으며, 주변부였음을 강조하기 위함이었다. 이것은 사실일지 모른다. 그러나 중세 말부터 혹은 16세기부터 유럽은 세계-경제를 형성하여 발전하기 시작했으며, 아메리카에서 유입된 은을 무기로 삼아 드디어 19세기 초에는 중국 중심의 세계경제를 무너뜨리고 중국을 유럽 중심 세계경제의 주변부로 편입하는 데 성공했다. 이것 역시 사실이다.

중국이 몰락한 이유는 무엇일까? 프랑크는 콩종튀르에 입각하여 중국 경제는 500년 주기의 상승과 하강 사이클에 의해 15세기 초에 상승하다가 18세기 말에 몰락했을 뿐이며 이제 곧 주기에 의해 상승할 것이라는 낙관적인 전망을 내놓았지만, 이러한 전망은 과학적이지 못하다. 콩종튀르에 의한 설명은 중국의 쇠락을 중국만의 경제에 의해서 설명할 뿐 세계경제 내에서의 경쟁이라는 측면을 배제하고 있기 때문에 세계경제론에 위배된다. 유럽의 내재적인 발전을 외면하기 때문에 공평하지 못하다. 유럽의 발전에 대한 프랑크의 거부는 거의 무조건적이라 할 만한 것이어서 프랑크의 반유럽중심주의는 학문적인 연구에서 나왔다기보다는 주변부 학자의 중심부 학자에 대한 반감에서 나오지 않았나 하는 생각을 하게 한다. 프랑크의 반유럽중심주의는 동료 비주류 역사학자나 이론가들의 상호 인용과 동종교배로 만들어졌다는 인상을 준다.

프랑크가 반유럽중심주의를 증명하기 위해 제시하는 자료나 추론 등은 근거가 불충분하며 편파적이다. 그는 유럽중심주의를 비판하기 위해 중국중심주의에 빠지고 말았다. 그는 조금이라도 중국에 불리한 이야기를 하거나 유럽에 유리한 이야기를 하는 사람은 모두 유럽중심주의자라는 비난을 가한다. 유럽이 중세부터 중국을 능가하기 시작했다고 말하면, 중국은 정체한 데 반해 유럽은 발전했다고 말하면, 가차 없이 유럽중심주의자라는 낙인을 찍는다.

마찬가지 맥락에서, 프랑크가 비판하듯이 브로델이 유럽중심주의 역사가인지도 검토해보아야 한다. 브로델은 13세기부터 유럽이 중국을 능가하기 시작한다고 말했으며, 산업혁명은 오랜 내적인 발전의 결과라고 말했고, 중국에 들어간 은은 축장되었다고 말했는데, 그렇다면 유럽중심주의자인가? 프랑크는 브로델을 그렇게 규정하고 있지만, 여러 가지 측면을 고려해볼 때 브로델을 유럽중심주의자로 단순화하는 것은 부당하다. 무엇보다도 다음과 같은 구절을 고려할 필요가 있다.

> 1904년에 막스 베버가 그리고 1912년에 베르너 좀바르트가 그들이 사는 시대의 유럽이야말로 과학과 이성과 논리의 절대적인 중심지라는 느낌을 가졌다는 것은 그 이상 자연스러울 수 없는 일이다. 그러나 오늘날의 유럽인들은 이와 같은 확신, 이러한 우월 콤플렉스를 잃어버렸다. 어째서 한 문명이 다른 문명보다 영원히 더 지적이고 더 이성적이어야 한단 말인가?[54]

프랑크는 "서양의 선천적 우월성을 강조하는 다분히 인종주의적이고 이데올로기적인 단정의 허구성"을 폭로하기 위해 『리오리엔트』를 썼다고 밝혔는데, 이러한 기준에서 본다면 브로델은 유럽중심주의자가 아니다. 오히려 프랑크처럼 19세기 이후의 일시적인 비정상기를 제외하고는 중국이 시종일관 역사의 주도권을 잡았었다고 말하는 것이 인종주의에 더 가까운 것은 아닌가?

54) 브로델, 『물질문명과 자본주의』 II, p. 834.

나는 프랑크의 반유럽중심주의는 사실적인 토대가 허약하다고 판단하고 있지만, 유럽중심주의를 비판하는 것 자체를 비판하는 것은 아니다. 하나의 관점은 언제나 부분적일 수밖에 없기 때문에 전체적인 관점에 의해서 재조명되어야 하기 때문이다. 프랑크가 세계-경제에 세계경제를 대조시킨 것은 글로벌리즘이라는 차원에서 의미가 있다. 세계화 시대를 맞이하여 프랑크의 글로벌한 관점은 신선한 충격을 준다. 그러나 한국의 역사학자들은 프랑크의 반유럽중심주의에는 관심을 보이면서도 그의 세계사 제안은 외면하는 것 같다. 오히려 반유럽중심주의가 기존의 민족주의를 강화시키는 것 같다. 민족주의가 반유럽중심주의의 대안이 되어서는 안 된다. 서양사학자들이 서양사를 바라볼 때 글로벌한 관점을 가지고 바라보아야 하듯이, 한국사학자들도 한국사를 동아시아사 내지는 세계사 속에서 바라보아야 한다.

민족주의를 거부하고 유럽중심주의를 거부하는 것은 그것이 사실을 왜곡하기 때문이다. 포스트모더니즘, 오리엔탈리즘, 반유럽중심주의 등의 파고가 높이 일어나면서 사실과 허구의 경계가 무너져 내리고 있는 지금, 역사가들이 할 일은 사실과 허구의 경계를 분명히 하는 일이 아닐까 한다. 역사가들이 누구나 다 '세계사'를 할 수는 없는 일이기에, 현실적으로 중요한 것은 세계사적인 관점을 견지하는 것이고, 민족 · 종교 · 계급 등과 같은 편견에서 벗어나, 랑케가 말한 대로 "그것이 본래 어떠했나"를 추구하는 것이다. '사실'이야말로 보편적이기 때문이다.

참고 문헌

강성호, 「A. G. 프랑크의 세계체제론과 마르크스주의 – '리오리엔트'를 중심으로」, 『마르크스주의 연구』 2, 2004 : 185~211.

강진아, 「16~19세기 중국경제와 세계체제 — 19세기 분기론과 중국중심론」, 『이화사학』 31, 2004 : 15~31.

_____, 「16~19세기 동아시아 무역권의 세계사적 변용 — 따라잡기형 발전 모델의 모색」, 백영서 외, 『동아시아의 지역 질서』, 창비, 2005.

강철구, 『역사와 이데올로기 — 서양역사학의 유럽중심주의에 대한 비판적 검토』,용의 숲, 2004.

김응종, 『페르낭 브로델 — 지중해 · 물질문명과 자본주의』, 살림, 2006.

레이 황, 『만력 15년 — 아무 일도 없었던 해』, 김한식 외 옮김, 새물결, 2004.

멘지스, 개빈, 『1421 중국, 세계를 발견하다』, 조행복 옮김, 사계절, 2004.

버낼, 마틴, 『블랙 아테나 — 서양 고전문명의 아프리카, 아시아적 뿌리』, 오흥식 옮김, 소나무, 2006.

브로델, F., 『물질문명과 자본주의』, 주경철 옮김, 까치, 1995~1997.

사미르, 아민, 『유럽중심주의』, 김용규 옮김, 세종출판사, 2000.

사이드, E. W., 『오리엔탈리즘』, 박홍규 옮김, 교보문고, 1991.

아부 – 루고드, 재닛, 『유럽 패권 이전. 13세기 세계체제』, 박흥식 · 이은정 옮김, 까치, 2006.

유재건, 「세계사 다시 읽기와 유럽중심주의 — A. G. 프랑크의 '리오리엔트'를 중심으로」, 『창작과비평』 31, 2003 : 328~342.

_____, 「근대서구의 타자 인식과 서구중심주의」, 『역사와 경계』 46, 2003.

이민호, 「세계사를 어떻게 읽을 것인가 — 유럽중심주의 사관의 극복을 위하여」, 『역사비평』, 2002년 여름 : 175~203.

이성형, 『콜럼버스가 서쪽으로 간 까닭은?』, 까치, 2003.

주겸지, 『중국이 만든 유럽의 근대-근대 유럽의 중국문화 열풍』, 전홍석 옮김, 청계, 2003.

최갑수, 「유럽중심주의의 극복과 대안적 역사상의 모색」, 『역사비평』 2000년 가을 : 95~110.

코헨, 폴 A., 『학문의 제국주의—오리엔탈리즘과 중국사』, 이남희 옮김, 산해, 2003.

클라크, J. J., 『동양은 어떻게 서양을 계몽했는가』, 장세룡 옮김, 우물이 있는 집, 2004.

포메란츠, 케네스 외, 『설탕, 커피 그리고 폭력』, 박광식 옮김, 심산, 2003.

프랑크, A. G. ,『리오리엔트』,이희재 옮김, 이산, 2003.

호지슨, 마셜, 『마셜 호지슨의 세계사론—유럽, 이슬람, 세계사 다시 보기』, 이은정 옮김, 사계절, 2006.

홉슨, 존 M., 『서구문명은 동양에서 시작되었다』, 정경옥 옮김, 에코 리브르, 2004.

한국서양사학회 주최 제11회 한국서양사학회 학술대회, "우리에게 서양이란 무엇인가 : 유럽중심주의 서양사를 넘어서", 2006년 4월 15~16일, 서울 여성플라자.

Amin, Samir, "History conceived as an Eternal Cycle", *Review*, XXII, 3, 1999 : 291~326.

Arrighi, Giovanni Arrighi, "The world according to Andre Gunder Frank", *Review*, XXII, 3, 1999 : 327~354.

Braudel, Fernand, *La Méditerranée et le monde méditerranéen à l'époque de Philippe II*, Armand Colin, 1985.

_____ , *Une leçon d'histoire de Fernand Braudel*, Arthaud-Flammarion, 1986.

Frank., A. G., Gills, B. K.ls(eds.), *The World system : Five Hundred Years or Five Thousand?*, Routledge, 1993.

Frank, A. G., "Bronze age World system cycles", *Current Anthropology* 34, 1993.

____ , "The modern World System revisited. Rereading Braudel and Wallerstein," Stephen K. Sanderson(ed.), *Civilizations and World Systems*, Altamira Press, 1995.

Gills, Barry K., "Capital and power in the processes of World History", Stephen K. Sanderson(ed.), *Civilization and World Systems*, Altamira Press, 1995.

Wallerstein, Immanuel, "Frank proves the European Miracle", *Review*, XXII, 3, 1999 : 355~371.

11 유재건

유럽중심주의와 '자본주의'의 문제

1. 머리말

역사학에서 유럽중심적 세계사의 극복을 위한 대안의 모색은 다방면으로 이루어져 왔다. 그 극복의 시도 가운데 두드러진 것은 무엇보다 근대 유럽이 이룩한 성취가 유럽 내부에서 출현한 고유한 특성이라는 가정을 전복시키는 것이었다. 이러한 가정을 극복하고자 하는 최근 시도 가운데 근대가 유럽과 비유럽 지역의 상호작용에서 형성되었음을 밝히고 이를 통해 서구의 근대적 도약에 내적 필연성이 없었음을 입증하는 연구들을 자주 접할 수 있다.[1] 특히 16~18세기의 유라시아 세계경제에 관한 최근 연구들은 18세기까지 중국이 경제적으로 유럽과 대등하거나 오히려 우월했다는 주장을 펴서 주목을 끌고 있다.[2]

이 시기 아시아 경제의 놀라운 활력을 증명한 연구 성과를 토대로 유럽의 위치를 상대화하는 이런 작업은 그간 부당하게 폄하되어온 비서구 지역의 역사를 복권시켜 균형 잡힌 새로운 역사상을 모색하는 노력이라 할 수 있을 것이다. 그런데 이 연구들은 유럽 중심의 자본주의 세계체제가 대략 16세기경부터 발전했고 아시아는 19세기에야 이 체제에 통합되었다는 역사 인식을 유럽중심주의라고 비판하는 경향이 있다. 또한 국내에서 유럽중심주의의 극복을 모색하는 많은 연구자들도 이 점에서 일치한다.[3] 유럽 중심의 자본주의 세계체제론은 한편으로 아시아 경제가 유럽의 성장에 기반을 제공했음을 간과하고 있을 뿐 아니라 다른 한편 경제적 부와 문명의 수준에서 아시아의 비중을 과소평가하는 셈이라는 것이다. 과연 이런 비판은 타당한 것일까?

물론 이런 근대 역사의 전체상을 둘러싼 쟁점에서는 방대한 역사적 사실들과 통계 자료, 그리고 추론을 둘러싼 논란이 있기 마련이다. 가령 16~18세기의 근대 세계사에서 아시아와 서구 가운데 어느 지역이 경제력 수준이 높았는가 하는 문제는 쉽게 판정하기 어려운 것이 사실이다. 하지만 어떤 역사상이 유럽중심주의적인가 하는 문제는 그 같은 사실 판단만으

---

1) 일찍이 1940~1960년대에 이런 작업을 수행한 마셜 호지슨의 선구적 업적도 국내에 소개된 바 있다. Marshall G. S. Hodgson, *Rethinking World History: Essays on Europe, Islam and World History*, 이은정 옮김, 『마셜 호지슨의 세계사론—유럽, 이슬람, 세계사 다시 보기』, 서울: 사계절, 2006.

2) R. Bin Wong, *China Transformed: Historical Change and the Limits of European Experience*, Ithaca: Cornell University Press, 1997; K. Pomeranz, *The Great Divergence*, Princeton: Princeton University Press 2000; Andre Gunder Frank, *ReOrient; Global Economy in the Asian Age*, 이희재 옮김, 『리오리엔트』, 서울 : 이산, 2003.

3) 대표적인 것으로는 다음을 참조할 것. 이성형, 『콜럼버스가 서쪽으로 간 까닭은?』, 서울 : 까치, 2003; 미야지마 히로시, 「근대를 다시 본다」, 『창작과비평』 120, 창비, 2003; 강진아, 「16~19세기 중국경제와 세계체제: '19세기 분기론'과 '중국중심론'」, 『이화사학연구』, 31, 이화사학연구소, 2004; 강철구, 『역사와 이데올로기』, 서울: 용의 숲, 2004.

로 결정되는 것이 아니다. 오히려 사실 판단은 현실을 설명하는 개념 및 역사적 전망과 긴밀히 연결되기 마련이고 따라서 엄정한 사실 인식과 동시에 사실을 설명하는 개념의 적절한 활용 또한 중요할 수밖에 없다.

이제껏 유럽중심주의 극복을 자임하는 사람들 간에 서로 상대방을 유럽중심주의자라고 비판하는 일이 종종 있는데, 이것은 각기 근대 역사에서 활용하는 자본주의 개념이 다르다는 점과 무관하지 않다. 가령, 유럽중심의 자본주의 세계체제를 상정하는 월러스틴(I. Wallerstein)의 시각을 유럽중심주의라고 비판하는 프랑크(A. G. Frank)가 있는가 하면 자본주의 개념을 폐기하는 프랑크의 입장이야말로 '반유럽중심주의적인 유럽중심주의'라 반박하는 월러스틴이 있고[4], 또 브레너(R. Brenner)처럼 자본주의를 일국사적 생산관계로 상정하는 맑스주의가 유럽중심주의라고 비판하는 블로트가 있는가 하면 자본주의를 상업화 모델로 상정하는 블로트야말로 '서구중심적인 반유럽중심주의'라 반박하는 우드(E. M. Wood)가 있는 것이다.[5]

결국 서구와 비서구의 차이, 혹은 서구의 독특성을 둘러싼 논란은 역사적 사실의 검증 문제뿐 아니라 각기 다른 자본주의 개념의 활용에서 비롯되고 있는 것이다. 이 같은 논란을 보더라도 자본주의 개념을 제대로 잡지 못한 유럽중심주의 비판이 자칫 그 이해와 극복을 어렵게 하리라는 것은 능히 짐작할 수 있는 것이다.

이 글은 프랑크와 웡(R. Bin Wong), 포머란츠(K. Pomeranz) 세 사람의 최근 연구에 대한 방법론적 검토를 통해 '자본주의' 개념을 둘러싼 몇 가

4) Andre Gunder Frank, 『리오리엔트』 ; I. 월러스틴, "유럽중심주의와 그 화신들", 『창작과비평』 95, 창비, 1997.

5) J. Blaut, *The Colonizer's Model of the World*, New York: The Guilford Press, 1993, pp. 127~128; E. Meiksins Wood, "Eurocentric Anti-Eurocentrism", *Against the Current*, No. 92, May/June, 2001.

지 쟁점을 분명히 함으로써 유럽중심주의의 극복 방향이 어떠해야 하는가를 모색하는 시도이다. 여기서 필자는 근대-세계사를 유럽 중심의 자본주의 세계체제가 16세기 이래 전 지구를 통합해가는 과정으로 그리는 역사 인식이 이들이 주장하듯이 유럽중심주의가 아니라 오히려 유럽중심주의 극복을 위해서나 근대 세계를 이해하기 위해 필요한 길잡이라고 주장하고자 한다.

2. A. 프랑크와 '자본주의' 개념의 폐기

근대 자본주의가 다른 체제와 구별되는 특정한 차이가 무엇인가의 논란은 무척 오랜 것이고 쉽게 결판이 날 일은 아니다. 상식적인 차원에서 두 가지를 생각해볼 수 있을 것이다. 우선 자본축적과 이윤 추구가 경제활동의 주된 동기가 되는, 따라서 상품과 화폐를 매개로 하는 시장경제를 떠올릴 수 있을 것이다. 둘째, 맑스주의에서 자본주의는 역사적인 생산양식으로서 노동력 그 자체가 상품이 되고 시장에서 매매되는 생산체제를 뜻한다. 이 경우 노동력 상품화는 상품화폐경제의 전면적인 발전이 없이 불가능하므로 자본주의는 시장경제를 매개로 하면서도 노동력이 상품화된 생산체제를 뜻할 것이다.

그런데 이 글의 관심 대상인 웡이나 포머란츠, 프랑크 등을 비롯해 수많은 연구자들이 강조하듯이 그간 축적된 연구 성과는 과거의 통념을 유지하기 어렵게 만들었다. 이제 전근대 유럽이나 비유럽을 막론하고 그 중심지역들에는 근대 자본주의의 특징이라 할만한 현상이 광범위하게 존재했음이 밝혀지고 있기 때문이다.[6]

말하자면, 전근대 세계에서도 각 지역 중심부에서는 활력적인 시장경제, 상품 생산, 임노동, 자유경쟁, 자본축적과 자본가, 심지어 자본축적을 목표로 삼는 가치관까지 다 존재했다는 것이다. 어쩌면 '근대 유럽'을 제외한 모든 지역에서 그런 현상들을 과소평가하도록 이미지화한 것 자체가 고도의 교묘한 유럽중심주의적 진보 개념의 전제가 아니었나 의심이 갈 정도이다. 근대 서구 이전의 통념적인 세계사의 상은 근대 서구 자본주의라는 영웅의 등장을 돋보이게 만드는 배경막 역할을 하도록 고안된 역사상으로 보이기까지 하는 것이다. 하지만 위의 현상들이 근대 자본주의에만 고유한 본질적 특징이 아니라면 근대 자본주의는 무엇이 달라진 것인가? 정도의 차이인가?

A. G. 프랑크의 『리오리엔트』는 이에 대해 근대 서구와 여타의 역사적 체제 간에 본질적 차이는 없다는 답변으로 이 문제를 해결하고자 한다. 그 대신 유라시아 대륙을 포괄하는 전 지구적 '세계 체제'(world system)라는 개념, 즉 월러스틴의 '세계체제'(world-system)와는 다른 개념이 적극 활용된다. 그 요점은 19세기에 유럽 중심의 근대 세계시장이 형성되기 오래전부터 유라시아의 교역망을 통해 방대한 세계시장이 이미 작동하고 있었고, 16~18세기만 하더라도 유라시아 세계시장에서 중심부는 아시아였다는 것이다. 1400~1800년 사이 기간 세계 체제의 헤게모니 같은 것이 있었다면 그것은 유럽이 아니라 아시아, 특히 중국에 있었고 유럽은 압도적 우위를 차지한 아시아에 연결된 주변부였다. 전 지구적인 차원에서 시장경제를 주도하고 세계경제를 움직였던 중국은 생산력, 인구 성장, 생산성, 기술 등 모든 면에서 우월했으며 이런 상황이 적어도 1800년까지는 계속

6) R. Bin Wong, "The political economy of agrarian empire and its modern legacy", T. Brook & G. Blue (eds) *China and Historical Capitalism.*, Cambridge: Cambridge University Press, 1999, pp. 147~157, 212~213; I. Wallerstein, "The West, Capitalism, and the Modern World-System," *Review*, Fernand Braudel Center, Vol.15, No.4, 1992.

되었다. 19세기가 되어서야 유럽이 유리한 장기적 경기변동에 힘입어 아시아보다 우위에 섰으며 200년간 지속된 이 우위는 이제 중국 경제의 재부상으로 다시 뒤바뀌리라는 것이다. 따라서 아메리카의 정복에 따라 유럽 중심의 세계경제가 형성되어 팽창했다는 것도, 유럽이 세계 자본주의를 발전시켰다는 것도 유럽중심주의 역사관이 지어낸 허구라는 것이다.[7]

프랑크의 주장은 전근대 세계에서 유럽의 위상을 과대평가하고 그에 근거해 근대사를 서구 문명의 확산 과정으로 독해하는 편견에 대한 적절한 비판으로서 의의가 작지 않다. 특히 아시아에 관한 한, 이제 그런 편견이 유지되기 어려워졌다는 것은 도처에서 확인할 수 있다. 한국 현대사 연구자인 브루스 커밍스 역시 다음과 같이 말한다.

> 하나의 국가로서, 하나의 문화로서, 한국은 신대륙을 아직 발견하지 못한 유럽보다 훨씬 앞서 있었다. 유럽은 경제적으로나 기술적으로 정체되어 있었던 반면, 한국은 구텐베르크의 유명한 성서보다 한참 전에 활자인쇄를 보유하고 있었다 …… 한국의 수학자들은 유럽인들보다 몇 세기 앞서서 부수(負數)와 다차방정식 같은 개념을 사용할 만큼 선진적이었다 …… 물론 유럽의 과학과 기술도, 한국의 기술이 15세기에 세계체제와 상호작용하기 시작하면서 빠르게 진보했던 것처럼, 1492년 신대륙 발견 이후 급속하게 발전한다.[8]

여기서 커밍스는 한국이 15세기까지 세계체제와 상호작용하면서 진보했음을 당연시하거니와, 사실 14~15세기 아시아가 유럽보다 경제력과 문명 수준에서 우위에 있었다는 것은 역사가들 사이에서 그리 새로운 이

---

7) 유재건, 「세계사 다시 읽기와 유럽중심주의」, 『창작과비평』, 122, 창비, 2003.

8) B. Cummings, *Korea's Place in the Sunfter*, 김동노 외 옮김, 『브루스 커밍스의 한국현대사』, 서울 : 창비, 2001, 89쪽.

야기는 아니다. 이 점에선 프랑크가 비판 대상으로 겨냥하고 있는 월러스틴 또한 마찬가지이다.

> 14, 15세기 당시의 세계에서 유럽은 세계의 다른 지역들과 비교해 볼 때, 생산력, 그 역사적 체제의 결속력 그리고 인간의 상대적인 지식 상태의 측면에서 하나의 중간 지대, 즉 일부 지역처럼 선진적인 것도 아니고 다른 일부 지역처럼 그렇게 원시적이지도 않은, 그런 사회적 분업의 장소였다. 문화적으로나 경제적으로나 당시 유럽에서 가장 '선진적'이던 한 고장 출신인 마르코 폴로(Marco Polo)가 아시아 여행 중에 마주친 것들 때문에 완전히 주눅이 들었다는 사실을 잊어서는 안 된다.[9]

그렇다면 16~18세기는 어떠한가? 이제까지 누적된 연구 성과를 편견없이 받아들인다면, 우리는 대략 14~15세기에는 아시아가 유럽에 비해 여러 측면에서 선진적이었다고 할 수 있으며, 16~18세기는 그 우열에 관해 논란의 여지가 많다는 것, 그리고 대략 19세기에는 유럽이 우위에 서 있음이 분명하다는 정도로 정리해볼 수 있다. 다만, 16~18세기에 관한 한, 프랑크를 비롯한 최근 연구자들은 아시아가 우위에 있다가 1820년대 이후 유럽이 이룬 지속적 고도성장으로 대역전의 발판이 마련되었다고 본다. 다른 한편, 아시아의 경제 발전 수준을 높이 평가하면서도 유럽이 19세기 산업혁명 이전에 이미 앞섰다는 주장을 펴는 논자들도 있다. 가령, 밀런츠는 "세계무역의 해상로를 통제한 덕분에 전 지구적 세력 균형이 이미 유럽에 유리하게 급격히 기울었다"라는 견해를 지지한다.[10] 그런

9) I. Wallerstein, *Historical Capitalism*, 나종일, 백영경 옮김, 『역사적 자본주의/자본주의 문명』, 서울 : 창비, 1993, 45쪽.

10) 에릭 밀런츠, 「유럽과 중국의 비교사」, 『창작과비평』, 120, 창비, 2003, 282쪽.

데 문제는 후자의 주장이 곧바로 유럽중심주의적인 역사 인식이냐 하는 것이다. 그런 것은 아닐 것이다. 이것은 유럽의 세계사적 우위에 영국이 선두에 선 일련의 산업혁명이 얼마나 중요했느냐의 문제이고, 유럽과 아시아의 간격이 벌어지는 분기점이 19세기에 있느냐 16~18세기에 있느냐 하는 문제일 뿐이기 때문이다.

그런데 설사 16~18세기 유럽에 대한 아시아의 상대적 우위를 사실로 인정한다고 하더라도, 그 시기 유럽을 중심부로 하는 자본주의 세계체제가 발전해갔으며 점차 타 지역을 통합해갔다는 논리는 그 사실의 인정과 충돌하지 않고 성립할 수 있는 것이다. 세계체제(world-system)론의 '세계'는 전 지구적 세계가 아니고 유럽 중심의 일부 지역 연결망이며, 16~18세기에는 아시아가 그 체제 바깥에 있었다는 것이기 때문이다. 이는 곧 18세기까지의 세계는 여러 거대한 역사적 체제들이 공존해 있었다는 이야기가 된다. 결국 관건은 아시아가 경제적 우위를 점했다고 해서 아시아가 상호 관련된 하나의 유라시아 '단일한 세계 체제' 안에서 우위를 점했다고 할 수 있는가 하는 문제이다.

물론, 프랑크는 그렇다고 본다. 그리하여 그는 5,000년간 지속되었다고 하는 유라시아의 원거리 무역망과 16세기 이래 특정 형태의 노동 분업을 규정했던 서유럽-동유럽-아메리카의 연결망 사이에 그 어떤 질적 차이를 인정하지 않고 있다. "유럽이 스스로를 확대하여 자신의 '유럽 세계-경제/체제 안으로 여타 지역을 '포섭'했다는 주장이 근거 없는 낭설"이며 "오히려 유럽은 이미 존재했던 세계경제 질서에 뒤늦게 편입했거나 혹은 기존의 느슨한 연결 고리를 강화한 것에 지나지 않는다"라는 것이다.[11] 따라서 핵심적인 쟁점은 기존의 느슨한 연결 고리를 '강화'한 것이 질적인

11) A. G. Frank, 앞의 책, 43쪽.

차이냐 아니면 정도의 차이냐 하는 문제가 되는 것이다.

이렇게 되면, 프랑크의 주장을 둘러싼 쟁점은 역사적 사실들을 확인해 옳고 그름을 따질 수 있는 그런 쟁점이 아닌 것이다. 사실로서야 얼마든지 원거리 무역망을 확인할 수 있기 때문에, 쟁점은 그 무역망의 성격이 근대 초기의 무역망과 질적으로 같으냐 다르냐를 따지는 지극히 이론적이고 방법론적인 것이고 결국 실천적인 쟁점이 된다. 역사의 흐름에서 정도의 차이만 있는 연속이냐 아니면 질적 변화냐 하는 문제는 단순히 주어진 사실의 인식으로 판정되는 것이 아닐 것이다. 어쩌면 역사 현실의 '객관적' 인식이란 것 자체가 현실을 거울처럼 모사, 재현하는 것이 아니라, 현실을 더 근사하게 설명해내는 동시에 한층 큰 실천적인 힘을 발휘하게끔 하는 개념적 재구성인 것이다.

이 점을 염두에 둘 때, 프랑크처럼 근대와 전근대의 경제 네트워크의 질적 차이를 거부하는 것은 심각한 문제가 있는 것으로 보인다. 그가 근대초 유럽 팽창의 '기반'이 아시아에 있었기에 아시아 경제와의 연결이 유럽 팽창의 성공을 확실히 해준 배경이라 하는 것은 충분히 동의할 수 있다.[12] 그러나 그의 논지는 차후 근대성의 형성을 독특한 것으로 이해할 수 없게 만들어 결국 그 극복에 대한 문제의식을 무의미하게 만든다. 차후 근대성의 형성에 주목하게 되면 월러스틴 말대로 "자본축적을 이야기하든 정치구조, 가치체계의 발전, 혹은 역사적 자본주의의 발전을 이야기하든 유럽에게 이 시기 아시아는 확실히 아메리카보다는 훨씬 덜 중요했다"[13] 라고 보는 것이 한결 타당해 보이는 것이다.

그렇기 때문에 프랑크는 서구의 독특성을 부정하면서 동시에 '자본주

12) A. G. Frank, 위의 책, 539쪽.

13) I. Wallerstein, "Frank proves European Miracle", *Review*, Fernand Braudel Center, Vol.22, No.3, 1999, p. 370.

의'라는 개념을 폐기하게 된다.

> 차우두리도 『유럽 이전의 아시아』에서 비슷한 생각을 피력한다. "자본주의의 '기원'과 뿌리를 구명하려는 근대 역사가들의 부단한 탐색은 비금속을 황금으로 탈바꿈시키는 현자들의 돌에 대한 연금술사의 집착과 다를 바 없다." 단순히 기원이나 뿌리에 대해서만 이 아니라, '자본주의'의 존재 자체, 그 의미에 대해서도 같은 지적을 할 수 있다. 그러니 자본주의의 뿌리와 기원에 대해서는 잊어버리는 것이 상책이며, 보편사의 현실로 우리의 탐구 방향을 돌려야 한다.[14]

따라서 프랑크는 유럽의 성공 요인을 자본주의에서 찾고 그 독특성을 전제하는 일체의 역사관을 서구예외주의적인 유럽중심주의라고 비판한다. 서구가 19~20세기에 세계적인 지배적 위치에 서게 된 것은 서구 사회체제와 여타의 사회체제의 성격에 차이가 있어서가 아니라 유라시아 세계경제의 주기적 변동 때문이라는 것이다. 결국, 어느 시기든 자본주의의 등장 같은 것이 없었다는 프랑크의 전 지구적 세계 체제론은 과거든 미래든 역사의 질적 새로움을 부정하는 결과에 이르게 되고, S. 아민의 말대로 영원한 순환으로서의 역사만 남게 된다.[15] 이는 미래의 역사적 · 실천적 전망에서 심각한 문제를 야기한다. 자본주의 근대 세계에 독특함, 즉 소위 '근대성'이 없고 역사상 인류가 늘 살아왔던 그런 것이라면, 지금 21세기의 정황으로 볼 때는 전 지구 차원의 생태계 파괴, 빈부 격차 및 불평등의 심화, 기근의 확대 등은 계속 진전될 것이고 대안적인 역사적 체제의

14) A. G. Frank, 위의 책, 510쪽.

15) S. Amin, "History Conceived as an Eternal Cycle", *Review*, Fernand Braudel Center, Vol. 22, No. 3, 1999, pp. 291~326.

발생 가능성에 대해서도 상상할 필요가 없을 것이기 때문이다.

그렇기 때문에 그의 역사적 전망은 동아시아의 재부상이라는 좁은 근대주의 틀에 철저히 갇혀 있다. 유라시아 세계경제의 주기적 변동에 의존하는 그의 설명에서는 "과거가 경제 발전의 단단한 기반이 될 수밖에 없다면 아시아의 부활은 충분히 가능한 일"이라는 역사적 전망이 고작인 것이다.[16] 자본주의 개념을 폐기한 그의 반유럽중심주의는 세계 자본주의가 추구하는 성장지상주의에 근거한 중국중심주의로 귀결된다. 이렇게 보면 프랑크에게서 신자유주의 이데올로그의 목소리를 듣는다는 G. 아리기의 비판도 과장이 아닌 것이다.[17]

사실상 유럽중심주의에 대한 도전은 정치적이고 인식론적인 것이고, 그 도전은 우리가 살고 있는 세계사적 현실에 모종의 균열이 생긴 탓에 한층 용이해진 면이 있다. 적어도 20세기 말 서구의 정치적 지배가 심각하게 의심받고 동아시아가 경제적 활력을 되찾았을 때 그 도전은 의미심장한 것이 되었던 것이다. 그런데 한때 수그러지던 성장주의적 근대화론이 오히려 동아시아의 경제성장으로 더욱 힘을 얻고 있는 것은 역설적이다.

그렇다면 18세기 이전 아시아의 활력적인 시장경제를 십분 인정하면서도 이렇게 무리하게 나아가지는 않는, 유럽중심주의 극복을 위한 설명 틀과 역사적 전망이 필요한 것은 아닐까? 포머란츠와 웡의 연구는 일단 이런 방향을 취하고 있는 것으로 보인다. 아시아 경제의 높은 수준을 강조하는 포머란츠나 웡은 오히려 18세기 이전 시대를 여러 역사적 체제들이 공존하는 가운데 지배적인 중심이 없는 다중심적인 세계로 파악하는데, 이것이 프랑크의 주장보다는 훨씬 설득력이 있다고 생각된다.

---

16) A. G. Frank, 앞의 책, 26쪽.

17) G. Arrighi, "The World According to Andre Gunder Frank", *Review*, Fernand Braudel Center, Vol. 22, No. 3, 1999, p. 346.

3. '자본주의' 개념의 재해석

포머란츠와 웡의 연구 역시 서구 산업혁명의 획기성을 강조하면서 19세기에야 서구와 아시아의 대역전이 가능했음을 입증하는 데서는 프랑크와 일치한다. 이들은 19세기 이전 서구가 아시아보다 시장경제 면에서 특별히 더 발전한 것은 아니라는 점을 최근의 연구 성과를 통해 실증적으로 밝히고 있다. 유럽이 19세기에 세계무역을 석권하기 이전에 유라시아에는 중심부가 여럿 존재했으며, 이곳들은 모두 활력적인 시장경제에 힘입어 경제성장이 두드러진 지역이었다는 것이다.

이 두 사람은 문제의식과 주장이 약간씩 다르고 논의 또한 폭넓고 정교해서 여기서 상세하게 다루기는 어렵다. 중요한 것은 유럽의 산업혁명이 유럽의 독특한 내재적 특징, 독특한 문화와 가치 덕분에 필연적으로 일어난 사건이 아니라는 것이다. 따라서 이들은 유럽의 내재적 특징이 아니라, 여러 우연이 결합한 어떤 정황상의, 혹은 체제상의 차이에 눈길을 돌린다.

우선 웡에서 두드러지는 것은 18세기 이전 서구와 중국, 양 체제의 비교이다. 그는 중국에도 광범위한 시장경제의 발전과 부의 축적이 있었을 뿐 아니라 시장경제와 경제성장에 대한 국가의 지원 또한 상당했다고 주장한다. 대체로 유럽에서 18세기까지의 시기를 특징짓는 경제성장의 동력이 중국에도 있었다는 것이다. 그런데 19세기 초·중반 유럽과 중국의 우위가 바뀌게 되었다면, 19세기의 유럽 산업혁명의 돌파를 가능케 한 정치경제적 조건이 과연 무엇인가?

그 정치경제적 조건에서 그가 중시하는 차이 가운데 하나는 중국의 국가적 지원 정책이 유럽과 달리 "일체의 제약이 없는 이윤 추구" 혹은 "시장 조작을 통한 부의 집중"을 선호하지 않았다는 점이다.[18] 중국의 '국가'는 유럽에서처럼 상인들이 타인을 희생시켜 부를 축적하려는 데는 제동을 걸었고 "상업적 부의 집중을 조장하지 않으면서 교역을 지원했다." 결국 중국에선 국가가 "시장 교환의 원칙을 지지했고 독점 세력에게서 구매자를 보호하려고 노력"했기 때문에 "자본주의 사회의 건설과 불가분의 관계에 있는, 집중된 부와 그러한 부의 추구 양자가 파멸적인 결과를 가져올 잠재적 가능성"에 대항하는 데 성공했다.[19] 이것은 유럽 상인들이 자신들의 이익을 증대시키는 데 국가를 이용할 수 있었던 것과 대조적인 것으로서, 고도로 효율적인 자본주의 수탈 체제가 중국에 자리 잡기 어려웠다는 주장으로 보이기도 한다.

중국의 '국가'가 정치적 이유로 합리적인 시장경제를 비합리적 독점에서 보호하려 했다는 이런 설명은, 웡 자신도 시사하듯이 브로델의 '자본주의' 개념을 연상시킨다. 브로델이 넓은 의미의 경제를 물질문명과 시장경제, 자본주의라는 3층집 모델에 비유한 것은 잘 알려져 있다. 사실상 브로델이 시장경제와 자본주의를 분리해 자본주의의 특징을 시장경제를 지배하는 독점으로 파악한 것은 과거 역사의 인식과 미래 전망에서 의미심장한 함축을 갖는 것이라 할 수 있다. 한편으로 그것은 근대 자본주의 이전의 활력적인 시장경제를 확인한 역사가로서 근대의 특징적 차이를 판별하고자 하는 것이다. 다른 한편, 이러한 자본주의 개념은 미래의 세계에 시장경제가 발전하지 않을 가능성을 상상할 수 없는 터에, 미래의 대안적 세계상을 시장경제를 억압하는 폐쇄적 사회주의 국가로 그리는 사고의 시대착오성을 비판하는 의미도 갖고 있다. 자본주의를 독점으로 이해하는 브로델에게 사회주의 국가는 폐지되어야 할 것(독점)이 보존되고 보존

18) R. Bin Wong, "The political economy of agrarian empire and its modern legacy", p. 225.

19) R. Bin Wong, *China Transformed: Historical Change and the Limits of European Experience*, pp. 137~146; 에릭 밀런츠, 앞의 글, 293~298쪽.

되어야 할 것(시장경제)이 폐지된, 뒤집힌 것이기 때문이다.[20]

브로델에 의하면 자본주의의 핵심은 시장경제를 지배하면서 시장 법칙들이 제대로 작동치 못하게 하는 독점인데도 시장경제와 자본주의가 함께 움직이기 때문에 그간 사람들은 투기적인 자본주의에 시장경제 자체의 미덕과 합리성을 갖다 붙이는 오류를 범해왔다는 것이다. 자본주의는 결국 경제적 위계제가 핵심인바, 중국 같은 역사적 체제에서는 세계 제국의 정치적 위계제가 경제적 위계제를 막아냈다는 것이다.[21] 이렇게 보면 중국의 상인들이 하나의 집단으로서 핵심적인 정치적 역할을 하기 어려웠기에 정치적·경제적으로 중요한 역할을 했던 유럽의 상인 집단과 결정적으로 달랐음을 강조하는 웡의 주장은 중국이 웬만해서는 자본주의로 가기 어려웠음을 보여주고 있는 셈인 것이다.[22]

다른 한편, 포머란츠와 웡은 자신들이 근대의 분수령으로 보는 산업혁명이 유럽의 내적 특징에서 비롯된 것이 아니라는 점을 강조하기 위해 유럽의 아메리카 지배를 중시하고 있다. 포머란츠에 의하면 유럽 내부에서만 인과관계를 설정하는 유럽중심주의적 서술은 "신세계 횡재의 이례적인 규모, 신세계 식민화와 생산조직의 이례적으로 강압적인 양상들, 유럽의 아메리카 대륙 팽창의 성공을 보장하는 전 지구적 동력의 역할을 무시한다"라는 것이다.[23] 게다가 그는 신세계에서 일어난 일은 유럽이나 아시

20) F. Braudel, *Civilization and Capitalism, 15th–18th Century*, 주경철 옮김, 『물질문명과 자본주의』 III–2, 서울 : 까치, 1995, 266쪽.

21) 국가와 자본주의의 관계에 대한 브로델의 관점은 이중적이라 할 수 있다. 국가는 자본주의를 도울 수도 있고 제어할 수도 있다는 것이다. 특히 국가가 강한 곳, 가령 정치적 위계제가 다른 모든 위계제를 분쇄했던 중국 같은 경우에는 상인들과 부패 관리들이 많았음에도 불구하고 자본주의가 국가의 제동력에 막혀 등장할 수 없었다는 것이다. F. Braudel, *Afterthoughts on Material Civilization and Capitalism*, Baltimore: The Johns Hopkins University Press, 1977, pp. 68~74.

22) R. Bin Wong, *op. cit.*, p. 148.

아의 그 어떤 것과도 전혀 달랐음을 주장하고 유럽의 지배를 받는 주변부들과 중국이 그 주변부와 맺은 관계들 사이에 있었던 근본적인 차이점들을 중요시하기까지 한다. "신세계에서 일어났던 것은 유럽이나 아시아에서 의 그 어떤 것과도 아주 달랐다"라는 것이다.[24] 게다가 웡은 중국 제국의 정치적 · 군사적 팽창이 일어나 새로운 변경이 통합될 때 "정부는 주변부로부터 자원을 뽑아내는 것이 아니라 주변부로 자원을 이전시켜야만 했다" 라고 유럽과 대비시킨다.[25] 그리하여, 이들은 자신들의 의도와 관계없이 중국의 경우 서구가 비서구 지역을 상대로 사회경제적 종속화와 식민화의 전략을 체계적으로 추구한, 즉 자본주의 세계체제의 팽창과는 다른 길을 갔다고 이야기하고 있는 셈인 것이다.[26]

웡과 포머란츠가 중국과 유럽이 처한 정황상의, 혹은 체제상의 차이를 이렇게 파악하고자 하는 문제의식은 중국의 부의 수준과 시장경제의 활력에도 불구하고 유럽이 중국을 능가하는 계기를 어떻게 마련했는가를 밝혀내는 데 있다. 여기서 그들은 '산업자본주의'에 큰 비중을 두고 있기 때문에 자본주의를 비유럽 주변부를 포괄하는 '세계체제'로 파악하는 입장과는 결정적으로 달라진다. 포머란츠는 브로델, 월러스틴 등이 자본주의 제도에만 관심을 둘 뿐 부의 수준에는 관심을 두지 않는다고 비판하기도 한다.[27] 그럼에도 불구하고, 웡과 포머란즈가 중국과는 다른 유럽의 역사적 정황과 체제에서 발견하는 특징들은 자본주의 세계체제론, 혹은 월

23) K. Pomeranz,, *op. cit.*, p. 11.

24) K. Pomeranz,, *op. cit.*, pp. 11~12.

25) R. Bin Wong, *op. cit.*, p. 148.

26) 월러스틴은 중국 등이 자본주의를 향해 나아가지 않았다는 사실을 그들이 이 독소에 면역이 되어 있었던 탓으로 돌리고 그 점을 그들의 역사적 공적이라고 본다. I. 월러스틴, 「유럽중심주의와 그 화신들」, 『창작과비평』, 95, 창비, 1997, 407쪽.

27) K. Pomeranz,, *op. cit.*, p. 14.

러스틴의 '역사적 자본주의'론을 뒷받침해주는 면도 있는 것으로 보인다.

물론 결정적인 차이는 웡이 상업자본주의와 산업자본주의를 명확히 구분하는 데 반해 월러스틴은 그 구분 자체가 의미 없다고 보는 점에 있다. 월러스틴은 자본주의를 일반적인 시장경제 혹은 특정한 산업자본주의로 정의할 수 없다고 보는데, 오히려 자본의 '끊임없는' 자기 확장 그 자체가 목적이 되고 그것이 체제의 동력으로 작용하는 근대 세계체제만이 자본주의라는 것이다. 따라서 유럽 중심의 자본주의 세계체제가 16세기에 등장해 점차 전 지구적 패권을 차지했다는 세계사 인식은 부의 수준을 강조하는 '서구의 흥기'라는 담론이 아니라 '세계 자본주의의 흥기'라는 담론을 중시하는 셈이 되는 것이다.

그런데 유럽중심주의의 극복을 모색하는 작업에서도, 서구에 의한 완전한 식민지화를 겪은 경험이 없는 데다 20세기 말부터 재부상하고 있는 동아시아에서 바라보는 시각과 서구의 식민지 경험을 겪은 빈곤한 '남'(South)에서 바라보는 시각 사이에는 분명 각도의 차이가 있는 것으로 보인다. 가령 두셀은 16세기 이래 서구 중심의 자본주의 세계체제가 인류사상 유례없고 과거에는 상상할 수 없었던 빈부 양극화와 불평등을 가져왔음을 지적하며 유럽 중심 세계체제의 책임을 강조하는 데 초점을 둔다.[28] 반면 산업자본주의 여부를 중시하는 최근의 아시아사 연구자들에서 두드러지는 것은 그간 어둡게 덧칠해 그려진 아시아상에서 덧칠을 벗겨내고 원래 모습을 드러내고자 하는 문제의식이고, 이들은 이를 유럽중심주의 역사상의 극복을 위한 가장 중요한 길로 보고 있다. 이런 작업은 분명 필수적인 것이지만 이와 더불어 16세기 이래 실제로 어두워진 세계사적 현

28) E. Dussel, "Europe, Modernity, and Eurocentrism", *Nepantla: Views from South*, Vol. 1. 2000, p. 475.

실을 제대로 보고자 하는 문제의식 또한 견지할 필요가 있다. 유럽중심주의 역사상의 극복은 이 두 가지의 결합을 요구한다는 것이다.

그런데 근대 자본주의의 종차를 세계적 규모로 자원과 노동을 착취하는 독점의 우위에서, 또 체제의 주된 동력인 '끊임없는' 자본축적이 사회구조적으로 최우위에 있는 체제에서 찾는 자본주의관은 오래된 자본주의 논쟁의 양측, 즉 상업화 모델과 일국 차원의 계급투쟁 모델 모두를 겨냥하고 있는 것이기도 하다. 19세기에 맑스의 자본주의관에는 분명 두 가지 개념이 때론 혼재되고 때론 결합되어 있었다고 할 수 있다. 그는 한편에 영국을 모델로 한 자본축적의 논리와 다른 한편 세계시장의 논리를 하나의 이론 틀로 결합시키고자 했다. 과연 그가 양자를 제대로 결합하는 데 성공했는지는 의문이다. 가령 생산수단과 그 소유자의 관계를 기준으로 한 노예제, 농노제, 임노동제로서의 자본주의의 역사적 단계론은 유럽중심주의적인 전제들을 담고 있다. 다른 한편 맑스가 말한 대로 아메리카의 "직접적 노예제가 기계, 신용 등과 함께 부르주아 산업에서도 핵심적 조건이다. 노예제 없이는 면화도 없고, 면화 없이는 근대산업도 없는 것"이라든가, 혹은 "세계시장을 창출하는 경향은 자본 그 자체의 개념에 의해 직접 주어지는 것"이라 할 때,[29] 세계의 주변부 없이 유럽 자본주의가 발전할 수 있었을까 하는 의문이 생기는 것은 당연한 일일 것이다.

이를 둘러싼 논쟁은 꽤 오랜 역사를 갖는 것이지만, 최근 J. 블로트와 E. M. 우드 간에 유럽중심주의에 관한 논쟁으로 반복되었다.[30] 블로트는 브

29) K. Marx & F. Engels, Werke, 4, p. 132 ; Marx, *Grundrisse der Kritik der politischen Ökonomie* 1857–8, p. 311.

30) J. Blaut, *op. cit.*, pp. 127~128 ; E. Meiksins Wood, "Eurocentric Anti-Eurocentrism", *Against the Current*, No. 92, May/June, 2001; C. McAuley, "The Trouble With Capitalism in One Country Theories–Capitalist Origins: A Comment", *Against the Current*, No. 94, Sep/Oct, 2001.

레너를 비롯한 서구 맑스주의가 유럽사를 그 바깥의 공간으로부터 차단시킨 터널로 설정한다는 점에서 유럽중심주의라고 비판한 바 있다. 그는 중세 말 '상업화'와 '원시적 축적'이 서구뿐 아니라 어느 지역에서나 있었고 자본주의로 향할 가능성이 있었는데 유럽이 아메리카에 대한 지리적 이점으로 먼저 도달하게 되었고 다른 지역은 유럽 때문에 그 길이 차단당했다고 주장한다. E. M. 우드는 자본주의를 특정한 사회적 관계에서 파악하지 못하고 시장경제와 원시적 축적만 있으면 창출할 수 있는 것으로 보는 블로트의 관점이야말로 표준적인 유럽중심주의와 동일한 전제에서 출발하기 때문에 '유럽중심주의적인 반유럽중심주의'라고 비판한다.

그러나 자본주의의 형성 자체가 위계화된 세계체제적 공간에서 이루어졌다는 입장에서는, 블로트의 반유럽중심주의는 비서구 지역이 운만 좋았다면 세계의 타 지역의 자원과 민중을 효율적으로 착취하는 체제를 낳았으리라는 함축을 담게 될 뿐이고, 브레너나 우드의 일국사적 모델은 세계체제 중심부에서 일어난 부분적 현상을 국가 내부의 고유 현상으로 착각하는 것이 될 뿐이다. 자본주의는 고도의 효율성과 기술적 합리성을 바탕으로 한 자본축적 체제이지만, 주변부의 착취를 추동하는 그 '끊임없는' 자본축적의 연쇄 자체를 합리적이라 보기는 어렵다. 그래서 근대 자본주의 체제의 두드러진 특징이 동시대의 다른 체제나 문명을 파괴하는 데 막강했고 세계의 어떤 문명이나 체제도 여기에 대항하지 못했던 것은 역사적 사실로 인정할 수밖에 없는 것이다. 이렇듯 철저하게 관철된 유럽 중심 자본주의의 세계 제패야말로 근대가 그 이전 세계, 즉 다양한 문명들이 느슨한 관계 속에서 독자성을 유지하며 부분적으로 의존 또는 침투하던 세계와 결정적으로 달라진 점인 것이다.

사실상 세계적 차원의 착취와 발전 없이 자본주의는 가능하지 않았던 것이다. 근대 자본주의의 성립 자체가 그 시초부터 식민지화 사업과 구조적으로 결합되어 있다는 인식 앞에선[31] 한 국가 단위 내부에서 내재적이고 자생적으로 자본주의가 자라났느냐 아니냐 하는 질문 자체가 온전히 성립되기 어렵다. 가령, 한국사 연구에서 우리에게 낯익은 소위 '자본주의 맹아론'은 유럽중심주의적인 전제를 담고 있다고 할 수 있다. "식민지 근대화론은 자본주의 맹아론의 부정과 함께 한국이 자체의 힘으로 근대화할 능력이 없었다는 의미를 깔고 있다"[32]라는 진술을 보면 여기엔 '자본주의'에 대한 긍정적 판단과 일국사적인 단선적인 발전단계론이 전제되고 있는 것이다. 이제 우리로서도 근대 자본주의의 개념뿐 아니라 사회를 설명하는 기본 전제와 역사상을 세계사적 시야에서 점검해볼 필요가 절실한 것이다.

4. 유럽중심주의 극복은 대안적 보편사를 통해

유럽 중심의 자본주의 세계체제가 16세기에 등장해 점차 전 지구적 패권을 차지했다는 세계사의 상은 이론적인 차원에서 근대의 독특한 성격과 더불어 오늘의 세계를 이해하는 데 몇 가지 시사점을 제공한다.

첫째, 그 역사상은 주변부 통합을 통해 팽창한 자본주의 세계체제가 19세기 말 전 지구적 통합을 일단 완성하게 되어 이제 단 하나의 세계체제만이 존재하게 되었음을 강조하게 만든다. 더 이상 주변부로 확장해 통합할 비자본주의 세계가 존재하지 않는다는 것은 20세기의 자본주의가 전에

31) 에티엔 발리바르 역시 민족 형성을 자본주의 시장이라는 추상이 아니라 그 구체적 형태인 세계경제와 연관 지어 그 위계화와 식민화의 산물로 파악하는 데 동의한다. E. Balibar & I. Wallerstein, *Race, Nation, Class : Ambiguous Identities*, London : Verso, 1991, p. 89.

32) 권태억, 「식민지기 조선 근대화론에 대한 단상」, 조동걸 선생 정년기념논총간행위원회 편, 『한국 민족운동사 연구』, 서울 : 나남, 1997, 278쪽.

없던 새로운 국면에 처하게 되었음을 시사하는 것이다. 특히 냉전이라는 정치적 방벽이 억제해온 갈등이 다시 분출하고 있는 최근의 세계사적 현실에서 그 구조적 위기에 대한 대응으로서의 신자유주의 지구화는 지구적 단위의 양극화와 혼란을 가속화하고 있다. 그리고 500년 체제에 한계가 왔음을 지적하는 논자들이 한결같이 강조하듯이, 끊임없는 자본축적의 무모한 논리는 지구의 생태적 파괴와 빈곤으로 내몰린 종족 집단의 지속적 증대에서도 잘 드러나고 있다. 이제 기존의 축적 논리가 자연과 인간의 엄청난 희생 없이 작동하기는 어려워진 세계사적 현실에서[33] 모종의 대안적 세계, 근대를 넘어서는 세계가 가능할 것인가가 중요한 화두가 되고 있는 것이다.

둘째, 그 역사상은 근대성의 이면으로 작용하는 식민성의 문제를 부각시킨다. 16~18세기에 식민지를 거울로 한 유럽의 정체성이 형성되면서 유럽 중심적 역사상은 문명사적 틀로 정착했던 것이다. 근대성의 형성이 애당초 식민지화와 긴밀히 연결되어 있음을 강조하는 발리바의 말대로, "어떤 의미에선 모든 근대 민족은 식민지화의 산물이다. 어느 정도까지는 언제나 식민화를 당하거나 식민화를 해왔으며 때로는 동시에 두 가지 다이기도 했던 것이다."[34] 이제 우리나라에서도 근대에 관한 이러한 관점이 이른바 '식민지 근대성'론으로 수용되고 있다. "식민지는 근대 세계체제의 가장 중요한 축이었으며, '근대'의 고유하고 중요한 현상의 일부"이었기에 "식민지가 '근대 미달'이거나 '왜곡된 근대'가 아니라 근대 속에 포함된 근대의 작동 기제"라는 사실을 인식할 필요가 있다는 것이다.[35]

---

33) 근대 철학의 정복자적 인간관, 자연관은 식민지의 공간뿐 아니라 자연의 착취와 무관하지 않다. 두셀은 근대적 주체로서의 인간을 선언한, 데카르트의 "나는 생각한다. 고로 존재한다"의 이면에는 "나는 정복한다. 고로 존재한다"가 먼저 있었다고 강조한다. E. Dussel, *op. cit.*, p. 471.

34) E. Balibar & I. Wallerstein, *op. cit.*, p. 89.

셋째, 유럽 중심의 세계체제로 성립해 팽창한 근대 자본주의는 지역 간 위계제적 관계로 통합되어 있기 때문에 서구적 근대성을 상호 관련된 세계체제 안의 중심부 문화로 상대화해 자리 매기는 일이 필요해진다. 이제 지구적 패러다임이 필요한 것은 이 때문이다. 그것은 "지구적 지평에서 근대성을 '세계체제' — 아메리카 원주민의 통합을 통해 이루어진 사상 최초의 세계체제 — 의 **중심**의 문화로, 이 '중심성'의 **경영**의 결과로 개념화한다. 즉, 유럽의 근대성은 **독립적**이고 자기생산적이고 자기 지시적인 체제가 아니라, 세계체제의 일부이며 사실은 그 **중심**인 것이다."[36] 이렇게 보면, 하버마스처럼 근대 서구의 성취 몇 가지를 염두에 두고 '근대의 미완의 기획'에 나서야 한다는 발상 또한 타자의 존재를 시야에서 가린 유럽중심주의적인 것이다. 이와 반대로 지금의 시대를 포스트모던 시대, 혹은 탈근대라고 지칭하는 최근의 지적 흐름 역시 근대성의 위기를 서구적 계기들과 관련지어 고찰할 뿐이라는 점에서 유럽중심주의의 위험을 안고 있다.

마지막으로, 이러한 역사상은 자본주의가 전일화된 오늘의 세계에서 '근대'가 복수로 설정될 수 없고 단수로만 존재한다는 것을 함축한다. 다문화주의에서 종종 거론되는 '복수의 근대' 개념은 현재의 단일한 세계체제의 존재를 망각하는 것이다.[37] 물론 단수의 근대, 단일한 세계체제라고 해서 그 세계 안의 모든 지역이 동질적인 성격을 갖는다는 것은 아니다.

---

35) 윤해동 외 엮음, 『근대를 다시 읽는다 — 한국 근대 인식의 새로운 패러다임을 위하여』, 서울 : 역사비평사, 2006, 18~20쪽. 다만, 국내의 이러한 논의들에서는 세계 자본주의가 어렴풋한 배경막으로 존재할 뿐 그 작동 방식에 대한 무관심 때문에 그저 민족주의와 국민국가에 대한 근본주의적 비판으로 끝나는 경우가 많다. 유재건, 「탈민족주의, 탈근대의 관점에서 본 한국현대사」, 『창작과비평』, 135, 창비, 2007, 295쪽.

36) E. Dussel, "Beyond Eurocentrism: The World-System and the Limits of Modernity", F. Jameson & M. Miyoshi (eds), *op. cit.*, p. 4. 강조는 원저자.

오히려 여러 형태의 위계제가 근대 자본주의 세계의 특징이기에 세계는 여러 형태의 내적 분열과 지정학적 분열을 그 안에 담고 있다.[38] 근대의 유럽중심주의는 단일한 세계체제에서 과거의 낡은 지역중심주의가 아니라 보편주의 이론이자 전 지구적인 정치적 기획으로 발전했다.[39] 유럽중심주의의 극복 또한 새로운 대안적 총체성, 대안적 보편사를 정립하는 문제가 될 수밖에 없을 것이다.[40]

37) Arif Dirlik, "Global Modernity?—Modernity in an Age of Global Capitalism", *European Journal of Social Theory*, Vol. 6, No. 3, 2003. 또한 백낙청, 『한반도식 통일, 현재진행형』, 서울 : 창비, 2006, 247~248쪽을 참조.

38) 이 점에 대해서는 유재건, 「미국 패권의 위기와 세계사적 전환」, 『창작과비평』, 127, 창비, 2005, 133~138쪽에서 다루었는데, 여기서 필자는 "상호 연관된 세계의 다층적인 지정학적 분열"을 제대로 이해할 때 '근대 적응과 근대 극복의 단일한 과제'라는 화두가 무엇보다 긴요하게 된다는 점을 주장한 바 있다.

39) 다음을 참조할 것. 유재건, 「근대 서구의 타자 인식과 서구중심주의」, 『역사와 경계』, 46, 부산경남사학회, 2003; 최갑수, 「유럽중심주의의 극복과 대안적 역사상의 모색」, 『역사비평』, 통권 52호, 역사비평사, 2000 ; 안병직, 「계몽사상과 유럽의 이념」, 『서양사연구』, 27집, 서양사연구회, 2001; 권윤경, 「18세기 후반 계몽사상과 식민주의-레날의 『두 인도의 역사』를 중심으로」, 『서양사연구』, 29집, 서양사연구회, 2002.

40) I. Wallerstein,. *European Universalism: The Rhetoric of Power*, 김재오 옮김, 『유럽적 보편주의 — 권력의 레토릭』, 서울 : 창비, 2008.

12 장문석

유럽연합은 유럽 민족이 될 것인가

유럽 통합을 보는 하나의 시각과 그에 대한 토론

1. 문제 제기 : 왜 민족주의적 접근법인가?

유럽연합(European Union)의 기원은 당장에는 1992년의 마스트리흐트 조약에서 찾을 수 있겠으나, 좀더 멀리 보면 1957년의 로마 조약으로 거슬러 올라갈 수 있다. 세계체제의 이론가 월러스틴(Immanuel Wallerstein)은 유럽연합 탄생 50주년 기념 행사를 맞이하여 2007년에 쓴 한 논설에서 원래 1957년 로마에서 만났던 그룹은 유럽 통합에 우호적인 역사적 흐름에 편승할 수 있는 이점 외에 하나의 유럽에 대한 나름의 지정학적 비전을 공유하고 있었다고 지적한 바가 있다. 여기서 그가 말하는 지정학(geopolitics)은 정치학(politics)과 대비되는 개념이다. 정치학이 단기적인 관심사에 근거하여 즉각적으로 이루어지는 여러 행위자들 사이의 상호작용을 가리킨다면, 지정학은 그런 단기적 행위자들을 제약하면서 중장기적인 이해관계를 반영하는 구조적 추세와 관련이 있다는 것이다. 그런데 월러스틴에 따르면, 정치가들이 지정학적 혜안을 견지하며 목전의 정치적 이익을 포기하리라 기대하기는 어려우며, 따라서 1957년 이후 유럽의 국제 관계에서 지정학은 정치학에 압도되었고, 그럼으로써 유럽 통합의 과정은 지극히 불안정한 양상을 띠며 전개되었다고 한다.[1] 과연 유럽 통합의 과정이 단선적이지도 않았고 순탄치도 않았다는 점은 익히 알려진 사실이다. 모든 사람이 통합에 낙관적일 때 통합이 지연되고, 비관적일 때 통합이 가속화되는 '널뛰기'의 과정을 통해 유럽연합은 오늘에 이르렀던 것이다. 그렇기에 유럽연합의 미래가 어떠할지 가늠하는 작업은 엄격한 과학자들보다는 신통한 점쟁이들에게 더 어울리는 일인 듯이 보일 지경이다.

물론 유럽연합의 미래를 전망하는 데 도움이 되는, 널리 알려진 일련의 공인된 접근법들이 있다.[2] 먼저 유럽연합은 단순한 경제 통합을 넘어 진정한 의미의 정치 통합을 지향함으로써 하나의 연방, 곧 '유럽합중국'으로 나아가야 하고, 또 나아갈 수 있다고 믿는 **연방주의적(federalist)** 접근법이 있다. 이런 시각에서 하나의 유럽을 추구하는 이념은 역사적으로 뿌리 깊은 것이다. 멀리는 중세 말기의 단테(Dante Alighieri)와 뒤부아(Pierre Dubois)로부터 17세기의 펜(William Penn)과 벨러스(John Bellers), 18세기의 벤담(Jeremy Bentham), 그리고 19세기의 생시몽(Henri de Saint-Simon)과 위고(Victor Hugo)와 카타네오(Carlo Cattaneo)를 거쳐 가까이로는 20세

1) Immanuel Wallerstein, "Europe, 2057," *Commentary*, 207 (April 15, 2007).

2) 유럽 통합에 대한 공인된 접근법들에 대한 간략한 설명을 위해서는 John Pinder, *The European Union: A Very Short Introduction* (Oxford: Oxford University Press, 2001), pp. 6~7을 참조하라.

기의 쿠덴호베-칼레르기(Richard Cudenhove-Kalergi)와 모네(Jean Monnet)에 이르기까지 유럽 이념은 질기디질긴 뿌리를 역사에 대고 있는 것이다. 이런 인식에서 연방주의자들은 입을 모아 '공동체 이념(Community idea)'을 강조하며, 그런 만큼 연방주의적 접근법을 유럽 통합에 대한 이념 구성적(ideational) 접근법으로 보아도 무방하리라고 본다.[3]

또한 유럽연합이 한층 더 결속력 있는 정치 공동체로 나아가야 한다고 믿는다는 점에서는 연방주의적 접근법과 다르지 않지만, 이를 달성하는 수단에 대해서는 연방주의 이념보다는 현실 정치를 강조하는 **기능주의적(functionalist)** 접근법이 있다. 이 접근법의 요체는, 낮은 수준의 상호 협력은 단계적으로 높은 수준의 통합으로 발전한다는 점진주의적인 발상에 있다. 이런 전제로부터 기능주의자들은 연방주의자들과는 달리 공동체의 이념보다는 제도를 훨씬 더 강조한다. 그들에 따르면, 일단 형성되어 작동하는 공동체 제도들은 쉽게 사라지지 않는다. 일단 생명을 얻은 제도들은 비록 시간이 흘러 더 이상 쓸모없는 것처럼 보일지라도 이 세상에서 자신이 살 권리를 강력하게 주장할 테니까 말이다. 그리하여 이 공동체 제도들의 무의식적이고 지속적인 '파급효과(spillover)'를 통해 유럽 통합의 과정을 능히 사유할 수 있다는 게 기능주의자들의 주장이다. 이런 맥락에서 이들은 유럽 각국의 현실 정치적 이해관계를 고려하지 않은 채 당위적인 이념만을 내세우는 연방주의자들의 공허함을 조롱한다.

그런가 하면 현실 정치의 요소를 강조한다는 점에서는 기능주의적 접근법과 같지만, 유럽연합이 한층 더 높은 수준의 통합을 이룰 수 있다는

3) 최근에 파슨스(Craig Parsons)와 같은 사회학자는 유럽 통합의 레토릭을 "솔직하지 않은 것"으로 보는 통념을 비판하면서 "유럽에 대한 어떤 이념"이 유럽 통합의 제도들이 사회적으로 구성되는 과정에서 수행한 능동적인 역할을 사뭇 강조하고 있다. 파슨스 식의 이른바 "이념 구성적(ideational)" 접근에 대해서는 Craig Parsons, *A Certain Idea of Europe* (Ithaca: Cornell University Press, 2003), p. 7을 참조하라.

것을 부정하거나 최소한 심각하게 의심하는 **현실주의적**(realist) 접근법이 있다. 이런 시각을 대표하는 역사가 밀워드(Alan S. Milward)는 유럽연합의 제도적 전신들 중 하나인 유럽석탄철강공동체(ECSC)의 탄생을 설명하면서 그것이 유럽연방주의의 이념이 실현된 사례라기보다는 제2차 세계대전 직후에 무기력하게 붕괴하던 유럽 민족국가들을 "구제하는(rescue)" 적극적인 방법의 결과였다고 주장했다. 한발 더 나아가 그는 "유럽의 성자들(European saints)"로 추앙받아온 모네, 슈만(Robert Schuman), 데 가스페리(Alcide De Gasperi), 아데나워(Konrad Adenauer)와 같은 인물들이 유럽연방주의의 이념에 헌신했다기보다는 오히려 철저히 자국의 민족적 이해관계에 충실했던 현실 정치가들이었다고 본다.[4] 이런 맥락에서 현실주의자들은, 유럽연합이 유럽 민족국가들의 현실 정치적인 이해관계를 결코 초월할 수 없다고 보며, 그런 만큼 유럽연합을 일종의 정부 간 협상 체제(intergovernmentalism)로 파악하고 있는 것 같다.

그런데 이상의 접근법들 외에 또 하나의 흥미로운 시각이 있다. 민족주의 연구자인 헤치터(Michael Hechter)의 시각이 바로 그것이다. 그의 시각은 언뜻 보면 유럽공동체의 존재에도 불구하고 민족주의의 힘과 영향력은 여전히 소진되지 않았다고 보는 점에서 현실주의적 접근법과 유사하다. 그러나 헤치터의 시각과 현실주의자의 시각 사이의 근본적인 차이는, 현실주의자가 유럽연합 하위의 개별 국가들 수준—영국, 프랑스, 독일, 이탈리아 등의 수준—의 전통적인 민족주의를 말하는 반면에 헤치터는 개별적 수준의 민족주의를 뛰어넘는 유럽 민족(European Nation)의 민족주의를 말한다는 데 있다. 특히 헤치터는 유럽연합을 건설하려는 시도를

4) Alan S. Milward, *The European Rescue of the Nation-State* (London: Routledge, 1992), pp. 318~344.

민족주의의 변형, 그러니까 더 정확히 말해서 이른바 통일 민족주의(unification nationalism)의 현대적 사례로 해석한다. 즉, 유럽연합이 때로는 조용하게, 때로는 극적으로 규모와 범위에서 확대되어 나아가는 과정은 기성의 다양한 주권적 정치체들을 통합하고 정치적 경계들을 말소하며 주권적 정치체들을 단일한 민족에 흡수하여 더 큰 근대적 민족국가를 창출하려는 통일 민족주의의 역사적 사례를 떠올리게 한다는 말이다. 이 경우에 흥미로운 것은, 통일 민족주의의 고전적 사례들인 19세기 독일과 이탈리아의 경우에 민족 건설이 프랑스라는 공통의 외적 위협에 직면하여 전개되었다는 사실이다. 이런 점에 주목하여 헤치터는 유럽 통합이 가일층 불붙기 위해서는 미국과 환태평양 지역 국가들의 상업적 · 정치적 동맹이 한층 실감나게 유럽에 다가와야 한다고 본다. 만일 그런 위협이 없다면, 유럽연합에 소속된 국가들이 자국의 주권(의 일부 혹은 모두)을 양보하거나 희생하는 결정을 할 리 만무하다는 것이다. 이렇게 보면, '유럽'은 명백히 위기의 산물인 것이다.[5]

이러한 헤치터의 시각은 편의상 유럽 통합에 대한 **민족주의적**(nationalist) 접근법이라고도 할 수 있겠는데, 유럽 통합을 이해하고 조망하려는 연구자들에게 역설적일 뿐만 아니라 중요한 의미를 던져주는 것으로 보인다. 여기서 역설적이라 함은, 헤치터의 시각이 통상 민족주의를 넘어서는 대안, 즉 탈민족주의적 대안으로 간주되는 유럽연합을 그 자체 유럽 민족주의의 산물로 본다는 점에서 그렇다. 또한 중요하다 함은, 유럽연합의 미래가 민족국가와는 전적으로 다른 원리와 다른 형태에 기초한 새로운 공동체의 형성으로 귀결되리라고 믿는 사람들은 어떤 방식으로든 헤치터의

5) Michael Hechter, *Containing Nationalism* (Oxford: Oxford University Press, 2000), pp. 91, 187.

견해와 비판적으로 대결하지 않을 수 없다는 점에서 그렇다. 또한 그의 견해는 민족국가와 민족주의의 황혼을 운위하는 사람들에게도 도전장을 내밀고 있다. 요컨대 헤치터의 시각은 유럽공동체와 민족국가의 관계라는 쟁점, 즉 유럽연합이 민족주의의 극복인지, 아니면 연장에 불과한지에 대한 문제를 제기하고 있는 것이다.[6]

이하에서는 먼저 민족과 민족주의, 통일 민족주의에 대한 올바른 이해를 도모하기 위해 간략하나마 개념적인 논의를 진전시킨 뒤에, 유럽연합이 통일 민족주의의 변종이라는 헤치터의 견해를 본격적으로 논평하고자 한다. 특히 민족주의와 관련하여 유럽연합이 드러내 보이는 낡은 면과 새로운 면이 무엇인지 분석함으로써 유럽연합이라는 역사적 실체에 접근하는 올바른 경로가 무엇인지를 모색해보고자 한다. 이러한 작업은 위에서 언급한 유럽 통합의 전망에 대한 세 가지 공인된 접근법, 즉 연방주의적 접근법, 기능주의적 접근법, 현실주의적 접근법의 장단점을 공정히 평가하는 데도 틀림없이 유용한 길잡이가 되리라고 믿는다.

2. 예비 토론 : 민족, 민족주의, 통일 민족주의의 개념

역사가들과 사회과학자들에게 민족주의라는 논제는 지극히 다루기 어

6) 유럽공동체가 민족주의의 극복이냐 연장이냐 하는 질문 자체는 지나치게 이분법적이다. 유럽사가 보여주는 사실은 공동체와 민족국가가 정면으로 대립되는 것은 아니라는 점이다. 유럽의 핵심적인 특징은 그 '다양성과 통일성'에 있으며, '유럽'은 단지 획일적이고 추상적인 이념이 아니라 다양하고도 구체적인 민족과 지역 및 지방의 총화이다. 요컨대 유럽과 민족과 지역은 역사적으로 교차하고 있으며 이들 중 어느 하나만을 절대시하는 것은 역사에 대한 폭력일 따름이다. 유럽과 민족의 관계에 대한 빼어난 토론으로는 이민호, 「유럽과 국민국가」, 『서양사연구』, 28 (2001), pp. 99~134를 참조하라.

려운 난제로 악명이 높다. 가령 민족주의의 기원이 고대(혹은 중세)에 있는지, 아니면 근대에 있는지, 그리고 민족주의가 시민권에 기초한 정치적인 성격의 운동/이념인지, 아니면 언어와 종족성 등에 입각한 문화적인 성격의 운동/이념인지 하는 따위의 문제들을 둘러싸고 각자의 입장만 재확인하는 논쟁만 거듭되고 있다. 이렇게 된 데는 여러 가지 이유가 있겠으나, 무엇보다 민족주의가 갖는 다양한 층위의 성격 규정이 서로 혼동된 것이 그 중요한 한 가지 이유라고 생각된다.

그런 점에서 민족주의의 다양성을 지적하면서 정치적 색채가 강한 민족주의 이데올로기와 생활 세계에 뿌리박은 일상적인 민족적 정체성 등을 엄밀하게 구별해야 한다는 사회학자 캘훈(Craig Calhoun)의 지적은 참으로 적절해 보인다.[7] 그의 조언을 받아들인다면, 느슨한 의미의 정체성이나 의식으로서의 **민족**주의(*nationa*lism)와 긴박한 의미의 이데올로기나 정치 강령으로서의 민족**주의**(nationa*lism*)를 구별할 수 있다고 생각된다. 민족주의를 전자의 경우로 이해한다면, 민족주의의 기원은 근대 이전으로 능히 거슬러 올라갈 수 있으며, 문화적 공통성의 요소들이 민족주의의 발전에서 중요한 역할을 담당한다고 말할 수 있다. 그 반면에 민족주의를 후자의 경우로 이해한다면, 도저히 근대 이전으로 민족주의의 기원을 설정하기는 힘들며, 민족주의의 발전에서 무엇보다 그 정치적 성격이 도드라진다고 말할 수 있다.[8]

민족주의가 그렇게도 내세우는 민족도 상황은 이와 유사하다. 즉, 민족이 갖는 다양한 층위의 성격 규정이 서로 섞이게 된 것이 민족의 이해에

7) 실제로 캘훈은 민족주의를 단순한 정치 교의로 보는 시각에 반대하면서 민족주의를 "말하고 생각하며 행동하는 좀 더 근본적인 방식"이라고 주장한다. 이런 시각은 민족주의를 넓은 의미의 정체성으로 보는 편에 속한다고 할 수 있다. Craig Calhoun, *Nationalism* (Minneapolis: University of Minnesota Press, 1997), p. 11.

혼란을 일으켰다. 민족이라는 말 자체는 아주 오랜 연원이 있다. 한 가지 예를 들어 보자. 고대 로마 시대에 저술가 키케로(Cicero)는 유대인들과 시리아인들을 가리켜 "노예로 태어난 민족들(nationes natae servituti)"이라고 지칭했다. 이 용례에서 민족은 외국인을 의미하는데, 필경 로마인들은 스스로를 로마 시민(포풀루스 로마누스)으로 생각했지, 로마 민족(나티오 로마노룸)으로 생각하지는 않았다. 여기서 알 수 있듯이, 고대에 민족은 정치적으로 의미 있는 원리가 아니었다. 민족은 단지 출생의 공통성만을 의미했을 따름이다. 당시에 정치적으로 의미 있는 원리였던 것은 나티오가 아니라 포풀루스였던 것이다. 그러나 근대에 들어 민족은 주권의 근거로서, 즉 로마 시대의 포풀루스처럼 정치적 원리로 탈바꿈하게 되었다. 그런데 이렇게 민족의 의미 내용이 달라졌어도 민족이라는 말은 예전과 다름없이 계속해서 쓰였다는 점을 새겨두어야 한다. 이렇듯 민족이라는 말이 연속적으로 이어지면서 민족의 본래적인 의미 내용도 완전히 사라지지 않고 새로운 의미에 계속 묻어 있게 된다. 즉, 민족은 근대 이후에 큰 의미 내용의 변화를 겪었지만, 출생의 공통성이라는 원뜻은 민족이라는 말에서 사라진 적이 없는 것이다.[9]

이런 맥락에서 정치 철학자 아감벤(Giorgio Agamben)은 1789년 프랑스

---

8) 민족주의를 정체성과 이데올로기로 보는 시각 외에도 상상계(imaginary)로 보는 시각도 있다. 슈테거(Manfred Steger)에 따르면, 민족주의는 곧 민족적 상상계(national imaginary)의 다른 이름이다. 여기서 민족적 상상계란 민족의 어휘와 문법, 표상과 감각이 지배적이 되어 모든 이데올로기의 모체가 되는 집단적 인식과 실천의 장을 말한다. 이런 점에서 슈테거는 민족주의가 단순한 이데올로기는 아니며, 오히려 여타 이데올로기의 모체이자 배경, 즉 이데올로기의 이데올로기로 본다. 이런 시각은 민족주의가 늘 다른 이데올로기들, 그러니까 보수주의, 자유주의, 사회주의와 자유로이 결합한다는 점에서 '2차적 이데올로기'라는 통념과도 잘 어울린다. 슈테거는 보수주의, 자유주의, 사회주의가 각각 민족적 상상계에 대한 번역본이라는 입장을 피력한다. 슈테거의 논의에 대해서는 Manfred B. Steger, *The Rise of the Global Imaginary: Political Ideologies from the French Revolution to the Global War on Terror* (Oxford: Oxford University Press, 2008), pp. 1~10을 참조하라.

혁명기에 발표된 인권 선언—'인간과 시민의 여러 권리에 대한 선언'—에 주목하면서 자유롭게 '태어난' 인간(제1조)이 자연적이고 소멸할 수 없는 '권리'(제2조)를 지니며 본질적인 주권의 소유자로서 '나시옹'(제3조)이라는 선언문에 적시된 조항이야말로 단순한 출생으로 주권을 보장받는 원리를 잘 보여준다고 지적한다. 민족이 정치적 원리로 탈바꿈했어도 여전히 민족이라는 말을 통해 출생이라는 자연적 사실과 권리라는 정치적 사실은 상호 긴밀히 연관되고 있는 것이다.[10]

그런 점에서 역사사회학자 스미스(Anthony D. Smith)가 제안하듯이, 민족을 기술적 범주(descriptive category)와 분석적 범주(analytic category)로 구별해도 좋을 듯하다. 그에 따르면, 전자는 문화적 정체성에 기초한 **역사적** 유형의 인간 공동체를 지칭하는 말이고, 후자는 전자와는 구별되는 방식으로 근대적 의미의 집단적인 정치적 정체성에 기초한 **이상적** 유형의 인간 공동체를 지칭하는 말이다. 그런데 이 두 가지 서로 다른 범주가 혼용됨으로써 민족에 대한 이해에 막대한 혼란이 초래되었다는 것이다. 이런 전제로부터 스미스는 일찍이 앤더슨(Benedict Anderson)이 말한 "상상의 공동체(imagined community)"에 착안하여 이를 더 확장시켜 민족을 각종 신화와 상징, 기억을 공유하는 종족성(ethnicity)과 그에 고유한 문화적

9) 한편, 포풀루스라는 말의 운명도 흥미롭다. 포풀루스, 즉 피플(people) 혹은 푀플(peuple)은 점차 가난하고 소외된 하층민을 가리키는 부정적인 말로 자주 사용되기에 이르렀다. 나티오, 즉 민족이 사람들에게 점점 더 '좋은 명함'으로 간주되고 있었던 상황과 크게 대비되는 대목이 아닐 수 없다. 그럼에도 포풀루스라는 개념에서 원래의 국가를 구성하는 시민이라는 뜻은 사라지지 않아서, 포풀루스는 국가 시민과 주변부 민중이라는 양가적 의미를 띠게 되었다. 나티오와 포풀루스의 개념적 변천에 대해서는 Guido Zernatto, "Nation: the history of a word," *Nationalism: Critical Concepts in Political Science*, vol. I, eds. John Hutchinson and Anthony D. Smith (London and New York : Routledge, 2000), pp. 13~25를 참조하라.

10) 조르조 아감벤, 『호모 사케르 : 주권 권력과 벌거벗은 생명』, 박진우 역 (새물결, 2008), pp. 332~339; 조르조 아감벤, 『목적 없는 수단』, 김상운 · 양창렬 역 (난장, 2009), pp. 38~46.

친근함에서 유래한, 일종의 "느낌의 공동체(felt community)"로 규정한다.[11] 만일 스미스의 제안을 받아들인다면, 기술적 범주로서의 민족은 문헌들에 나타나는 경우로서 (인용 부호를 쳐서) "민족"으로 표기하고, 근대적인 의미 내용을 갖는 민족은 (고딕체로) **민족**으로 표기할 수도 있을 것이다. 물론 이상적으로 정의된 민족과 역사적 "민족"들은 그 의미에서 완전히 겹치지도 않고 완전히 평행선을 이루지도 않는다는 점을 기억해 두어야 할 것이다.

그러므로 민족 국가(nation-state)의 형성은 **민족**과 "민족", 그리고 **민족**주의와 민족**주의**가 중첩되어 작용한 복잡한 과정이었다. 예컨대 **민족**, 즉 이상화된 근대 민족의 원리는 문헌상에 나타나는 전통적인 "민족"에 근거를 두면서도 이와는 구별되었고, 이와 마찬가지로 민족**주의**도 **민족**주의에 근거를 두면서도 이와는 구별되곤 했다. 이렇듯 복잡한 민족국가의 형성 과정을 편의상 네 가지 유형으로 나눠볼 수 있다. 첫째, 국가에 입각한 정치적 단위가 건재하면서 이 틀을 빌려 민족이 형성된 경우로서 국가 민족주의(state nationalism)가 있다. 영국과 프랑스가 그 대표적인 사례이다. 이런 사례를 가리켜 독일인들은 통상 '국가민족(Staatsnation)'이라고 불러왔다. 둘째, 첫째의 경우와는 반대로 언어 등을 중심으로 한 문화적 단위가 존재하면서 이 틀을 토대로 여러 군소 정치 단위들이 통합되어 민족국가가 건설된 경우로서 통일 민족주의(unification nationalism)가 있다. 독일과

---

11) 실제로 스미스는 민족을, 그 구성원들이 자신들의 이해관계와 필요, 목적을 표현하는 데 유용한 사회문화적 자원(resource) 내지는 모형(model)으로서, 요컨대 "상상되고 의지되며 느껴지는 공동체"라고 본다. 그러니까 스미스에 따르면, 근대적(정치적) 의미의 민족이 문헌상의 역사적 "민족"과 본질적으로 다르더라도 "민족"은 근대적(정치적) 민족이 형성되는 데 필요한 일종의 질료나 주형틀로 구실했다는 말이다. Anthony D. Smith, *The Cultural Foundations of Nations: Hierarchy, Covenant, and Republic* (Malden and Oxford: Blackwell Publishing, 2008), pp. 18~25.

이탈리아가 그 대표적인 사례이다. 이런 사례를 가리켜 독일인들은 통상 '문화민족(Kulturnation)'이라고 불러왔다. 셋째, 둘째의 경우와는 반대로 통합된 민족국가 혹은 제국 내에서 문화적 정체성을 토대로 하여 광범위한 정치적 자치 또는 분리를 요구하는 경우로서 자치/분리 민족주의(autonomist/separatist nationalism)가 있다. 19세기 후반 동유럽 민족들이 그 대표적인 사례이다. 이런 사례는 오랫동안 독자적인 민족국가를 가질 자격이 없는 '비역사적 민족'으로 치부되기도 했다. 넷째, 주로 서구 열강의 식민지로 전락하여 식민 지배를 경험한 제3세계에서 발전한 저항적인 성격의 반제국주의적 민족주의(anti-imperialist nationalism)가 있다. 이 제3세계의 사례는 '국가민족'과 '문화민족', '역사적 민족'과 '비역사적 민족'이 혼재되어 있으며, 그만큼 중층적이고도 복잡다단한 민족 형성의 경로를 보여준다.

그런데 이 네 가지 민족주의 유형들 가운데 통일 민족주의야말로 민족주의가 처음으로 하나의 이데올로기이자 강령으로서 완연히 발전한 경우라고 말할 수 있다. 특히 18세기 후반 이래의 독일과 이탈리아의 민족주의자들은 독일과 이탈리아라는 "민족"의 실체를 기정사실화하고 **민족**주의의 존재를 확신하면서 이러한 "민족"과 **민족**주의에 기초한 근대 민족, 즉 민족 국가를 수립하려는 정치 교의로서의 민족**주의**를 주창했던 것이다. 당시 독일과 이탈리아가 여러 정치체들로 잘게 나뉘어 있었다는 사실은 잘 알려져 있다. 그러므로 하나의 민족국가를 구성하려고 한 통일 민족주의의 시도는 편협한 부족주의(tribalism)를 타파하려고 했다는 점에서 작은 민족에서 큰 민족으로 나아가는 것이 진보라는, 계몽사상에서 유래한 당대의 자유주의적 신념을 충실히 반영한 것으로 볼 수 있다. 그럼에도 민족주의자들은 자유주의의 철학적 토대인 개인주의와 그 논리적 귀결이라 할 수 있는 미래의 세계시민주의를 거부했다. 그들은 오히려 같은 언어를 사용하고 같은 관습을 따르며 같은 피를 나눈 과거의(혹은 과거에 있었다고 간주된) 공동체에 향수 어린 시선을 보냄으로써 자유주의와는 구별되는 낭만주의적 신념을 표출하곤 했다. 즉, 통일 민족주의에서 근대 민족은 전근대 "민족"을, 민족**주의**는 **민족**주의를 항상 되돌아보고 있었던 것이다. 그리고 이 "민족"과 **민족**주의가 민족 구성원들에게 강한 숙명적 감정, 즉 운명 공동체의 감각을 힘껏 불어넣었던 것이다.

그러므로 통일 민족주의에는 두 가지 상반된 경향이 내장되어 있었다고 볼 수 있다. 즉, 하나는 부족주의에서 민족주의로, 나아가 민족주의에서 그 상위 단위의 통합체로 '진보'하려는 경향이고, 다른 하나는 그러한 '진보'를 억제하며 과거의 공동체로 '퇴행'하려는 경향이다. 이와 같은 모순성을 잘 보여준 인물이 바로 19세기 이탈리아 통일 민족주의의 대표자격인 마치니(Giuseppe Mazzini)이다. 그는 한편으로 (비록 국수주의적인 냄새를 물씬 풍기는 '민족주의자'라는 말보다는 '애국주의자'라는 말을 선호했음에도 불구하고) 이탈리아인들의 배타적 우월성을 믿어 의심치 않았던 비타협적 민족주의자이면서 다른 한편으로는 여러 민족들로 이루어진 하나의 유럽연방을 상상한 유럽주의자의 면모를 보여주었다. 타 민족의 억압에서 해방된 민족은 진실로 타 민족을 억압하지 않을 것이며, 이렇게 민족들 간의 평화 공존이 가능하기 위해서는 유럽 민족들을 한데 묶는 정치적 틀이 필요하다는 것이 마치니의 발상이었던 것이다. 그러나 하나의 유럽을 위한 마치니의 구상은 구체적인 방법론을 결여하고 있었고, 그런 만큼 당위적인 원칙을 천명하는 수준을 끝내 벗어나지는 못했다고 할 수 있다.[12]

3. 토론 : 유럽연합에서 유럽 민족으로?

이제 헤치터의 논변으로 돌아가보자. 헤치터가 말했듯이, 유럽연합은 위에서 살펴본 19세기 통일 민족주의의 20세기적 판본이라고 할 수 있을까? 그렇게 볼 수 있는 여지가 있다고 생각된다. 순수하게 논리적으로만 보면, 통일 민족주의는 항상 더 큰 민족으로의 통합을 추구하면서 이를 역사의 진보로 여기는데, 명백히 유럽연합은 프랑스, 독일, 이탈리아라는 '부족'을 벗어난 더 큰 유럽 '민족'의 국가 구성을 위한 연속적인 진화의 한 단계로 보이니 말이다. 그러나 이는 지극히 형식논리적인 판단일 뿐이다. 중요한 것은 작은 단위에서 큰 단위로의 진화 자체가 아니다. 큰 단위의 유럽 민족을 진정 민족으로 만드는 실질적인 문화적 내용—이는 필경 유럽 민족국가의 굳건한 문화적 토대가 될 텐데—이 존재하는지를 평가하는 작업이 필요하다. 통일 민족주의의 고전적 사례인 이탈리아와 독일에서 이탈리아어와 독일어를 사용하는 "상상의 공동체"(Benedict Anderson) 혹은 "느낌의 공동체"(Anthony D. Smith)가 정치 통일의 바탕이 될 수 있었듯이 말이다. 다시 말해서, 19세기 통일 민족주의가 민족 국가의 토대로서 "민족"과 **민족**주의를 능히 호출할 수 있었듯이, 21세기 유럽 민족**주의**—이런 표현이 허용된다면—에 그와 같은 "유럽"과 유럽 **민족**주의를 쉬이 동원할 수 있는 기반이 과연 있을까? 나아가 유럽연합에 그와 같은 이데올로기이자 강령으로서의 유럽 민족**주의**가 작동하고 있다고 말할 수 있을까? 이 두 가지 질문에 대해 하나씩 답변해보기로 하자.

첫 번째 질문, 즉 유럽 민족의 문화적 토대가 무엇인가 하는 문제에 대

12) 마치니의 민족주의와 유럽주의의 관계에 대해서는 이민호, 「유럽과 국민국가」, p. 103 ; 장문석, 「유럽통합을 주창한 민족주의 : 주세페 마치니」, 통합유럽연구회 편, 『인물로 보는 유럽통합사-빅토르 위고에서 바츨라프 하벨까지』(책과함께, 2010), pp. 41~58을 참조하라.

해서는 유럽 헌법을 둘러싼 논쟁이 시사해주는 바가 매우 크다. 이 논쟁에서 가장 큰 논란을 불러일으킨 대목은 헌법에 유럽의 기독교적 근원을 명시해야 하는지의 여부였다. 유럽 문화의 저변에 기독교가 자리 잡고 있음은 부정할 수 없는 사실이다. 가령 중세 문헌들에 나타나는 "유럽" 이나 유럽 **민족**주의는 거의 항상 이슬람 세계의 위협에 맞서 기독교 공화국의 단결과 통일을 가리키는 것이었다. 그런 만큼 유럽적 정체성과 의식의 핵심에는 기독교가 자리 잡고 있었음이 틀림없다. 그러나 근대 유럽에서 기독교는 분열되고 세속화 과정이 가속화되었다. 그리하여 현대 유럽에는 방대한 수의 이슬람교도들을 비롯하여 다양한 비기독교적 종교 전통에 따라 사는 사람들은 물론이요, 이신론자들과 무신론자들이 살고 있다. 기독교적인 유럽 민족을 말하기 위해 이들을 유럽에서 어떻게 배제해야 할까? 교황 베네딕트 16세가 가톨릭 교회를 중심으로 하는 유럽의 '재기독교화'를 아무리 역설한다고 해도, 세속화의 경향이 저지되지 않는 가운데 비기독교인들의 수가 나날이 증대 일로에 있는 것이 엄연한 현실이다. 따라서 유럽 민족주의가 있다면, 그것은 기독교라는 유일신 종교가 아니라 민주적이고 다원적인 신념에 토대를 둘 수밖에 없다고 하겠다. 그러나 이런 신념은 '유럽=기독교'의 정체성과 의식으로서 역사적으로 틀 지어져 왔다고 여겨지는 유럽 민족주의와는 명백히 다른 것이다. 그럴진대 21세기에 유럽 **민족**주의가 있다고 해도 이 민족주의의 문화적 토대는 매우 취약하다고 하겠다. 19세기 통일 민족주의가 기성의 문화적 단일성을 내세운 것과는 크게 대비되는 대목이 아닐 수 없다.

물론 민족에 대한 문화적이고 정서적인 강한 애착을 헌법이라는 사회계약적 원리와 정치적 합의에 대한 충성으로 바꾸어내는 방법을 생각해 볼 수 있다. 18~19세기 미국의 경우가 잘 보여주었듯이, 유럽에서도 일종의 '헌법 애국주의'가 가능하다고 볼 수 있지 않을까 한다. 실제로 유럽 헌법 논쟁에서 이를 주장한 사람들의 바람처럼 말이다. 그러나 미국인들과는 달리 오랫동안 민족국가들로 나뉘어 사는 데 익숙한 유럽인들이 전통적인 민족주의를 극복하고 새로운 형태의 애국주의를 수용하는 데는 필경 아주 긴 시간이 필요하리라 생각된다. 그리고 이 경우에도 여전히 유럽 애국주의를 뒷받침하는 공통의 문화적 토대가 필요하리라 생각된다. 당연히 그러한 토대는 맹목적인 자민족중심주의나 문화우월주의가 아닐 것이다. 그보다는 오히려 그리스-로마 및 유대 기독교의 전통, 프랑스혁명으로 탄생한 자유와 평등의 이념, 코페르니쿠스와 갈릴레이와 케플러와 데카르트와 프랜시스 베이컨 등으로 대표되는 근대 과학의 유산, 자본주의적 생산방식, 세속적 법치국가, 로마법과 보통법의 전통, 유럽사의 전형적인 산물인 계급투쟁을 통해 정초된 사회적 정의의 이념 등이 아마도 "상상의 공동체" 혹은 "느낌의 공동체"로서 유럽 민족 고유의 문화적 유산으로 간주될 수 있을 듯하다. 그러나 이런 유산들 역시 더 이상 유럽의 독점물이 아니라는 점을 기억해야 한다. 이미 미국과 오세아니아, 그리고 아시아와 아프리카와 중남미의 많은 지역에서 공유되고 있으니 말이다. 요컨대 '유럽'은 그런 문화적 유산을 포괄하기에는 이제 너무 **작아진** 것이다.

기실, 유럽의 고유한 문화적 자산이란 그 실체가 분명치 않은 듯하다. 그렇다면 홉스봄(Eric Hobsbawm) 등이 제시하여 너무나도 유명해진 표현을 빌리자면, 민족이 "전통을 발명"하듯이, 유럽도 자신의 전통을 발명해야 하지 않을까?[13] 확실히, '카롤루스(샤를마뉴) 상'이나 '유로비전 송 콘테스트', '유로화'와 '유럽의 날' 등이 그런 발명된 전통들의 목록에 올려질

13) "전통의 발명"에 대해서는 에릭 홉스봄, 「서장 : 전통들을 발명해내기」, 에릭 홉스봄 외 편, 『만들어진 전통』, 박지향 · 장문석 역 (휴머니스트, 2004), pp. 19~43을 참조하라.

법한 면면이기는 하다. 그러나 이와 같은 유럽의 만들어진 전통들이 유럽연합 구성원들의 기억의 공간을 점유하고 일종의 '체질(habitus)'이나 습속으로 굳어지기 위해서는 아직도 상당한 시간이 필요한 것으로 보인다. 요컨대 '유럽'은 다양한 역사적 민족들이 간직한 빛바랜 기억과 그와 연관된 유구한 전통들과 같은 시간적 깊이를 갖기에는 아직 **젊은** 것이다.

두 번째 질문, 즉 유럽 민족주의 이데올로기와 강령이 존재하는가, 즉 민족**주의**가 존재하는가, 하는 문제에 대해서는 일단 유럽 민족주의로 불릴 만한 기제가 작동한다고 답할 수 있을 것도 같다. 왜냐하면 유럽연합은 각국의 낡은 '부족적' 정체성을 극복하고 새로운 유럽의 '민족적' 정체성을 형성하기 위해 역설적이게도 깃발, 노래, 화폐, 복권, 여권, 관세, 역사학, 경연 대회 등 전통적인 민족주의의 소품들을 능숙하게 재활용하는 것으로 보이기 때문이다.[14] 그런데 이 대목에서 사소한 의문이 머리에 떠오른다. 왜 스포츠, 특히 축구는 재활용하지 않는 걸까? 스포츠야말로 대중의 민족주의적 열광을 조직하는 데 유용하다는 게 역사적으로 검증되지 않았는가? 그러나 이 대목에서는 그런 의문을 잠시 머리에서 지우고, 일단 다른 문제로 건너가 보도록 하자. 오늘날 유럽연합은 대내적으로는 민족국가의 원리를 넘어섰다고 자부하면서도 대외적으로는 전통적인 민족국가의 정책을 답습하고 있다. 예컨대 19세기 후반 유럽 열강들이 어느 민족의 독립은 인정하고 다른 민족의 독립은 부정함으로써 동유럽 민족

14) 델런티(Gerard Delanty)는 유럽연합이 민족주의의 도구들을 차용하는 현실이 대단히 역설적이기는 하지만, 양자는 기본적으로 다르다고 본다. 민족적 정체성의 정치가 주로 농촌—흙과 피!—에서 영감을 끌어오는 반면에 유럽적 정체성의 정치는 주로 도시의 부르주아 고급 문화에 기반을 두고 있다는 것이다. 그런 점에서 델런티는 "유럽주의의 정치"가 종내 "민족적 정체성에 대한 대안을 제공할 수 있을 만한 하나의 끈끈한 공동체 정체성"을 창출할 수는 없었다고 주장한다. Gerard Delanty, *Inventing Europe: Idea, Identity, Reality* (London: Macmillan Press, 1995), p. 128.

들 간에 '인정 투쟁'을 조장했듯이, 오늘날 유럽연합도 동유럽에서 그런 관행을 똑같이 따라 하고 있다. 1992년 1월에 유럽연합이 크로아티아와 슬로베니아의 독립을 성급하게 인정함으로써 세르비아를 자극하여 발칸에서 평화를 이뤄내기보다는 분란만을 야기했음은 잘 알려진 사실이다. 이런 점들을 보건대, 오늘날 유럽연합에서 민족주의적인 기제가 작동하고 있다는 인상을 받을 수 있다.

그러나 이로부터 유럽 민족**주의**가 존재한다는 결론으로 곧장 비약하는 것은 경계해야 한다. 그렇게 볼 수 없는 많은 근거들이 있겠지만, 그중에서도 베버(Max Weber)의 논의가 그렇게 볼 수 없는 강력한 논거를 제공해 주는 것으로 보인다. 베버는 논의의 출발점으로서 일단 시장 공동체와 정치 공동체를 준별하고자 했다. 그에 따르면, 정치 공동체의 일의적인 정의는 물리적 강제력의 독점이다. 만일 우리가 하나의 유럽 민족을 운위한다면, 이는 명백히 시장 공동체를 넘어서는 (강제력이 독점적으로 사용되고 있는) 정치 공동체를 의미하는 것임은 자명하다. 그러나 오늘날 유럽연합이 베버가 말한 강제력의 독점을 실행하고 있는지는 의문이다.

더 나아가 베버는 정치 공동체의 지도적인 엘리트들이 (문화 위세를 포함한) 권력 위세를 과시하려는 방편으로 제국주의적 팽창 정책을 추구하는 과정에서 민족의 이념과 문화재들이 호출되고 광범위한 대중이 감정적으로 동원된다고 보았다.[15] 그러나 유럽연합에 엘리트들의 팽창적 위세와 고양된 대중 감정이 있다고 말하기는 힘들다. 가령 오늘날 민족감정과 대중적 열광은 어김없이 각국별로 이루어지는 스포츠 경기에서(혹은 부분적으로 더 하위의 클럽 대항전에서) 확인된다. 필경 스포츠는 민족국가 간 위

15) 막스 베버, 「권력위세와 국민감정」, 『경제와 사회: 공동체들』, 박성환 역 (나남, 2009), pp. 353~393.

세 경쟁의 상징이자 대리 만족의 수단이다. 그런데 조금 전에 언급했듯이, 유럽연합이 다른 민족주의적 수단들은 아낌없이 사용하면서도 정작 축구와 같은 스포츠를 사용하지 않는(혹은 못하는) 것은, 그것이 여전히 유럽연합 하위의 기성 민족국가들에 의해 장악되어 있기 때문이 아닐까? 즉, 스포츠의 배제는 유럽연합이 민족적 위세와 감정의 발현체일 수 없음을 말해주는 것이 아닐까 한다. 그렇다면 유럽연합이 스포츠를 민족주의적 수단으로 사용하지 않는(혹은 못하는) 것은 사소한 문제가 아니라 중요한 문제인 것이다. 요컨대 유럽은 하나의 민족으로 간주되기에는 너무나 합리적인 공동체요, 적어도 베버가 말하는, 뜨거운 감정이 발양되는 정치 공동체는 아닌 듯하다. 요컨대 '유럽'은 위세와 감정의 응집력 있는 정치 공동체가 되기에는 너무 큰 것이다.

기실, 유럽은 대중의 열정을 불러일으키는 정치조직은 아닌 듯하다. 그렇다면 모스(George L. Mosse) 등이 제시하여 너무나도 유명해진 표현을 빌리자면, 이른바 "대중의 민족화(nationalization of the masses)" 현상은 유럽 통합에서 찾아볼 수가 없다. 모스가 말하듯이 민족주의가 민족이 스스로를 숭배하는 일종의 세속 종교라면, 오늘날의 유럽 통합에서 그와 같은 유럽인들의 자기 숭배라고 할 만한 것은 보이지 않는다는 말이다. 특히 최근에 연구자들은 대중이 민족으로 변형되는 과정에서 수동적이고 미온적이었다는 통념을 반박하면서 대중의 능동적이고 자발적인 참여를 부각시키는 경향이 있다. 가령 19세기 후반 독일 사회에서 해군 협회의 회원 수가 급증하고 선원 복장 등이 유행한 것 등이 그런 사례이며, 일부 연구자들은 이를 두고 "아래로부터의 민족화(nationalization from below)"라는 명제로 개념화하기도 한다.[16] 그러나 기본적으로 엘리트적 · 기술 관료적(technocratic) 성격이 강한 유럽연합의 경우에 그와 같은 식의 '대중의 유럽화'나 '아래로부터의 유럽화' 과정이 나타나리라고 기대하는 것은 적어도 현 단계에서는 미망에 불과하다. 요컨대 '유럽'은 민족의 피 끓는 정념을 분출하기에는 냉담한 듯하고 자신의 아름다움에 도취되기에는 너무 **늙어버린** 것이다.

4. 추가 토론 : 유럽 데모스의 실험

이상의 논의로부터 유럽연합을 (일부 민족주의적 수단들의 재활용에도 불구하고) 현대판 통일 민족주의의 산물로 볼 수 있다는 헤치터의 견해는 받아들이기 힘든 것으로 보인다. 요컨대 민족**주의**를 위한 "민족"과 **민족주의**의 존재가 불분명하며, 설령 그런 존재가 있다손 치더라도 강한 권력 위세와 대중 감정을 불러일으킬 정도는 아니라는 점에서 민족**주의**라고 말하기는 힘들 것이다. 그렇다면 헤치터와는 달리, 현행의 유럽연합은 민족주의와는 **다른** 정치적 원리에 기초해 있다고 말해야 한다. 유럽연합의 실체 아래에서 유럽 각국의 민족적 이해관계들이 의연하게 작동하고 있다는 사실과는 별개로, 유럽연합 자체는 (반민족주의적이라고까지는 말할 수 없어도) 비민족주의적 원리에 의해 조직되어 있다는 말이다. 거꾸로 말하면, 민족주의적 원리는 온전히 유럽연합 하위의 기성 민족국가들의 것으로 남아 있다.[17]

결국 이런 점들을 추론해보기 위해 이 글에서는 유럽 통합에 대한 헤치터의 시각을 대상으로 하여 그에 대해 토론해보려고 한 것이다. 물론 유럽

16) "대중의 민족화"에 대해서는 조지 L. 모스, 『대중의 국민화 : 독일 대중은 어떻게 히틀러의 국민이 되었는가?』, 임지현 · 김지혜 역 (소나무, 2008)을 참조하라. 또한 "아래로부터의 민족화"라는 표현은 Ilaria Porciani, "Risorgimento: An Emotional Concept. From the Construction of an Academic Field to Some Recent Trends of Research," 『통일과 역사교육 : 2008년 역사교육연구회 국제학술대회 발표집』 (2008. 2), p. 36에서 따왔음을 밝혀둔다.

연합이 민족주의적 원리를 민족국가들로부터 빼앗아 제 것으로 삼을 가능성은 여전히 열려 있다고 할 수 있다. 여기에 헤치터의 논의를 간단히 기각해버리기 어려운 이유가 있다. 그러나 이미 살펴본 이유들 때문에 그럴 가능성은 참으로 희박하다. 오늘날 유럽연합이 유럽 정부들 간의 협상과 힘의 논리에 의해 움직이는 듯 보이는 것은, 유럽연합 자체가 민족주의적 원리에 의해 조직되는 것이 아니라 유럽연합의 비민족주의적 원리가 민족국가들의 논리에 의해 방해받고 있음을 시사해줄 뿐이다. 권력 위세와 대중 감정은 공동체 하위의 민족국가들에 의해 장악되어 있으며, 그래서 유럽연합은 이렇다 할 실세를 발휘하지 못하는 형식적인 제도로만 보이는 것이다.

물론 이런 점은 헤치터도 충분히 인식하고 있는 것으로 보인다. 그렇기에 유럽 통합이 충분히 불붙기 위해서는 외부의 위협, 특히 강력한 경제적 위협이 필요하다고 보는 것이다. 이미 언급했지만, 역사를 돌이켜 보면 '유럽'의 이념은 (중세 말 이래로) 이슬람이나 (제2차 세계대전 이후로) 공산주의와 같은 외부의 위협에 직면하여 강렬하게 표상되고 호명된 것이 사실이다.[18] 그런데 유럽이 이슬람이나 공산주의와 별인 이데올로기적

17) 예컨대 그로스비(Steven Grosby)는 역사적으로 볼 때 민족과 국가는 수렴해왔다고 본다. 그러나 그 예외가 제국이라고 한다. 그는 오늘날 이 예외에 해당하는 사례로 주저 없이 유럽연합을 꼽는다. 즉, 유럽연합은 민족과 결합하지 않은 제국적 형태의 국가라는 말이다. 이러한 그로스비의 견해는 헤치터의 시각과 대립하는, 유럽연합을 바라보는 또 다른 시각을 제공한다. Steven Grosby, *Nationalism : A Very Short Introduction* (Oxford : Oxford University Press, 2005), p. 25.

18) 미켈리(Heikki Mikkeli)는 '유럽'이 사용되는 3가지 주요한 맥락이 있다고 본다. 첫째는 외부의 위협으로부터 공동의 소속감을 확인하는 맥락이고, 둘째는 외국 여행에서 본 것으로부터 유럽 문명의 우월성을 확인하는 맥락이며, 셋째는 대륙 내부의 분쟁으로부터 통합과 안보의 필요성을 확인하는 맥락이다. 물론 이 3가지 경우 중에서도 단연 첫 번째 경우에 '유럽'이 호소력 있게 명명되었음이 분명하다. Heikki Mikkeli, *Europe as an Idea and an Identity* (New York: St. Martin's Press, 1998), p. 39.

이고 문화적인 적대와는 달리 오늘날 미국이나 중국 등과 벌이는 경제적 대립은 '나'의 정체성을 놓고 벌이는 생사를 건 투쟁은 아닌 듯하다. 경제 위기는 양보와 협력을 통해서도 타개할 수 있는 가능성이 얼마든지 있을 뿐만 아니라 경제 문제에서 적과 동지는 언제라도 바뀔 수 있기 때문이다. 그 반면에 이데올로기적이고 문화적인 적대는 '나'의 생존을 위해서라면 '그'의 죽음이 필요한 비타협적인 투쟁의 차원인 것으로 보인다. 이는 곧 포(Edgar Allan Poe)의 단편 소설 「윌리엄 윌슨」에 나오는 또 다른 나인 그, 나와 이름도 생일도 용모도 음성도 판박이처럼 똑같지만 늘 나를 따라다니며 괴롭히는 그, 그래서 결국 그를 제거했지만, 결국 나의 일부였던 것으로 판명이 난 그, 요컨대 나 자신인 윌리엄 윌슨과 나의 타자인 윌리엄 윌슨 사이에 전개되는, '윌리엄 윌슨'의 정체성을 놓고 벌이는 절체절명의 투쟁이라고 할 수 있다.[19] 오늘날의 유럽연합은 (상업적 · 경제적 경쟁이 이데올로기적이고 문화적인 적대로 고양될 개연성을 인정한다고 해도) 그와 같은 절박한 정체성의 위기에서 나타난 실체는 아닌 것 같다.

지금까지의 논의로부터 유럽연합은 유럽 민족에 결코 근거하고 있지 않으며, 또 유럽 민족국가 구성의 방향으로 진화하기도 힘들 것으로 보인다. 이미 앞에서 논했듯이, '유럽'은 하나의 민족이 되기에는 너무 작거나 너무 크고, 그렇지 않으면 너무 젊거나 너무 늙었기 때문이다.[20] 그렇다면 오늘날 유럽연합이 갖는 역사적인 의미는 무엇이라고 할 수 있을까? 아마

19) 나에 의해 죽임을 당한 그, 즉 또 다른 나, 또 다른 윌리엄 윌슨은 죽어가며 다음과 같이 말한다. "네가 이겼어. 나는 졌어. 하지만 지금부터는 너도 역시 죽은 사람이야. — 세상으로부터 그리고 천국과 희망으로부터 버림받는 사자야. 너는 내 속에서 살아왔어. 나를 죽임으로 해서 — 그래 너 자신의 모습인 나의 이 모습을 잘 봐둬 — 바로 너 자신을 완전하게 죽여버린 거야." 이처럼 유럽과 이슬람의 관계를 '윌리엄 윌슨'으로 비유하는 발상은 고(故) 이민호 선생님의 직관적 통찰에서 유래한 것임을 밝혀둔다. 본문의 대사는 에드거 앨런 포우, 『포우 단편 베스트 걸작선』, 박현석 역 (동해출판, 2007), p. 113에서 인용한 것이다.

도 그 의미는 지금까지 이 글에서 논증하려고 한 대로 유럽연합이 과거에도 미래에도 유럽 민족주의를 주창하고 하나의 유럽 민족국가로 정립되기 어렵다는 사실 **그 자체**에 있는 것으로 보인다. 무슨 말인가 하면, 유럽연합이라는 탈민족주의적인 혹은 초민족적인(supranational) 공동체가 기성의 개별 민족국가들과 공존하는 상황 자체가 의미 있다는 말이다. 그런 상황을 가리켜 전통적인 민족국가들의 헤게모니가 유지되는 가운데 구성된 유럽연합 수준의 **다층 지배 구조**(multi-level governance)라는 표현으로 요약할 수도 있겠다.[21]

이렇듯 낡은 것과 새로운 것이 공존하는 상황 자체가 대단히 새로운 현상이며, 그런 공존의 구조 속에서 미지의 정치 원리가 발견될 가능성도 농후하다. 완전히 새로운 정치 원리까지는 아니더라도 (베버가 말한) 위세의 과시와 감정의 고양 대신에 민주적이고 다원적인 유럽 시민권에 바탕을 둔 유럽 데모스(demos)의 형성을 관찰할 보기 드문 기회가 제공될 수도 있다. 여기서 데모스란 민족에 깃들어 있는 시민의 정치적 원리를 뜻한다. 민족주의는 신민(subject)을 정치적으로 활성화하여 동등한 권리와 의무를 나누어 갖는 시민(citizen)으로 통합한다. 이 시민－민족은 필경 근대 이전에는 성립하기 어려운 범주이다. 그러나 많은 연구자들은 민족주의가 완전히 '무'에서 민족을 만들어냈다고 믿기는 어렵다고 느낀다. 그렇기에 그들은 근대 이전으로 거슬러 올라가 원형 민족(proto-nation)이나 종

20) 조홍식은 유럽 민족이 영국 민족이나 독일 민족과 비교할 때 "미완의 민족"이라고 보면서 유럽 민족이 대두할지의 여부에 대해 섣불리 단언하지 말자고 제안한다. 물론 더 먼 미래에 유럽이 당당한 민족으로 정립될 가능성을 열어두고서 말이다. 흥미로운 것은 유럽 민족이 나타나더라도 '민족'이라는 말을 독점하려는 세력의 견제로 인해 '민족' 대신 다른 말이 사용될 가망성이 크다는 점이다. 조홍식, 『유럽 통합과 '민족'의 미래』 (푸른길, 2006), p. 229.

21) 최근에 일부 연구자들은 유럽 통합을 통해 종래의 국가 중심의 중앙집권적 통치(government)가 최소한 지방, 국가, 유럽 차원의 3가지 층위의 통치 단위로 복수화되어 다층 지배 구조가 나타나게 되었다고 본다. 조홍식, 『유럽 통합』, p. 25.

족(ethnie)을 추적하려고 하는 것이다. 이로부터 데모스와 구별되는 종족의 문화적 원리인 에트노스(ethnos)가 나온다. 그렇다면 민족은 (성분비의 차이는 있지만) 데모스와 에트노스의 합성물, 곧 '데모스+에트노스'인 것이다. 유럽 민족에 대해서도 유럽 데모스와 유럽 에트노스가 함께 논의되어야 할 이유가 여기에 있다. 그런데 유럽 에트노스가 희박하다면 '에트노스 없는 데모스'가 실험되어야 한다. 그리고 민족이 '데모스+에트노스'라면, '에트노스 없는 데모스'는 더 이상 전통적인 의미의 민족은 아닐 것이다. 바로 이것이 유럽공동체의 실험이 갖는, 역사적으로나 정치적으로 중대한 의의일 것이다. 또한 이것이 (유럽연합의 현실에 대한 현실주의적 접근법—부분적으로 기능주의적 접근법—의 설득력에도 불구하고) 유럽의 이념을 중시하는 연방주의적 접근법의 이상주의가 지닌 현실적 의미와 가치를 암시하는 것은 아닐까 한다. 물론 유럽연합이 어떤 경우에는 민족국가들에 의해 부식되거나 다른 경우에는 그 자체 단일한 민족으로 부상하는 양극단의 가능성을 완전히 배제할 수는 없더라도 말이다.[22]

물론 다층 지배 구조가, 마치 접붙여진 가지가 원래의 나무와 마침내 한 몸이 되듯이, 그 자체 **단일한** 정치적 지배 구조로 변모하는 데는 긴 시간과

22) 확실히, 유럽 통합에서 유럽주의의 이념이 수행한 역할은 충분히 강조되어야 한다. 이런 주장은 고지식한 것으로 보일지도 모른다. 그러나 이를테면 방법론적 개인주의에 입각하여 유럽 통합에서 주도적인 역할을 한 면면들을 가까이에서 보면, 그들의 유럽주의적 신념을 진정한 이해관계를 숨긴 교활한 '레토릭'이나 '립 서비스'로 치부하기는 어렵다. 로랑(Pierre-Henri Laurent)과 같은 연구자는 모네, 스파크, 데 가스페리와 같은, 이른바 "유럽의 성자들"이 실은 유럽의 구호 뒤에서 일관되게 민족적 이해관계를 추구한 현실 정치가들이었다는 밀워드(Alan S. Milward)의 주장에 맞서 그들이 "민족적 선(善)뿐만이 아니라 이제 상호 의존적이고 집단적으로 된 지역 경제[전체로서의 유럽 경제]의 복지 양자 모두를 위해 국민주권에 실질적인 제한을 가했다는 사실"을 외면해서는 안 되며, 밀워드가 "단순한 실용주의자들이 아니라는 증거를 누락시키고 정치적 목적을 위한 통합의 수사에만 천착하고" 있다면서 맹렬한 비판을 가하기도 했다. Pierre-Henri Laurent, review of Milward, *The European Rescue of the Nation-State*, *The American Historical Review* 98: 4 (October 1993), pp. 1198~1199.

큰 노력이 소요될 것이다. 그리고 이 과정이 어떻게 진행될지 예견하는 것도 매우 힘든 일일 터이다. 이와 관련해서 유럽연합 이사회의 의사 결정 방식은 예의 다층 지배 구조를 다른 차원에서 잘 보여주는 사례라고 할 만하다. 그것은 시기에 따라, 회원국의 증가에 따라 다양하고도 복잡한 방식으로 진화해왔는데, 실상 까다롭기 그지없는 것으로 유명하다. 가령 6개국으로 구성된 유럽 통합 초창기에 채택된 가중다수결(qualified majority) 방식은 각국이 행사하는 표수를 차등화한 뒤에 4개국 이상의 국가에서 12표 이상의 찬성이 나오는 경우에 의사 결정이 이루어졌다. 또한 유럽 헌법 조약에 의해 2009년 11월부터 변경된 의사 결정 방식은 단순이중다수결(simple double majority) 방식이라고 불리는데, 이에 따르면 회원국의 55퍼센트(집행위원회의 제안에 의하지 않는 경우는 72퍼센트) 이상이 찬성하거나 인구 비율을 따져 전체 회원국 인구의 65퍼센트 이상이 찬성하는 경우에 통과된다. 이런 방식의 복잡함이 요구된다는 사실 자체가 유럽연합과 각 민족국가들, 그리고 민족국가들 내에서도 강대국과 약소국의 입장을 조정하기가 쉽지 않음을 방증하고 있다. 그런 점에서 디넌(Desmond Dinan)이 말하듯이, 민족국가가 새로운 초국적 정치체에 종속된 것이라기보다는 특정한 역사적 환경에 적응한 것으로 보이며, 나아가 유럽연합은 "이상주의와 민족적 자기 이해의 교묘한 조합"으로 보이는 것이다.[23] 그럼에도 초국적 정치체와 민족국가 사이에서 예전에는 있을 수 없었던 복잡한 의사 결정 방식이 필요해졌다는 것 자체는 역사적으로 볼 때 완전히 새로운 것이 아닐까? 유럽연합의 미래와 관련해서 낙관론자라고는 볼 수 없는 길링엄(John Gillingham)과 같은 학자도 다음과 같이 말하고 있지 않는가?

---

23) Desmond Dinan, *Europe Recast: A History of European Union* (Boulder: Lynne Rienner Publishers, 2004), pp. 5~6, 11.

"최소한 이론적으로 볼 때 초국가주의(supranationalism)는 태양 아래 새로운 어떤 것이었다."[24]

24) John Gillingham, *European Integration 1950–2003: Superstate or New Market Economy?* (Cambridge, Eng.: Cambridge University Press, 2003), p. 33.

논문 발표지

1. 세계사를 어떻게 읽을 것인가 • 이민호(『역사비평』 2002년 여름)
2. 독일사는 우리에게 무엇인가 • 이민호(『독일연구』 제14호, 2007)
3. 유럽과 국민국가 • 이민호(『서양사연구』 제28집 1, 2001)
4. 동아시아의 민족국가, 어디서 와서 어디로 가는가 • 이민호(한국서양사학회 50주년 기념 국제학술대회 발표, 2007. 7)
6. 유럽 중심주의의 극복과 대안적 역사상의 모색 • 최갑수(『역사비평』 52호, 2000년 가을)
7. 한국에서 서양사를 어떻게 보아야 하나 • 강철구(한국 서양사학회 학술대회 발표(2006년 4월) 논문 수정 보완)
8. 유럽중심주의 극복을 위한 일(一) 모색 • 박용희(『대구사학』 100집)
9. 계몽사상과 유럽의 이념 • 안병직(『서양사연구』 27, 2001)
10. 서구중심주의 역사학에 대한 비판과 반비판 • 김응종(『프랑스사 연구』 제16호, 2007)
11. 유럽중심주의와 '자본주의'의 문제 • 유재건(『한국민족문화』 32호(2008. 10)에 게재된 「서구중심주의와 근대성-자본주의의 문제」 수정 보완)

필자 약력(가나다순)

강철구

서울대학교 서양사학과를 졸업하고 서울대 대학원에서 문학박사학위를 받았다. 1979~1988년 청주 사범대학에서 역사교육과 교수를 지냈으며, 현재 이화여대 사학과 교수로 재직 중이다. 계간 『민족 현실』 발행인을 지냈고, 현재 민족미래연구소 고문으로 있다. 저서로는 『강철구의 우리 눈으로 보는 세계사·1』, 『한국을 어떻게 바로 세울 것인가』, 『역사와 이데올로기·1』 등이 있다.

김응종

서울대학교 서양사학과를 졸업하고, 프랑스 프랑쉬 콩테 대학교에서 박사학위를 받았다. 1988년부터 충남대학교 사학과 교수로 재직 중이다. 현재 한국프랑스사학회 회장으로 있다. 저서로는 『아날학파』, 『아날학파의 역사세계』, 『서양의 역사에는 초야권이 없다』, 『페르낭 브로델 : 지중해 · 물질문명과 자본주의』, 『서양사개념어 사전』, 『오늘의 역사학』(공저)이 있으며, 역서로는 『프랑스혁명사』, 『16세기의 무신앙 문제』, 『고대도시』, 『랑그도크의 농민들』(공역)이 있다.

박용희

서울대학교 서양사학과를 졸업하고, 독일 베를린 자유대학교에서 석사학위를, 베를린 훔볼트 대학교에서 역사학 박사학위를 취득했다. 현재 동국대학교 국사학과 조교수로 있다. 옮긴 책으로 『유럽의 재발견 — 신화와 정체성으로 보는 유럽의 역사』(2006, 을유문화사)가 있으며, 문화 간 상호 인식의 역사 및 문화 간 관계사에 관심을 두고 다수의 논문을 발표한 바 있다.

안병직

서울대학교 서양사학과를 졸업하고 독일 빌레펠트 대학교에서 철학박사학위를 받았다. 현재 서울대학교 서양사학과 교수로 재직 중이며 한국독일사학회 회장을 맡고 있다. 공저서로 『유럽의 산업화와 노동계급』, 『오늘의 역사학』, 『세계의 과거사 청산』 등이 있다.

유재건

서울대학교 서양사학과를 졸업하고 서울대 대학원에서 문학박사학위를 받았다. 1987년부터 현재까지 부산대학교 사학과 교수로 재직 중이다. 현재 계간 『창작과 비평』 편집위원으로 있다. 공역서로는 『고대에서 봉건제로의 이행』(창비), 『영국 노동계급의 형성』(창비), 『근대세계체제 II』(까치) 등이 있다.

조지 이거스(Georg G. Iggers)

미국 리치먼드 대학교에서 학사, 시카고 대학교에서 석사 및 박사학위를 받았다. 미국 뉴욕 주립대학교(버팔로 소재)에서 은퇴하고 현재 명예교수로 있다. 한국어로 번역된 저서로 『20세기 사학사』, 『독일 역사주의』, 『현대사회사학의 흐름』 등이 있다.

이민호(1930~2009)

서울대학교 사범대학을 졸업하고 서울대학교 대학원에서 석사 및 박사학위를 받았다. 서울대 교수, 명예교수를 역임했다. 독일 괴팅엔 대학교와 쾰른 대학교의 사회경제사연구소에서 연구 활동을 했으며, 한국 서양사학회회장을 지냈다. 주요 저서로는 『독일사』, 『근대독일사 연구』, 『역사주의』 등 20여 권과 번역서, 논문 다수가 있다.

장문석

서울대학교 서양사학과를 졸업하고 같은 대학교 대학원에서 문학박사학위를 받았다. 한양대학교와 서울대학교에서 연구원 등을 지냈으며, 현재 영남대학교 사학과 교수로 재직 중이다. 저서로 『민족주의 길들이기』, 『파시즘』, 『민족주의』 등이 있고, 공역서로는 『만들어진 전통』 등이 있다.

최갑수

서울대학교 서양사학과를 졸업하고 같은 대학교 대학원에서 「생시몽의 사회사상」으로 문학박사학위를 받았다. 현재 서울대 인문대 서양사학과 교수로 재직하고 있다. 지은 책으로는 『서양사 강의』, 『유라시아 천년을 가다』, 『프랑스 구체제의 권력구조와 사회』, 『프랑스의 열정 : 공화국과 공화주의』(이상 공저) 등이, 옮긴 책으로는 『프랑스대혁명사』(2권), 『왕정의 몰락과 프랑스혁명』, 『프랑스의 역사』, 『1789년의 대공포』 등이 있다. 한국서양사학회 회장, '민주화를 위한 전국교수협의회'의 상임 의장 등을 역임했으며, 현재 서울대법인화반대공대위 상임대표를 맡고 있다.

서양사학과 **유럽중심주의**

유럽중심주의를 비판하는 책들 · 2

1판 1쇄 발행 2011년 5월 30일
3판 1쇄 발행 2011년 9월 10일

편집인 강철구 · 안병직
발행인 강영선
발행처 도서출판 용의 숲
주소 서울시 마포구 서교동 361-9 3F
전화번호 02-338-5113
팩시밀리 031-914-5113
휴대폰 011-9177-8210
E-mail dragonpc@hanmail.net
출판등록 2004년 3월 29일 제 313-2004-00078호

주문처 한국출판협동조합
전화 070-7119-1741 | 팩스 031-944-8234~6

ISBN 978-89-93703-23-8 94900
ISBN 978-89-93703-20-7(세트)